集人文社科之思 刊专业学术之声

集 刊 名：政治哲学研究
主　　编：江　畅
副 主 编：熊富标　李婉芝
主办单位：华中师范大学政治学部政治哲学研究中心

POLITICAL PHILOSOPHICAL RESEARCH　Vol.2 (2024)

第二辑（2024）

集刊序列号：PIJ-2022-469
集刊主页：www.jikan.com.cn/ 政治哲学研究
集刊投约稿平台：www.iedol.cn

华中师范大学政治学部政治哲学研究中心　主办

中国学术期刊网络出版总库（CNKI）收录

集刊全文数据库（www.jikan.com.cn）收录

政治哲学研究

第二辑

（2024）

POLITICAL PHILOSOPHICAL RESEARCH
Vol.2 (2024)

江　畅　主　编

熊富标　李婉芝　副主编

社会科学文献出版社

SOCIAL SCIENCES ACADEMIC PRESS (CHINA)

政治哲学研究

第二辑（2024）
2024年4月出版

论生态学马克思主义的生态政治哲学
及其当代价值[*]

王雨辰^{**}

摘　要： 与西方"深绿"和"浅绿"生态思潮割裂自然观与历史观的辩证关系，不分析人类与自然之间实际的物质与能量交换关系，把生态问题简单地归结为价值问题不同，生态学马克思主义以历史唯物主义自然观与历史观辩证统一的生态共同体思想为基础，强调应当从社会制度和生产方式入手分析生态问题，揭示了资本主义制度的不正义性与反生态本性，认为只有变革资本主义制度，恢复被资本主义制度所颠倒的使用价值和交换价值的关系，建立生态社会主义社会，才能真正解决生态危机。为此，生态学马克思主义通过揭示"深绿"和"浅绿"生态思潮生态政治战略的缺陷，提出了把生态运动与社会主义运动结合，变革制度和价值观的生态政治学战略，实现建立生态社会主义社会的生态政治理想。生态学马克思主义生态政治哲学无论是对我们把握"深绿"和"浅绿"生态思潮的理论缺陷，还是对推进我国的生态文明理论研究和生态文明建设都具有重要的价值。

关键词： 生态学马克思主义；生态政治哲学；"深绿"生态思

* 本文系国家社会科学基金重点项目"党的十八大以来党领导生态文明建设的理论创新与实践经验研究"（22AZD090）、教育部哲学社会科学研究重大专项一般项目"习近平生态文明思想对人类生态文明思想的革命及其当代价值研究"（2022JZDZ019）的阶段性成果。

** 王雨辰，哲学博士，教育部"长江学者"特聘教授，中南财经政法大学哲学学院教授，博士生导师，研究方向为西方马克思主义、马克思主义哲学。

潮；"浅绿"生态思潮；生产性正义

生态学马克思主义批评西方生态中心论的"深绿"和现代人类中心论的"浅绿"生态思潮忽视自然和社会之间的有机联系，不考察人类和自然之间的物质与能量交换过程，把生态危机仅仅归结为抽象的价值问题，提出了"资本主义制度在本性上是反生态的"命题，指认资本主义制度和生产方式是生态危机的根源，并以此为基础对当代资本主义社会展开生态批判，强调通过破除不正义的资本主义制度，建立生态社会主义社会来解决生态危机。他们在对资本主义社会展开生态批判和构建生态社会主义社会的过程中，形成了系统的生态政治哲学。揭示生态学马克思主义生态政治哲学的特质，不仅对理解和把握当代西方生态思潮的理论缺陷，而且对推进中国生态文明理论研究和建设实践都具有重要意义。

一 资本主义制度的不正义性与反生态本性

生态学马克思主义是以历史唯物主义为基础，在与"深绿"和"浅绿"生态思潮的对话中展开理论建构的。尽管"深绿"和"浅绿"生态思潮在生态危机根源和解决途径上存在着是走出还是践行人类中心主义价值观的分歧，在如何看待科学技术进步、经济发展和克服生态危机的关系问题上存在着激烈的争论和彼此对立的观点，但是他们的共同点是脱离社会制度和生产方式，仅仅从抽象价值观的维度探讨生态问题，进而把生态问题归结为一个价值问题，这根源于他们理论基础的缺陷。具体来说，"深绿"生态思潮以生态科学等自然科学揭示的生态整体规律为基础，强调树立有机论与整体论的哲学世界观和自然观，摒弃人类中心主义价值观，树立以"自然价值论"和"自然权利论"为基础的生态中心主义价值观，拒斥技术进步和经济增长；"浅绿"生态思潮则在为人类中心主义价值观作辩护的同时，批评了近代人类中心主义价值观"人类专制主义"的缺陷，提出以人类整体和长远利益为基础的现代人类中心主义价值观，主张在现有资本主义框架范围内，通过实现自然资源的市场化和技术革新来解决生态危机。但作为"深绿"生态思潮理论基础的生态哲学本质上是自然观与历史观相割裂的抽象的生态哲学，而"浅绿"生态思潮则以近代机械论的哲学世界观和自然观为基础，其共同点是在人类和自然关系的问题上各执一端，只不过"深绿"生态思潮坚持"地球优先论"，把自然的利益凌驾于人类之上，而"浅绿"生态思潮则坚持"人类优先论"，把人类的利益凌驾于自然之上，并斩断自然观与历史观的内在联系，其共同的缺陷是切断了社会理论与人类和自然之间的真正联系，即人类社会与自然界之间实际的物质和能量交换关系，而这正是马克思主义在解决生态问题上的特质和巨大优势。因为马克思主义"所依赖的社会理论属于唯物主义：不仅在于这种唯物主义强调物质——生产条件这个社会前提，以及这些条件如何限制人类自由和可能性，而且还因为……这种唯物主义从来没有忽视过这些物质条件与自然历史之间的必然联系"[①]。这就决定了马克思主义总是从社会制度和生产方式入手，探讨人与自然的关系以及生态危机的根源和解决途径，生态学马克思主义由此揭示资本主义生产目的的不正义性，即资本主义生产的目的不是生产使用价值，而是生产交换价值，满足资本追求利润的需要。这种生产的不正义性和现代性价值体系把自由看作对"自然的控制"，把社会进步等同于科学技术进步，科学技术在资本主义制度下必然异化为"控制人"和"控制自然"的工具，由此导致人与人、人与社会和人与自然关系的紧张。生态学马克思主义据此对资本主义制度的内在矛盾、生产方式运行的特点、资本的本性等展开分析，提出"资本主义制度在本性上是反生态的"命题。

从资本主义制度的内在矛盾和生产方式运行的特点看，生态学马克思主义理论家奥康纳肯定马克思、恩格斯所揭示的生产力与生产关系、经济基础与上层建筑的矛盾的客观存在，并把这一矛盾称为资本主义制度的"第一重矛盾"，认为这一矛盾的运动必然会引发需求不足而造成的经济危机。但是，他们又认为任何社会的生产必须具备包括社会条件和自然条件在内的"生产条件"，马克思、恩格斯尽管对"生产条件"问题也做出了探讨，但他们主要关注的是生产的社会条件，如劳动力的供应、社会生产所必需的交通运输设备、教育、城市、资本等，虽然他们也讨论过生产所需

---

① 〔美〕约翰·贝拉米·福斯特：《马克思的生态学：唯物主义与自然》，刘仁胜、肖峰译，高等教育出版社，2006，第22页。

要的"自然条件"，但他们的这种论述主要还是集中于自然条件如何影响社会生产的水平，还没有把"生态破坏问题视为其资本主义积累与社会经济转型理论中的中心问题。他们低估了作为一种生产方式的资本主义的历史发展所带来的资源枯竭以及自然界的退化的厉害程度"①。这与马克思、恩格斯处于资本主义发展的早期阶段，自然资源还非常丰富，生态问题还没有成为危及人类生存与发展的问题这一社会历史条件密切相关。但是，在当代自然资源日益枯竭和生态危机日益严重的情况下，就应当把生产所必需的"自然条件"当作马克思主义理论关注的中心问题，并明确地把资本主义生产与其自然条件的矛盾看作资本主义制度的"第二重矛盾"，指出这一矛盾的运动必然导致资本主义生产的自然条件的破坏和生态危机，使资本主义生产难以为继。福斯特主要是从资本主义生产方式的特点出发，揭示其与生态危机的必然联系。在福斯特看来，资本主义生产方式是由六个方面所构成的。具体来说，"首先，由金字塔顶部的极少数人通过不断增加的财富积累融入这种全球体制，并构成其核心理论的基础。第二，随着生产规模的不断扩大，越来越多的劳动者由个体经营转变为工薪阶层。第三，企业间的激烈竞争必然导致将所积累的财富分配到服务于扩大生产的新型革新技术上来。第四，短缺物质的生产伴随着更多难以满足的贪欲的产生。第五，政府在确保至少一部分市民的'社会保障'时，对促进国民经济发展的责任也日益加大。第六，传播和教育作为决定性的手段成为该生产方式的一部分，用以巩固其优先的权利和价值取向"②。资本主义生产方式上述六个构成要素使它严重依赖能源和技术，并总是通过投入大量原材料、能源和技术革新获得竞争中的优势，这就意味着生产流程的加快和自然资源的快速耗费以及生产垃圾的日益增多，其发展必然会超过生态系统所能承受的限度和导致生态危机。高兹则揭示了资本主义生产方式的本性与生态危机之间的必然联系。在他看来，资本主义生产方式的本性是遵循"经济理性"的逻辑，服从和服务于资本追求利润的目的。所谓"经济理性"

---

① 〔美〕詹姆斯·奥康纳：《自然的理由——生态学马克思主义研究》，唐正东，臧佩洪译，南京大学出版社，2003，第198页。

② 〔美〕约翰·贝拉米·福斯特：《生态危机与资本主义》，耿建新、宋兴无译，上海译文出版社，2006，第3~4页。

就是以"计算和核算"为基础，由此形成人们思维方式的技术化和数学化，以冷酷的计算性原则生产交换价值而使资本获得最大限度的利润，并奉行"越多越好"的价值原则，违背了保护生态环境要求消耗最少的资源，通过提升产品的使用价值和耐用性来满足人们的物质需求的原则，其结果必然会产生生态危机。

生态学马克思主义理论家从不同角度对资本的本性与生态危机的必然联系展开了分析。具体来说，奥康纳是从分析资本主义生产可持续性发展的不可能性来揭示资本的本性与生态危机之间的必然联系。"生产可持续性发展"原本是西方绿色思潮提出的论题，其实质要求限制科学技术发展和运用，并实行稳态经济发展模式，这就要求资本主义国家实行绿色财政政策，对那些高耗能、高污染产业征收重税，使其将资金投入清洁能源的开发利用，以保障人们的身体健康和生态安全。但这在资本主义国家根本不可能实现。这是因为：一方面，以生产可持续性发展为目标的西方绿色环保运动大部分得到了资本的资助，从而把资本所生产的产品装扮成绿色商品，以使其获取更多的利润；另一方面，追求经济稳态发展的环保运动不利于资本追求利润和不符合资本不断扩张的本性。在资本眼里，资本主义生产的可持续发展就是建立在新的投资和新技术运用基础上的扩张型发展。同时在资本主义国家内部存在着个别资本与总体资本之间的矛盾利益关系，个体资本从追求自身的利益出发，必然会毁坏维系总体资本利益的物资和社会条件。而西方包括环保运动、女权运动等在内的新社会运动，又进一步增加了资本的"额外成本"。资本从自身的利益出发，必然会把这些额外成本转移到环境、土地和社会上去。这就意味着资本既无法促进制定和实施旨在保护生态的绿色财政政策，也无力促进制定保护生态和社会发展的总体规划，从而也决定了资本对日益恶化的生态环境是无能为力的以及生态危机发生的必然性。福斯特则是通过资本不断扩张的本性与生态系统的有限性之间的矛盾说明生态危机的必然性。在福斯特看来，资本的本性是把利润和财富积累看作最高目的，这就意味着资本必然要不断进行扩张。对资本主义而言，不扩张就意味着资本流通的中断和资本积累的停止，这就必然会与有限的地球生态系统发生矛盾冲突。福斯特进一步分析资本追求利润的本性与生态环境保护之间的矛盾冲突和生态危机的必然性。在他看来，资本从追求利润这一本性出发注重短期投资回报，然而生态环境保护则需要总体且长期的规划。由此，资本逐利和不断扩张的本性决定了生态危机必然发生。高兹主要通过剖析资本的利润动机来揭示资本主义制度下生态危机的必然性。具体而言，资本主义企业是由自然资源、生产工具和生产力等要素构成的统一整体，其目的在于最大限度地获取利润。在利润动机的支配下，资本主义企业首要关注的并不是如何实现生产和自然的平衡，而是如何花费最小的成本，生产出最大的交换价值和利润。因此，对资本主义企业而言，它关注利润甚于关注工人的身心健康，甚于关注维护生态平衡，因此可以说，资本主义生产就是破坏，"毫无疑问，生态因素在当前的经济危机中起着决定性的作用和推动的作用。这并不意味着这些因素要被看成危机的主要原因：我们这里所论述的资本主义过度积累的危机，由于生态危机而激化"①。科威尔则是通过分析资本无限扩张的本性来论证资本主义制度下发生危机的必然性。科威尔认为生态危机的根源并不是单纯生态价值观作用的结果，"资本"以及"资本主义制度"才是生态危机发生的根本原因。在他看来，资本主义生产的目的在于实现交换价值而非使用价值。过于关注资本主义的交换价值导致了双重后果：一是使自然界和人类自身商品化，然而货币化的运行方式与自然界的运行法则产生冲突，违背了生态系统的运行规律，导致资本主义的生产条件不断恶化，最终使自然生态系统失衡；二是自然环境的恶化破坏了资本主义的生产条件，激化了资本主义生产和生产条件的矛盾，由此资本不得不减少环境治理方面的投入，导致生态环境进一步恶化。科威尔进一步指出：资本的逐利本性使其不断尝试超越其固有障碍和界限。资本每一次数量上的增长为其设定了新的障碍和界限，但同时也成为其追求资本积累的全新起点，这种模式循环反复，并导致了全球气候变暖等生态危机。生态危机的爆发决定了资本的体系逻辑必然会失败，它留给我们的选择是"要么资本灭亡，要么世界灭亡"。②科威尔由此明确指出资本主义生产具有反生态性，而资本追逐利润的本性决定了资本主义制度和生产方式并不具备修复生态的能力，

---

① A. Gorz, *Ecology as Politics*, Boston：South End Press, 1980, p. 21.

② 〔美〕乔尔·科威尔：《自然的敌人：资本主义的终结还是世界的毁灭？》，杨燕飞、冯春涌译，中国人民大学出版社，2015，第40页。

因而需要彻底变革资本主义制度和生产方式，建立生态社会主义社会，从而实现可持续的发展。

由上可知，生态学马克思主义明确提出了"资本主义制度在本性上是反生态的"命题，并且不同于西方生态思潮从抽象的生态价值观维度探讨生态危机根源，主张在资本主义制度内通过生态价值观变革解决生态危机，提出了实现"生产性正义"，实施制度与价值观双重变革的生态政治战略。

二　生态政治战略与生态政治理想

奥康纳明确提出了社会主义社会应当定位于"生产性正义"的追求。因为在马克思的资本主义理论中，具体劳动和使用价值是从属于抽象劳动和交换价值的，这就意味着在资本主义社会中，"（1）在工作场所、土地使用活动、劳动分工等等之中，决定性的力量首先是生产交换价值或利润的需要。保存生物多样性、避免对其他劳动场所以及后代欠下生态债务、促进工人的智力发展等等需要是从属于交换价值生产的；（2）在消费（再生产）领域中，清洁的空气和水源、畅通的交通以及其他一些社会性和生态性的'东西'，成了在市场中实现交换价值这种需要的牺牲品"①。正是基于上述认识，奥康纳认为社会主义对资本主义的批判应当恢复被资本主义社会所颠倒的使用价值与交换价值的关系和导向"生产性正义"，但现实社会主义却走向了追求"分配正义"，使社会主义不是去批判资本主义生产关系，而是致力于改变资本主义的交换关系，把反对资本主义的实践的主要目标归结为争取高工资、缩短劳动时间、充分就业、控制租金等，这实际上背离了社会主义的第一原理。因此，社会主义实践应当实现如下三个方面的转换：重点关注资本主义的定性批判，恢复对"生产性正义"的追求；在理论上和政治上对资本主义国家展开批判并使之民主化；强化国际主义的向度。通过上述三个方面的转换，实现对新自由主义和各种地方主义及其变种的取代。为了说明恢复"生产性正义"追求对于复活社会主义理念的重要性，奥康纳既分析了资本主义社会所鼓吹的"分配正义"的内涵及

---

① 〔美〕詹姆斯·奥康纳：《自然的理由——生态学马克思主义研究》，唐正东、臧佩洪译，南京大学出版社，2003，第520页。

实现的不可能性，又分析了现实社会主义国家产生生态问题的主要原因与实质。

奥康纳指出，资产阶级的正义是分配正义，而不是生产性正义，而这种分配正义关注的是个体的权利和要求，而不是社会的权利和要求。而作为社会权利和要求的分配正义可以称为"社会民主的分配性正义"，主要包括财富与收入平等分配以及生产负担平等分配的"经济的正义"、环境利益与环境风险平等分配的"生态正义或环境正义"、资本主义生产和积累给特定社区带来的利益和损害的平等分配的"社区或公共的正义"三部分内容。上述三种类型的社会分配性正义的共同前提是"任何东西，不论是正面的还是负面的（积极的还是消极的外化物），都可以用一个最小的公分母即金钱来衡量。……由此分配性正义（'生态性的社会民主'）是以当前视域中的市场，以及根据市场对人的生命和健康（濒危物种等等的生命就更不用说了）的估价所作出的罚金与红利、税收与补助金的核算为前提的"①。但问题在于，一方面随着日益社会化的生产、分配、交换和消费体制的发展，分配性正义越来越不可能得到合理的测定和实施；另一方面，把人和自然的关系变成商品关系，这实际上是一种利己主义的世界观，只会导致破坏自然的利己行为。同时自然的内在价值既不能被简化为市场价值，也不能用于成本效益分析，自以为一切事物都有价格的观点只不过是金钱至上的价值观的体现。这就要求我们必须从对分配性正义的追求转向对生产性正义的追求，使社会主义转向致力于改革资本主义的交换关系而不是生产关系。

对于现实社会主义实践为什么导致生态问题，生态学马克思主义批评那种把现实社会主义实践造成的生态问题的根源归结为"工业化"和"技术"的观点没有区分社会的生产关系的性质与技术运用和生产体制的关系，强调这不是社会主义的本性所造成的，因为与资本主义制度在本性上是反生态的不同，社会主义和生态之间的关系并不是对立的。现实社会主义实践造成生态问题，与资本主义国家造成生态问题虽具有相类似的原因，但存在着本质的区别。相类似的原因主要是社会主义国家普遍采取了赶超型

---

① 〔美〕詹姆斯·奥康纳：《自然的理由——生态学马克思主义研究》，唐正东、臧佩洪译，南京大学出版社，2003，第536～537页。

发展战略，采用以经济增长为目标的粗放型发展模式，而实现这一发展目标又是通过从西方引进技术、生产系统和劳动控制实现的。同时，由于全球经济的一体化，社会主义国家必然同样受资本和市场规律的制约，这就决定了这种发展模式会使社会主义国家付出沉重的生态代价。但是社会主义国家的生态问题同资本主义条件下的生态问题是存在本质区别的，这种区别集中体现在生产目的、生产运行方式、实现生产目的的方式和消费方式以及社会产品的分配四个方面，并由此强调"社会主义国家的资源损耗和污染更多是政治而非经济问题。这也就是说，与资本主义的情况不同，大规模的环境退化可能并非是社会主义的内在本质"①。社会主义和生态之间并不存在内在的冲突，这就决定了唯有通过资本主义制度和生产方式变革，建立生态社会主义社会和实现生产性正义，生态危机才能得以解决。对于应当采取何种生态政治战略建立生态社会主义社会，生态学马克思主义通过批判"深绿"和"浅绿"生态思潮生态政治战略的缺陷，提出了制度和价值观双重变革的生态政治战略。

"深绿"生态思潮坚持"地球优先论"的价值立场，要求突破传统的人际伦理学，把道德关怀拓展到人类之外的存在物，其生态政治战略的核心是要破除"人类中心主义价值观"，将限制经济增长和技术进步作为解决生态危机的出路，主张以"自然价值论"和"自然权利论"为基础，变革个人生活方式和建设示范生态社区，建立一个超越民族国家、地方自治和以直接民主为主要特点的生态和谐社会。"浅绿"生态思潮则认定环境问题是人类社会发展的必要代价，当前的环境问题根源于人口增长过快和现代技术的大规模使用。"浅绿"生态思潮由此提出在现有资本主义框架内，通过控制人口增长、开发利用先进技术、自然资源市场化等方式克服生态危机的生态治理理论，其根本目的在于维系资本主义的可持续发展。

生态学马克思主义在批评"深绿"和"浅绿"生态思潮的生态政治战略的共同缺陷是脱离人类与自然界之间客观的物质与能量交换过程，仅仅立足于生态价值观探讨人类与自然之间的关系的基础上，指出"深绿"生态思潮提出的生态社区自治和变革个人生活方式的主张的问题在于完全不

---

① 〔美〕詹姆斯·奥康纳：《自然的理由——生态学马克思主义研究》，唐正东、臧佩洪译，南京大学出版社，2003，第 418 页。

理解资本主义制度和不公正的全球权力关系从根本上导致了生态危机，任何地方性生态问题都与资本的全球化密切相关，脱离全球视野的地方生态自治是不可能解决生态危机的，只有把改变资本主义的全球权力关系同改变个人的生活方式有机地结合起来，才能真正解决生态危机；同时也批评"浅绿"生态思潮把生态危机的根源归结为人口增长过快、现代科学技术的运用和自然资源没有被市场化的观点忽视了人口增长过快主要发生在发展中国家，而当前的生态危机主要是由发达资本主义国家引起的。发达资本主义国家是当前实际上的主要生产者和消费者，并通过资本的全球化把污染产业转移到发展中国家以便转嫁生态问题。更为重要的是，资本利用其控制的不公正国际政治经济秩序，使发展中国家只能以破坏生态环境的方式获得"发展"。因此，发达资本主义国家及其全球权力关系才是生态危机的根源和元凶。对于科学技术的社会效应，生态学马克思主义认为，科学技术本身并无价值属性，其社会效应是由承载它的社会制度和生产方式的性质所决定的，脱离社会制度和生产方式抽象地谈论科学技术的社会作用毫无意义。"浅绿"生态思潮希望在不变革资本主义制度和生产方式的情况下，通过科学技术的进步和运用来解决生态危机，从根本上说是由于其不理解在资本主义制度和生产方式下，科学技术只能沦为资本追求利润的工具，其进步和运用只会进一步使生态问题恶化。对于自然资源市场化的问题，生态学马克思主义指出，这一做法虽然在短时间内会起到缓解生态危机的作用，但是不能从根本上解决生态危机。这是因为：一方面，很多自然资源如空气、风景等是无法用市场价格来衡量的；另一方面这一做法实际上是把人类与自然的关系归结为金钱和商品关系，只会更加强化人类对自然的占有观念，只会进一步激化生态危机。

正是在批评"深绿"和"浅绿"生态思潮生态政治战略的基础上，生态学马克思主义认为，必须实现生态运动和有组织的社会主义运动的有机结合，把前者引向激进的阶级运动，并通过社会制度与价值观的双重变革，建立生态社会主义社会，最终解决生态危机。为了说明生态运动同有组织的社会主义运动相结合的必要性，生态学马克思主义首先从生态运动和社会主义两个维度揭示了社会主义和生态运动当前没有结成联盟的原因。具体来说，反对传统社会主义的原因在于，生态运动认为社会主义是继续完成资本主义许诺的一场运动，其结果是：一方面，社会主义以实现资产阶级所宣扬的自由、平等、博爱为政治任务，从而放弃了追求生产性正义；另一方面，社会主义将自己在经济方面的任务看作实现资本主义所无力完成的物质富足的许诺。在这种处境下，社会主义被当成一种追求无限增长的生产主义的意识形态，这就要求传统社会主义在实践中必须呼吁社会主义理念的回归，使社会主义从迷恋分配性正义转向追求生产性正义，并把"生产性正义"重新看作"一个社会可以通过各种途径来达到更高的生产率水平，如采用更为有效的原材料再使用、循环利用等等方法；减少能源使用并在改良了的绿色城市内使用大众交通工具来上班；通过发展有机农业来阻止'反复喷施杀虫剂'；另外，还有一些别的方法，——尤其是劳动和土地的商品化"。① 社会主义者则把生态运动看作反生产主义的禁欲主义。而生态运动本身的主张也为它实现激进社会变革设置阻碍，使它无法和社会主义运动结合。生态运动以"全球性地思考，地方性地行动"为口号。所谓"全球性地思考"，就是强调主体行为对全球生态环境的影响，所谓"地方性地行动"，则要求具体地区可以通过减少资源消耗为全球生态环境保护贡献力量。然而，上述口号和生态地区主义的倾向可能会导致自我欺骗。因为一方面，生态运动忽视了随着全球经济与政治力量呈现出集中化的发展趋势，"地方"越来越成为全球性分工的碎片，"地方环境"俨然成为全球化发展的牺牲品；另一方面，生态运动通常注重社会和自然的关系，而忽视社会生产关系和社会权力关系，在这种状况下，生态运动寄希望于展开"地方性行动"来解决环境问题，这只能沦为一种无法实现的愿望。这就要求不仅要"全球性地思考，地方性地行动"，也要"地方性地思考，全球性地行动"。一旦社会主义和生态运动实现了上述变革，社会主义和生态学才能达到互补状态。只有把社会制度和价值观变革结合起来，建立生态社会主义社会，才有可能从根本上解决生态问题。

生态学马克思主义所说的"制度变革"，就是通过建立生态运动与社会主义运动的同盟，变革资本主义制度以及不公正的全球权力关系，建立生态社会主义社会。变革资本主义制度一方面要求生态运动应当在保护工人

---

① 〔美〕詹姆斯·奥康纳：《自然的理由——生态学马克思主义研究》，唐正东、臧佩洪译，南京大学出版社，2003，第425页。

的生存权利和保护自然可持续发展之间保持一种张力，消除工人和环保主义者彼此的成见和敌视，坚决反对和破除以谋取资本利润为目的的破坏自然的行为；另一方面要求通过激进的环境革命和社会革命，破除建立在以人类和自然为代价的积聚财富基础上的国家同资本之间的合作关系，建立一种由崭新的民主化的国家政权与民众权力之间的合作关系，建立一个以公正和可持续发展为基础的生态社会主义社会。所谓"价值观的变革"，主要包括从个体道德和社会正义的角度树立生态道德价值观。所谓个体道德变革，就是要变革支撑资本主义现代化的以"支配自然"为核心的价值观，树立人类与自然相互影响、相互联系的整体论的道德价值观，生物多样性伦理和控制人的非理性欲望的技术伦理，实现人类和自然的和谐发展。所谓社会正义维度的变革，就是必须认识到资本主义的生产目的是追求资本利益的最大化而置环境于不顾，并利用不平等的国际政治经济秩序对第三世界国家进行资源掠夺。因此，环境运动应该选择一种和生态协调的以人为本，特别是以满足穷人基本生活需要以及确保生态长期安全的新的社会形态，保证环境公平，变革资本主义价值观的不正义和不道德的性质。

生态学马克思主义的生态政治战略要求推进社会制度和价值观双重变革，并把建立生态社会主义社会作为其追求目标和社会政治理想。虽然生态学马克思主义理论家对生态社会主义的设想各有侧重，但其共同点则包括四个方面的内容。具体来说，第一，他们都把生态社会主义社会视为社会主义价值理念的真正复活。在他们看来，社会主义的创始人马克思、恩格斯原本通过批判资本主义生产的目的是利润而非满足人的基本生活需要，从而得出资本主义生产不正义的结论。社会主义的核心理念就是要改变这种不正义，使生产目的服从于使用价值而不是交换价值，在最大限度地减少对自然资源消耗的同时，引导人们在劳动中实现自我而不是在消费中实现自我。第二，生态社会主义社会要求改变现代社会在疯狂的消费中寻找满足的生存方式，并不是要人们回到以穷乡僻壤为特征的艰苦生活环境中去，而是要通过替代的社会政策，通过创造新的满足方式，最终建立一个"较易于生存的社会"。这种"较易于生存的社会"的核心是要改变现代社会建立在大规模技术运用、高度集中的生产模式和管理模式基础上的高生产、高消费的所谓理想的生存方式，是要利用工业文明的积极成就，创造多种满足形式，把人们的满足和幸福的获得从消费领域引向具有积极性、创造性的生产活动。第三，生态社会主义社会倡导"稳态经济"发展模式，但这里所说的"稳态经济"发展模式绝非像生态主义那样追求经济或人口零增长，排斥技术发展和生产，而提倡遵循生态理性，尽量减少对自然资源的消耗，追求建立在人类与自然和谐发展的基础之上的经济增长和技术进步。第四，生态社会主义社会要求变革资本主义国家高度集权的管理模式，要求通过强调实现生产和管理过程的"非官僚化"和"分散化"，使资本主义国家和权力关系民主化，使工人直接参与经济决策和生产管理过程，真正激发工人劳动的积极性和创造性。因此，生态社会主义社会实现了资本主义社会无法实现的人与人之间的自由和平等的关系，实现了人们社会关系的和谐发展。

三　生态学马克思主义的生态政治哲学的基本特点与价值

生态学马克思主义的生态政治哲学凸显了生态学马克思主义与"深绿"和"浅绿"生态思潮不同的理论特质、价值立场和价值指向，对于我们正确认识"深绿"和"浅绿"生态思潮的理论缺陷，科学把握生态文明的本质，摆脱生态文明理论研究的西方霸权话语，以历史唯物主义为基础，以生态学马克思主义为理论资源，建构具有自主知识体系的生态文明理论，推进中国生态文明建设的深入具有重要的价值。具体来说体现为以下几点。

第一，生态学马克思主义生态政治哲学在理论基础、价值立场与价值取向上的特质，彰显了生态学马克思主义与"深绿"和"浅绿"生态思潮的本质区别。生态学马克思主义生态政治哲学的理论基础是历史唯物主义的自然观与历史观辩证统一的生态共同体思想，这一理论基础决定了生态学马克思主义生态政治哲学总是立足于社会制度和生产方式，考察人类社会与自然界的物质与能量交换过程，寻找生态危机的根源和解决途径，指认资本主义制度和生产方式的不正义性，并明确把资本主义制度和生产方式看作生态危机的根源，并由此提出了制度变革和价值观变革的生态政治战略和生态社会主义的政治理想。生态学马克思主义生态政治哲学所强调的制度变革的核心就是要通过变革颠倒使用价值和交换价值关系的资本主义制度和资本所支配的全球权力关系，建立生态社会主义社会，在遵循生态理性的基础上实现"生产性正义"，并由此要求社会主义不应当把资产阶级关于"分配正义"的承诺作为自己的追求，进而把生态社会主义的政治理想的价值归宿定位于满足人民基本生活需要，特别是穷人需要，是一种反对资本主义的非西方中心主义的穷人的生态学。"深绿"生态思潮的理论基础是自然观与历史观相割裂的抽象的生态哲学，忽视社会制度和生产方式，单纯从抽象的生态价值观维度探讨生态危机，由此脱离资本所支配的全球权力关系，把生态价值观的变革和地方生态自治看作解决生态危机的途径，并秉承"地球优先论"的价值取向，从维护资本和中产阶级既有的生活质量这一目的出发，反对技术运用和经济增长，把发展中国家为消除贫困的发展看作对他们维系既有生活质量的威胁，实际上是忽视人民群众生存权、发展权与环境权的西方中心主义的生态学，实际上是一种自由主义的政治哲学。"浅绿"生态思潮以近代机械论的哲学世界观与自然观为理论基础，虽然它认识到地球生态系统的有限性和自然资源的稀缺性，并标榜代表人类的整体利益和长远利益，但是一方面在近代机械论的哲学世界观与自然观的支配下，把人类和自然的关系对立起来，另一方面它并不是真正为了保护自然本身，而是为了保护资本主义再生产的自然条件，它主张的技术进步和经济增长并不是为了满足人民群众对使用价值的需要，而是要求通过实现资本主义经济的可持续发展，为了满足资本对利润的追求，其本质上是一种忽视民生的绿色资本主义理论，本质上是自由主义的发展哲学。

第二，"生产性正义"是生态学马克思主义生态政治哲学的价值追求，其本质是"所有制正义"，强调只有破除不正义的资本主义制度，将生产目的定位于满足人民群众的需要，建立生态社会主义社会，实现"生产性正义"，才能做到科学技术进步、经济增长和人与自然和谐发展。在我国学术界，关于生态文明理论的价值取向和生态文明建设的价值归宿问题是我国学术界争论的焦点问题，其争论围绕到底应当坚持"生态正义"还是"环境正义"这一问题展开，并由此形成"一致论"和"差异论"两种对立的观点。①"一致论"认为"生态正义"与"环境正义"的争论是语词之争，可以在同一意义上使用；"差异论"则强调二者具有本质的区别，应该严格区分运用。我们可以从探讨生态学马克思主义、"深绿"和"浅绿"生态思潮在这个问题上的不同观点，进一步思考如何看待和处理"一致论"和"差异论"两种观点的关系。"深绿"生态思潮强调只有立足于生态科学等自然科学，反对传统的人类中心主义价值观，把道德关怀对象延伸到人之外的存在物，实现"生态正义"，才能维系生态系统的和谐与稳定。他们所谓的"生态正义"，既包括人与人之间的代内和代际的人际正义，又包括人类与自然之间的种际正义。"浅绿"生态思潮基于保护人类的利益，反对"深绿"生态思潮关于存在着种际正义的观点，认为只存在人与人之间的生态资源的占有、分配和使用的公平分配的"环境正义"，并随着1982年兴起于美国北卡罗来纳州的环境正义运动，第一次把种族、贫困与环境污染问题联系起来，并最终形成了包括分配正义、程序正义、矫正正义、承认正义内容在内的"环境正义"的概念。生态学马克思主义以历史唯物主义关于人类与自然辩证统一的生态共同体思想为理论基础，明确提出了"生产性正义"的价值追求，指出"生态社会主义是人类中心论的（尽管不是在资本主义—技术中心论的意义上说）和人本主义的。它拒绝生物道德和自然神秘化以及这些可能产生的任何反人本主义，尽管它重视人类精神及其部分地由与自然其他方面的非物质相互作用满足的需要"②。也就是说，生态学马克思主义既反对"深绿"生态思潮的生物道德和生态正义的观点，也反对"浅绿"生态思潮立足于资本的利益的人类中心主义的观点，强调应当通过追求"生产性正义"即"所有制正义"，实现建立在集体的长远利益基础上的人类中心主义。实际上，生态学马克思主义的"生产性正义"和历史唯物主义的"环境正义"具有内在一致性，所有制正义是环境正义概念的核心和基础，只有实现了所有制正义，才能真正实现分配正义和矫正正义。"生态正义"与"环境正义"具有不同的起源、哲学基础与价值取

---

① 王雨辰、张佳:《论我国生态文明理论体系的建构及其价值归宿》,《马克思主义与现实》2023年第5期。

② 〔英〕戴维·佩珀:《生态社会主义:从深生态学到社会正义》,刘颖译,山东大学出版社,2005,第354页。

向，代表了分析生态危机和构建生态学的不同思路，"深绿"和"浅绿"生态思潮强调的"生态正义"和"环境正义"，都脱离了社会制度和生产方式维度，只有历史唯物主义的"环境正义"才实现了自然观与历史观的有机统一，并主张从制度和生产方式维度探讨生态危机的根源与解决途径，是我国建构生态文明理论和建设实践应有的价值取向。

第三，生态学马克思主义的生态政治哲学对于完善和推进我国社会主义生态文明建设具有重要的价值。任何一种生态文明理论都包括哲学文化价值、经济、社会和政治等四个维度。其中，哲学文化价值维度主张树立和生态文明相一致的哲学世界观和文化价值观，是生态文明的理论基础；经济维度是指要妥善处理经济增长和生态文明的关系，是生态文明的前提；社会维度强调生态文明的制度体系建设，是生态文明的核心；政治维度则是指生态文明与社会制度和生产方式的关系，它是生态文明的价值诉求。[①]生态学马克思主义生态政治哲学要求树立历史唯物主义的生态哲学世界观和自然观，而且要求变革不正义的资本主义制度，实现"生产性正义"，建立使科学技术进步和经济增长服务于人与自然和谐发展的生态社会主义社会。生态学马克思主义生态政治哲学揭示了资本主义制度的反生态性质，要求恢复社会主义的初衷，在实现"生产性正义"和建立生态社会主义的基础上，解决生态危机和展开生态文明建设。同时，生态学马克思主义的生态政治哲学又是一种穷人的生态学，从而与"深绿"和"浅绿"生态思潮从根本上区分开来，其思想是继承和发展马克思、恩格斯对资本主义生态批判的结果。马克思、恩格斯不仅批判了资本主义生产目的的不正义性，而且揭示了资本主义制度和生产方式必然造成人类与自然之间的物质变换关系的断裂，提出了只有实现"两个和解"，即人与自然、人与人关系的和解，建立共产主义社会，才能合理协调人与自然之间的物质变换关系，实现人的个性自由以及人与自然的和谐共生。生态学马克思主义的生态政治哲学对生态文明的经济维度的论述鲜明体现在它对生态社会主义社会政治理想的设想上。它把生态社会主义社会规定为"易于生存的社会"，强调建立"易于生存的社会"并不是回归穷乡僻壤的前技术时代，而是主张积极

---

① 参见王雨辰《生态文明的四个维度与社会主义生态文明建设》，《社会科学辑刊》2017 年第 1 期。

利用工业文明的科学技术成果，使人们从疯狂地占有和消费商品的满足形式中摆脱出来，从被资本主义社会的总体支配下解放出来，通过技术进步和经济增长创造多种满足形式，使人们到创造性的劳动中体验自由和幸福。上述看法与"深绿"和"浅绿"生态思潮对生态文明的本质的理解有本质区别。"深绿"生态思潮基于西方社会科学技术和生产力高度发达，社会物质财富极大丰富，生产和生活的问题在某种程度上得到解决，其面临的问题是如何保证资本以及中产阶级既有的生活质量。它由此把发展中国家的发展看作对西方维护既有生活质量的一种威胁，由此忽视发展中国家人民群众的生存权、发展权和环境权，提出维护生态系统整体稳定与和谐的途径在于树立生态中心主义价值观，反对经济增长和科学技术进步，本质上是把生态文明看作人类屈从于自然的"和谐状态"。而"浅绿"生态思潮虽然认为解决生态危机要以科学技术进步、经济增长和严格的生态环境制度为前提，但其上述主张并不是为了满足人民群众对使用价值的需要，而是为了满足资本对利润的追求，其制定严格的生态环境制度虽然对缓解人与自然的紧张关系具有一定的积极意义，但其根本目的却并不是保护自然本身，而是维系资本主义再生产的自然条件和生态平衡，而在资本利润动机的支配下，最终必然进一步激化生态危机。生态学马克思主义生态政治哲学对生态文明本质和生态文明经济维度的理解的意义在于：使人们认识到脱离了技术进步和经济增长，生态文明建设就必然沦为空谈。党的十八大以来，我国反复强调"发展"是解决中国一切问题的基础和前提，认为经济发展与生态文明建设不是对立的关系，指出生态危机的根源在于粗放型发展方式而不是发展本身，强调走以科技创新为基础的生态文明发展道路，加快完善以新质生产力为基础的生态经济体系，实现生产方式与生活方式的绿色化，明确地把中国式现代化规定为"五个文明"协调推进、人与自然和谐共生的现代化。

政治尚贤制：历史审度、制度属性与现代转换[*]

李建华　江梓豪[**]

摘　要：政治尚贤制在中国政治社会中具有一定的普遍性，但是政治尚贤制的内涵比较复杂且模糊。从历史、制度与当代转向的三个维度对其进行概念的辨析，有助于厘清政治尚贤制到底是一种制度性安排，还是一种政治手段。从历史维度看政治尚贤制，中国历史上存在三种具有典型特征的政治尚贤制即禅让制、荐举制和科举制，其本质还是"选拔文化"的产物。历史上政治尚贤制是如何演变与发展的，当中的制度逻辑又是什么，可以从功利论与目的论两个维度对政治尚贤进行制度伦理解读。政治尚贤制需要适应现代政治民主制度而不断转换与完善，特别是要确保这种制度之善，即"以人民为中心"，要坚持德才统一而不仅仅是"兼备"，在"德"中凸显能力本位，这在现代公务员制度建设中得以充分体现。

关键词：政治尚贤制；科举制；制度伦理；德才兼备

制度（institution）[①] 可以看作被人自觉意识并且把握的一套规则体系，

---

[*]　本文系国家哲学社会科学重大招标项目"中国政治伦理思想通史"（16ZDA103）的成果。

[**]　李建华，哲学博士，武汉大学哲学学院/应用伦理研究中心教授，主要研究方向为政治伦理学、道德心理学；江梓豪，哲学博士，深圳职业技术大学马克思主义学院讲师，研究方向为政治哲学、制度伦理。

[①]　高兆明：《制度伦理研究——一种宪政正义的理解》，商务印书馆，2011，第3～4页。

一般来说制度分为"伦理的与法律的，或非正式的与正式的"①。由此可见，政治尚贤制就是一种让人们自觉意识到"尚贤"并且以此为推选标准的规则系统。在政治生活中的政治尚贤制，不仅与"尚贤"的价值相关，还包含了某种人事与组织关系；概括来说政治尚贤制具有三个特点：第一，是以某种被广泛认可的"尚贤"标准所设定的国家制度规范体系；第二，是与之配套的政府用人制度性安排；第三，是能够在政治实践中体现出"尚贤"价值的非正式制度安排。

一　中国古代政治尚贤制的历史审度

在制度主义理论的发展过程中，有传统制度主义（traditional institutionalism）和新制度主义（new institutionalism or neo-institutionalism）的分野。传统制度主义把正式的政治制度看作重要的行为体，重视制度性行为的描述以及正式规则的分析与制度结构之间的比较与历史考证；而新制度主义虽然没有明确的内涵，但是在传统制度主义正式制度的基础上，增加了对非正式制度的关注。在此，我们对尚贤制的理论解析，主要是参考传统制度主义对制度研究的探索方式，但在聚焦现实问题时也会结合非正式制度的角度进行讨论。从最宽泛的层面看，政治尚贤制作为一种政治制度，一方面体现出制度制定者的意图，另一方面是一整套实现该意图的手段集合。把政治尚贤制看作一种孤立的制度存在是不准确的，也就是说政治尚贤制并不是一种单一的制度，除了正式的制度之外还包含了许多具有"尚贤"特质的手段，比如说中国历史上的科举制，并不能与政治尚贤制画等号，因为科举制是一种选拔人才的手段，并不能独立运行。作为一种概念，政治尚贤制是涵盖了一切具有"尚贤"特征的制度与手段的集合。

从历史的维度看政治尚贤制，中国历史上存在三种具有典型特征的政治尚贤制：其一，禅让制；其二，皇权社会的选贤任能制度②，历史上很长一段时间都是通过科举制实现封建王朝内部的官员选任；其三，近现代历

① 高兆明：《伦理学理论与方法》，人民出版社，2005，第85～92页。
② 如察举制、九品中正制以及科举制，在一般的研究中它们被统称为古代社会的选贤任能制。

史能够体现尚贤的制度。从政治学的制度理论出发，"制度是一套基于规则、程序来调节个人和（或）群体行为的持久而稳定的安排"[1]，可以将政治尚贤制理解为一套稳定的调节政治体制内部结构的组织制度，也可以把政治尚贤制称作某种游戏规则（the rule of the game）。

（一） 禅让制：中国最早的一种政治尚贤制

在中国学界，政治尚贤观念的支持者认为，中国古代历史上真实存在某种程度的尚贤制。对古代政治制度的研究，有助于完善当代的政治制度。新儒家学派的学者蒋庆等所提倡的"三院制国会"[2]的政治构想，受到了儒家传统经典《公羊传》的影响。一方面，体现出中国古代思想与经典具有某种层面的"尚贤"基础，"三院制国会"中的国体院基本上以"尚贤"为制度理念；另一方面，古代的思想与理论，很难直接套用到当代的社会中，所谓"三院制国会"可能无法付诸实践。

根据历史考证，禅让制是中国最早的一种政治尚贤制。据记载，禅让制出现于中国上古的"五帝时期"。当时并没有国家的概念，而是以部落为纽带的群居社会，夏商周三代全都是通过部落之间的征服与兼并而形成的[3]，禅让制所解决的核心问题就是如何顺利地选拔部落领袖，保障部落政治权力的和平转移。"当部落结为联盟，逐渐成为凌驾于社会之上的权力时，国家就从原始社会中脱胎而出了。"[4] 由此可见，禅让制并不是一种国家制度，而是一种社会层面的制度。

中国古代部落生产力低下，交通不便，部落的发展需要集体的合作。有一些学者认为，以部落为基础的组织形式，需要公正地分配劳动任务，以及公平地分配食物，因此部落领袖的能力与品行在分配过程中非常重要。在部落政治权力交替的时候，能力与品行成了禅让制考虑的主要因素。事实上，最早关于禅让制的记载源自《十三经》中的《尚书》，"尧舜禅让"的故事也是源自司马迁所作的《史记》。另一种看法是"禅让制的传说要早

---

① 李辉：《优化党内政治生态建设的动力机制——基于行动者－系统－动力学理论》，《廉政文化研究》2019 年第 5 期。

② 蒋庆、贝淡宁：《中国的儒家宪政》，《原道》2012 年第 1 期。

③ 苏力：《大国宪制——历史中国的制度构成》，北京大学出版社，2018，第 79 页。

④ 柏桦：《中国官制史》上册，万卷出版社，2020，第 19 页。

于禅让的学说"①。禅让制的存在缺少直接的证据，它主要存在于传说中，具有一定程度的道德色彩。人类学对因纽特人（Inuit）②这一古老群体进行研究后发现，目前生活在阿拉斯加的因纽特人还是以部落为基础的组织形式生活在北极圈，但是因纽特人并不会计较劳动分工是否于己有利，也不会计较族群之间食物分配的数量，因为生活在极寒之地只有尽可能地帮助"任意"③一个人，才能够在严寒的环境下生存下去。简而言之，因纽特人是当代存在的仍以原始部落形式生活的人类群体，但是在他们的文化中并没有尚贤、禅让、公平一类的概念。因纽特人的故事告诉我们，政治活动与政治文化其实并不是人类生存的必需品。政治应该是建立在社会存在一定生产富余的基础之上的人类实践活动，政治理念的前提是遵从于生存逻辑，不能生存就没有政治可言。

禅让制是否存在，学界一直存在争议。首先，记载部落或者联盟的禅让历史的文献比较缺乏，并且大多都是后人通过习俗与传说记载形成的文献。一方面，因为年代久远，缺乏直接相关的历史证据，有人认为"尧舜禅让"的故事其实是编造出来的，有许多的学者认为这是战国时期的墨家所为，还有一些学者认为是源自儒家。另一方面，荀子在《荀子·正论》中说"夫曰尧舜禅让，是虚言也，是浅者之传，陋者之说也"④，否认了尧舜禅让故事的真实性。无独有偶，韩非在《韩非子·说疑》中说"舜逼尧，禹逼舜，汤放桀，武王伐纣。此四王者，人臣弑其君者也"⑤，不仅否认禅让本身，还否认了舜和禹继承权利的道德基础。唐代的刘知几与唐代史学家司马贞也表达了类似的观点。其次，禅让制缺乏稳定运行的制度基础。禅让制如果真实存在，那么它解决的是最高领导人权力转移的问题，但是到底是掌权的领导人发现比自身能力与品行强和优秀的人存在，就会自觉地交出权力退位让贤，还是在权力地位的博弈中最终的胜利者为了获得权

① 李友广：《理想化与存在性的交织："禅让制"刍议》，《长安大学学报》（社会科学版）2015 年第 3 期。
② 曲枫：《平等、互惠与共享：人与动物关系的灵性本体论审视——以阿拉斯加爱斯基摩社会为例》，《广西民族大学学报》（哲学社会科学版）2020 年第 3 期。
③ 在极寒条件下，因纽特人会对所有需要帮助的人施予援手，并且不会计较利益得失，这样一种行为让因纽特人得以在极端严酷的自然环境中繁衍生息。
④ （清）王先谦撰《荀子集解》，沈啸宸、王星贤点校，中华书局，1988，第 355 页。
⑤ （清）王先慎撰《韩非子集解》，钟哲点校，中华书局，1998，第 406~407 页。

力的合法性，因此制造了一出"禅让"的戏码？这两种解释，事实上都没有足够的历史证据支持，也难有能够服众的理论推导。换言之，禅让作为一种行为存在合理性，但说它是一种稳定可复制与延续的制度模式，或许存在非常多的不确定性，这一系列的问题恰好证明了禅让制或许仅仅体现了后人对历史传说的一种美好期望。最后，禅让与人类本性相冲突。中国哲学的主流强调性善论，西方哲学认同性恶论。人性认识的差异直接影响到对于"禅让"这一行为的看法。因此不妨跳出本性论的范畴，回归到人的生物本性，对此孟子以"人之所以异于禽兽者几希"表达了人与动物之间的差异其实很小。

功利主义者一般认为"人类的本性都是趋利避害的"[1]。从权力的架构中可以发现，最高权力者一方面享受最大的权力，另一方面其地位与安全也受到了相应的威胁。因为权力是稀缺的，所以从理性的角度来看，"禅让"事实上会威胁到掌权者自身的安全。从更为理性的角度来说，最高权力者应该不断地强化自身的地位与权力。历史发展的脉络与无数案例已经证明，权力的蛋糕不仅不容"分享"，甚至无法和平"禅让"。所以说，禅让制更可能是一种具有道德感化色彩的传说，而不是一套完整的制度体系。

（二）"家天下"：政治尚贤制目的的异化

"禅让制"向"家天下"转向。不论禅让制是否真实存在过，它作为一种概念与理论事实上影响着历史的发展。禅让制概念的历史存在，表现出中国文明对于政治权力的一种态度，那就是模糊化了政治夺权的过程，掌权者试图以维系权力为出发点，通过道德论证对掌权的事实进行美化。比如李世民通过"禅让"的手段，让李渊变成太上皇，其夺取权力的过程与传统的政治文化相违背，但是如果李渊"自愿"退位，那么李世民就能够更为顺利地掌握权力。"禅让制"向"家天下"发生转向，也从侧面说明了政治尚贤问题的矛盾点，已经从政权问题转换成政治（治理）问题。在禅让制的语境中，"禅"本义是"在祖宗面前大力推荐"，赋予权力转移以意识形态正当性，"让"解决的是政权的归属问题，通过一种规则与手段，完

---

① 〔英〕约翰·穆勒：《功利主义》，徐大建译，商务印书馆，2019，第10页。

成政权最高权力的转移。

当禅让制逐渐退出历史的舞台，"天下"变成了帝王的"私产"，政治尚贤的目的就发生了根本性的转变。从让贤能的人成为最高权力者，变成了如何选拔优秀的人才，帮助最高权力者实现更好的治理。"家天下"的转向，意味着一种制度层面的进步，因为它避免了最高权力转移时可能产生的"激烈斗争"，虽然历史上的王朝权力转移依然血腥，但同一朝代内的最高统治权力转移已经能够通过皇权制度稳定地完成。政治权力的良序转移（移交），意味着皇权的制度化得到了不断的强化。

"谁来掌权"变成了"谁来帮助治理"。政治尚贤的内涵得到了明确，即寻求能力强、品质优秀的人，更好地帮助帝王实现国家的治理。封建王朝的选贤任能制度就此产生，随之得到强化的就是官僚制。因为政治尚贤的核心目标已经完成转换，所以官僚制的发展获得了非常大的窗口期。从历史来看，中国的历代王朝都很重视精英选拔，注重官僚队伍的建设。但是任何一项制度，从诞生走向成熟，都需要经历非常多的实践积累与经验总结。政治尚贤制其实就是这一系列选拔精英的制度的集合。政治尚贤制的内部手段，往往会随着不同时代背景与王朝更替而发生改变，比如说起源于两汉时期的察举制到魏晋南北朝时期就有了变化。

总的来说，政治尚贤制的手段可能会不同，但是政治尚贤制的根本目的，随着"家天下"的确立，逐渐成为一种具有确定性的政治目标。中国人会有一种刻板印象，那就是"千里马常有，而伯乐不常有"①，因而产生"识人""爱才"是选贤任能的关键这样一种认知，这样一种认知是建立在以领袖为核心的基础上，突出了统治者个人的选拔能力，存在某种意义上的重"人治"轻"制度"的色彩。治理问题的前提是"为了谁治理"。中国古代的政治社会结构属于"强国家—弱社会"，因此国家治理是重中之重，国家不是人民的国家，而是统治者的"私产"，所以精英官僚治理的负责对象并不是人民，而是掌控国家主权的统治阶层。在这一逻辑下的政治尚贤，容易受到统治者个人"喜好""诉求"的影响，如"求贤若渴、礼贤下士、唯才是举、不拘一格降人才"等论述，体现了"人治"的底层逻辑。

---

① 苏力：《大国宪制——历史中国的制度构成》，北京大学出版社，2018，第402~410页。

统治者因为个人"喜好"重用了不该重用的人，一方面体现出"人治"的特点；另一方面则说明非制度化的选贤任能，本质上服从于统治者自身的逻辑。历史上的"奸臣"，如严嵩、秦桧、赵高等，皆为"一人之下万人之上"，但这种选人用人的结果，其实是统治者或者统治集团内在的需求①与尚贤理论"不匹配"而造成的。

总而言之，"家天下"改变了政治尚贤的目标。政治尚贤，从关于统治者的标准，转变为关于帮助统治者实现治理的精英阶层的标准。中国古代科学技术与生产力不够发达，信息传递的速度与效率很低，政治尚贤想要实施到位非常困难。统治者及其统治集团的个人"好恶"削弱了政治尚贤的理论效力。

（三）"拔文化"：中国古代政治尚贤制的逻辑

在人才挑选方面，历史上有"拔文化"与"举文化"之别。所谓"拔文化"就是国家挑选人才是"自上而下"的，就像在地里拔萝卜，被拔者非常幸运，对拔者会心存感激，形成一致的"对上负责"。而"举文化"就是民主的文化，就是自下而上地选举。以严格的制度来看，中国历史上属于政治尚贤制的制度主要是推举、察举与科举三种，此"举"实质上还是"拔"，其中有时可能是拔举并用。这三种制度存在制度连续性，服务于当时的社会政治环境。科举制可以看作中国古代选贤任能制的巅峰，随着科举制的逐渐完善，古代帝国的官僚制也达到了巅峰。

汉武帝时期是一个标志节点，一个系统性的政治精英选拔制度被逐渐创立，经历大约七个世纪的制度实践，科举制逐渐成型并对后世影响深远。事实上，汉武帝之前的汉文帝就曾经下令要求全国各地举荐"贤良方正能直言极谏者"②。在此基础上，汉武帝设立了察举制③，通过制度化的方式，实现了政治参与的渠道化。一开始察举制的选拔形式并不固定，主要是以两种方式呈现：其一，地方通过人口比例向朝廷（中央）举荐能够实践儒

---

① 柏桦：《中国官制史》下册，万卷出版社，2020，第527页。
② 陈曦等注《史记》，中华书局，2022，第422页。
③ 沈兼士：《选士与科举——中国考试制度史》，漓江出版社，2017，第12～32页；阎步克：《察举制度变迁史稿》，北京师范大学出版社，2021，第3～7页。

家伦理的孝廉；其二，通过朝廷（中央）的高级官员举荐优秀的人才。所选举的对象并不限于官员，也包含了民间德高望重的人。朝廷（中央）主要是对考察对象进行考试，考试内容既可以涉及重要的社会问题，也可以涉及出使西域、治理黄河等。

总的来说，察举制为政治尚贤制奠定了实践基础。一方面是通过推举与考察的方式，完成了帝国对于人才的吸收；另一方面通过制度化实现了社会—朝廷（国家）之间的互动。虽然官员的选拔与任用最终需要得到皇帝的确定，但是这并不是现代化语境中的"人治"，因为任何一种制度都会存在一定的"自由裁量空间"。皇帝决定是否"录用"某一官员，可能会受到自身某种价值倾向或者偏好的影响，但是皇帝的行为并不构成对察举制的破坏，从某种程度来说皇帝也是制度的"服从者"。汉武帝接受了董仲舒的建议，"罢黜百家，表章《六经》。遂畴咨海内，举其俊茂，与之立功"①，为后来的科举制度定下了主旨。批判的观点会认为，"独尊儒术"只保留一种"声音"。但是回归到制度选拔的角度，如果不能以统一的标准对人才进行选拔与录用，制度的构建将会难以继续。制度就是人们的一种"高度共识"，也就是绝大部分人能够认可的。从历史的角度来看，"罢黜百家"并没有直接限制民间的"思想争鸣"，汉武帝"独尊儒术"这一举动从意识形态的角度来说树立起来了一个权威，或者说看齐的标杆。

在造纸术发明之前，知识的传播效率并没有那么高，在全国统一科目与课本难度很大，由此察举制存在着合理性。庞大的帝国需要许多的官吏，从而通过文字对帝国进行有效的治理，虽然这部分读书人并不一定读一样的书，但至少都是识字的文人。东汉的蔡伦发明了"植物纤维纸"，使更为廉价的知识传播媒介逐渐在社会中普及。书籍的广泛传播，使意识形态与教育层面的"独尊儒术"真正成为可能。

伴随着察举制的成熟与发展，察举制的弊端也慢慢显现。察举制本意是为帝国（中央）从社会（地方）选拔出能够承担国家治理重担的人进入官僚体制内，但是随着时间的推移，到了东汉后期，察举制已经在很大程度上被门阀世族操纵。当时社会上流传着的童谣"举秀才，不知书。举孝

---

① 张永雷、刘丛译注《汉书》，中华书局，2016，第54页。

廉，父别居"①，充满了对制度性腐败的嘲讽。察举制导致了地方势力威胁中央，造成了东汉末年地方诸侯割据的局面。"自安以下四世居三公位，由是势倾天下"②，袁绍与袁术就是世代割据的典型。在中央集权的制度框架下，中央与地方的影响力呈现出负相关。中央权威与影响力下降到一定程度的时候，起义往往就发生了。从制度的角度来看，察举制在汉武帝时期起到吸收人才的作用，但制度发展的速度落后于社会发展的速度，察举制慢慢削弱了中央权威与影响力。随着整个政体的衰落，察举制也逐渐消亡。

察举制向科举制转向的两个关键在于中央集权与"以文取士"③。察举制的灭亡，与中央权威的丧失有着密切的关系。察举被地方势力掌控，普通人失去了进入权力体系的机会，各级权力结构逐渐被地方的人员所掌控，中央政府的掌控能力与政治能力不断地下降。但是到了隋朝，不仅州府官员需要中央指派，甚至这些官员的下属都需要通过吏部进行任免。人事任免权的上移，强化了地方对于中央的忠诚，有效地防止了地方势力过于强大，很好地避免了察举被地方捆绑的问题。但是，作为一个庞大的中央集权帝国，如果连州府官员的下属都需要吏部进行逐一考察与选拔，那么地方的积极性会受挫，吏部对于官员的考察与选拔也会存在很大的局限性。对中国古代中央与地方关系有一种经典的描述，那就是"一放就乱，一管就死"。

"以文取士"主要包含了七个方面的变化：①察举的中心环节由举荐转移到考试；②察举的标准发生转变，从孝悌、吏能转向以知识性考试为主；③察举官员的举荐权变成了搜罗文人的考试责任；④考试的流程与规范日趋完善；⑤考试的申请者中出现自由投考者；⑥教学机构（学校、私塾）与察举制的关联日益紧密；⑦组织管理更加精细，区分入仕、选官以及问责考察的权与责。制度变化呈现出加强中央权威的趋向，"以文取士"事实上也是建立在中央集权的基础上的，因为"以文取士"主要是通过文化知识统一考试的方式完成，不同于两汉时期的察举制与魏晋时期的察举制、

---

① 苏力：《大国宪制——历史中国的制度构成》，北京大学出版社，2018，第416页。
② 方诗铭：《世族·豪杰·游侠——从一个侧面看袁绍》，《上海社会科学院学术季刊》1986年第2期。
③ 阎步克：《察举制度变迁史稿》，北京师范大学出版社，2021，第72页。

九品中正制。科举制的前提是统一化的标准考试，但是推举制与察举制无法确立统一化的标准，并且在执行的过程中往往会被某些具有优势地位的群体或者势力所把持。从另一个角度来说，推举制与察举制的候选人范围也不是公平与公开的，许多的案例都已经证明某个特定的社会阶层与势力会以选拔制度限制整个社会的阶层流动。但是科举制则完全不同，从理论上来看，任何一个男人，只要识字读书，都能够有机会通过科举制的选拔，进入官僚阶层。

科举制给予每一个读书人或者科举参与者通过努力或者运气进入官僚阶层的机会。因此从制度设计的角度来说，科举制更能够体现公平与正义的特质。因为无论背景如何，都需要通过同样的考试与程序。虽然在科举制的发展中，地主阶层表现出了比平民阶层更高的"中举率"，但是从程序的角度来说科举制是公平的。在中国传统语境中的制度正义，其实与制度合法性相似，因为科举制在某种程度上是公平的，在人民的心中科举制是合法的或者说是合理的，因此科举制在当时的时代背景下是正义的制度。科举制对人类的考试制度影响深远，但是任何一项制度的生命力都是有限的，1905 年 9 月 2 日，延续一千多年的科举制被清廷宣告立停①。无论何种"举"，本质上还是"拔"。

二 政治尚贤制的制度属性

政治尚贤制作为一种政治制度，需要厘清其目的、手段以及制度化等问题。任何一种政治制度，都是为了服务于某种政治目的，它是一套被人民所接受与认可的手段集合。比如说高考制度，以公平、公正的标准化考试为手段，服务于国家高等教育人才选拔，以及教育资源分配的目的。

（一） 功利论视角

高兆明教授借助功利主义理论对制度伦理进行研究，认为"功利主义理据立场注重制度的效率方面，并以此作为善的制度的基本判断"②。当代

---

① 韩策：《科举改制与最后的进士》，社会科学文献出版社，2017，第 359~368 页。

② 高兆明：《制度伦理研究——一种宪政正义的理解》，商务印书馆，2011，第 50~51 页。

的行为功利主义理论同样注重"效率"，并认为"我们的责任在于做那些能够产生最大效应或者功绩的行为"[1]，简单规则功利主义同样以该规则是否能够最大化效用与社会福利为判断基础。由此可知，政治尚贤制作为一种"善"的制度的根本，能够实现效应最大化。

首先，政治尚贤制为什么能够促进社会福利（效用）最大化？政治尚贤的理论是建基于更加"贤能"的人在政治实践中能够发挥出更好的效果、能够在政治活动中提升效率。新加坡被看作政治尚贤制的一个典范。其原因有三。第一，新加坡总理李光耀曾经公开向全世界推介新加坡的政治模式，"新加坡实行贤能政治，这些就是通过自己的品德、才干和辛苦工作脱颖而出的"[2]。第二，新加坡的治国理政经验中确实存在不少与政治尚贤理论相关的证据，比如说坚持儒家思想，坚持亚洲价值观，系统化的人才培养与发掘制度。第三，新加坡的模式取得了不错的成绩，能够从侧面证明"贤能"的政治家能提升效应。

质疑新加坡模式的人也不在少数。虽然新加坡政治中包含了许多"尚贤""贤能"要素，但作为一个城市国家，人民行动党（People's Action Party）能够按照某种程度的"公司管理"模式对其进行管理。至于其他国家能否对这种模式进行复制，则存在非常大的不确定性。再者，新加坡是实行选举制的国家，虽然人民行动党一直都是执政党，但是如果未来人民行动党在选举中失败，丢掉了执政权，那么这样一种国家层面的政治尚贤制能否继续存在，或者说发挥出效应，同样要画上一个大大的问号。

其次，整体还是部分的问题。政治尚贤制是作为提升效应的一个环节（部分），还是政治尚贤制能直接提升效应，这是一个需要思考的问题。如果将单一制度孤立来看，是无法与整体的效应提升建立起逻辑联系的。因为某些情况下单一制度看起来是十分合理的，但是在制度执行的时候，往往需要不同制度与体系之间的配合，因此整体与部分的问题需要借助实验才能回答。仍以新加坡的例子来说，政权的轮替是否会影响到整个制度体系，也就是说除了政治尚贤制之外，人民行动党的政策执行，是否也包含在整个绩效提升的系统中？回答这一问题，需要政治科学的研究。在没有

---

① 龚群、陈真：《当代西方伦理思想研究》，北京大学出版社，2013，第126页。
② 〔加〕贝淡宁：《贤能政治》，吴万伟译，中信出版社，2016，第21页。

充分证据之前，政治伦理学无法从整体与部分的层面，回答政治尚贤制能不能作为一种"善"的制度这一问题。

最后，功利主义无法超越自身对社会效用的计算。社会效用的计算，是一种纯粹的利益计算，它无法实现对自由权利的证明。比如说，政治尚贤制整体上能够促进社会公平，可能也会如同某些考试制度一样，造成机会层面的不均等。至于政治尚贤制的批评者认为"尚贤制是以不平等，创造更大的不平等"①，这其实就涉及"做大蛋糕"与"分蛋糕"的问题。如果以功利论来看政治尚贤制，现有的证据能够说明，政治尚贤制能够促进社会效应提升，从而"做大蛋糕"，但是如果借助政治尚贤制获得权力的人凭借自身权力与地位，影响到"分蛋糕"，并且进一步依靠资源优势，为下一代获得权力提供不正当优势，那么这样一种制度体系明显与"善"相违背。这一点与罗尔斯的"精英主义会造成分配不正义"的观点相吻合，理由是人的功绩（成绩）积累是一个不可预测的"幸运过程"，因为每个人的天赋才能并不相同，以及其所处的早期客观环境也不同。

伦理学从以何种目的设计制度蓝图以及进行制度实践，目的与结果能否统一等角度来研究制度是不是善的。政治尚贤制作为一种善的制度，促进社会效用的最大化，品行与能力出众的政治人物能够实现这一目标。政治尚贤制作为一种人才选拔制度，需要在人才中筛选出贤能之人。并且被筛选的对象，能够在获得权力之后执行既定制度，并能够取得超越一般人的绩效。从结果善来看，政治尚贤制需要把握两个抓手。第一，以人民的利益为核心。选拔任用能力与品行俱佳的公职人员，服务于人民的利益。第二，以行政绩效最大化为方向。作为一种人事制度，发挥制度优势就是绩效提升，对绩效的考核是多维度的，政治尚贤制在提升绩效的过程中，扮演的是主要角色，因为制度是死的人是活的，人在制度实践中的能动性非常关键。

（二）目的论视角

从目的论的角度来看，第一，政治尚贤制作为一种制度，其"善"的

---

① Zachary Karabell, *What's College For？: The Struggle to Define American Higher Education*, New York：Basic Books，1999，p. 2.

本质是个人权利的保障，因此它超越了纯粹理性的社会效用计算；第二，它更加符合现代化的道德基础，能够在当代社会被广泛接受①。

政治尚贤制作为一种手段，应该服从于政治目的。比如说，政治尚贤制的目的分为首要目的与次要目的，假设，首要目的是以"尚贤"价值为导向，依照"贤能"的标准进行人才选拔；次要目的是通过"尚贤"的道德感化，促进人与人之间产生良性竞争。一般来说，一个组织需要借助某种能够被组织成员所认可的"共识标准"，以此标准作为"提拔、晋升、重用"的客观依据，这样组织内部才能足够团结，成员之间才能更好地"分工与合作"。政治世界中同样如此，符合"尚贤标准"的政治家，能够得到人民对其治理地位的认可。治理者与被治理者之间的互动关系，客观上对治理的效果与效能产生影响。二者良性互动，能够使社会效用最大化。政治尚贤制不仅重视整体效应，同样重视个人权利。比如说，在"政治尚贤"的过程中，要实现个人权利的公平与均等，也就是以正义的价值解决好"分蛋糕"的问题。政治尚贤制本质上就是一种以"尚贤"为价值导向的人事制度，它能够有利于组织内部的稳定，提高组织的整体效率，并在社会实践中实现效用最大化。与此同时，政治尚贤制的本质是对个人"参与权"的尊重，任何人都有均等的机会与权利，因此它是一种正义的制度。如此，政治尚贤制才能够在道德层面被当代社会认可。

在现代性意义上讨论政治尚贤制，首先需要明确制度的设立是为了解决什么问题，或者说政治实践中所产生的一系列固有矛盾的解决方案。中国的现代性社会与古代社会的差异很大，整个社会已经发生了彻底的改变。古今的生产方式不同，古代的中国以农业为主，"重农抑商"是基本国策，如今中国的农业依然非常重要，但是制造业的异军突起与庞大的内需市场，已经能够说明经济模式发生了彻底的改变。"经济基础决定上层建筑"是马克思主义哲学的经典论断。政治尚贤制是"上层建筑"的一部分，而不同的经济基础会产生不同的制度体系，或者说不同的社会有不同的制度需求。结构功能主义理论能够很好地对其进行阐释。回归到制度需求层面，古代的中国采取以中央政府为核心的文官治理模式，文官在治理体系中主要回

---

① 高兆明：《制度伦理研究——一种宪政正义的理解》，商务印书馆，2011，第50~51页。

应民间的诉求，以及传达中央的意图。因此，古代的文官需要有良好的文字素养，这涉及制度体系内部信息的沟通与传递。其次，汉武帝以"独尊儒术"的方式，推行儒家的治国理念，一方面是吸取了秦朝以法家思想治理的教训，另一方面则是在中央—地方的制度体系中借助道德对官员的行为进行约束。可以说，中国古代帝国的制度诉求可以概括为通过"书同文"说"官话"实现帝国制度系统的信息收集、处理与传达，并在意识形态层面确保官员对中央效忠。

当代构建政治尚贤制的目的是，顺应国家治理从传统到现代化的转型逻辑①。当代社会的结构与社会关系，同古代社会的结构与社会关系已经有天壤之别，因此治理的主体也从"一元"转为"多元"。多元治理主体意味着社会治理需要"协作"，因此政府要在治理的环节中成为主导，一方面是因为政府具有资源优势，另一方面是因为政府拥有政治尚贤所赋予的道德合法性。古代的中国社会提倡"德治"，而现代化的国家提倡"法治"。法治意味着程序与公正，"德治"更多的是借助道德对治理主体之间的关系进行"调试"。在现代化的价值观看来，纯粹"德治"可能会引发"合法性危机"，"法治"更符合现代性价值体系，法治社会的执行者需要有足够的专业知识，并且拥有高尚的品格，这样才能够在法治过程中实现正义。现代化的社会治理，其最终目标是实现"善治"。所谓的"善治"根本在于实现"善"的目的。那么什么才是"善"的目的？想要回答这个复杂的问题，首先需要回到人民的概念。人民是治理的对象，那么满足人民对治理的诉求，并且符合法治的精神，就可以看作为"善"的目的。

三　政治尚贤制的现代转换

政治尚贤制产生于中国古代，并持续在中国历史上发挥独特的作用，特别是在为国家选拔人才方面起到了一定的作用，但其本质上还是层级之"拔"，需要融入现代元素，换言之，对此要进行现代转换与创新。这种转换首先要确保制度善，其次要坚持德才兼备且以能力为主，还可落实到公

---

①　李建华：《国家治理与政治伦理》，湖南大学出版社，2018，第1~26页。

务员制度建设当中。

（一）"贤"的制度善保障

政治尚贤的理论自古就有，但是古代语境中的政治尚贤制的基础是人的"身份（关系）"，墨子在《尚同上》[①] 中说明了这一点。到了现代社会，人与人之间的传统社会联系被改变，费孝通所描述的"熟人社会"，转变成现代化语境中的"陌生人社会"，陌生人社会存在某种程度的道德危机[②]。总的来说，当代陌生人社会是通过"契约"的方式维系，因此政治尚贤制的基础也从"身份"朝"契约"转向。另外，"人治"是古代社会治理的典型特征，它不符合现代社会的价值观念与社会运行机制。朝"法治"的转向，一方面体现出政治尚贤制的适应性，另一方面勾画出不同的制度需求。传统的政治尚贤理念所宣扬的是"仁政"，它强调统治者应以"仁"的态度对待治理对象；而在当代，"民主与共和"已经成为主流政治思想，政治尚贤制的合理性依据同样发生了改变。政治尚贤制以更加制度化、法制化、规范化的形式存在。

政治尚贤制作为一种"善"的制度，包含了"善"的内容，以及实现其内在价值的"善"的形式，通过一系列的具体方法得以成为一种具体的存在。"善"的内容就是其内在"尚贤"的核心价值，所谓尚贤就是推崇能力与品行俱佳的意思，因此政治尚贤制符合"善"的制度的内容标准。政治尚贤的形式有考试、多维度评价、公开选拔，等等。这些形式符合现代性的价值体系，因而能够在现实生活中得到比较广泛的支持。作为一种"善"的制度，政治尚贤制是一个系统、完整、核心的制度体系。第一，政治尚贤制作为一个制度体系，其内部的制度需要有自洽性；第二，政治尚贤制需要有"实效性"，也就是能够在实际的政治活动中产生效果；第三，政治尚贤制的实现形式，需要有制度层面的普遍性，也就是能够在众多制度蓝本中找到对应的形式；第四，政治尚贤制需要防范"潜规则"，政治尚贤想要实现就必须有明确的制度规范，并且一切实践都放在阳光之下；第五，政治尚贤制需要在实践中表现出制度效用，也就是证明其比别的制度方案更有效率。

---

① 李小龙译注《墨子》，中华书局，2016，第 62 页。
② 李建华、江梓豪：《陌生人社会与公共道德秩序的构建》，《中国治理评论》2020 年第 1 期。

（二）"贤"的能力化体现

政治尚贤的现代能力转向，需要立足于中国的实际国情，坚持以科学、系统与民主的方式实现政治能力的现代化转向。提倡德才兼备不是认同德才可以分割，而是强调没有无德之才和无才之德，强调德才同构与同一，在此基础上凸显能力本位。中国共产党十九届六中全会明确提出，新时代的中国共产党要"培养造就大批堪当时代重任的接班人"①。因此，要科学与系统地设计政治尚贤的制度规范，依托民主的方式提升公众对干部选拔任用的监督与影响力，提升选拔过程中的科学性与公正性，真心爱才、悉心育才、精心用才，把各方面优秀人才集聚到党和人民的伟大奋斗中来。现代化的能力转向，转的是时代背景与民众诉求。因此制定出公开、公正、选优的干部选拔任用制度，能够促进实现政治能力的转向。制度优化不是建立在制度从无到有的基础上，而是为了最大限度地发挥出现行制度的潜力，以及进一步完善现有的制度框架，让其更好地发挥出制度效能。干部的选任制度主要是考试与遴选，公开招考是进入干部队伍的主要方式。专业化的考试竞争能够选拔出基本素质优秀的人进入干部体制内。与此同时，干部的遴选制度主要是针对有一定工作经验的干部与工作人员，他们通过竞争性选拔的方式竞争更高的岗位或者进入不同的机构任职。进一步推进公务员招考制度科学合理化，选拔出更符合新时代要求的公职人员；进一步深化干部遴选制度改革，利用好民主的方式，增加各层面的选举名额，全方位推进干部遴选制度的民主进程。党的十八大以来，全党上下的选人用人风气明显好转，事实证明强化党的选人用人制度，不仅能够提升"选人用人"的效率，还能够让整体的政治生态得到进一步的改善。党的十九大报告指出，中国共产党是一切工作的领导者，党的干部选拔任用也是以"党管干部"为原则，② 这是我党能够实现巩固执政地位、更好地服务群众以及将党的意志执行到位的关键性保障。

政治尚贤制的创造性转化，就是要赋予传统政治尚贤制以全新的时代

---

① 《中国共产党第十九届中央委员会第六次全体会议文件汇编》，人民出版社，2021，第 105 页。
② 习近平：《决胜全面建成小康社会 夺取新时代中国特色社会主义伟大胜利——在中国共产党第十九次全国代表大会上的报告》，人民出版社，2017，第 64 页。

内涵，以科学、民主与法治的精神不断地深化人才发展体制机制改革，"向改革要动力、用改革增活力，真正建立起既有中国特色又有国际竞争比较优势的人才发展体制机制"①。新时代的政治尚贤制与中国传统的政治尚贤的根本差异在于：中国传统的政治尚贤理念服务的是封建专制的帝国王朝，人民在政治实践中没有相应的影响力与地位，"专制"意味着以统治阶层的意志为政治依据；但是到了当代，中国已经从专制的旧社会进入民主与法治的新时代，民主与法治是政治尚贤的新时代内涵，它确保了政治尚贤的现代化转向。一方面，政治尚贤依托于新时代内涵下的制度实践，另一方面它也吸收了传统政治尚贤中具有当代价值的要素。以习近平同志为核心的党中央提出："着力完善党管干部、选贤任能制度，强化党组织领导和把关作用，树立正确用人导向，坚持不唯票、不唯分、不唯生产总值、不唯年龄，不搞'海推'、'海选'，坚决纠正选人用人上的不正之风，建立健全素质培养、知事识人、选拔任用、从严管理、正向激励五大体系，大力发现和培养选拔优秀年轻干部，推动干部队伍建设迈上新台阶。"②

（三）"贤"的制度体系

政治尚贤理念影响下的国家公务员选拔制度与干部遴选制度，巩固了党的领导地位，以及推进了国家治理能力现代化。干部的选拔制度是党的人事工作的重要保障，是对执政队伍建设的根本支持，也是实现新时代政治尚贤制度具体的实践。客观来说，任何一种政治体制都需要进行官员的选拔与任命，目前西方普遍采用的是政务官通过公开选举产生的方式，事务官则通过专业的公务员考试以及工作的考核实现职位与职级的变化。新时代中国的官员则需要通过统一的公务员考试，并且经历漫长的组织部门的选拔与考核才能够进入相应的领导岗位。二者相比较而言，西方将政务官与事务官进行区分，一方面体现出基础性制度的差异，另一方面事务官的提拔与任用，事实上也遵循着政治尚贤的逻辑。通过公开选举的政务官，

---

① 《〈中共中央关于党的百年奋斗重大成就和历史经验的决议〉辅导读本》，人民出版社，2021，第103页。

② 《〈中共中央关于党的百年奋斗重大成就和历史经验的决议〉辅导读本》，人民出版社，2021，第94~95页。

并不一定能够在经验、能力上符合官员的基本需求，涉及具体的政治决策，政务官则需要依靠经验丰富与专业化的事务官所提供的建议。

　　总的来说，竞争充斥着中国各级公职人员的职业生涯，不论是岗位竞争还是职级晋升。在西方的体制下，政务官与选举密切相关，例如美国、英国等国家，大选之后往往会开始"政治分肥"①，比如说分配一些政务官职务给利益相关者，事务官虽然具有晋升考核，但是事务官是无法直接晋升为政务官的。选举制国家的治理能力，取决于事务官所提供的"政策包"，政务官与事务官之间的配合非常重要。但是中国的公职人员通过多岗位历练与多层级竞争，事实上获得了非常丰富的经验与深厚的资历，因此在具体的执政过程中，能够更好地应对不同的场景。

---

① 〔美〕迈克尔·G. 罗斯金等：《政治学与生活》，林震等译，中国人民大学出版社，2014，第 242 页。

一种最低限度的全球正义

李　勇*

摘　要：在目前关于全球正义救助义务的讨论中，我们似乎陷入了某种非黑即白的立场。民族主义认为，民族国家是全球正义的基本单位，脱离以民族国家为单位的任何世界主义的构想都是乌托邦，我们对于国界外的需求只有最低限度的救助义务。而世界主义认为，我们有最完整的救助义务，国界是偶然的，不能排除我们对国界外民众的平等分配的责任；同时，以民族国家为单位的现代国际秩序既没有办法解决诸如全球气候变暖、饥荒和自然灾害等全球性的问题，也没有办法维持和平和发展的国际秩序。本文试图厘清全球正义语境中救助的立场、积极责任和消极责任的区分，进而指出除了历史性的、结构性的不正义之外，我们需要识别出市场在责任分配中的重要角色。本文认为，我们只能辩护一种最低限度的全球正义的救助义务。

关键词：全球正义；民族主义；世界主义；分配正义；救助义务

在全球化的时代，很多传统社会没有的问题，在这个时代浮现。比如，全球气候变暖。随着全球工业化的迅猛发展，碳排放过多导致了全球气候变暖。而全球气候变暖，进一步导致了冰川融化和海平面上升等问题，进而衍生了诸多环境危机。全球气候变暖的最终结果不仅仅是一些沿海地区或者海岛的消失，还有很多其他的生态问题。这些问题，不是一个国家或

---

* 李勇，武汉大学哲学学院教授、博士生导师，研究方向为比较伦理学、比较政治哲学。

地区能够以一己之力解决的。比如，中国减少了碳排放，但是印度、美国等工业大国，出于国家利益，坚持甚至增加了自己的碳排放，由此，全球碳排放的问题还是得不到解决。

当然，除了全球气候变暖以外，还有很多全球需要共同面对的问题，比如恐怖主义的问题。如果一些国家出于地缘政治的考虑支持恐怖主义组织，这些恐怖主义组织在其他国家发动恐怖袭击，那么对这些受害的国家来说，他们是无法在缺少国际合作的情况下对抗这些恐怖组织的。另外，根据联合国的报告，目前全球性的和全局性的问题包括：非洲的贫困和发展、老龄化、艾滋病、互联网安全、气候变暖、贫困、粮食危机、性别平等、移民、人口增长、难民、清洁饮用水等。而其中任何一个问题都不是单个国家能够解决的。

那么，与处理这些全球性问题相关的一个政治哲学的主题就是全球正义（global justice）。对于全球正义视角的一种理解，是把全球范围内的公民作为行为主体来思考和处理相关的正义问题。比如，当我们面对来自海地饱受海啸和地震袭击的灾民的时候，我们是否有救助的义务？在塔利班统治下的阿富汗女性没有受教育和工作的机会，她们的基本教育权和工作权，是否应该得到国际社会的保障？欧洲国家是否有义务接收叙利亚等国的难民？发达国家和发展中国家的财富差距如此之大，弱国贫民在全球的结构中是否有获得财富和资源重新分配的权利？在全球正义的语境中，获得思考、讨论和关注的道德主体是公民个人，而不是国家和民族。当然，还有另外一个概念，国际正义（international justice）。比如涉及战争的时候，我们思考的主体是民族和国家，我们经常使用国际法来衡量战争是否是正义的。再比如，在全球贸易中，关税壁垒等也是以国家作为主体的。那么，至少在主体上，全球正义和国际正义的关注点是不同的，处理的问题也是有差别的。

关于全球正义问题，世界主义和民族主义的争论是过去几十年中的一个焦点。支持世界主义的学者认为，以民族国家为单位的现代国际秩序没有办法解决诸如全球气候变暖、饥荒和自然灾害等全球性的问题，更没有办法维持和平和发展的国际秩序。支持民族主义的学者认为，不以民族国家为单位的任何世界主义的构想都是乌托邦。现实的国际关系和国际秩序存在的真实的问题，确实呼唤某种关于全球正义和国际正义的新的理念。分配正义是世界主义和民族主义关注的一个焦点。我们是否对国界外的民众持有救助的义务，甚至是分配正义的义务？

一　全球正义的问题

如前所述，全球正义涉及诸多问题，其中一个问题就是分配问题。不管我们是按照发达国家、发展中国家的国家财力来进行区分，还是按照地理位置来区分，不可否认，世界上有些国家是富裕的，有些国家是贫穷的。发达国家的居民收入和生活水平明显高于发展中国家。在发展中国家，贫穷导致的医疗、教育、就业等各个方面的问题更是层出不穷。而对于这种物质上的差异，有两种理解。一种理解是这种差异是不公正的。国籍对于绝大多数人来说，和自己的种族、家庭背景一样，是先天注定的。我们无法决定自己的出身。换句话说，我们的国籍是偶然的、随机的。我们的直觉是，我们不应该让先天的、偶然的或者随机的出身，决定我们的命运。如果这些偶然的因素确实决定了我们的命运，那么这种决定就是不公正的。做一个类比，如果一个社会规定男性有受教育权和工作的权利，而女性没有受教育权和工作的权利，我们都认为这种出身的偶然性所决定的机会分配是不公正的。另外一种理解是，这种国籍导致的差异是公正的。出身是随机和偶然的，就像买彩票一样。我们不应该剥夺人们买彩票的机会，更不应该剥夺买彩票中了奖的人的收益。国籍导致的差异类似于家庭出身的差异。有些人出生在一线大城市，享受一流的教育和医疗资源，或者出生在富裕家庭，小学还没毕业，就能说一口流利的外语，环游过世界很多国家。我们难道应该剥夺这些人因为运气所获得的诸多机会和资源吗？我们应该禁止这些大城市家庭的孩子享受一流的教育和医疗资源吗？我们应该剥夺富裕家庭的孩子出国旅行的机会吗？

如果我们接受第一种直觉，认为我们不应该对先天的、偶然的或者随机的出身享受某种应得的话，一种可选择的方案就是把国内的分配正义原则推广到国际社会。比如，我们认可不分国籍，所有人都应该获得公平机会。当然，这意味着，在分配教育、医疗等资源的时候，国内公民和国外的民众都是需要被一视同仁的。除此以外，如果其他国家的公民面临自然灾害、贫困、疾病的威胁的时候，我们也需要对他们承担起和对国内同胞一样的或者类似的责任。这种直觉认为国籍在资源分配的时候不具有什么实质性的排除的功能。

当然，接受了第一种直觉之后，到底采取哪种分配正义原则，是可以讨论的。即使讨论分配的时候，我们对于机会公平原则的解读也是不同的。我们不一定认为极端的平等主义原则是唯一应该被接受的分配原则。但是，不管具体的分配原则是什么，这种直觉要求我们不应该因为国界而差别对待国界外的人。一种广义的道德平等被预设了。Thomas Pogge 从政治共同体的角度①，Martha Nussbaum 从人的尊严的角度②，Peter Singer 从功利主义的角度③，Henry Shue 从基本人权的角度④，纷纷支持这种全球正义所接受的广义的道德平等的预设。

很显然，相当一部分人不接受第一种直觉，他们可能更倾向于认为，虽然国籍、性别和家庭出身等都是先天的、偶然的或者随机的，但是基于某些原因，我们并不认为应该无差别地对待国内同胞和外国人。国籍在某种意义上赋予了这种差别对待合理性。那么在分配这个问题上，差异性分配就得到了某种辩护。那么，另外一个国家发生的灾难，如果不是我们导致的，或者我们并没有对对方的权利造成伤害等，我们可能就不需要对对方的悲惨状况承担任何分配意义上的责任。我们可以提供积极的人道主义救助，但是这些救助不是基于分配正义的考量，而更多的是出于一种人道主义的考量。类似的，我看到有紧急救助需求的人，我提供帮助的原因不是基于分配正义的考量。换句话说，如果我没有提供救助的话，我并没有触犯正义的原则。David Miller⑤、Michael Blake⑥、Thomas Nagel⑦ 等人从民

① Thomas Pogge, "Cosmopolitanism and Sovereignty", *Ethics*, Vol. 103, No. 1, 1992, pp. 48 – 75.
② Martha Nussbaum, *The Cosmopolitan Tradition: A Nobel but Flawed Ideal*, Cambridge, MA: Harvard University Press, 2019.
③ Peter Singer, *One World: The Ethics of Globalization*, New Haven, CT: Yale University Press, 2002.
④ Henry Shue, *Basic Rights*, Princeton, NJ: Princeton University Press, 1980.
⑤ David Mille, *On Nationality*, New York, NY: Oxford University Press, 1995.
⑥ Michael Blake, *Justice and Foreign Policy*, New York, NY: Oxford University Press, 2013.
⑦ Thomas Nagel, "The Problem of Global Justice", *Philosophy and Public Affairs*, Vol. 33, No. 2, 2005, pp. 113 – 147.

族身份的规范性、分配正义的强制性等角度来捍卫这种民族主义的直觉。

当然，分配问题只是全球正义关注的问题之一。除了全球贫富分化以外，还有很多紧急的问题，比如性别正义问题。贫困国家的女性一般主要从事家务劳动，同时没有受教育、享受医疗资源和工作的机会。

全球健康问题也是一个与全球正义相关的问题。不同地区人的预期寿命不同，比如在非洲塞拉利昂的人均预期寿命是 40 岁，而日本的人均预期寿命是 80 岁。尼日尔的孕妇死亡率是 1/7，而加拿大的是 1/11000。① 以上数据揭示出极大的不公正性，一个人仅仅因为出生在塞拉利昂，他大概率因为饥荒、自然灾害、贫穷和战乱等只能活到 40 岁；而一个女性如果生活在尼日尔，那么医疗等资源的匮乏可能导致她妊娠的时候有更高的死亡风险。

如前所述，全球正义关注的另外一个问题是全球环境问题，比如全球气候变暖、水污染等。过量的碳排放导致全球气候变暖和整个环境系统的恶化，而要解决这个问题，仅依靠个别国家是无法实现的，比如中国以清洁能源代替煤的使用，但是其他国家完全不作为的话，全球碳排放量仍然是巨大的。

二　全球正义的立场

在面对以上诸多全球正义的问题的时候，大致有两种比较明显的立场：民族主义和世界主义。民族主义认为，我们对本民族有优先的和特殊的义务。本民族为成员提供了社会联系、身份认同和生命的意义。在这种意义上，因为民族对我们的重要性，我们似乎对本民族的成员有一种更重大的、区别于对民族之外其他成员的义务。而世界主义认为，我们作为一个人，同属于地球这个共同体，我们对所有其他人有相同或者相似的责任。

世界主义有多种类型，按照一些学者的观点，世界主义可以区分为法律的、伦理的和政治的世界主义。法律的世界主义，更多地关注在全球范

---

① https://apps.who.int/gho/data/node.main.688.

围内我们如何分配资源，这主要涉及分配正义的问题。而伦理的世界主义
更多地强调我们的美好生活的观念，应该是一种世界主义的而不是民族主
义的。换句话说，我们作为一个全球公民的意识，应该融入我们美好生活
的观念中去。而政治的世界主义呼唤建构一个全球政府，进而通过全球政
府来解决整个地球和人类面临的问题。

　　对世界主义的辩护也有多种。如果要对这些辩护进行分类的话，大致
可以从两个维度来进行区分：道德的和政治的。从道德的维度进行辩护，
第一种路径强调人性的共同特征。诸如 Nussbaum 论证，人的尊严是没有等
级的、是平等的，所有具有"基本道德学习和道德选择能力水平"的人都
是具有尊严的①。Nussbaum 通过承认人的基本道德能力来肯定普遍的人性和
人的尊严，进而推导出所有人都具有尊严，国界不应该成为阻碍这种普遍
识别的障碍。第二种道德辩护的路径强调后果。Peter Singer 通过功利主义
的预设，认为应该救助那些有紧急需求的人，国界、距离等都不应该是道
德相关的考量②。第三种道德辩护的路径是以权利为基础的义务论论证。
Henry Shue 论证地球上的每个人的生存权和人身安全的权利都应该得到保
护，而世界主义恰恰是对这种权利的认同和承诺③。

　　除了从道德的维度对世界主义进行证成之外，还可以从政治的维度来
对世界主义进行辩护。政治的维度强调构建世界范围内的政治共同体，可
以解决长久的战争、极端贫困、全球气候问题等。诸如 Pogge 论证，如果我
们把自己对某一个区域性共同体的认同置于唯一重要的位置，肯定不利于
以上威胁整个人类发展的诸多问题的解决④。而且事实上，当下的民族国家
的国际秩序，已经对发展中国家的民众的生存和发展构成了不正义的伤害。
出于正义的要求，我们也应该接受世界主义的承诺⑤。

　　民族主义也是一个非常宽泛的概念。不过，在与世界主义相对照的语

①　Martha Nussbaum, *The Cosmopolitan Tradition: A Nobel but Flawed Ideal*, Cambridge, MA: Harvard University Press, 2019, p. 2.

②　Peter Singer, *One World: The Ethics of Globalization*, New Haven, CT: Yale University Press, 2002, p. 158.

③　Henry Shue, *Basic Rights*, Princeton, NJ: Princeton University Press, 1980, p. 18.

④　Thomas Pogge, "Cosmopolitanism and Sovereignty", *Ethics*, Vol. 103, No. 1, 1992, pp. 61–62.

⑤　Thomas Pogge, "Priorities of Global Justice", *Metaphilosophy*, Vol. 32, No. 1/2, 2001, p. 17.

境中，民族主义主要承诺我们对自己民族或者国家的某种特殊的责任。根据民族主义的代表学者 David Miller 的论证，这种特殊的责任有如下的来源。首先，民族认同是一个人的重要身份认同。这种身份认同构成了一个人理解自己在世界上的位置的重要组成部分，进而具有特殊的规范性价值。其次，民族认同也是个人社会福祉的重要部分。民族和国家边界是一个人享受特定福利的重要依据之一。最后，民族认同也是民族自决的重要依据，而民族自决也是国家主权的重要实现方式之一[①]。

Michael Blake 和 Thomas Nagel 从分配和强制的意义上为民族主义的合理性辩护。Blake 论证，分配正义的平等原则只有在一个强制的系统中才适用，而这种强制的系统就是国家。因此分配正义的平等原则只有在国家中才适用，而民族主义主张捍卫这种意义上国家的重要性[②]。Nagel 认为，一个主权国家是一个互惠的共同体，而这也决定了其基本结构相关的社会规则具有强制性。同时，这种强制性可以保证任意的不平等的免除在某种程度上实现。换句话说，分配正义恰恰是这种强制性所实现的其中一个功能或者目标[③]。

如上所述，虽然全球正义的立场存在世界主义和民族主义的分歧，但是，即使是民族主义者也支持我们对国界外的人有一定的救助义务。虽然这种救助义务不一定是基于分配正义的，但是这些救助义务仍然是基于其他的道德的或者政治的考量。接下来我将讨论对这种救助义务的辩护。

三　全球正义中的救助义务

大多数全球正义研究者识别出我们有救助国界外有紧急需求个体的道德义务。基本上没有人会否认我们"应该"去救助这些人，虽然大家就这种救助的本质以及救助的程度有众多争议。后果主义者 Peter Singer 和 Peter Unger 讨论救助落水儿童的例子和救助他国正在遭受饥荒的孩子的例子，通

---

① David Mille, *On Nationality*, New York, NY: Oxford University Press, 1995, pp. 10 – 11.

② Michael Blake, *Justice and Foreign Policy*, New York, NY: Oxford University Press, 2013, pp. 104 – 105.

③ Thomas Nagel, "The Problem of Global Justice", *Philosophy and Public Affairs*, Vol. 33, No. 2, 2005, pp. 128 – 129.

过类比论证得出，我们有全球救助的义务①。假设你在酒店游泳池边休息，看到游泳池边上一个无人照看的儿童坠落水中，而其他人都没有看到。虽然这个儿童不是你的孩子，你也会有很强的直觉要去救助这儿童。

我们通常认为，我们的这种直觉可以通过如下简单的论证得到支持。首先，这个落水儿童有紧急的需求。其次，救助这个落水儿童的成本很低。最后，我们一般接受如下的救助原则，即当他人有紧急需求，而救助的成本很低的时候，我们应该去救助。

以上的论证可以非常容易地证明和支持我们有救助落水儿童的责任。可能有一部分人反对以上的救助原则，认为我会去救助，这并不代表我应该去救助。换句话说，有些人可能会认为救助这个落水儿童是一个慈善行为，而不是一个义务行为。

不过，我们可以通过一个简单的问题来考察这到底是一个慈善行为还是一个义务行为。如果你没有救助这个落水儿童，而是在边上看着这个落水儿童在水中挣扎，眼睁睁地看着这个孩子淹死在你面前，那么你认为其他人是否可以责备你的这种不作为？如果其他人可以责备你，那么说明这是一个义务行为；如果其他人不可以责备你，那么说明这是一个慈善行为。

当然有些人会尝试列举落水儿童和他国正在遭受饥荒儿童之间的差异，Singer 对此进行了详细的讨论②。第一个差异就是国籍。可能有人会指出，我们确实有救助本国正在遭受饥荒的儿童的义务，但是我们没有救助外国正在遭受饥荒的儿童的义务。但是，这个直觉在救助落水儿童例子中是无效的。如果你告诉我面前落水的儿童是个外国孩子，这并不会抵消我去救助他的冲动，也不会减少我不去救助他的自责。换句话说，如果我们有救助外国落水儿童的义务，那么我们就有救助外国遭受饥荒的儿童的义务。

第二个差异就是国界。有人可能会指出，落水儿童在我们的国界内，但是国外遭受饥荒的儿童在我们的国界外，我们只有救助国界内的儿童的需求。但是这个直觉同样在救助落水儿童例子中是无效的。如果你所在的

---

① Peter Singer, *One World: The Ethics of Globalization*, New Haven, CT: Yale University Press, 2002; Peter Unger, *Living High and Letting Die*, New York, NT: Oxford University Press, 1996.

② Peter Singer, *One World: The Ethics of Globalization*, New Haven, CT: Yale University Press, 2002.

游泳池建在国界边上，或者你所在的海滩是跨越国界的，落水儿童正好在国界的那边，我们并不认为这构成了我们不去随手救起这个儿童的理由。如果是这样的话，那么国界也不应该构成我们不去救助的充分理由。

第三个差异就是直接救助还是间接救助。有人可能会指出，我对落水儿童的救助是直接的、实时的和当下的，我是亲自实施该救助，我也能够见证该救助的结果。我能够看到落水者的挣扎，但是国外遭受饥荒的儿童我不能看到，我也无法直接救助，很多时候，我也不能够见证救助的结果。但是，如果我在酒店的大堂中通过墙上的闭路电视看到一个泳池内的落水儿童，这个时候我肯定会毫不犹豫地通知酒店去救助，而且我认为这是我的义务。类似的，我们可以想象，如果某个慈善机构给我实时推送一个直播，可以看国外正在遭受饥荒的儿童的状况，我可以点击支付 30 元，这个儿童将获得一个月的粮食。虽然我们不能直接去救助这样的处在饥荒中的儿童，但是我们的这种间接的救助方式，类似于去救助通过闭路电视看到的落水儿童一样。

通过以上的讨论我们会发现，对类似于 Peter Singer 这样的世界主义者来说，通过国界来取消或者削减我们对有紧急需求的国界外的他国民众救助的义务，这样的尝试好像站不住脚。但是，我们确实有这样的直觉，国界至少给了我们一些理由来更加重视本国同胞的紧急需求。

通过本节的讨论，如果我们认为对国界外的人，诸如因为自然灾难、贫困等陷入饥荒、缺少清洁饮用水和医疗资源的人确实有救助的义务，那么，我们该如何理解这种救助义务的限度？从救助的程度上来说，我们似乎有如下三个不同层次的救助：第一，满足最基本生命延续的需求，诸如提供食物、饮用水和医疗资源；第二，除了满足基本生存需求以外，保障其他基本权利的实现，诸如受教育权、居住权、就业权等；第三，实现全球资源分配的平等，保障那些身处资源匮乏的国家和地区的人享有相同或者相似份额的自然资源和社会资源。

我们大部分人对第一个层次救助的直觉比较强烈，认为我们似乎确实有义务去实施这个层次的救助。但是，对后面两个层次的救助的直觉会减弱很多。对于第二个层次的救助，我们可能会认同罗尔斯的观点，即一个国家在经济、政治等方面的表现最主要还是取决于这个国家自己的政治文化。如果一个国家经济上不发达甚至很落后，那么这主要是这个国家自己的责任。如果我们坚持一种全球分配正义，要求其他国家对这个国家承担起重新分配的责任的话，这种义务对其他国家是一种不公平的要求①。

　　而对第三个层次的全球资源分配的平等，我们的直觉估计更弱，甚至认为这是反直觉的。我们可能会认为，不应该在全球范围内实现资源分配的平等，或者无法在全球范围内实现资源分配的平等。如前所述，Michael Blake 和 Thomas Nagel 从分配和强制的意义上论证了无法在全球范围内落实平等分配。如果我们接受罗尔斯、Blake 和 Nagel 等人的观点的话，我们的国际救助的义务就是相对单薄的。我们最多在第一个层次上去救助，满足国界外他国民众的最基本生命延续的需求，诸如提供食物、饮用水和医疗资源等。但是，很多世界主义的支持者论证，这种只停留在最低层次上的救助在理论上站不住脚，我们必须拓展到救助的第二个甚至是第三个层次。

四　全球正义中的消极责任和积极责任

　　很多人在面对全球正义视角下的救助问题的时候，倾向于选择最低层次的救助的另外一个原因是持有一种消极责任的概念，而这种消极责任的直觉在面对国外遭受饥荒的儿童的时候特别强烈。消极责任被理解成：我们不应该去伤害他人。我们有责任不去伤害那些正在遭受饥荒的儿童，就像我们有责任不去伤害那些落水儿童一样。一般来说，我们有责任不去伤害任何无辜的人。

　　那么，与消极责任形成对比的是另外一个概念，即积极责任。积极责任被理解成：我们应该去救助那些有紧急需求的人，如果我们救助的成本很低的话。那么，似乎在落水儿童和饥荒儿童的例子中，我们可以使用积极责任的概念。

　　当我们比较积极责任和消极责任的时候，很多人的直觉是，消极责任似乎比积极责任更重要。首先，我们不应该伤害无辜的人。其次，我们应该救助他人。同时，很多人可能认为，事实上我们只有消极责任而没有积

---

　　①　John Rawls, *The Law of Peoples*, Cambridge, MA：Harvard University Press, 1999, pp. 38－39.

极责任。

当然，以上的这种区分在一般的道德语境中是成立的。比如，我到医院看望病人，这个病人没钱使用昂贵的靶向药，但是如果不使用靶向药的话，她可能无法治愈。假设我有钱可以帮助她，在这种情境下，消极责任和积极责任的区分似乎是成立的。我确实有不去伤害她的消极责任，比如，我不应该嘲笑她，给她任何精神上的压力，但是我似乎没有把我银行卡上的钱转给她的积极责任。这种积极的责任似乎对道德主体的要求过高。

不过，以上的这种区分在政治的语境中似乎不一定成立。如果我们把因果性纳入政治语境中，那些处于劣势社会地位的个体的需求有时候和社会其他成员之间构成了某种因果关系。如果社会结构的不公正导致了弱势社会群体没有生存或者医疗资源的话，那么社会中的其他成员确实有救助的责任。在这个意义上，这种表面的积极责任被还原为了某种消极责任。

Thomas Pogge 就是使用了这样的论证策略来为我们应该实施全球正义视角下的全部的三个层级的救助辩护。在他看来，全球化的事实已经使我们在消极责任的语境中去理解很多全球救助的需求。目前我们处于全球化的经济体系中，全球的供应链，从原材料、生产、销售等诸个环节体现了全球范围内的经济活动的息息相关性。同时，跨国公司在全球的经济体系中所处的垄断位置是非常明显的。不管是科技行业的企业，诸如苹果公司、英特尔公司，还是能源行业的企业，诸如英国石油公司，或者制造行业的企业，诸如三星等，都在很大程度上垄断了国际市场。另外，跨国组织的规则制定，在很大程度上也是受制于发达国家，大多数发展中国家是没有话语权的①。

在全球自由贸易的语境中，因为经济上的相互依赖，一方面，发达国家在全球化的过程中，实现了资源和市场的占有和垄断；另一方面，发展中国家屈服于这种国际秩序，因为发达国家的贸易保护，发展中国家的贫困人口在这种不对等的关系中处于最不利地位。同时，不仅仅发达国家的跨国公司享受了这种全球化带来的福利，发达国家的公民也享受了这种不平等贸易带来的极大的益处。比如，美国国内的汽油价格一直以来远远低

---

① Thomas Pogge, "Priorities of Global Justice", *Metaphilosophy*, Vol. 32, No. 1/2, 2001, pp. 6 - 24.

于发展中国家，美国市场上的大部分物资的价格低于很多发展中国家。

而这种差异在某种程度上伤害了发展中国家的贫困人口，不利于发展中国家贫困人口的脱贫。那么，在履行我们消极义务的意义上，我们也应该去救助那些处于灾荒中的国外的民众。Pogge 这里的论证逻辑就是，虽然看起来发达国家对发展中国家的救助是一种积极责任，但是，发展中国家民众处于糟糕境地是发达国家制定的国际秩序导致的，因此基于因果性的关联，发达国家有消极责任去救助发展中国家的民众。

如前所述，在积极责任的语境中，如果一方的糟糕境遇是另外一方导致的，那么这种看起来是积极责任的预设，就被转换成消极责任，因为我们确实有责任不去伤害对方。如果是我们造成了这种伤害，我们确实应该去补偿这种伤害。那么，在全球的语境中，如果发展中国家民众处于糟糕境遇确实是由发达国家导致的，那么发达国家确实有义务去补偿这种伤害，而积极责任的概念并不能使发达国家规避这种责任，因为这里更多的是在消极责任的意义上来为这种救助的义务辩护。

五　市场和最低限度的全球正义

通过对全球正义中的救助义务的探讨，以及消极责任和积极责任的区分，世界主义者似乎为全球范围内的救助找到了好的理论辩护。在本文最后一节，我将质疑这种论证策略的普遍性。

市场活动中的因果性是一个非常复杂的概念，接下来笔者用两个例子来说明。第一个是直接因果性的例子。假设我是一家小镇上的海鲜餐馆的老板，我的餐馆业务非常成功，而我餐馆生意的成功很大程度上归功于镇上出售海鲜的商贩，但是有一天该商贩决定转行卖牛羊肉，最终导致我的餐馆倒闭，而我只会做海鲜。那么该商贩转行与我的破产具有直接的因果关系。但是，我们的直觉是，该商贩并不需要对我承担救助的义务。第二个是间接因果性的例子。同样的，我是一家小镇上的海鲜餐馆的老板，但是有一天一家全国连锁的大型海鲜餐馆入驻我们镇，以物美价廉的方式挤垮了我的餐馆。我们的直觉仍然是，这家大型海鲜餐馆不需要对我承担救助的义务。

如果我们把这种讨论运用到全球市场，也有类似的结构。在一个自由的全球市场中，因为供应链等变化，一些发展中国家的产业可能会受到冲击，这些国家中该行业的从业人员因而面临更困难的境地。另外，同行业的发达国家的企业财大气粗，这些发展中国家的企业难以与之抗衡。在这种垄断的语境下，我们能否要求发达国家对此进行补偿或者救助？

支持世界主义的学者会质疑这种类比的有效性。这种质疑可以体现在两个方面。第一，他们会认为，相较国内市场而言，全球市场的结构是不合理的。发达国家在资源、市场和技术方面持有垄断性优势。因此，从一开始这场竞争就是不平等的和不公平的。我们在进行理论推演的时候，一般预设一个理想的市场应该是平等的，这种平等是从一开始就被设定的。但是真实的市场并不是这样开始的，真实的市场也不是这样运行的，没有哪个市场主体会等待这个市场变得更加平等才会进入这个市场中。市场一直都是以不平等开始的，同时也是在不平等中不断演进和博弈的。

第二，支持世界主义的学者会认为，相较国内市场而言，目前的全球市场是殖民主义的结果。当然，这个反驳直接与第一点的全球市场的结果不合理相关。因为殖民主义是不正义的，那么作为不正义结果的全球市场也是不正义的。这种不正义的另外一个后果是，发展中国家民众处于糟糕的境地。当然，如果一个人的不幸遭遇是另外一个人行为的直接后果的话，我们一般的直觉是，行动者需要承担补偿责任。类似的，如果一个国家目前的不幸状况是另外一个国家导致的，那么施害的国家确实需要为此承担责任。

当然，这里的复杂之处是我们该如何厘清这种后果的界限。在厘清这种因果关系之后，我们可以继续讨论市场的作用、市场中的平等主体等问题。

在目前的关于全球正义中救助义务的讨论中，我们似乎陷入了某种非黑即白的立场。民族主义认为，我们只有最低限度的救助义务，而世界主义认为，我们有最完整的救助义务，国界是偶然的，不能排除我们对国界外民众的平等分配的责任。本文试图厘清全球正义语境中救助的立场，区分积极责任和消极责任，进而指出除了历史性的、结构性的不正义之外，我们需要识别出市场在责任分配中的重要角色。也许我们只能辩护一种最低限度的全球正义的救助义务。如果发展中国家的民众的不幸境地是不正义的市场的结果，那么他们应得某种救助，但是如果他们的不幸境地是自由市场的结果，那么我们就很难辩护一种高要求的救助，我们也很难辩护在平等意义上的全球分配责任和正义。

论马克思主义政治哲学的"公共"思想

李忠汉[*]

李忠汉[*]

摘　要：在马克思主义政治哲学视域下，"公共"是与"私人"相对而在的核心范畴。首先，将市民社会与政治国家的基本关系作为阐释公共思想的基本主线：政治国家是对公共领域的抽象，与作为私人活动领域抽象的市民社会相对应；并选择市民社会客观性的一面，将其概括为经济基础，与之相对的称为上层建筑，由此形成了分析公共与私人关系的基本方法，即经济基础与上层建筑的分析范式。在此基础上，对近代以来形成的公共与私人的二重化及其相互关系进行了精准化的解释：私人是构成公共的基础，公共的本质根植于私人生活中的物质生产关系；二者分化的基本动因来源于社会的物质生产方式，即资本主义生产方式的私有制。然后，从三个方面对这种公共与私人的二元分裂进行了深刻的批判：公共与私人的对立与冲突，公共生活中的任何一种人权都没有超出利己主义的人，二重化生活中的人的解放仅仅是政治意义上的解放而非彻底的人类解放。在此意义上，马克思主义政治哲学认为，必须从经济基础与上层建筑的关系入手，消除公共与私人二元分裂与冲突的根本在于废除私有制，由此，跳出了"市民社会"与"政治国家"的话语框架。

关键词：马克思主义；政治哲学；公共；私人

在现代社会，公共生活与私人生活的二重化成为人们社会生活的基本

---

*　李忠汉，政治学博士，郑州大学政治与公共管理学院副教授，郑州大学公共管理研究中心研究员、郑州大学资本主义研究中心研究员，研究方向为公共政治哲学、地方政府治理。

50

样态，也是分析人的自由与解放程度的重要考量因素。在某种意义上，人的自由与解放程度是由这种二重化的结构及其相互关系规定的。在马克思主义文献中，没有明确提出公共或私人的概念，也没有对这一问题做过专门的论述。但马克思主义政治哲学中蕴含着丰富的有关"公共"的理论资源。本文的研究目的就是通过对这些资源的发掘和整理，以完整、准确地呈现马克思主义政治哲学的公共思想。

一　对"公共"概念的厘定

任何政治学说体系的逻辑起点和现实起点都应是人本身，马克思主义政治哲学的公共思想也不例外。现实的人而非抽象的人，是马克思主义政治哲学公共思想的逻辑起点，这是区别于其他政治哲学公共思想的根本特征。马克思把与自然界和社会发生密切关系的人确定为现实的人，当然现实的人也是人类结成公共生活和私人生活的基本前提。对于现实的人来说，"他们的需要即他们的本性"①。这包含两层含义，一是需要构成了"现实的人"存在之必然性。从人的需要出发，人必须进行生产，在生产的过程中与他人发生不可或缺的联系，形成社会关系或社会需要。二是需要是利益形成的心理基础，利益的形成就是从人的需要到人的劳动再到社会关系的逻辑过程。由此，就出现了个体需要与社会需要、个人利益与社会利益、个体生活与共同体（公共）生活的差别。对此，马克思有着清晰的论述："在任何情况下，个人总是'从自己出发的'……但由于他们相互间不是作为纯粹的我，而是作为处在生产力和需要的一定发展阶段上的个人而发生交往的，同时由于这种交往又决定着生产和需要，所以正是个人相互间的这种私人的个人的关系、他们作为个人的相互关系，创立了——并且每天都在重新创立着——现存的关系。"② 这是马克思主义政治哲学从现实的人出发，对公共及其与私人关系的最初的论述。这种公共观主要涉及共同体与个体、共同体利益与个体利益的关系。个体利益是共同体利益产生的原因，共同体利益是个体利益实现的条件。

---

① 《马克思恩格斯全集》第 3 卷，人民出版社，1960，第 514 页。
② 《马克思恩格斯全集》第 3 卷，人民出版社，1960，第 514～515 页。

随着研究的深入，马克思以市民社会思想的不断完善，来丰富公共的内涵。"公共始终是在与私人相对而言的时候获得自己的原初规定性。从这个角度上讲，没有私人就没有公共，反之亦然。问题不是两者的相对而在，而是它们相对而在的时候，显现出的不同内涵究竟可以通过什么样的方式被叙述出来。"① "作为一个分析范畴，市民社会是对私人活动领域的抽象，它是与作为对公共领域抽象的政治社会相对应的。"② 马克思主义政治哲学对公共及其与私人关系的分析，主要是通过对市民社会与政治国家（也称为政治社会）的论述来呈现的。市民社会与政治国家、私人与公共几乎是作为对等的概念来使用的。

马克思主义政治哲学从物质生产关系入手，来进一步解析公共与私人、市民社会与政治国家之间的关系，把作为特殊的私人利益关系总和的市民社会视为由物质交往关系构成的整体。在物质生产活动中，"人的本质不是单个人所固有的抽象物，在其现实性上，它是一切社会关系的总和"③。那么，人的生活的二重化——私人生活和公共生活或市民社会生活和政治生活——其本质都是由社会关系构成的。"受到迄今为止一切历史阶段的生产力制约同时又反过来制约生产力的交往形式，就是市民社会"④，而其他的作为普遍的公共利益关系总和的政治国家（公共生活）则是派生的，均受到物质生产关系的制约。生产关系对人们社会生活的制约包括市民社会和政治国家两个部分。其中作为私人利益关系总和的市民社会本身就受生产关系的制约，政治国家作为普遍的公共利益关系的总和，是市民社会派生的、正式的表现形式，当然也受到生产关系的制约。

不仅如此，马克思在晚年成熟的政治著作中，进一步丰富了市民社会的内涵，选择市民社会客观性的一面并将其概括为社会的经济基础。"人们在自己生活的社会生产中发生一定的、必然的、不以他们的意志为转移的关系，即同他们的物质生产力的一定发展阶段相适合的生产关系。这些生产关系的总和构成社会的经济结构，即有法律的和政治的上层建筑竖立其

---

① 任剑涛：《公共与公共性：一个概念的辨析》，《马克思主义与现实》2011 年第 6 期。
② 俞可平：《马克思的市民社会理论及其历史地位》，《中国社会科学》1993 年第 4 期。
③ 《马克思恩格斯文集》第 1 卷，人民出版社，2009，第 501 页。
④ 《马克思恩格斯文集》第 1 卷，人民出版社，2009，第 540 页。

上并有一定的社会意识形式与之相适应的现实基础。"① 经济基础作为生产关系的总和，主要包括生产资料的所有制、生产过程中人与人之间的关系和分配关系等。与之相对应的、作为公共利益关系总和的政治国家及其制度法律形态被概括为政治上层建筑。由此，形成了"经济基础—上层建筑"的分析范式。这为马克思主义政治哲学分析近代以来市民社会与政治国家的分离，以及在此基础上形成的人们私人生活与公共生活二重化的原因、相互关系及其局限性（在下文进行详细的论述）奠定了坚实的方法论基础。

基于上述分析可知，马克思主义政治哲学的公共思想，主要从公共领域与私人领域活动的主体——现实的人而不是抽象的人出发，把现实的人在物质生产活动中结成的社会关系视为人的公共生活和私人生活的本质，并将市民社会作为私人活动领域的抽象，对应着人的私人生活，将政治国家作为公共领域的抽象，对应着人的公共生活。在此基础上，进一步抓住市民社会这一概念的实质，选择市民社会的客观性的一面，称之为社会的经济基础，并将经济基础—上层建筑的分析范式，作为解析公共与私人、市民社会与政治国家的相互关系的基本方法。这是马克思主义政治哲学关于公共的基本规定性。

二 "私人"对"公共"的塑造

在马克思主义那里，公共与私人分别相应于市民社会（有时简称为社会）与政治国家（又称政治社会，或简称为国家）。市民社会与政治国家作为一对分析范畴，是较为正式的政治学概念，特别是作为有关国家学说中的基本范畴，其描述的是古典与现代国家基本的结构性差异，即从国家与社会的融合到适度分离。而公共与私人则是描述在不同的社会结构背景下，人们的生活状态和生存意义的概念，即描述人们的公共生活与私人生活。虽然它们是作为对等的概念来使用，但理论的旨趣略有差异。

就这两组概念的关系而言，市民社会与政治国家的关系更具有根本性。

---

① 《马克思恩格斯文集》第 2 卷，人民出版社，2009，第 591 页。

现代政治学有个基本的共识，即国家与社会的辩证关系是一切政治学的"母问题"，国家与社会的分化是现代社会人们生活二重化的先决条件，也是公共与私人持续分化并维持人的公共生活与私人生活均衡与和谐的基本动因。或者说，市民社会与政治国家作为一对范畴，是前置性的概念，而公共与私人作为一对范畴，是后续性的概念。国家与社会分离是公共生活与私人生活二重化的原因，而公共生活与私人生活是否健康发展也是考量国家与社会关系的重要参照指标。对此，马克思主义政治哲学作了最为深刻的和精准的阐释，主要从以下两个方面展开。

（1）市场经济发展实现了对经济基础的重构，使市民社会①（马克思后来选择了其客观性的一面而改称为"经济基础"）作为私人利益关系的总和，在历史上首次获得了"私"的内涵，作为"私人"的范畴而存在。与市民社会相对应的政治国家（当时是以绝对王权国家的面目而呈现的），则作为"公共"的范畴而存在。

在前资本主义时代，社会与国家尚未分化，不存在现代意义上的公共领域与私人领域、公共生活与私人生活的分离。哈贝马斯把古希腊城邦型公共领域，中世纪的代表型公共领域，与今天在市民社会基础上产生的现代意义上的公共生活进行比附，但是就其实质结构而言，则是截然不同的。在古希腊思想中，作为"公共领域"的城邦生活相对于作为"私人领域"的家庭生活，始终保持一种超然的姿态，几乎是彻底否弃私人生活的公共生活，离开城邦，人就失去了自我。中世纪代表型公共领域实质上是"有限公共的皇权私域"②。马克思在分析中世纪社会生活时，指出"在中世纪，财产、商业、社会团体和人都是政治的……人民的生活和国家的生活是同

---

① 马克思指出，市民社会可以分为两个简单的组成部分：一方面是个人，另一方面是构成这些个人生活内容和市民地位的物质要素和精神要素。（参见《马克思恩格斯全集》第 1 卷，人民出版社，1956，第 441 页。）可见，马克思是从两个方面来理解市民社会的内涵：一是市民社会的成员不是国家公民而是单个的私人或个人；二是市民社会的内容主要包括两个部分，社会性的经济关系，也称为生产关系，即马克思所说的物质要素，以及思想关系及其制度表现，即马克思所说的精神要素。后来马克思选择市民社会客观性的一面，主要指经济结构、经济关系或生产关系，并将其概括为社会的经济基础，与经济基础相对应的是法律的和政治的上层建筑，由此，形成了上文所述的经济基础—上层建筑的分析范式。

② 张凤阳等：《政治哲学关键词》，江苏人民出版社，2014，第 177 页。

一的"①。在国家与社会融合的状态下，作为私人意义上的个体，既没有现代意义上的权利观念，也没有受国家权力保护的公民权利。

这种公私不分的状况一直到近代民族和主权国家开始形成的时候，才逐渐被打破。这主要表现在以下紧密关联且相互促进的两个方面。

首先，在经济上，从 12 世纪中叶开始，在意大利南部沿海地带出现了许多新兴城市，在城市内部具有商品生产性质的手工业生产迅速发展。城市居民由于承担的商品经济关系而获得了市民身份。在早期城市手工业发展阶段，由于分工不发达，并且在封建社会的政治经济条件下，扩展商业联系、扩大市场也困难重重。因此，城市手工业者采取限制竞争和充分利用本地市场的策略来解决他们的产品销售问题，以保证顺利进行再生产。竞争的手工业者组织起来限制竞争，形成了行会这一同行业手工业组织。在早期阶段，行会发挥着保护中小手工业者简单再生产的经济功能和确定市民身份的政治功能。一般而言，在等级森严、讲究身份的西欧封建社会，城市居民只有首先作为行会成员，才能取得城市法律规定的市民身份。然而，随着行会与城市政权结合，确立了城市政权由行会师傅、上层商人与居住在城市的封建贵族分享的格局。行会也开始蜕变为不折不扣的特权阶层，经济上和政治上奉行双重垄断，阻碍技术进步和生产力发展，尤其是加深了对底层市民、手工业者（主要指学徒和帮工）以及作为非行会成员的零工们的剥削；严重的不平等招致了底层人们的反抗。

严格来讲，由行会制度塑造的社会，虽然也是由市民组成的，但不是黑格尔和马克思等18、19 世纪的思想家所观察和论述的市民社会，即今天我们在学术研究中经常述及的定型了的市民社会。行会所代表的"市民的社会"其实质是等级条件下的市民等级，与18、19 世纪思想家锁定的市民社会至少存在以下两个方面的差异。一方面，按照马克思的说法，市民社会作为对私人活动领域的抽象，主要指生产力发展到一定阶段上的一切物质交往。按照市场经济的逻辑，这种物质交往关系主要是指私人的物质生产、交换和消费。然而，在当时西欧封建社会的政治经济条件下，由于地域分割的限制，还没有形成统一的市场；资本、劳动力、资源等生产要素

---

① 《马克思恩格斯全集》第 3 卷，人民出版社，2002，第 42~43 页。

也不可能自由流动。因此，该阶段作为市民社会本质内容的物质交往关系还没充分实现，只能说具备了市民社会的雏形。另一方面，作为市民社会的主体，市民仍是个等级概念。虽然在市场经济活动中萌发了独立的财富意识，并出现援引和注释罗马法（主要是私法）的热潮来调节工商业财产关系和保障财产权利，但是这个时候仍没有出现完整的平等和自由权利理论。

其次，在政治上，中世纪晚期，王室与城市间的冲突不断增加，这就是 14、15 世纪以英法为代表的王权不断强化的过程。在王权强化的过程中，主权国家的观念开始萌现，民族国家兴起。王室不自觉地转变为（绝对）国家机构，同时，也开启了破除"地域分割"和取消"行会限制"的行动。这对市民等级向市民社会的转变、国家与社会的分离以及公私观念的形成产生了重要的影响。一方面，随着封建割据的消除，统一的国内市场开始形成，资本主义的生产要素可以自由流动。这为资本主义生产关系的充分发展创造了条件，使市民社会奠定在坚实的物质基础之上。另一方面，伴随着市场经济的不断发展和行会特权的破除，市民萌发了独立的财富意识和自由平等的政治意识。前者为公共与私人的分离奠定了个体性经济基础，后者为私人对公共（绝对主权国家）的塑造提供了个体性政治动力。"直到 18 世纪末，整个发展趋势还很明朗。封建贵族政治所依赖的封建势力、教会、诸侯领地和贵族阶层发生了分化，形成了对立的两极，它们最终分裂为公私截然对立的因素……统治阶层最终从等级制度当中走了出来，发展为公共权力，部分归立法机关（部分归司法机关）；劳动阶层一旦在城市企业和某些乡村阶层中扎根，就会发展成为'市民社会'；作为真正的私人自律领域，'市民社会'和国家是对立的。"①

这一时期，绝对王权国家之所以成为"公"的承担者，在很大程度上是由于在其形成过程中，结束了中世纪封建君主制造成的国家行政管理系统不完善、政治分裂和国家权力分散的局面，至少在民族国家内部形成了统一的公共权力，在形式上它在一国范围内具有普泛性质，对市民社会的成员都是适用的，所以它具有公共的性质而不是私人的性质。这就为公私

---

① 〔德〕哈贝马斯：《公共领域的结构转型》，曹卫东等译，学林出版社，1999，第 11 页。

概念的产生创造了条件。"'私'意味着处于国家机器之外;'公'在这个时候指的是建立在专制主义基础上的国家……据说,政府当局是为民众谋幸福的,而民众只关心自己的个人利益。"① 因此,以绝对国家所代表的公共权威的实质性增长,成为由公私边界模糊的中古时代向公私分化的现代社会过渡的必经环节。但是,随着市民社会与绝对国家之间矛盾的日趋激烈,社会发展就进入了公共与私人关系的第二个阶段:私人对公共的塑造。

(2)市民社会按照私人利益的要求重塑绝对国家,市民也从绝对国家中的臣民变成现代国家中的公民,不仅拥有市民社会的私人生活,而且具有公民国家中的公共生活,实现了私人对公共的重塑。公共生活就是在私人利益基础上建立起来的,成为维护私人利益的工具。

民族国家的创建过程,其实就是市民社会参与塑造现代国家、私人生活重塑公共生活的过程。从历史上看,这表现为英美法等资产阶级大革命。由此,人类社会开启了现代资产阶级共和国取代传统专制体制的时代。一个在国家之外、与国家之间构成了某种"委托—代理"之契约关系的社会领域,获得了生存和发展的经济和政治条件。社会终于从国家强权的统治下第一次分离出来,国家与社会的二元结构才得以形成。与国家与社会分离相对应的是人民的生活样态也发生了根本性的变化,基本上形成了"公共"与"私人"两大领域。伴随着人们生存样态的重构,不断地穿梭于公共领域与私人领域的人们也获得了双重的角色:作为私人,他以个体形式出现,在私人领域中活动;作为公民,以整体形式出现,在公共领域中活动。因此,近代以来,比附国家与社会分离,公共领域与私人领域的分化也是一个不客观的历史事实,它们的进一步分化也是应当的历史趋势。这种分化的结果就是造成了社会成员公共生活与私人生活的二重化,即马克思所说的,"人分为公人和私人"②的二重化和"市民社会生活和政治生活的二重化"。

黑格尔以高度的思辨性指出,市民社会与政治国家的分离是现代社会最本质的特征。他把市民社会看作私人利益关系的体系,看作个人私利的

---

① 〔德〕哈贝马斯:《公共领域的结构转型》,曹卫东等译,学林出版社,1999,第11页。
② 《马克思恩格斯全集》第3卷,人民出版社,2002,第175页。

战场，市民社会的成员"就是私人，他们都把本身利益作为自己的目的"①。但市民社会生活是不自足的，正是忧心于对私人生活的无政府状态，黑格尔坚持认为，以政治国家成员的身份而参与公共生活具有"外在必然性"，这种不自足性则凸显了市民社会相对于政治国家、私人生活相对于公共生活的从属性和依存性。

事实上，黑格尔已经从理论上把私人生活与公共生活的分离看作一种矛盾，这是其思想较为深刻的地方，对此马克思也给予了积极的评价。但是马克思指出，黑格尔不是从历史和现实的社会关系中去把握市民社会与政治国家、私人生活与政治生活的分离及其相互关系，而是从绝对理念发展的不同阶段来界定国家与社会、公共与私人的不同规定性。这样马克思很快超出了黑格尔的唯心史观对公共的本质的认识。针对黑格尔的错误，马克思从现实的物质生产关系去把握私人生活与公共生活的分离及其相互关系。首先，私人是构成公共的基础，公共的本质根植于私人生活中的物质生产关系、经济关系。正如"国家是从作为家庭的成员和市民社会的成员而存在的这种群体中产生的"② 一样，公共生活是从私人生活中产生出来的，公共没有家庭和市民社会的人为基础就不可能存在。公共问题归根到底应该从社会的经济生活条件中得到解释。其次，公共与私人分化的动因来源于社会的物质生产方式，即资本主义生产方式的私有制。资本主义生产方式的私有制孕育了市民独立的财富意识和自由的政治意识，前者为私人与公共的分离奠定了个体性经济基础，后者为私人重塑公共以争取更大的生存空间提供了个体性政治动力。

在公私不分的前资本主义时代，并不存在指向作为私人个体的财产权利。在公私开始分化的绝对国家时代，"一个公民没有什么可以只属于他自己而不属于国家或主权者的财产，但每个公民的确可以有不属于别的公民而属于自己的东西"③。也就是说，在横向的私人生活里面，指向私人而有别于他人的财产权利已经得到认可；但是在纵向层面，这种私人的财产权利，还至少没有得到在形式上以"公共"面目出现的绝对国家的完全承认。

---

① 〔德〕黑格尔：《法哲学原理》，范扬、张企泰译，商务印书馆，1961，第201页。
② 《马克思恩格斯全集》第3卷，人民出版社，2002，第12页。
③ 〔英〕霍布斯：《论公民》，应星、冯克利译，贵州人民出版社，2003，第90页。

市民社会革命按照私人利益的要求，完成了对绝对国家的重塑，才有了现代意义上的私人与公共二重化的基本生活样态。现代公共生活的形成意味着"私人利益获得了公共的重要性"①，意味着经济生活对政治生活的渗透和控制，公共本身再也不具有独立的意义。

三　对"公共"的批判

马克思主义政治哲学既对私人与公共及其相互关系进行了精确化的解释，从而使困扰人的公共生活与私人生活的分化的原因、本质、相互关系尤其是"私人"对"公共"的重塑等问题得到了科学的、深刻的解答，又对建立在资本主义生产方式私有制基础上的公共思想进行了深刻的批判。由于自由主义作为西方社会主导的意识形态，也是西方社会建构的基本原则，因此，对资本主义国家公共思想的批判，也就是对自由主义公共观的批判。

第一，批判了资本主义私有制生产关系基础上的公共与私人的对立与冲突。

公共生活与私人生活的二重化作为资产阶级革命的产物，也是政治解放的体现。资产阶级革命把人从基督教神权国家的束缚下解脱出来，使人摆脱了"人的从属关系"而获得了人格意义上的独立和平等，而这些历史性进步的取得，是作为人的公共生活与私人生活二重化的结果而呈现出来的。对此马克思主义政治哲学给予了积极肯定。

但是，在人类发展的历史进程中，政治解放所塑造的公共生活与私人生活的分化，在赋予社会进步意义的同时，也具有自身的局限性，最突出的表现就是公共与私人的割裂与冲突。"政治解放一方面把人归结为市民社会的成员，归结为利己的、独立的个体，另一方面把人归结为公民，归结为法人。"② 人类历史发展的不同时段，都以某种生活形式来维系人的社会本性。在古典时代，人的社会本性依存于两种生活：一是群居的自然性情形成的家庭生活，二是参与城邦的政治生活。随着城邦衰落和罗马共和国

---

① 〔美〕阿伦特：《人的境况》，王寅丽译，上海人民出版社，2009，第22页。
② 《马克思恩格斯全集》第3卷，人民出版社，2002，第189页。

的荣光不复存在，古典公共生活也开始消失。在中世纪，虽然人们专注于个人修行和灵魂拯救的私人生活，但是从基督教里面依然可以寻觅到公共生活，即基督教天国意义上的公共生活的影响。"公正地说，罗马帝国覆灭以后是天主教堂为人们提供了一个公民资格的替代品。"① 然而，宗教改革使国家从宗教束缚中摆脱出来，宗教信仰成为私人的旨趣，人开始作为一个私人而存在。随着政治解放的完成，市民社会也获得了独立性。市民社会的成员脱离了政治共同体而成为孤立的、分离的、单子式的个体，即利己的人。

由此，资产阶级的利己主义的人性观，就取代了源远流长的积极参与公共生活的共和主义美德。不仅古典的和天国意义上的公共生活已荡然无存，而且随着政治国家与市民社会的分离，人不仅在思想意识中，而且在现实生活中，都过着双重生活：作为政治国家成员的公民的公共生活和作为市民社会成员的私人生活。因此，"人就不能不使自己在本质上二重化"。也就是说，一个人首先是市民社会的成员（私人），其次才是政治社会的成员（公民）。因此，"不是身为 citoyen［公民］的人，而是身为 bourgeois［市民社会的成员］的人，被视为本来意义上的人，真正的人"②。这是马克思主义政治哲学对公共与私人之间隔阂与对立的最为深刻的批判。

第二，对公共生活与私人生活二重化的主体——利己的人——的批判。无论是公共生活还是私人生活，都对应着特定的人群，如果能够描述这一人群的本质特征和大致范畴，也就基本上把握住了这一生活领域的基本型构。马克思主义政治哲学对资产阶级公共思想的批判，也延伸到对公共生活与私人生活二重化的主体——人的本质上，具体而言，体现在以下三个方面。

从人的现实性角度，质疑了自由主义的孤立的、原子式的个人观。马克思主义认为，资本主义发展把人从原始共同体中解放出来，并造成了个人可以孤立于社会而存在的假象。人在表面上脱离群体，实际上进入了一个生产、分工、交换高度发达的、更为紧密的社会关系之中。其实，在原子式个人表象掩盖下的是利己主义的人，"封建社会已经瓦解，只剩下了自

---

① 〔美〕阿伦特：《人的境况》，王寅丽译，上海人民出版社，2009，第 21 页。
② 《马克思恩格斯全集》第 3 卷，人民出版社，2002，第 185 页。

己的基础——人，但这是作为它的真正基础的人，即利己的人。因此，这种人，市民社会的成员，是政治国家的基础、前提"①。如果说原子式的个人是自由主义政治哲学"公共观"关于人的形式性规定，那么，利己的人是自由主义"公共观"关于人的实质性规定。

从公共与私人相互关系的角度，指出在公共生活中，"任何一种所谓的人权都没有超出利己的人"②。在国家与社会尚未分离的前资本主义时代，强调共同体本位，也就无法萌生个体权利的思想。在已经完成公共与私人相互分离的资本主义时代，作为公共生活与私人生活的同构主体是利己的个人，并通过人权或公民权的方式来规定这一主体地位。"公民身份、政治共同体甚至都被那些谋求政治解放的人贬低为维护这些所谓人权的一种手段；因此，citoyen［公民］被宣布为利己的 homme［人］的奴仆；人作为社会存在物所处的领域被降到人作为单个存在物所处的领域之下。"③ 因此，致力于政治解放的人就出现了本末倒置，把目的当成手段，把手段当成目的。这就是马克思主义政治哲学对资本主义国家公共生活与私人生活二重化的主体——利己的人——享有的人权和公民权的批判。

从公共与私人的二元分裂角度，指出人的解放程度的时代局限性。马克思主义政治哲学认为，自由是人区别于其他任何一种动物的根本特性，其实质是某种程度上人与之人之间平等的社会关系。近代资产阶级革命开创的政治解放，将人从不平等的宗法、政治等级关系中解放出来，摆脱了"人的从属关系"，以一种平等权利和自由的方式赋予每个人在公共生活和私人生活中的主体地位。但是，这并没有触及人在公私生活中自由的内容。虽然近代资本主义社会使每个个体都获得了人格独立意义上的自由的社会关系，但这种以人格平等为特征的社会关系，是以资本主义生产方式私有性质为其经济基础的。这种以人格平等为前提的人的自由，其实质是以商品为媒介、以个人利益和对财产的私人占有为目的的自由竞争。这种以私有财产权为核心的人的自由，不仅决定了在私人生活中人与人之间是一种相互对抗的关系，而且决定了私人生活与公共生活、个体与整体之间仍然

---

① 《马克思恩格斯全集》第 3 卷，人民出版社，2002，第 187 页。
② 《马克思恩格斯全集》第 3 卷，人民出版社，2002，第 184 页。
③ 《马克思恩格斯全集》第 3 卷，人民出版社，2002，第 185 页。

是一种对立冲突的关系，其结果是少数人通过对生产资料的垄断，而最终剥夺了多数人的自由。

结　论

　　马克思主义政治哲学从解释市民社会与政治国家的二重化矛盾入手，并引申到"公共"与"私人"的双重生活。在此基础上，马克思主义政治哲学将公共思想与人的解放联系在一起。马克思主义政治哲学认为，必须从经济基础与上层建筑的关系入手，消除公共与私人的二元分裂与冲突的关键在于废除生产资料私有制，在实行社会主义公有制条件下生产力的进一步发展的基础上，人与人之间是一种完全平等的协作关系，才能超越抽象的、个体的、利己主义的人的自由，而实现类本质意义上的人的自由。如果立足于"个人利益"本位和"利己主义"原则，人的解放问题永远解决不了，消灭私有制也就变成了一个套话。马克思的功绩在于发现了"现实的普遍性领域"，发现了共产主义的社会基础和实践基础，并跳出了"市民社会"和"政治国家"的话语框架。

　　马克思主义政治哲学公共思想的出发点是人（现实的人而非抽象的人），其根本目的在于追求人的自由与解放，从而显示了崇高的价值定位。与自由主义公共政治哲学从抽象的、原子式的个人出发，来推演作为公共生活的政治国家以及作为私人生活的市民社会相比，马克思主义政治哲学的公共思想确实给人耳目一新的感觉。就是在今天看来，马克思主义政治哲学的公共思想依然是伟大的，它的伟大在于对现实国家的观照和批判。

预言政治学分析模型下的
西方政治与马克思[*]

——兼论马克思主义政治哲学的超越性

张昭国　谢若愚[**]

摘　要： 预言政治是带有浓厚西方宗教传统的一种视角，通过此视角来审视民族国家政治、乌托邦政治和西方所谓的自由民主政治，每个政治体制的弱点暴露无遗。尼尔·雷默将"伦理眼光"、"积极的想象"、"弥赛亚"式的思维引入政治领域，构造了一个所谓"适合分析批判马克思"的"预言政治学"分析模型：对价值的承诺、无畏的批判、突破性的"宪政"体制和积极的未来想象。在这个分析模型中，马克思主义政治哲学的"至高伦理"、"深刻批判"和"变革条件"获得高度赞许，本文以"实践的未来性""与时俱进的批判""非线性变革的矛盾统一"回应雷默的追问。追求终极解放的马克思主义以政治实践的"未来哲学"姿态超越了一切西方"政治预言"。

关键词： 尼尔·雷默；预言政治学；西方政治制度；政治哲学；马克思

---

* 本文系国家社科基金重点项目"《资本论》的古希腊思想渊源探究"（19AZX001）、江西省社会科学基金项目"马克思'人的本质'思想的未来性向度"（21ZX07D）的成果。

** 张昭国，博士，教授，华东交通大学马克思主义学院副院长，硕士生导师，主要研究方向为政治学；谢若愚，华东交通大学马克思主义学院硕士研究生，主要研究方向为马克思主义政治经济学。

引　言

　　自亚里士多德完成《政治学》以降，两千多年时间里人类经历了不同社会形态，当然也产生了不同性质的政治学，但是政治活动的目的是不变的：人创造他们的历史并不是为了沿着一个预定的路线前进，也不是因为他必须服从某种抽象的进化律，这是已经证明了的，人这样做是努力满足他自己的需要①。为了分配政治利益，西方文明中的宗教先知、政治学家、社会学家以及执政者，自觉构思一套政治蓝图是必然的，或者说必须给出某种"政治预言"以表明现实和理想的差距，"他们每一个人都声称能够超越不幸，看到了更真实的和谐社会"②。政治理论含有对事实的判断或对趋势的估计，也许只有时间才能客观地判定这些判断的正误③，"政治预言"的重要性不言而喻。自政治神学和政治哲学被现代性鸿沟分离后，已经没有了宗教祭司为人类疑惑做出政治性解答，"但我们仍离不开社会先知"④。

　　20世纪末，美国政治哲学教授尼尔·雷默（Neal Riemer）提出了一种预言政治学（prophetic politic）分析模型，称这种源于西方预言政治学传统的政治标准"对崇高的梦想和新的可能性力量持开放态度；在相互竞争的经济、社会和政治利益之间实现合理调和"⑤，他还将马克思思想置于其"预言政治学"模型的分析范围，扬言"预言政治的模型似乎特别适合用来分析和批判马克思"⑥。在雷默的笔下，马克思是一位强有力的、卓越的、大胆的思想家，他首次把马克思纳入预言政治学传统进行评价，其观点是比较新颖的⑦，有助于我们从西方"预言政治"角度加深对马克思思想的理解。

---

① 〔苏〕普列汉诺夫：《唯物论的历史观》，晏成书译，人民出版社，1951，第14页。

② N. Riemer, *The Future of the Democratic Revolution: Toward a More Prophetic Politic*, Praeger Publishers, 1984, p. 40.

③ 〔美〕乔治·霍兰·萨拜因：《政治学说史》，刘山等译，商务印书馆，1986，第3页。

④ N. Riemer, *The Future of the Democratic Revolution: Toward a More Prophetic Politic*, Praeger Publishers, 1984, p. 4.

⑤ N. Riemer, *The Future of the Democratic Revolution: Toward a More Prophetic Politic*, Praeger Publishers, 1984, p. 7.

⑥ N. Riemer, *Karl Marx and Prophetic Politic*, Praeger Publishers, 1987, p. vii.

⑦ 李然：《〈卡尔·马克思与预言政治学〉简介》，载《马克思主义与现实》第1辑，河南人民出版社，1990，第132~134页。

一 雷默对西方政治体制缺陷的考察

——基于预言政治学的视角

为深入理解雷默与西方"预言政治学"的关系，我们从他在预言政治视角下对西方政治制度缺陷的分析开始探讨。在《民主革命的未来：走向更具预言性的政治》（*The Future of the Democratic Revolution：Toward a More Prophetic Politic*）一书中，雷默将西方政治体制划分为三类并依次分析：马基雅维利式的民族国家政治、救赎和谐的乌托邦政治和保守平衡的自由民主政治（他认为这几种政治制度虽然在形式上互有重叠，但都有独特的政治方法）。（见表1）

表1 西方预言政治学传统视角下的三种政治模式

政治类型	伦理眼光	力量来源	价值观	政治手段	后果
民族国家政治	最低	武力和统治技巧	对内：追求权力 对外：维护民族利益	"狐狸与狮子的游戏"	道德低下 追求武力扩张
乌托邦政治	最高	对幸福世界的期望	普遍的和谐拯救	对人的改造 对环境的改造 牺牲部分自由	维护代价高 过于关注幻想 实现难度大
自由民主政治	中等	利益的多元平衡	理论上的自由民主	法律约束 政治内耗和妥协	政治过于保守 效率低下 贫富差距大 多数人的暴政

注：表格根据雷默理论总结，也许他会有不同意的地方。

资料来源：N. Riemer, *The Future of the Democratic Revolution：Toward a More Prophetic Politic*, Praeger Publishers, 1984, p. 82。

（一）民族国家政治：权谋政治的充要性

在政治思想史上，马基雅维利是学界公认的颇具争议的思想家。首先被视为君主的"邪恶导师"，他将古希腊传统中作为政治生活基础的道德连根拔起，教导君主如何不择手段地使用权术、维持权力稳定。雷默强调的是国家理性意义上的"马基雅维利主义"，特别是这种政治模式对国内的统治，必要时通过武力和统治技巧来保护民族国家的利益是其存在的理由。毋庸置疑，马基雅维利式的民族国家政治的力量是相当大的，民族国家的统治者（或未来的统治者）必须能够聚集和运用自己的力量保护国家。

"马基雅维利主义"作为一种价值观，在雷默看来，正义和伦理很可能会在低道德的统治中离席，"为了维护国家，君主可能不得不违背信仰、慈善、反人类和宗教"①。大多数情况下，个别政治家会试图以国家利益和共同利益的名义来掩盖对其自私的重大利益的保护，狮子和狐狸策略把戏容易导致民族国家以独立、自由、荣耀和美德为名进行残酷的斗争②，把国家引向民粹的道路。对于社会来说，其结果就是一种危险的偶像崇拜倾向，这个偶像不是个人，而是政治共同体的权力和荣耀。具有局限性的视野影响了马基雅维利主义对政治的经验理解，这将影响国家集体对政治的审慎判断。

在现代政治秩序中，战争开始超越政治所设定的界限，作为一种灭绝战的整体战争已经不再作为政治的手段③，具有"统治理性"的民族国家的领导人会避免发动威胁其生存的灭国战争，但他们可能仍然想打一场不会严重影响其国家公民的福祉的小战争，总有"穷人和弱者付出了困境永久化"的代价。马基雅维利式的民族国家政治的实践者通过降低"伦理眼光"（superior ethical vision）的"统治理性"的方式，得出了一个结论："权谋政治的充要性是不够的，最坏的情况将是灾难性的。"④ 于是，雷默否定了"整体理性"缺位的马基雅维利式的民族国家政治，将"伦理眼光"置于最高。下一部分将考察充分救赎的乌托邦。

（二）乌托邦政治：对人的改造

"伦理眼光"是"预言政治学"的关键维度之一，作为对政治道德丧失使自由和正义缺席的回应，雷默将目光转向了三个乌托邦精神模型：传统

---

① N. Riemer, *The Future of the Democratic Revolution*: *Toward a More Prophetic Politic*, Praeger Publishers, 1984, p. 16.

② Neal Riemer, "Prophetic Politics and Foreign Policy", *International Interactions*, Vol. 8, No. 1 - 2, 1981, pp. 25 - 39.

③ 〔美〕汉娜·阿伦特：《政治的应许》，张琳译，上海人民出版社，2016，第138~139页。

④ N. Riemer, *The Future of the Democratic Revolution*: *Toward a More Prophetic Politic*, Praeger Publishers, 1984, p. 28.

哲学王的理想国、宗教救赎的大法官①和行为工程学下的瓦尔登湖第二②。乌托邦政治是一种以世俗拯救梦想为特征的政治模式，试图将人类从折磨人类的战争、不公正、暴政、不平等、敌意、疾病、贫穷、痛苦中拯救出来。乌托邦冲动是对现存社会状态的反应并试图超越和改变那些状态以达到理想状态的尝试，它总是包含着两个相互关联的因素：对现存状态的批判与一个新社会的远景或更新的方案③。其强大力量的来源是更幸福的世界——一个从威胁文明生存、健康成长和创造性实现的灾难性病痛中脱离出来的世界④，而发挥政治力量的前提，或者说这三个乌托邦模型的共同之处除了和谐以外，首先在于对人的改造。

柏拉图希冀"哲学家成为我们这些国家的国王，或者我们目前称之为国王的那些人物，能严肃地追求智慧"⑤。潜在的哲学王享受特殊的教育，一夫一妻制和私有财产被排除在统治者阶级之外，官僚阶级过着相当简朴的生活，但平民选民资格被严格限制，底层生产者与国家事务隔绝。在柏拉图眼中，一旦新的政治共同体已经出现，涉及价值观、利益、权力的严肃的政治判断将不再需要⑥，没有流动性的社会结构虽然避免了民主的无序，但哲学王是如何裁断社会正义并避免"人类灾难"的，柏拉图没有过多论述，他沉浸在了自己的幻想之中，并没有思考实现的路径。

在陀思妥耶夫斯基的小说里，耶稣因拯救即将被处死的异教徒而被宗教大法官以异端的名义驱逐，并被宗教大法官抱怨："你把一切都交给了教皇，如今一切都在教皇手里，现在你索性别来。"⑦ 人类的救赎与社会人心

① 陀思妥耶夫斯基《卡拉马佐夫兄弟》第五卷第五节——宗教大法官。
② 《瓦尔登湖第二》是美国著名心理学家斯金纳（B. F. Skinner）于 1948 年出版的一部乌托邦式的小说，他以行为主义心理学为基础，描述了一个虚构的小社会的生活。这个小社会像梭罗笔下的瓦尔登乌托邦一样，也是一个自治的、自足的社会。
③ 汪行福：《乌托邦精神的复兴——西方马克思主义对乌托邦的新反思》，《复旦学报》（社会科学版）2009 年第 6 期，第 11～18 页。
④ N. Riemer, *The Future of the Democratic Revolution*: *Toward a More Prophetic Politic*, Praeger Publishers, 1984, p. 47.
⑤ 〔古希腊〕柏拉图：《理想国》，郭斌和、张竹明译，商务印书馆，2018，第 217 页。
⑥ N. Riemer, *The Future of the Democratic Revolution*: *Toward a More Prophetic Politic*, Praeger Publishers, 1984, p. 43.
⑦ 〔俄〕陀思妥耶夫斯基：《卡拉马佐夫兄弟》（上），荣如德译，上海译文出版社，2006，第 302 页。

存在悖论，要想让人们信仰上帝，首先要有面包，为了让人人都得到面包，就必须拿起恺撒的剑，而拿起了恺撒的剑，人们必然失去自由，似乎自由和面包是不可兼得的——宗教大法官最终竟然承认"我们早已不跟你（上帝），而是跟他（魔鬼）在一起了"①。宗教使人性贫乏化，使人的真正价值服从教会狭隘私利的神秘化的价值，"神圣的"宗教对现实、对人性进行了妥协，最终现实背离了普遍和谐的救世初心。不管信不信奉上帝，手里无面包是尘世首先要解决的问题。

如果把现代技术融入乌托邦，对社会环境进行改造，结局会更好吗？斯金纳作为一位行为心理学家曾在小说《瓦尔登湖第二》中以控制环境的模式描述了一个和谐的社区。小说主角之一"独裁者"弗雷泽是被基于行为科学的政治设计推出的个体，但他并不通过权力来控制社会，而是通过环境的影响。弗雷泽说，"社员实际上总是在做他们想做的，他们'选择'要做的事情，但是我们确保他们将要做的恰恰是对他们自己和社会最好的事情"②。在作者的想象中，一旦瓦尔登湖第二开始运作，异议者都愿意通过"心理咨询"服从社会秩序，一切都会如想象中那样顺利进行。虽然斯金纳觉得他的行为心理学理论满足瓦尔登湖第二的建设条件，但无论如何，在这个颇具现代色彩的社区里，人的自由也不是普遍的，在尘世建立起"和谐社区"，物质匮乏问题的缓解并没有从根本上使人摆脱存在的困境。

傲慢，是雷默对于乌托邦政治的首要评价，想象中的完美的体制意味着社会阶层"过于稳定"的构想。乌托邦政治家冒着犯下"普洛克路斯忒斯之床"③的风险，总有一部分人的自由被牺牲④。基于以上三个乌托邦模型，雷默得出了结论：在此世界里，不仅个人，而且"人类的可能性"都受到抑制；实现和维持乌托邦的成本十分高昂；未能认识到乌托邦中民主

① 〔俄〕陀思妥耶夫斯基：《卡拉马佐夫兄弟》（上），荣如德译，上海译文出版社，2006，第309页。

② 〔美〕B. F. 斯金纳：《瓦尔登湖第二》，王之光、樊凡译，商务印书馆，2016，第30页。

③ 普洛克路斯忒斯是古希腊神话中的一个强盗，开设黑店，拦截过路行人，他特意设置了两张铁床，一长一短，强迫旅客躺在铁床上，使身矮者睡长床，强拉其躯体使其与床齐；使身高者睡短床，他用利斧把旅客伸出来的腿脚截短。"普洛克路斯忒斯之床"按其形象意义，意指"削足适履""截趾穿鞋"类"强求一律"。

④ N. Riemer, *The Future of the Democratic Revolution: Toward a More Prophetic Politic*, Praeger Publishers, 1984, p. 51.

和"宪政"秩序的必要性意味着秩序混乱。即对乌托邦未来的想象是积极的，但实际并不可行。

在这一部分的讨论中，雷默不免强制给马克思主义扣上了"乌托邦帽子"，虽然他毫不犹豫地承认马克思主义对现代社会科学产生了深远的影响——从而影响了我们对经济、社会和政治的理解，清醒地认识到马克思和他的追随者一贯反对空想社会主义①。由于他在后面的作品《卡尔·马克思与预言政治学》（*Karl Marx and Prophetic Politic*）一书中承认理论有了新的完善②，所以他对马克思的赞许和误解，本文将在第二节一并讲述。

（三）　自由民主政治：消失的政治张力

那么西方普遍的自由民主政治能够保留马基雅维利式的民族国家政治和乌托邦政治的优势，并且能完美克服它们的弱点吗？雷默认为答案显然也是否定的，从预言政治的角度来看，这些弱点是显而易见的。

自由民主政治的愿景在伦理的全面性上是有遗漏的。美国自由民主主义在历史上一度排除了黑人、妇女和穷人等在内的群体。虽然自由民主主义者表面上保护公民权利和福祉，但他们往往对社会上最弱势的一些群体缺乏关注，加上资本主义无节制的经济运作，抵消了其平等理念的承诺。劳动人民（或者生活在类似美国一样发达国家的人民）在自由民主的西方发达国家好像过得还算不错，他们在资本主义政治和技术的宰制下已经成为"单向度的人"，人对异化的反抗和超越更为艰难，"他们都在各尽其责，却又都是无辜的牺牲品"③。

自由主义推崇的就是中立，因此设计出了不负责任的政治框架，其最初反对权力滥用争取个人自由的主张无可厚非，但这种主张却发展成了吞噬个人的怪兽。政策的制定往往伴随着各种利益集团的斗争，探讨伦理与政治、经济与政治、生态与政治之间关系的理性声音经常被"噪声"干扰，很难真正反映社会的整体意愿和利益。现代资本主义和现代社会主义的经

---

① N. Riemer, *The Future of the Democratic Revolution：Toward a More Prophetic Politic*, Praeger Publishers, 1984, p. 30.

② N. Riemer, *Karl Marx and Prophetic Politic*, Praeger Publishers, 1987, p. 21.

③ 〔美〕赫伯特·马尔库塞：《爱欲与文明》，黄勇、薛民译，上海译文出版社，1987，第70页。

济替代方案在经济危机发生时才被迫做出决断，反映在现实生活中就体现为：贫富差距的持续扩大，环保问题的日益严峻，社会福利的不断缩减等。在"自由民主"的美国，做出判断的人往往是有钱有势的人，选民倾向于接受自由民主理想的花言巧语，从而对通常丑陋的现实视而不见①。

一种令人向往的应然与实践之间的"政治张力"消失了，消极的怠惰导致西方社会对社会积弊反应太慢，例如资源浪费、高失业率、生态破坏、种族冲突。缺乏远见的政客总是自以为是并变换着"狐狸与狮子的手段"，越南战争和水门事件都说明了所谓自由民主国家一样避免不了"马基雅维利主义"带来的问题②。自由和民主只是理论上完整存在的，西方社会是由多数人的暴政、种族主义、性别歧视和盲目富裕主导的。

二 预言政治学分析模型与马克思

每一种西方政治模式都有其内生缺陷，并且其后果往往是比较悲观的。在讨论这三种西方政治制度的桎梏过程中，雷默自觉地引入了西方预言政治传统，他着重考察政治家和领袖们的政治承诺（预言），并把"伦理眼光"作为首要政治维度，用伦理标尺衡量政体的力量来源、政治的运作手段以及政治运作的长远结果。"伦理眼光"的注视是一个动态的过程，既关心政治的起源、政治的现实运作又关心最后的政治行为的结果，这个关心不是之于多数人的关爱，是希望顾及每个人的利益，似乎雷默想要寻找一种至高的"政治真理"，其理论颇有一种宗教救赎的意味，但他又希望政治实践扎根现实。

（一） 基于预言政治学的政治神学

"政治神学"本身并不是一个确定的概念或学科，甚至是难以形成明确边界的研究领域。政治神学"是一幅不断发生冲突的景象"③。在雷默这里，

① N. Riemer, *The Future of the Democratic Revolution*：*Toward a More Prophetic Politic*, Praeger Publishers, 1984, p. 82.

② Neal Riemer, "Watergate and Prophetic Polities", *Review of Politics*, Vol. 36, No. 2, 1974, pp. 284 – 297.

③ 徐震宇：《三种"政治神学"的对话》，《探索与争鸣》2018 年第 12 期，第 87~93 + 150 页。

作为一门智性学科的神学，还是一种政治性思维方式。他对西方预言政治传统的理解确实是建立在希伯来先知和自由民主政治基础上的①。中西文化语境中"先知"和"预言"（prophetic）的意思可能有些许偏差，应予以明晰，新版的《犹太教百科全书》这样说："先知是克里斯玛式的人物，据信拥有接受和传达上帝启示给他们的信息的神性禀赋（divine gift）。预言（prophetic）是这种信息的传达，而非预见未来的能力。先知是上帝的意志和人之间的中介。"② 可见，西方文化语境中的"预言"（prophetic）并不仅仅是一个承诺或者说一种政治蓝图，"预言"还表达了一种道德理想和现有现实的差距，拥有一种"政治真理"的道德哲学意蕴。"上帝"与"理性"作为西方人的两大精神支柱，"更预言的政治"是弥合两者的裂痕的工具，雷默想通过符合他的预言政治学分析模型的政体，缩小理想与现实的差距，沟通他心中的至高的伦理眼光（上帝般存在着的正义）和人世间理性的政治，最终实现人类世俗社会的和谐永续发展。

"预言政治"模型有四个承诺（特征）：第一，对价值的承诺，即生命、爱、和平、正义、经济福祉、生态和人类发展；第二，无畏的批判，即社会科学分析基础上对所有现存现实的"预言范式"（现实和理想的伦理差距范式）下的批评；第三，突破性的"宪政"体制，即"弥赛亚主义"（messianism）③ 式的对宪法的理解和正确决断政治策略的能力；第四，积极的未来想象，即通过富有想象力的场景，阐明未来问题，提前做好应对问题的准备④。

在这个模型中，理解"弥赛亚主义"非常重要。中世纪以来，处于"流散"（diaspora）状态的犹太人陷入了极度渴望复国而又无法复国的状

① N. Riemer, *Karl Marx and Prophetic Politic*, Praeger Publishers, 1987, pp. 1 - 2.

② Geoffrey Wigoder ed. , *The Encyclopedia of Judais*, The Jerusalem Publishing House, 1989, p. 571. 傅有德：《希伯来先知与儒家圣人比较研究》，《中国社会科学》2009 第 6 期，第 20 ~ 30 + 204 页。

③ 弥赛亚这个术语，源于希伯来语"masiach"（受膏者）一词，作为犹太教的宗教概念，指来自上帝的有特殊使命的人，在广义的意义上，弥赛亚主义被用来指关于一种末世的，人或世界的状态的提升，以及历史最终完成的信仰和理论。它认为上帝会在历史终结之时降下救世主弥赛亚，对所有民族施以最终审判，并在圣地以色列重建国祚永续的犹太政权，令流散犹太人返乡复国、获得救赎。

④ N. Riemer, *Karl Marx and Prophetic Politic*, Praeger Publishers, 1987, pp. 3 - 4.

态——"为何我的流亡如此漫长"或"我是否应不再追求自由"，他们在困境中产生了自我怀疑①。于是，宣扬"终极救世"的弥赛亚主义作为犹太人宗教维度的历史价值观成为强大精神力量，这种思想"确保犹太人尽管弱小，却能生存"②。

现代社会在资本逻辑的宰制下，政治并没有实现"历史的终结"，这是一个自由、创造性和人的本质力量不断增长的时代，也是人的无能为力感、物化和孤寂感不断增长的时代，人们反而要面对更加隐秘的社会冲突和政治矛盾。此时不是犹太人而是整个西方社会进入了一种类似"流散"的状态——失去政治张力的国家富足但是腐朽，底层人民永远没有真正的自由。预言政治学分析模型的提出似乎是为了回答这两个问题——"富裕的'民主'社会真的自由吗，我是否应不再追求自由"，即如何科学看待理想和现实的差距并缩小两者之间的差距。

雷默在论述中一次又一次地回到圣约的伦理核心，他想要借助代表圣约（真正的预言）束缚的弥赛亚主义，表征对世俗政治中"宪政"的束缚，即人通过"弥赛亚"式的思考逻辑去面对宪法，让人们保持理智，因为"弥赛亚的到来并不意味着盟约的废止，而是盟约的履行"③。

与乌托邦无视"宪政"体制的"傲慢"不同，预言政治学分析模型热衷于追求美好世界，同时"弥赛亚主义"的宪法解读告诉所有人：美好世界的完成不代表"宪政"体制的退场，和平、美德和自由只有在宪法的框架内才有意义，即盟约理念成为世俗宪法的激励力量，为世俗宪法提供理论保障，既确保宪法的伦理正确又确保人民对"宪政"体制的支持。

那么，预言政治学分析框架就比较清晰了。①价值是正义的价值，这个正义是普适的，没有人会被这个价值遗忘。②批判是正义的批判，基于社会现实、无畏、勇敢而又科学，并能提供实践备选方案，目的是缩小现实和价值间的差距。③突破性的政治运作依靠良好的"宪政"体制，这个体制为

---

① 李舒扬：《弥赛亚主义与中世纪犹太流散政治》，《世界历史》2020 第 6 期，第 99～112 + 155 页。

② Joseph Sarachek, *The Doctrine of the Messiah in Medieval Jewish Literature*, Wipf and Stock Publishers, 1932, p. 2.

③ N. Riemer, *The Future of the Democratic Revolution：Toward a More Prophetic Politic*, Praeger Publishers, 1984, pp. 99 – 100.

"明智"的政治实践提供保障，突破僵化的社会结构，鼓励在尊重公共利益框架内追求个人利益最大化。④预言性想象的前提：现在不存在、永远也不可能存在人间天堂，但我们仍借助"弥赛亚"式的思维逻辑，在民粹主义政治和乌托邦政治面前保持冷静，审慎批判现实后，勇敢地追求美好世界。

雷默不得不正视作为"千年第一思想家"和无产阶级精神领袖的马克思，因为马克思主义理论是在批判现实后勇敢追求美好社会的科学理论，为了阐明预言政治学与马克思主义的异同，他在《卡尔·马克思与预言政治学》（*Karl Marx and Prophetic Politic*）一书中完善了预言政治学分析模型（见图1）。现在，我们就来审视预言政治学分析模型下的马克思具有何种形象，人们对此又有哪些误解。

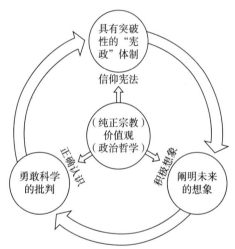

图1　预言政治学分析模型

说明：模型根据雷默理论总结，也许他会有不同意的地方。

资料来源：N. Riemer, *Karl Marx and Prophetic Politic*, Praeger Publishers, 1987。

（二）承诺自由价值的马克思主义不是乌托邦

1. 共同承认——马克思主义拥有至高的"伦理眼光"

宗教、道德、哲学、政治和法本身，在这种不断的改变的过程中却是始终保存着的，"此外，还存在着一些永恒的真理，如自由、正义等等"。①

_____

① 《马克思恩格斯全集》第4卷，人民出版社，1958，第488~489页。

雷默写道，自由是马克思思想的核心，与他的其他价值观密切相关。"以各个人自由发展为一切人自由发展的条件"①，马克思在废除那些阻碍自决和人类实现的条件中看到了自由，自由是解放人类潜能角度的自由。政治解放是不够的，宗教自由也不够，解放是全面的、有效的和普遍的。而且，"在当前同资产阶级对立的一切阶级中，只有无产阶级是真正革命的阶级"②，为实现普遍的人类解放，必须将无产阶级视为普遍人类解放的关键，必须将自由主要理解为从资本主义社会中被异化和剥削的劳动中彻底解放出来的状态，只有将劳动人民从私有财产和资本主义中解放出来，才能在所有领域为所有人带来自由③。

雷默认为马克思看到的政治整合涉及的是矛盾的解决与融合，通往世界和平的道路来自克服社会内部和工厂内部的阶级矛盾。整合包括消除劳动分工、城乡分工以及国际分工，融合包括克服个人功利主义与社会共同体的分裂④。最大的融合是"随着工业生产以及与之相适应的生活条件的一致化，各国人民之间的民族孤立性和对立性日益消逝下去"⑤，国际间的和平将伴随着国家内部和阶级之间的和平。也就是说，随着社会改造和剥削阶级的消灭，以广大人民为出发点的"无产阶级功利主义"最终将取代资产阶级狭隘的功利主义⑥。看来，很难不承认追求人类终极解放的马克思主义具有至高的"伦理眼光"。

2. 用实践解答疑问——马克思主义实践具有未来性

对于马克思的价值观，雷默评价道："马克思的价值观是预言政治的宗教和世俗传统的重要组成部分，他对这些价值观的分析是后现代时代的有力而富有启发性的贡献……强大但有限且有缺陷。"⑦ 具体地说，他认为马克思并没有阐述清楚共产主义社会的运作细节，如在自由的社会中如何全方位地培养一个人即怎样改造一个人，如何打造一个克服异化的环境、如何

---

① 《马克思恩格斯全集》第 4 卷，人民出版社，1958，第 491 页。

② 《马克思恩格斯选集》第 3 卷，人民出版社，1995，第 307 页。

③ N. Riemer, *Karl Marx and Prophetic Politic*, Praeger Publishers, 1987, pp. 25 - 28.

④ N. Riemer, *Karl Marx and Prophetic Politic*, Praeger Publishers, 1987, pp. 29 - 30.

⑤ 《马克思恩格斯全集》第 4 卷，人民出版社，1958，第 487~488 页。

⑥ 《毛泽东选集》第 3 卷，人民出版社，1991，第 864 页。

⑦ N. Riemer, *Karl Marx and Prophetic Politic*, Praeger Publishers, 1987, p. 35.

处理调和社会政治持续的冲突……总结为一点——他认为马克思微观社会理论的缺失导致了他的"政治预言"含混不清。

马克思从来不屑于细致描绘社会主义或者共产主义社会究竟是什么样子的①,"共产主义对我们来说不是应当确立的状况,不是现实应当与之相适应的理想。我们所称为共产主义的是那种消灭现存状况的现实的运动"②。共产主义是一种社会形态,是一种崇高理想,更是一种现实运动,共产主义是一个表征不断进步的概念,共产主义可以是一种"信仰概念",但不是一个同某种终极目标相联系的"宗教概念",也只有如此,共产主义社会对于我们而言才是可以理解的。

如果要求百余年前的社会先知为后世进行具体预测,那也只是给未来蒙上了一层宿命论的色彩,这种预测是毫无意义的,《圣经》中的先知也不会预测未来,只会代替上帝发出警告,谴责尘世的贪婪和腐败。马克思不仅是思想家还是革命家,他没有像柏拉图一般把所有精力投入对乌托邦蓝图的细节勾勒,而是积极参与共产主义运动,在运动中总结经验,不断修正理论,未来的具体情形只可能出现在具体的实践中。人的责任或使命就是能动性地创造未来,现实不能沉湎于语言之中,如果世界的运动过程和全部未来都被先知所"预言",众人在政治论战中沉沦,那么,世界上将不会再有任何革新和超越。

人类历史的运动过程正是人类实践的展开过程,是人的实践通过变革现实不断建构人与人、人与自然的辩证的统一的过程,马克思主义政治哲学本质上是"反乌托邦的"。未来社会理论来自人类的实践,理论在实践的逻辑中实现递升,实事求是地看待现实经验,用"更高级"的实践去改造世界,这就是马克思主义与乌托邦的本质区别。

(三) 唯物辩证法勇敢无畏的"未来"批判性

1. 共同承认——马克思的分析和批判超越了空洞的说教

作为社会科学的马克思主义理论是雷默用预言政治学观察唯物辩证法批判性的第一角度。若是将马克思伟大的人格和斗争精神置于宗教光环下

---

① 〔英〕特里·伊格尔顿:《马克思为什么是对的》,李杨、任文科、郑义译,重庆出版社,2017,第69页。

② 马克思、恩格斯:《德意志意识形态(节选本)》,人民出版社,2018,第31页。

进行审视的话，这个共产主义斗士的故事，在西方宗教的或世俗的预言传统中也是十分浪漫的。正如马克思所说，"共产党人认为隐瞒自己的观点和意图是可鄙的事情"①，他不惧去挑战他那个时代的强大机构，甚至是面对整个资本主义——说出他所感知到的异化和压迫的真相，揭示了经济基础与上层建筑的矛盾。雷默说，他独特的辩证逻辑批评了资本主义的一切——政府、法律、教育、宗教和其他生活领域中的所有表现。有这样一个比喻：马克思在塑造他自己的历史史诗时充当了世俗的摩西，讲述了无产阶级需要从雇佣奴隶制走向共产主义自由，以及基于唯物主义和动态历史观的不可避免的自由进步。在以历史唯物主义标度的人类史诗中，资本家取代了法老，马克思取代了摩西，无产阶级成为选民。比喻或许不太贴切，但若是回到19世纪，回到那个"三大工人运动"接连爆发的年代，作为一支独立政治力量的无产阶级屡屡遭受资产阶级的严酷镇压，工人运动接连失败，科学社会主义理论的诞生超越了一切虚无口号，是对工人阶级最强力的支持。

2. 与时俱进的理论——来自"未来马克思主义"的批判

"如果马克思是一位社会科学家，那么他的社会科学也是有限的和有缺陷的，因为他排除了视野范围以外的对象，由于他的'散光'，他的社会科学存在缺陷。"②"散光"有两层诘难。

第一，他认为马克思没有意识到：在自由民主国家中，受监管的资本主义的可行性，即工人的利益被保护的可能，没能预见资本主义的韧性和活力。其实，雷默无非是想说在"现代社会马克思主义已经终结"，他当然没注意到马克思主义对资本主义批判的透彻性、严厉性和全面性是空前的——马克思的批判改变了一切。只要资本主义存在一天，只要生产资料私有制还存在于世界上某一角落，"共产主义的幽灵"终将游荡，正如切·格瓦拉所说："我们来过以后，当局将破天荒第一次想到你们。他们会答应给你们建造医院或者别的什么……如果诺言变成了事实，那么你们就会体会到，游击运动给你们带来了什么。"③ 当代资本主义在工人运动和经济危

---

① 《马克思恩格斯全集》第4卷，人民出版社，1958，第504页。
② N. Riemer, *Karl Marx and Prophetic Politic*, Praeger Publishers, 1987, pp. 71–72.
③ 〔苏〕约·罗·拉弗列茨基：《格瓦拉传》，复旦大学外文系等译，上海人民出版社，1974，第389页。

机的压力下进行了修正，从商业资本主义、工业资本主义、帝国资本主义乃至最新的数字资本主义都有所演进，但马克思主义洞悉的是资本主义变化的本质，资本主义的形态变化又怎能否定马克思主义理论的可信度呢？生产资料私有制和价值规律依旧是各种形态的资本主义之为资本主义之根本，正是因为马克思主义没有过时，雷默才敢于承认钦佩马克思主义的批判性。

第二，雷默认为马克思忽视了现代社会中的种族主义、反犹太主义、宗教和性别歧视——这些非经济力量跨越阶级界限，只对阶级冲突的关注是有限的。无论在哪个时代都有比工人更弱势的群体，马克思对阶级冲突的聚焦不是因为工人阶级人格的高尚，而是看到了工人阶级的力量。在资本主义生产的结构中，工人才是最有可能接管这个制度并为了所有人的利益运营它的人，马克思从经济制度和生产活动中抽象出工人阶级的共同身份，这些经济身份比起职业、技能、宗教、民族等方面的身份更具有决定性意义。共产党人并不乐于分散革命力量，玩弄"标签政治""身份政治游戏"，现代身份政治疏远了劳动阶级、淡化了经济斗争，强调不受控制的客体差异性只能是制造新的政治对立和文化冲突，"以平权为核心的进步主义运动越走越偏"[①]。

马克思主义是不断发展的开放的理论，始终站在时代前沿，永远处在不断的开拓与发展之中[②]。马克思主义理论不只是"社会科学"，它是哲学世界观还是实践方法论，科学的批判来源于正确的哲学前提，唯物辩证法和历史唯物主义决定了马克思理论批判的科学性。

从博士论文《德谟克利特的自然哲学和伊壁鸠鲁的自然哲学的差别》的"哲学的世界化""世界的哲学化"到《德意志意识形态》的"使现存世界革命化"，批判性和革命性作为马克思思想的本质一直以最深刻的方式揭示着人类实践所内含的创造本性，在人类自由精神追求超越的解放史诗中，马克思主义理论尊重一切"人的可能性"，赋予了其他追求自由的思想家在不同领域的创造权，从某种意义上可以这样说——马克思主义理论来

① 林红：《身份政治与国家认同——经济全球化时代美国的困境及其应对》，《政治学研究》2019 年第 4 期，第 30～41＋125～126 页。

② 习近平：《在纪念马克思诞辰 200 周年大会上的讲话》，人民出版社，2018，第 9 页。

自过去，但是与时俱进的它批判未来，马克思主义是"未来马克思主义"。在现代化背景下，一批新的马克思的"信徒"运用基本原理从多维的视角改造和批判现代社会，东方出现了中国化的马克思主义和中国特色社会主义制度，西方出现了分析马克思主义、生态学马克思主义、女权主义马克思主义等许多理论新流派。马克思不可能看见百年后世界的多元，但其理论结构的发展性决定了其永葆长青。

（四） 突破资本主义体制的革命方法

1. 共同承认——革命由经济政治条件决定

马克思主义的"伦理眼光"和批判科学性已经被证明完毕，接下来的问题是如何实现共产主义社会。马克思指出："社会的物质生产力发展到一定阶段，便同它们一直在其中运动的现存生产关系或财产关系（这只是生产关系的法律用语）发生矛盾。于是这些关系便由生产力的发展形式变成生产力的桎梏。那时社会革命的时代就到来了。"[①] 物质和经济发展是实现共产主义革命所必需的条件，但是需要准备政治行动来为共产主义革命创造成熟的条件。雷默评价道，马克思关于共产主义革命行动理论的判断既有力又富有启发性，因为它们强调了经济条件和政治权力对于工人及其盟友实现革命性突破以反对资产阶级国家和社会中的不民主政府和经济剥削的重要性[②]。作为现实社会进步的基础，政治经济条件必然是革命运动的动力。

2. 两分的改造准备——非线性变革的矛盾统一

但是雷默对马克思主义革命的正当性提出了质疑：马克思的革命理论并不完全满足预言性革命的标准——正当性，他是否太快放弃了合法、和平变革的智慧？他是否正确地意识到共产主义可能永远无法在合法的和平革命中实现，因此将重点放在暴力革命上？[③]

马克思和恩格斯初始制定无产阶级暴力革命策略并不是偶然，而是有着深刻的社会历史原因。是资产阶级的法国大革命开启了以暴力寻求公平

---

① 《马克思恩格斯选集》第2卷，人民出版社，2012，第8页。
② N. Riemer, *Karl Marx and Prophetic Politic*, Praeger Publishers, 1987, p.118.
③ N. Riemer, *Karl Marx and Prophetic Politic*, Praeger Publishers, 1987, p.119.

社会制度之门，为后来社会主义革命模式提供了典型的模板，恩格斯总结道："当二月革命爆发时，我们大家关于革命运动的条件和进程的观念，都受过去历史经验，特别是法国经验的影响。"① 尚未与"专制君主政体彻底决裂"② 的资本主义社会表现为大量人口失业及其雇佣工人的悲惨生活，工人们开始了自发反对资本主义的斗争。这直接导致工人自发捣毁机器、非法罢工等暴力反抗形式，基于以上的原因，暴力革命策略理所当然成为马克思恩格斯早期的合理策略选择。

　　与掠夺农民土地和争夺殖民地的行为相比，无产阶级革命并不会显得格外血腥。不仅资本"每个毛孔都滴着血和肮脏的东西"③，多数政治国家都是通过革命、侵略、占领、篡夺或者灭绝（比如美国社会）而建立起来的，并且都成功地从它们国民的头脑中抹去了血腥的历史。革命并不是一朝一夕、振臂一呼的事情，是社会矛盾的积累爆发才导致了革命，最可能爆发革命的地方恰恰是革命最"难以为继"的地方。"临时政府在政治上很孤立，起义者却得到绝大多数人的支持，以致他们能够轻轻一推就打倒了临时政府"④，"温和的"十月革命不正是沙皇俄国矛盾集中爆发的结果吗？历史的演进方式不是机械的，马克思的学说并不是单维线性的"暴力决定论"或"经济决定论"，如果条件允许，进入社会主义甚至可以不通过资本主义制度的卡夫丁峡谷⑤。

　　每一次伟大的革命总是因为人民群众的力量、焦急、愤怒和希望而爆发，革命的能量来自具体的历史中的人民，而不是暴力，马克思主义并不以暴力定义革命。共产主义理论在一开始就存在着两种不同的运动倾向，除了革命的运动以外，还存在着和平的运动形式——"和平实现共产主义，或者至少是和平准备共产主义"⑥。现代法治制度的不断完善和资产阶级统治手段的调整才使得和平斗争取得成就成为可能，历史的客观进程和人民的意志才是革命与否、革命形势的决定因素。摧毁资本主义的不是共产党

---

① 《马克思恩格斯全集》第 22 卷，人民出版社，1965，第 594 页。

② 《马克思恩格斯选集》第 4 卷，人民出版社，1995，第 662 页。

③ 《马克思恩格斯全集》第 23 卷，人民出版社，1972，第 829 页。

④ 〔英〕艾萨克·多依彻：《斯大林政治传记》，于干译，四川人民出版社，1982，第 192 页。

⑤ 《马克思恩格斯全集》第 19 卷，人民出版社，1963，第 451 页。

⑥ 《马克思恩格斯全集》第 2 卷，人民出版社，1957，第 625 页。

人，而是资本主义社会自身的矛盾，并且这种变革并非是线性时间的单维向度的变革，而是所有矛盾在客观历史长河相互作用、复杂演化的结果，革命的产生和历史的发展是由多种矛盾构成的复杂有机体非线性决定的"组态视角"① 结果。时刻保持革命的灵活性，这才是列宁所说的马克思主义的"革命辩证法"②。

三　马克思主义政治哲学对预言政治学的超越

柏拉图构建的理想王国虽然没有说服城邦居民，但是开启了西方政治思想传统，在千年的探索中，西方政治哲学以权威、宗教和自由等价值概念构成了其理论框架。马克思的强调"哲学家们只是用不同的方式解释世界，问题在于改变世界"③ 的"实践政治哲学"与西方政治哲学中"传统的思考高于行动的价值评估产生断裂"④，从而促使"悠久而强大的传统"终结，这就是费尔巴哈认为唯物主义"未来哲学"应承担的任务——把"僵死的精神哲学"从虚幻形而上乐园拉到多灾多难的人世间⑤。

阿伦特说："在黑格尔和马克思之间只存在一个差别……这个差别就是：黑格尔把他的世界历史观仅仅投射于过去并使完成后的世界历史在当下消失；而马克思预言性地将世界历史观以另一种方式投射于未来，并将当下仅仅理解为一个跳板。"⑥ "哲学不是世界之外的遐想"，"实践的活动"是马克思主义政治哲学超越性的根基，关乎未来社会的理论从原先的空想一举跃升成为科学社会主义。与时俱进的马克思主义哲学作为新"未来哲学"，以一种具有"未来能动性"的理论姿态面向资本逻辑统摄的真实世界，最终以实践的"现实时间"取代形而上的"观念时间"，从而超越一切西方传统政治哲学。共产主义实现的动力不是对人的改造，也不是对环境

---

① 即 QCA（Qualitative Comparative Analysis），一种整体论下的非线性复杂因果视角，人文社科领域新兴的集合分析方法。
② 《列宁全集》第 43 卷，人民出版社，1987，第 369 页。
③ 《马克思恩格斯全集》第 3 卷，人民出版社，1960，第 8 页。
④ 〔美〕汉娜·阿伦特：《政治的应许》，张琳译，上海人民出版社，2016，第 79 页。
⑤ 〔德〕费尔巴哈：《未来哲学原理》，洪谦译，生活·读书·新知三联书店，1955，第 1 页。
⑥ 〔美〕汉娜·阿伦特：《政治的应许》，张琳译，上海人民出版社，2016，第 74 页。

的改造；共产主义的实现是生产力高度发达后的历史必然，是追求自由与解放人类的最终"能动性选择"，不是每个人都到共产党人的售票所买上一张通往共产主义的车票就万事大吉了；共产主义不仅是具体的社会形态，更是具有"可能性"的人在追求未来美好生活中的一种现实实践活动。在"预言"与现实的差距之下，马克思选择了"感性的实践"。

由于"上帝死了"和"技术主义的幻灭"，社会的多元趋势导致西方价值观的"流散"，雷默试图以"更预言的政治"指出理想与现实之差距，阐明社会不足之处，试图在"宪政"体制框架内，借助"宗教式的民主"或者说"民主式的宗教"凝聚国家力量和社会共识，革除现代政府积弊。雷默默认所有人都会自觉地在这一具有宗教色彩的信仰"庇佑"之下，那么"那个'相信'的根源是什么？"① 在马克思主义看来，这种"法律盟约"的力量是单薄的，宪法作为制约是有一定力量的，但资本积累的逻辑必将击穿西方社会的一切道德底线，"只要价钱合适，资本会出卖绞死自己的绞绳"。预言政治学是一种表面上的"强约束政治"、实质上的"弱无奈政治"，是无法规约资本逻辑的"自由和民主"为维持现存秩序的一种宗教的信念，是"基督教政治学"在现代社会披着民主外皮的隐秘复辟，是人在异己力量的压迫与统治之下的一种强心剂式的心理补偿。

对于预言政治学马克思早有回应："社会生活在本质上是实践的。凡是把理论导致神秘主义方面去的神秘东西，都能在人的实践中以及对这个实践的理解中得到合理的解决。"② 雷默本身希冀的"更预言的政治"何尝不是一种强调对人的改造、对环境的改造的乌托邦，只不过这个"预言政治"乌托邦似乎更现实些，他看到了西方所谓自由民主政治的巨大缺陷，并尝试以保护弱势人口的现代国家运作模式、以一种更加法治更加公平的路径尝试实现，但用费尔巴哈的话说就是"一个从上帝的否定中重新建立起来的上帝，也不是一个真正的上帝"③。

诚然，雷默学说的重心不全是神的拯救，他没有仅仅寄希望于来世的天国，而是人在具有突破性的"宪政"体系下的自我拯救，通过唤醒人内

---

① 〔意〕葛兰西：《实践哲学》，徐崇温译，重庆出版社，1990，第135页。
② 《马克思恩格斯全集》第3卷，人民出版社，1960，第8页。
③ 〔德〕费尔巴哈：《未来哲学原理》，洪谦译，生活·读书·新知三联书店，1955，第37页。

在的乌托邦冲动，从而使人作为希望的主体不断超越自己的政治困境，在某种意义上是主张"人自己变成上帝，以便显示出上帝（至高伦理）的尊严"，具体表现为以人的信仰"宪政"的形式超越不合理的西方政治体制。在历史唯物主义的审视下，"预言政治学"并未解决社会矛盾，反而充分暴露了社会矛盾。看到西方政治体制缺陷的雷默还是没有把握到人类社会进步的真正动力，即共产党人"信仰"的力量来源——社会基本矛盾，他所做的是在西方所谓自由民主的框架下借"犹太救世主义"试图突破阶级矛盾的勇敢想象。

结　语

显然，雷默将马克思思想置于预言政治学分析模型下进行"批判"的做法是失败的，以"理性"的"宪政"法治为形式、以"普遍"拯救的救世文化为"伦理尺度"和以犹太神秘主义为"信仰内核"的预言政治学分析模型在马克思主义面前是无力的。但是对雷默的理论进行分析有积极意义，预言政治学是以科学批判和现代法治为前提的，在对现实进行合理审视后致力于摆脱现实西方政治的低效和不公，在与马克思主义内蕴实践和科学的未来性的预言向度对比中，带有预言政治传统的视域论证了马克思主义政治哲学具有至高的"伦理眼光"、深刻入骨的批判精神和实现共产主义的经济政治前提。本文在回应雷默以西方预言政治传统为进路对马克思主义政治哲学诘问的理论交锋中，对马克思主义理论发展的开放的回应加深了对西方政治学的理解，马克思主义世界观和方法论的科学性被毋庸置疑地合理彰显。

"内圣外王"与中国思想中的秩序结构

陈　赟[*]

摘　要：对"内圣外王"的现代通行理解针对的是个人的修身既要成圣又要作王，或最好由圣人来担任最高统治者。这种理解不仅在现实性上极少可能性，而且也误解了"内圣外王"的原初语境和实质内核。"内圣外王"的观念产生的前提是"三代以上"的"治出于一"到"三代以下"的"治出于二"的结构性转型，权力与精神分离，治教两统获得了自主性的分化。但如何基于分化而重新连接两者，这才构成"内圣外王"这一术语原初的问题意识，其实质内核是以内外架构教化和统治两大系统，使之在分离基础上保持平衡、协调和连续，其畸变形态则是"内治外教"的法家式秩序构思。现代学者并没有真正理解内圣外王乃是一种秩序构思，是对分化的治教两个领域重建结构性关联的方式，而不是针对个人修身处世的方案。

关键词：内圣外王；治出于二；圣王；治教

引言：对"内圣外王"的现代误读

自梁启超提出"内圣外王之道"一语"包举中国学术之全部，其旨归

---

[*]　陈赟，华东师范大学哲学系教授，博士生导师，华东师范大学中国现代思想文化研究所副所长；浙江大学马一浮书院副院长，研究方向为中国古典哲学。

在于内足以资修养而外足以经世"① 以来，"内圣外王"几乎成为中国思想与文明之精神的概括，熊十力强调"六经为内圣外王之学。内圣则以天地万物一体为宗，以成己成物为用；外王则以天下为公为宗，以人代天工为用"②。如聚焦中国哲学，冯友兰则提出："照中国的传统，圣人的人格既是内圣外王的人格，那么哲学的任务，就是使人有这种人格。所以哲学所讲的就是中国哲学家所谓内圣外王之道。这个说法很像柏拉图所说的'哲学家——王'。照柏拉图所说，在理想国中，哲学家应当为王，或者王应当是哲学家；一个人为了成为哲学家，必须经过长期的哲学训练，使他的心灵能够由变化的事物世界'转'入永恒的理世界。柏拉图说的，和中国哲学家说的，都是认为哲学的任务是使人有内圣外王的人格。"③ 在冯友兰那里，内圣外王与柏拉图的"哲学王"被关联起来，但冯友兰也意识到只有在理想国而非现实国中，哲学王才是可能的。如果柏拉图版本的理想国在现实上不可能，那么，与哲学王对应起来的内圣外王的意义在哪里呢？这被引向人格之完善层面，内圣和外王被理解为完全性人格的两个维度："中国哲学以为，一个人不仅在理论上而且在行动上完成这个统一（引者按：指的是出世和入世的统一），就是圣人。他是既入世而又出世的。……他的人格是所谓'内圣外王'的人格。内圣，是就其修养的成就说；外王，是就其在社会上的功用说。圣人不一定有机会成为实际政治的领袖。就实际的政治说，他大概一定是没有机会的。所谓'内圣外王'，只是说，有最高的精神成就的人，按道理说可以为王，而且最宜于为王。至于实际上他有机会为王与否，那是另外一回事，亦是无关宏旨的。"④ 圆满性人格所能达到的最高成就，被冯友兰理解为既能成圣又能作王。尽管冯友兰意识到这样的可能性微乎其微，但还是将成圣、作王分别视为主体性成就的最高可能性。牟宗三突出强调，内圣外王"原是儒家的全体大用、全幅规模"⑤；内圣关联着道德人格，"每一个人都要通过道德的实践，建立自己的道德人格，挺

---

① 《梁启超全集》第 14 集，中国人民大学出版社，2018，第 252 页。

② 《熊十力全集》第 6 卷，湖北教育出版社，2001，第 457 页。

③ 冯友兰：《三松堂全集》第 6 卷，河南人民出版社，2001，第 11～12 页。

④ 冯友兰：《三松堂全集》第 6 卷，河南人民出版社，2001，第 11 页。

⑤ 《牟宗三先生全集》第 10 册，（台北）联经事业出版股份有限公司，2003，第 13 页。

立自己的道德人品",而外王则见儒家之政治理想,"落在政治上行王道之事"①;内圣就是"内而治己,作圣贤的工夫,以挺立我们自己的道德人品。'外王'就是外而从政,以行王道"②。即便如此,牟宗三还是看到,"内圣的工夫是每个人都能作的……外王就不一定了","内圣的工夫不但是每个人都可以做,而且必然能做,这是第一义"。③ 这意味着,内圣外王被引向个体的自我完善上,包含个人之道德与政治的两个维度,而且,内圣之所以为内,乃是由于道德是第一义,而政治是第二义,"以内圣作主""首先讲的就是道德"④。

以上对内圣外王的解读已经运行在现代语境之中,是站在现代学术的定位上回顾中国传统学术,所以牟宗三会以为,内圣外王作为一种理想已经不太适应现代,现代的外王事业应该是自由民主政治。⑤ 即便是冯友兰、熊十力等人,也不可能认为今天一个人的人生目标是既要成圣又要成王。如此,内圣外王就是一个时代性的观念,属于它的时代已经成为历史。似乎"时至今日,王权久已废除了,再标榜'内圣外王',那就不符合今日的时代精神了"⑥。深受西方思想影响的人可能会强调,"内圣的归内圣、外王的归外王"⑦,似乎内圣外王作为一个观念,对于现代而言已经没有什么意义,相反,需要被拯救、被转化的恰恰是业已被判为传统思想的内圣外王以及以此为根基的儒家思想。其言外之意,即内圣外王只是一个古代的观念,在今天它必须要现代化。甚至有学者认为,内圣外王的理想对统治者的依赖程度过高,因而成为"中国传统政治理论的最大难题"⑧。

---

① 《牟宗三先生全集》第10册,(台北)联经事业出版股份有限公司,2003,第13页。
② 《牟宗三先生全集》第29册,(台北)联经事业出版股份有限公司,2003,第398页。
③ 《牟宗三先生全集》第29册,(台北)联经事业出版股份有限公司,2003,第398页。
④ 《牟宗三先生全集》第29册,(台北)联经事业出版股份有限公司,2003,第398页。
⑤ 牟宗三所谓的传统的外王指的是行王道,"王道则以夏、商、周三代的王道为标准。照儒家说来,三代的王道并非最高的理想,最高的境界乃是尧、舜二帝禅让,不家天下的大同政治。儒家的政治理想乃以帝、王、霸为次序";而"新外王"的第一义则是要求民主政治,另一面则是科学。民主和科学作为新外王关联着现代化。参见《牟宗三先生全集》第10册,(台北)联经事业出版股份有限公司,2003,第14、18~19页。
⑥ 张岱年:《评"内圣外王"》,《群言》1990年第10期。
⑦ 任剑涛:《内圣的归内圣,外王的归外王:儒学的现代突破》,《中国人民大学学报》2018年第1期。
⑧ 石元康:《当代西方自由主义理论》,上海三联书店,2000,第137页。

以上理解，既建立在将内圣外王等同于柏拉图的"哲学王"的背景上，这一背景促成了误解，遂以圣人应当作王来理解内圣外王，于内外、圣王之分判全然不顾，它又建立在自处于现代人的错误的古代想象基础上，按照这一想象，古代中国是圣不归圣、王不归王，内不归内、外不归外，一团浑然紧凑的样子，缺乏分化。如果将这种观点倒推到雅斯贝尔斯、沃格林以来对精神突破的理解，这意味着中国思想未曾出现以经验与超验之区分、权力与精神的区分或者自然与历史的区分为标识的精神突破。这种误解大抵来自以现代的观念意识为正当标准去衡量传统的迷思。更重要的是，这种前精神突破的理解，使"内圣外王"只能成为既往的过去，而对于现代和未来没有任何意义，毕竟以圣和王作为修身实践的要求极不具有现实性。本质上，任何一种思想或者可以将成为圣人作为目标或目的，却没有任何一种成熟思想会把成为王者作为学问之目标。以既成圣又作王来确立的完人人格，于古于今都是不可能的。奇怪且遗憾的是，古典思想家对此有着清醒的认识，但现代学人却以古人的名义推销其观点。我们今天要做的，恰恰是反思内圣外王最先被提出的秩序语境，以及它要回应的问题是什么。

一　《庄子·天下》与"内圣外王"的原初语境

"内圣外王"最早出自《庄子·天下》。只有精准地给出《庄子·天下》的问题意识与原初语境，才有真实理解"内圣外王"的可能性。在笔者看来，即便我们使用统计学与大数据方式，将历代关于内圣外王的表述全部汇总，再予以分类，也并不能给出这里的问题意识和原初语境。根本性的进路还是要回到《庄子·天下》的结构脉络中去，脱离这一点以统计《庄子·天下》以外的"内圣外王"的后世术语运用的方式来确定内圣外王的内涵，最多只能是一种辅助性的支持，如将之作为主要方式，那就必然面临方法上的疑难；而且，它本质地包含着这样一种工作假设，《庄子·天下》并非一个意义自足（可以作为一个整体被理解）的文本，通过它并不能理解《庄子·天下》所谓"内圣外王"的内涵。显然，这是很成问题的假定。

《庄子·天下》开端即区分"古之道术"和今之"方术"。古之道术的担纲主体是古之人:"古之人其备乎!配神明,醇天地,育万物,和天下,泽及百姓,明于本数,系于末度,六通四辟,小大精粗,其运无乎不在。"古之人的实质内涵是君巫一体、治教未分的三代以上的帝王,他们既掌握教化权力,又掌握统治权力。这才是其"备"的根本。"配神明,醇天地,育万物,和天下,泽及百姓"关联着上古文明中高等社会的宇宙论王制秩序,这一秩序形态将王权统治内嵌到宇宙论秩序中,君巫合一的统治者作为秩序的担纲主体,以"绝地天通"的方式独占通天权,从而领导共同体"在天之下"展开的集体主义生存形式。如果说"配神明"关联着上古(实即"三代及三代以上",下文简称"三代以上")统治者的自我神化,即统治者以垄断通天权为基础的统治,通过繁复的宇宙论仪式而将自身符号化为神—王(God-king)。亚述箴言有"王是神的影子",可与三代以上"王是天的儿子"(严格地说,王是天下这一"大宗"宗族的宗子,即天的嫡长子,或大宗宗子)的观念对应。王在上天面前代表王者所在的具体社会,在具体社会面前又代表上天,因而王者具有双重的代表权,也正是这种双重代表权导致了王者的"君巫合一"的"神—王"身份。所谓的"醇天地",即"准天地",即"以天地为准",意味着王者的统治,以及王者统治下的人类活动,以与天地万物所体现的宇宙论节律的合拍为正当性。人类社会被符号化为一个"小宇宙",秩序的展开即是与日月星辰的运行、四季的循环、昼夜的更替、万物的生存节奏等展现的宇宙论节律保持一致。巫术等仪式活动的目的便是抚平一切反常、不规则、偶然、变易等现象,以使宇宙律重新回到规则和合拍的平衡状态。

依照已有的人类学和神话学等研究,三代以上的宇宙论王制秩序,往往以神话的符号表达对世界和人的经验。神话符号同时也关联着一种同质化的体验模式,以象征和类比方式将万物人格化,这里无法分离出一个对象性的客观化世界,一切都建立在相似性而构建的意义性关联上,而非因果性关联的基础上,这导致了世界与社会、人与神之间均被纳入同质化的层面,即便是神也被体验为宇宙内事物,这意味着上古的宇宙论体验给出的是一个充满众神的宇宙。这是因为,在神话中,神人两者具有同质性

（consubstantiality），如果人不能与他所经验的实在同质，就不能经验到实在。① 神话经验的紧凑的同质性表达，并"不是联结各种不同经验组合的机械枢纽，而是在存在的各个领域之间构建秩序的一条原理。诚然，存在的共同体被体验为一种实质的共同体（a community of substance）；不过，是神性实质（divine substance）在世界中得到显现，而不是宇宙的实质（cosmic substance）在众神（gods）中得到显现。存在共同体中的各个伙伴在一种动态的秩序中被联系在一起，其原因是神的实质弥漫于世界、社会和人之中，而不是人或社会的实质弥漫于世界和众神之中。这样，同质性秩序（the order of consubstantiality）就是等级制的（hierarchical）；实质从神性存在流向世俗的、社会的和人的生存"②。神话符号及其体验方式，导致了一种紧凑未分的体验，这就是古之道术被视为浑然未分之"一"的根本原因。这里的"一"是天地未分、天人尚未分判的"太一"，在其中，天地人三才未分、万物未分、理气未判，其中的核心是人道尚未从天道中获得独立。而所谓的"育万物，和天下，泽及百姓"，正是与同质化的世界体验相关，统治活动尚未分离出自己的独立对象和区域，而是弥漫在宇宙的每一个角落。这也就是《庄子·天下》强调"古之所谓道术者，果恶乎在？曰：'无乎不在'"的根本原因。

然而，对"古之道术"，《庄子·天下》采用的是"追溯"。"古"是在"今"的位置上被给出的。"古之道术"对应的是"今"之"方术"，与古之道术之"无乎不在"对应的是今之"道术将为天下裂"。而道术裂变的过程，恰恰是"一"的分殊化的过程："神何由降？明何由出？圣有所生，王有所成，皆原于一。"上古宇宙论王制秩序所呈现的古之道术，是"一"，在"一"中，神、明、圣、王没有分化；而"道术将为天下裂"，则对应的是"神"与"明"的分化、"圣"与"王"的分化。"神"与"明"从未分之"一"到分化为"二"，意味着天上的秩序与地上的秩序的分殊化，神

---

① 〔美〕沃格林口述、桑多兹整理《自传体反思录》，段保良译，华夏出版社，2018，第92页。关于法兰克福夫妇对神话的见解，参见〔荷〕亨利·法兰克福、亨丽埃特·格伦莱韦根·法兰克福《神话与实在》，张小霞、张静昭译，载杨国荣主编《思想与文化》第29辑，华东师范大学出版社，2022，第44～65页。

② 〔美〕埃里克·沃格林：《以色列与启示·卷一·秩序与历史》，霍伟岸、叶颖译，译林出版社，2010，第144页。译文据英文版略有改动。

与明在分化的语境中，分别对应天与地。① 神明未分，意味着在宇宙论王制秩序中，天上的秩序与地上的秩序，或者说宇宙的秩序与社会的秩序，被视为同质性的，二者之间没有质性的差异。政治的秩序与宇宙的秩序彼此内嵌、互涵互摄、相为表里。神明的分化则意味着，政治秩序与宇宙秩序、天上秩序与地上秩序被区别开来，也就是二者在意识中的同质化体验结构被突破。

神明未分（本质上是"太一"状态）就是天地未分，其核心是天上的秩序与地上的秩序的同质性未被突破，也就是说天道与地道的分化尚未形成，对于人而言，并不存在天道远而地道近或人道迩的体验。一旦突破天地之间的同质化体验，那么就会产生"天道远，人道迩，非所及也"（《左传·昭公十八年》）的体验；因而与神明分化相关的是人类社会的秩序与大自然所展现的宇宙秩序之间的分化，社会秩序不再是大自然秩序的重复或模拟，不再是宇宙节律的合拍，而是不同于宇宙节律的规范。在这种语境中，社会秩序不再被符号化为一个"小宇宙"，而是被符号化为"大写的人"，正是在这个语境中，圣、王的分化发生了。

《庄子·天下》所谓的"道术将为天下裂"当然是指各种自以为道术的方术之"各自为方"，以及它所导致的"天下大乱，贤圣不明，道德不一，天下多得一察焉以自好。譬如耳目鼻口，皆有所明，不能相通。犹百家众技也，皆有所长，时有所用"的状况。这种状况的积极意义在于，将道德与思想从王官学的笼罩下解放出来，开辟了个体基于其不同的性情、禀赋、情感、背景而展开的多元化言说；消极意义在于共识的瓦解，沉陷在子学的争论中而失去了共同的尺度和标准，导致了"天下多得一察焉以自好"的失序状况。

---

① 《庄子·天道》云："天尊，地卑，神明之位也。"《郭店楚墓竹简·太一生水》云："神明者，天地之所生也……天地复相辅也，是以成神明。"荀爽《周易荀氏注》云："神之在天，明之在地，神以夜光，明以昼照。"《周易·系辞传》云："以体天地之撰，以通神明之德。"《礼记·乐记》云："礼乐负天地之情，达神明之德。"《老子指归》云："道德，天地之神明也。"《春秋繁露·正贯》云："德在天地，神明休集。"《黄帝内经·阴阳应象大论》云："清阳上天，浊阴归地，是故天地之动静，神明为之纲纪，故能以生长收藏，终而复始。"清代张隐庵注云："神明者，生五气化五行者也。"《荀子·性恶》云："通于神明，参于天地。"

二　从"治出于一"到"治出于二"：治教的领域分化及其不同担纲主体

必须注意，"三代以上"宇宙论王制秩序中的"帝"或"王"与"道术将为天下裂"状况下的"王"有着本质性的不同。前者是"神—人"，带有神性光辉的人，既是神子，也是人子，既是神的代表，也是人的代表，在这个意义上可以说他并非仅仅是以人的身位出现在宇宙中。但"道术将为天下裂"语境中的王者，则失去了神性，只是世俗君主，他是地上的秩序的担纲主体，其品质只能达到"明"，而不能达到"神"；"明"意味着"自知"，即体验到自身的局限性，三代以下的君主的最高状态是明王，即能够意识到自身限制的开明君主。与神（或天）直接相通的不再是"王"而是"圣"：郭店楚简《五行》说"闻而知之，圣也。圣人知天道也"，马王堆帛书《德圣》曰"知人道曰'知'（智），知天道曰'圣'"①。在三代以下的语境中，圣王之间有着本质性的差别：王是地位，是人爵；圣是天位，是天爵。而圣王的分化不仅意味着秩序担纲主体的变化，而且意味着秩序的区域性分化，即统治和教化被作为非同质性的两个不同区域来看待，其担纲主体分别是世俗的王者（君主）和作为天爵的"圣人"。

上述秩序的区域性分化以及相应的担纲主体的变化，在后世回溯性视野中渐渐成为共识。宋代欧阳修对于"三代以上"和"三代以下"的秩序形态之结构性区分，就是着眼于"治出于一"到"治出于二"的转型。②之所以"治出于一"，乃是因为秩序的担纲主体是君巫合一的帝王，在那里，君师

---

① 裘锡圭主编《长沙马王堆汉墓简帛集成》（肆），中华书局，2014，第119页。
② 在《新唐书·礼乐志》中，欧阳修提出"由三代而上，治出于一，而礼乐达于天下；由三代而下，治出于二，而礼乐为虚名"。［（宋）欧阳修、宋祁撰《新唐书》，中华书局，1975，第307页。］欧阳修所谓的"治出于一"本义是指"治出于礼"，而"治出于二"则意味着"为政"与"为礼"的分化。这一论述很可能潜在地受到《论语·为政》"道之以政，齐之以刑"与"道之以德，齐之以礼"之分的启发。姜兆锡对之的理解是："后世离礼与治为二，于是以仪文若谶纬之属，而谓之礼；以名法之末，若功利之术，而谓之为治。嗟夫！道法贯而礼成，心迹歧而礼晦，不明乎道而言礼，而圣人之心法、治法胥乖矣。自东汉迄于北宋之著义立法者是也。"（徐世昌等编《清儒学案》，沈芝盈、梁运华点校，中华书局，2008，第7617页。）

的角色集于统治者一身，故而魏源强调："三代以上，君师道一而礼乐为治法；三代以下，君师道二而礼乐为虚文。"① 君师未分的结果，其实是学在王官、以吏为师，是以章学诚强调"三代盛时，天下之学，无不以吏为师。……东周以还，君师政教不合于一，于是人之学术，不尽出于官司之典守"②。但这也同时意味着三代以上，学术被统治阶层垄断，民间无学；三代以下，最重要的变化便是突破王官对学术的垄断，这就使得作为个体化言说的"私言"有了条件。

百家学或诸子学并非作为王官学，而是作为民间性的私学而出现的，其担纲主体是游士阶层。士之所以被称为"游士"，乃是因为其在春秋战国之际失去了西周以来王制社会中的贵族阶层身份，不再有各种固定的具体职位③，不再受制于王官体制以诗书礼乐造士的限定。当"游士"转以"空言""空理"为业，"不治而议论"④ "不任职而论国事"（《盐铁论·论儒》）时，他们转而开辟了一种"立言"的活动空间，《风俗通义·穷通》曰："齐威、宣王之时，聚天下贤士于稷下，尊宠之。若邹衍、田骈、淳于髡之属甚众，号曰列大夫，皆世所称，咸作书刺世。"这就与三代以上学术由史官掌握，而史官其实是政教实践的参与者与亲历者这一状况大不相同。立言立教使得三代以上以吏为师、官师不分、政教不二的现象被打破，教化领域得以从统治领域独立，获得了自主性的区间。

在君巫一体、治教浑一到圣王分化、治教为二的秩序格局的转化过程中，治与教分殊化为两大领域，王者与圣者两种新的符号化人格分别被构

① 《魏源全集》第12册，岳麓书社，2004，第22页。宋代学者林駉曾以君师与宗师来分别表述君师合一的治教主体与君师分化以后的教化主体："三代而上有君师，以任道统，固不待宗师之功；春秋以来无君师以任道统，不得不赖宗师之学。……三代而上，君师尊崇之功也；自贤圣之君不作，而正大之学无传。吾夫子虽不得其位，而所以为天地立心，为生民立极，为前圣继坠绪，其功又有贤于尧舜者。"［（宋）林駉撰《古今源流至论·前集》卷一，上海古籍出版社，1992，第15~16页。］

② （清）章学诚著、叶瑛校注《文史通义校注》，中华书局，2000，第232页。

③ 顾炎武云："士者大抵皆有职之人""春秋以后，游士日多"。［（清）顾炎武著、黄汝成集释《日知录集释》，岳麓书社，1994，第261页。］

④ 《史记·田齐世家》。阎若璩指出："不治政事而各以议论相尚。如驺衍则谈天也，淳于髡则滑稽也，田骈、接子、慎到、环渊则黄老道德也。而孟子于其间又述唐虞三代之德，是皆所为无官守、无言责者。"［（清）阎若璩撰《尚书古文疏证》，上海书店出版社，2012，第102页。］

建为其担纲主体——"圣者尽伦"与"王者尽制"，由此而有治教两统的平行性发展，个人可以选择在不同领域确证自己的生存意义。这就是道术之裂的一个方面，也是关联于神明、圣王分化的实质内核。

圣、王分化意味着秩序的形态及其担纲主体都有深刻的变化。"治出于二"语境中面临立言与教化领域中的百家异说可能带来的精神失序，一种教化领域中的精神性中心亟待建立，这种精神性中心是对三代以上通过神化了的帝王符号作为中心的一种升级，于是，一种与政治性天下的担纲主体"王"不同的符号被要求，这就是精神性天下的"圣"的符号；"圣"的符号同时关联着"经"的符号，后者相对于作为方术的"子"学言说而被建构。"圣"在三代以上仅仅具有聪明性的内涵，但在三代以下却被赋予了精神性、道德性、天下性、神秘性等内涵，更重要的是，"圣"的符号还被构想为一种"作者"，作者即制作者，但"圣"的"作"区别于王者之"作"——在具体社会内部制礼作乐、确立制度，而是作经立法，只不过所确立的并非礼法或制度，而是由法明道，确立人极，为人的生存定向。"圣"与"经"的符号都超出了具体社会，指向了教化区域的建制化形式，这就是神圣文本空间。通过建构六经组构的神圣文本空间，教化区域获得了一种既内在于一切具体社会，又超出具体社会限制的超越性空间，甚至这一文本空间可以提供"贬天子、退诸侯、讨大夫"（《史记·太史公自序》）的道义尺度。

"圣"与"经"的符号通过孔子而具体化和肉身化。孔子退而修诗书礼乐，即是从其所属的当前社会中退出，告别了周游列国以行王道从而将自己系属于所在时代和社会的人生阶段，开启了一种从具体时代后退、向一切时代敞开的人生历程，因此与门人述作六经，意味着一种转折点，即从参与一个具体时代和社会到参与人类历史和文明的转折，这表面是退，实则是一更大进阶。孔子及其门人以人类文明作为视野，以人类探寻秩序、追寻意义作为内核来探讨三代以上的帝王政教实践及其历史和经验，其眼光在根本上不同于三代以上的帝王及其史官。对孔子及其六经的消化，构成战国以来中国学术的中心问题，也是汉代以来中国文明的根本问题。

孔子有大德而无大位，似乎构成了一道分水岭。在这道分水岭的两侧，一面是三代以上的帝王，一面是三代以下被符号化为圣人的孔子；一侧是治出于一、德位一致的帝王，一侧是治出于二、德位为二的圣人孔子。对此，历代学者均有共识。即便是现代的社会学家费孝通、哲学家牟宗三都还清醒地意识到这一点。①孔子之所以成为这个分水岭，从后世看，则由两个回溯性事实所规定。其一，以孔子之盛大之德尚且不能有天子之大位，更何况德之不若孔子者呢？其二，后世君主王者无论如何才能卓越，但在德上再也无法配享圣者的符号，是以在儒家的道统谱系中，孔子为圣者的最后一人，后世的君主即便再英明，也不可以纳入道统，至于作为贤者被纳入道统者则为孔子精神之诠释和传承者，是学者而非君主。

对于圣、王在三代以下的分化，颇涉德性之自我分殊问题。德性在三代以上浑然未分，政治德性与教化德性尚未分化，即王德（政治品质）与圣德（教化品质）还处在浑然和紧凑的状态，甚至集体品质（如"周德""商德""同姓则同德"）与个人品质也没有充分分化。在西周时代"以德配天"的意识中，"德"字就是笼统的、紧凑的、浑然的，不能在以上层面达到真正的分殊化。所以，周公的"德"仍然落在作为宇宙论王制的"礼"上，"其目的在于争取周王朝的'天命'得以不断延续"，西周初期对于"德"的意识所及的高度不应被过度拔高。周公以"德"作为"礼"的补充，并不构成对宇宙论秩序体现的王制之"礼"的颠覆，相反，所呈现的仍然是以天道为模本的秩序。与此相关的是，"德"在西周仍然以客观性为取向，或者落在礼中，化为礼治秩序的动力，或者落在事中，展开为政治

---

① 牟宗三说："孔子本身在中国文化上有个独特的地位，到了孔子，开始政教分离。假定以尧、舜、禹、汤、文、武、周公为主，就是以政治事业为主，以业绩为主。孔子并没有做皇帝，没有称王，有其德而无其位。所以我们可以笼统地说，到了孔子，是政教分离；孔子的地位是'教'的地位，不是'政'的地位，所以孔子本身含一传统。"参见《牟宗三先生全集》第29册，（台北）联经事业出版股份有限公司，2003，第397～398页。费孝通指出，道统这个观念成立的前提是"治出于二"的情境，没有政治权力的士大夫阶层，他们用文字构成理论，对政治产生影响，"不从占有政权来保障自己的利益，而用理论规范的社会威望来影响政治，以达到相同的目的——这种被认为维持政治规范的系列就是道统。道统并不是实际政治的主流，而是由士大夫阶层所维护的政治规范的体系"，而"传说中的孔子身世正可以看成这道统和政统分离的象征"。因为有了道统进行自我确证，所以儒士阶层可以与皇权保持一定的距离，"皇权和道接近时，师儒出而仕，皇权和道分离时，师儒退而守"。退而修身载道，进而以道化民，措之天下，构成了儒士阶层的出处进退的两极，在此两极之间的平衡就构成了中华民族士大夫阶层的生活方式。参见《费孝通文集》第5卷，群言出版社，1999，第487、491页。

行动，其心性论的内涵并未彻底独立，因而基于这种仍然在客观化中展现自己的"德"，不能分化出精神性的普遍秩序与政治性的普遍秩序。三代以下尤其是"天下时代"的秩序转变，从"德"的视角来看，则是"德"在意识中的从紧凑到分殊的进展，这一意识中的分殊展开在以下几个层面：其一，从集体与个人不分的品质，分殊化为共同体的集体品质与个人品质两个层面；其二，从"治出于一"格局下的"德"的浑然状态到政治德性与精神德性（教化的德性）的分殊，这一分殊的本质是对王德与圣德的区分，正是这一区分既将孔子与周公等先王区别开来，也将孔子的圣人的德性与统治者的统治德性区别开来；其三，在个人生存的层面，"德"在意识中的进一步分殊则是从笼统性的品质逐渐分化为五常之德，即用以界定人性的五种普遍品质——仁、义、礼、智、信。只有通过"德"在上述第三层次的分化，普遍人性才得以可能，精神领域从权力领域中的独立和自主才有了根基。正是在上述语境中，孔子区分仁与礼的重要意义才得以彰显：作为普遍人性的仁——作为教化品质和个体品质的普遍之仁，相对于礼更为根本，"人而不仁如礼何？人而不仁如乐何？"（《论语·八佾》）仁作为个体品质，作为教化品质，首先是面向每个人的，作为个体精神及其成就的教化品质，而不是仅仅面向统治者及其王朝或统治阶层的统治德性。事实上，综合儒家和道家的视野，已经可以看到明德与玄德的区分问题。明德是一切个人都有的普遍德性，在圣人那里得到充分展现，因而又构成教化德性；玄德则是以无为的原则消解以支配、宰制、强制等为内涵的统治德性。在这个意义上，明德与玄德绝非呈现儒家和道家之分际的标识性概念，而是"治出于二"语境中分别指向圣德和王德之分殊的概念。①

　　一旦进入了政治德性与教化德性之分殊的语境，我们就可以重审《礼记·中庸》提及的"德"与"位"的问题："舜其大孝也与？德为圣人，尊为天子，富有四海之内，宗庙飨之，子孙保之。故大德必得其位，必得其禄，必得其名，必得其寿。故天之生物，必因其材而笃焉，故栽者培之，倾者覆之。《诗》曰：'嘉乐君子，宪宪令德。宜民宜人，受禄于天，保佑

① 陈赟：《"明王"与"三代以下"的政治秩序——以〈庄子·应帝王〉阳子居与老聃关于明王的对话为中心》，载王中江主编《老子学集刊》第七辑，中国社会科学出版社，2022；陈赟：《〈庄子·应帝王〉与引导性的政治哲学》，学苑出版社，2023，第4章。

命之，自天申之。'故大德者必受命。"这里被叙述的对象是三代以上的"舜"，必须注意到"三代以上"圣王未分以及与此相关的统治德性与教化德性尚未分殊的事实，这一事实在"德为圣人，尊为天子"这一表达中得到体现。而《中庸》作者对舜的叙述又站在"三代以下"的位点，这是特别值得注意的。因而，这就涉及这里的舜之叙事中展现的大德与大位、受命之间的关系是否可以适用于三代以下的孔子的问题。事实上，孔颖达以来的理解都在比照孔子与帝王的语境中展开。"作《记》者，引证大德必受命之义，则舜之为也"，"'故大德必得其位'者，以其德大能覆养天下，故'必得其位'。如孔子有大德而无其位，以不应王录，虽有大德，而无其位也"；"《孔演图》又云'圣人不空生，必有所制以显天心，丘为木铎制天下法'是也"。① 在这里可以看到一种张力，孔子有大德而无天子之大位，与舜之有大德而有天子之大位，形成鲜明的对比。《中庸》的作者以及历代的解释者无不深知这一情况，但他们如何处理这一张力，则是耐人寻味的。孔颖达的做法是一方面承认"孔子有大德而无其位"，另一方面又引用《孔演图》表明孔子有德无位并非对《中庸》"大德必得其位""大德者必受命"的否定，而是有其不同于三代以上帝王之"位"，所谓"必有所制以显天心，丘为木铎制天下法"即用以表明孔子作为圣人有与其德相应却不同于帝王的"位"和"命"，这在古典文本中常被刻画为"素王"。

在宋儒的理解中，舜等有大德而得大位是"常理"，而孔子有大德而无大位是"不得其常"，孔子之所以"不得其常"，是由于"气数之衰"。② 所谓"大德者必得位禄名寿，乃理之常。然独孔子有德，而不得位禄与寿，惟得圣人之名耳，此乃气数之变③；"舜得其常，孔子不得其常，乃气数有盛衰故也"④。陈栎的理解与此相似："以理言则必然，以数言则或不必然。理者其常，而数者其变也。"⑤ 陈用之非常详尽地从气数论的视角处理孔子

---

① 李学勤主编《十三经注疏》（整理本）第15册，北京大学出版社，2000，第1677页。

② 参见（宋）真德秀撰《四书集编》，陈静点校，福建人民出版社，2021，第165～167页；《莫友芝全集》第11册，梁光华等点校，上海古籍出版社，2019，第1879～1882页。

③ 《许谦集》，蒋金德点校，浙江古籍出版社，2015，第79页。

④ 黄洵饶（黄宽）语，参见（明）胡广等纂修《四书大全校注》，周群、王玉琴校注，武汉大学出版社，2009，第183页。

⑤ （明）胡广等纂修《四书大全校注》，周群、王玉琴校注，武汉大学出版社，2009，第184页。

不得位问题，而且将孔子之德与舜禹之德视为同一层次的东西："孔子德与舜同，而名位禄寿乃与舜反，何也？盖有舜之德而必得其应者，理之常。有孔子之德而不得其应者，理之不得其常也。大抵圣人之生，实关天地大数。天地之气自伏羲至尧舜，正是长盛时节。尧舜禀气清明，故为圣人。又得气之高厚，所以得位得禄。又得气之长远，所以得寿。周衰以至春秋，天地之大气数已微，虽孔子亦禀气清明，本根已栽植，然适当气数之衰，虽培拥之而不可得，所以不得禄位，仅得中寿，盖理之不得常也。"① 这代表了宋明理学的理解。但正是从这一理解我们可以看到三代以上帝王之德与三代以下圣人之德的混淆，宋儒以气数论将孔子不得天子之位视为气数之变，而将舜禹得位视为理之常然。这本质上是以三代以上的帝王之目光来看三代以下的孔子，远不如孔颖达所引用的纬书中所传达的汉儒的理解，其隐含着在圣德与王德之间进行区分的信息，以及三代以上帝王之德和三代以下圣人之德对应的"位"有不同的意识。圣人之德对应着的是"必有所制以显天心，丘为木铎制天下法"，即以述作六经，构建人道的基本原理，人类秩序和文明的大经大法，所以圣人之被符号化为圣人，得其制作义法即其相应之"位"，此"位"与作为统治者的天子之"位"有着本质性的不同。从这个意义上来看，《礼记·中庸》述说的是舜的德位一致，并不构成对孔子的否定。相反，对于孔子，其被符号化为圣人，圣人就是其位。圣人之位是天爵，舜之位说到底还是人爵，只不过在治出于一的状况下，人爵与天爵尚未分化而已。但总体而言，自孔子之制作六经以立人道之法则，圣德与王德的分化就无可避免地发生了，政治德性与教化德性也就因此而分殊开来，与此相应的则是治教作为不同领域的分化。在这个意义上，孔子本人的述作六经构成三代以上和三代以下政治德性与教化德性得以分化的真正分水岭。

三 内圣外王的原初内涵

圣、王分殊，并不仅仅是两种人格在品质层面的分殊。由于圣、王分别构成教、治两大领域的符号代表和最高担纲主体，故而圣王分殊最终意

---

① （明）胡广等纂修《四书大全校注》，周群、王玉琴校注，武汉大学出版社，2009，第184页。

味着教与治两大领域的分化。"圣者尽伦"与"王者尽制"便成为两个领域的分职。① 两大领域具有质性的不同：圣者代表着人性的最高可能性，是精神的符号化人格代表；王者代表最高的统治者，是权力的符号化人格代表。"尽伦"即充分实现人之所以为人的类性原理，"尽制"则是确立具体社会的体制化、客观化秩序。"尽伦"基于性善的原理，它假设每个人都内在具有自我完善能力和向善的趋向，"尽制"基于情恶的原理，它假设每个人的人性在经验世界中表现出来时受到种种条件的限制和影响，因而总是有不善的倾向和现实。"尽伦"通过教化而获得对人性的提升，着眼于引导性和上行性的教化实践，采用由内而外的方式，引导人性走向上行路线；"尽制"采用限制性和防御性的方式，抵御人性在现实中的降格和陷落，因而它采用的是人性的下行路线，以由外而内的方式，防御性地对待现实的人性。"尽伦"的引导性和"尽制"的防御性、"尽伦"的由内而外和"尽制"的由外而内，凸显了教化和统治两大领域的差异。

一旦治教两大领域获得分殊化进展，那么，两大领域之间又当是何种关系或以何种结构重新关联呢？对此的不同回答，构建了文明的结构。一个文明在很大程度上意味着一种结构治教两大系统的方式。西方业已出现治教合一、治教分离、治教协定三种治教关系模式。中国的情况呢？毫无疑问，在三代以上，我们看到的是治教尚未分化的状况，治教关系不会成为问题。问题出在分化之后，两大领域获得了自主性，这时候就需要辨识其关联的结构。

治教分化为两大领域之后，它们之间的关系与张力就会成为文明体的根本性问题。治统从来都不会任凭一个外在于自己权力范围的组织化或体制化教统，依据自身的力量自主发展，因而总是试图介入或干预获得了部分自主性的教统。但教化领域及其精神并不隶属于统治阶层所管理的具体社会和时代，而是具有在世而不属于世的超越性品格。构成政治社会之秩序的单位主体是人这种尽管生活在具体社会和特定时代却又总是朝向其所在社会和时代之外，因而政治社会的秩序达成又不能不借助教化的力量，这就是何以治统及其代表总是不得不将教统及其代表引入具体社会内部的根本原因。这样，我们看到，特定社会和时代的王者将并不能被该时代和

---

① 《荀子·解蔽》："圣也者，尽伦者也；王也者，尽制者也；两尽者，足以为天下极矣。故学者以圣王为师，案以圣王之制为法，法其法以求其统类，以务象效其人。"

社会所限定的圣者及其符号，以及其创建的神圣文本空间，引入自己统治的社会。换言之，政治上真正成熟的王者必然会意识到单凭制度和权力并不能达成秩序，圣者及其符号必须被引入社会内部，实现某种形式的合作，才能真正达成秩序。在沃格林所谓的以权力和精神分离为特征的天下时代之后，则是正统帝国阶段，权力的代表性符号帝国与精神的代表性符号宗教最终结合起来，在中国形成了汉武帝时代开始的儒教帝国文明，在西方出现了天主教罗马帝国等，在当代则有全球帝国与作为普遍宗教的新教结合而成的美利坚帝国。

治教两统之间的关系不是单一的，而是有着多重可能性。只有在这个语境中，我们才能理解《庄子·天下》所谓的"内圣外王之道"所针对的对象并不是一个无论东西古今的作为修身者的个人，期待他既要成圣也要成王；其更非以某种思想、学说或理论为对象——譬如儒家思想，既可以内资修养，又可以对外经世，因而具有双重的功能；……这些都不是内圣外王之道的原初语境和初始内涵，只不过是对该术语的借用。但这种借用本身却导致了对其本义和原初语境的遗忘。内圣外王本质上讨论的是与"道术将为天下裂"相关的秩序问题，即治教分殊之后，二者在理想性上应该处于何种关系。只要我们将圣、王不再仅仅狭隘地理解为两种人格，而是意识到它们其实是通过两种符号化人格来象征教化和统治两大领域，那么内圣外王的本质就等同于内教外治，其实质内涵是当治教分化为两种不同领域，当以内和外来结构教和治，即以教为内为里，以治为外为表。内教外治大体相当于以教为里、以治为表。

如果说治教分离凸显的是两大领域不离不杂的张力性结构，那么治教合一则是指二者在分离前提下的统合，重点在于其连续性，以防御二者关系的相悖，但治教合一有合治于教与合教于治两种不同模式，前者意味着教权高于治权，教权（在特定情况下教权采用神权的方式）统摄治权，后者意味着治权高于教权，以治统掌控教统。在此之外的治教协定模式，意味着以分化为前提的合作和互助，二者不再相悖，而是各有分工，在文明体内部达成两统之间的协定与合作。内教外治（内圣外王）不同于以上三种模式。同样以治教两统的分化为前提，在承认二者各有其统的情况下，凸显教统相对于治的基础性意义。在这种模式的视角内，治统本质上也是教化人性的方式，尽管采用的方式不同于狭义的教统，但说到底它只是广义教统的一个特定区域，而且，治统的运作最终导致人性的改变，起到对人的实质性的教育的功能。一定的统治方式及其制度，不仅预设了人性的论说或信念，而且也势必对现实的人性造成深刻的影响。即便是在这种完全被动的层次上，治统也无法与教化分割开来。

内教外治乃是为了实现更自觉地以教化转化统治，使之服务于人性的改良之目标。《礼记·学记》"建国君民，教学为先"，《礼记·大学》"自天子以至于庶人，壹是皆以修身为本"，都显示了这种内教外治的思路。后世张之洞提出"其表在政，其里在学"①，也是这一内圣外王理路的直接表现。内圣外王的确构成中国文明的秩序理想。这一理想，诚如梁漱溟先生所云，中国思想所理解的国家在最终意义上是一所大学校②；钱穆先生阐发的"学治"的观念，③ 就与中国文化的这一理想密切相关。

这里必须注意对内圣外王的几种误解：①内外＝本末；②内外＝体用；③内外＝上下。根据①，内教外治实即以教化为本、以统治为末，这种观念有一定的合理性，但内外≠本末，内教外治≠以教为本而以治为末。达到内教外治，在不同秩序状况下对治教有不同要求，有时恰恰需要治统发挥主导性作用。应该说，分化之后的统治和教化同等重要，但统治只有被理解为一种特定的教化方式或者达成教化或者更退一步来讲不阻碍教化时，内教外治的理想才能得以坚守。在②中，教为体而治为用，似乎教化为本体，而统治为其功能或作用，这样的理解消解了统治的积极功能，而会导向一种无治主义或无政府主义，从而最终导致两统化为一统。对③而言，以教为上而以治为下，这是褒教贬治，同样有悖于治教二统开放的张力及

① （清）张之洞说："窃惟古来世运之明晦，人才之盛衰，其表在政，其里在学。"参见《张之洞全集》第 12 册，武汉出版社，2008，第 157 页。

② 梁漱溟说，中国式的人生，其特点是向里用力，职业分途、伦理本位的社会构造支持了这一点，使"自天子以至于庶民，一是皆以修身为本"成为对这一政治—社会构造之理想的恰当描述。参见《梁漱溟全集》第 3 卷，山东人民出版社，1990，第 194～216 页。

③ 钱穆撰写《道统与治统》一文，内云："今就中国传统政制与学术文化事业相联系相融洽之要义，再扼要言之。一者在有考试之制度，专为拔取学人使之从政，故其政府僚吏乃全为学者。此种政制可名为学人政治，或简称为'学治'，以别于贵族政治或富人政治。""'学治'之精义，在能以学术指导政治，运用政治，以达学术之所祈向。……学术者，乃政治之灵魂而非工具，惟其如此，乃有当于学治之精义。"参见《钱宾四先生全集》第 40 册《政学私言》上卷，（台北）联经出版事业股份有限公司，1998，第 87～88 页。

其相互促进。如何理解内圣外王的秩序结构？我们的看法是内外＝里外＝里表。教化为秩序体的内核，具有主导性，而不是治教两大系统之间的绝对对等与平列，治教皆能型塑人性，统治在此意义上本身即是一种广义的教化方式，但应将治统置于以教化为背景和基底的秩序构思中，以统治作为达成秩序的有限手段，至于要提升秩序之品质，则必须依赖教化而非统治。以教化为内核、以统治为达成教化手段的秩序构思，在现实状况下很容易被翻转为以统治为目的、以教化为手段的法家式秩序畸变，教化本身成了达成统治秩序的权宜方式，这本质上已经是"内治外教"了。

回到《庄子·天下》的思想脉络，三代以上"古之道术"的分裂，具体展现为神与明、圣与王由"一"到"二"的分化，这一分化关联着治教两统的领域性区分。即便在与圣—神相应的学术领域，依然有进一步的分化，这就是经、史、子三支的诞生："其明而在数度者，旧法世传之史尚多有之"为一支；"其在于《诗》、《书》、《礼》、《乐》者，邹鲁之士缙绅先生多能明之"为一支，即六艺学的分支；"其数散于天下而设于中国者，百家之学时或称而道之"为一支，即子学或诸子学（百家学）的分支。三支意味着学术自身内部的史、经、子的分化，此分化对应着的学术状况是"后世之学者，不幸不见天地之纯，古人之大体，道术将为天下裂"。但这并非要每一个个人都如现代人所理解的那样，一方面自我修养为圣人，另一方面争取从政做治统上的君主。相反，《庄子·天下》给出了多元的人生选择，从而有对人性的七种品秩的类型学划分，这就是天人、神人、至人、圣人、君子、百官、万民。其中前三者为游方之外者，后三者是方内生存者，只有圣人作为游方之内者，成为能够沟通、统合七种人的唯一人格。圣人所以为圣人的唯一资源不仅仅是其人格，还有作为神圣文本的"六经"，无论是人格还是文本，组构成的都是教化的力量及其世界。《庄子·天下》下半部分不再将讨论聚焦于治统，而是以六家之学的检讨作为其内容，这本身就包含着对教化的功能及其意义的理解。在这个语境中，现代学人在道德上成圣、在政治上作王的理解，严重地偏离了内圣外王的原初语境，更重要的是导致内圣外王不仅在现实上而且在道理上也不再可能。现代人一厢情愿地希望在道德上成圣、在政治上作王，即便在现实中不可落实，但在道理上是说得通的，其实对于从治出于一到治出于二的作为一种不可逆的趋势缺乏义理上的深刻理解，对于孔子作为人类文明转折点的意义也不能深刻体认。更本质的，现代人并不理解内圣外王本身乃是一种秩序构思，是对分化的治教两个领域重建结构性关联的方式，而不是针对个人修身处世的方案。

"天下"政治哲学话语的过去和未来[*]

周海春^{**}

摘 要： 关于中国古代的"天下"概念，有"世界""社会""国家""帝国""家"等解释，其中包含着古人和今人观念的差异。中国古人的"天下"概念显示了一种认知的张力，即以有限去理解或者表达无限，"天下"概念的积极意义在于揭示出了人的群体存在形式的本质，即一定的普遍性和公共性。"天下"概念的局限在于把特殊事物及其逻辑纳入普遍性当中，从而把普遍变成了特殊的一种普遍性形式。中国古代的天下观存在主客体颠倒的问题，存在内外有别的问题，"天下"政治哲学的未来走势是人民和民族国家共同成为天下的主体，天下的主体性就体现在人民和民族国家的主体性当中。

关键词： 天下；国家；修身；齐家；主客颠倒

近年来，中国古代的"天下"概念再度引起了人们的关注。人们往往从超越民族国家的角度来理解"天下"这一概念的意义，"天下"被解读为超越了民族国家，各个国家在天下面前都是平等的。因为"天下"超越了特定的人类群体，因而超越了"帝国"的框架。"天下"超越了以自我为中心，超越了所有的主体，是"世界"。除了这一解读还有另外一种解读，即"天下"其实是中国，天下是中国的同义语。冯友兰就曾经回应过这样的解读。"'天下不翻，因为古人是把中国当做全世界底。若翻为全国，则是站在现代国家的立场说话，古人无此观念。若迳翻为世界，意旨虽合，语气

---

* 本文系 2021 年国家社科基金重大项目"全人类共同价值研究（21&ZD015）"的成果。
** 周海春，湖北大学哲学学院教授，博士生导师，研究方向为中国哲学史。

不符。'此所谓意旨，是说谁的意旨？若是说《礼运》此段作者的意旨，则翻译者为什么不照著作者的意旨翻？又何以会'语气不符'？若说此意旨是现在讲'礼运'此段底人所加入底意旨，'古人是把中国当做全世界底'，所以如把'天下'翻为'世界'，则虽与今人的意旨合，而却与古人的'语气不符'。"① 冯友兰不赞同把"天下"翻为"帝国"，不认为古代所谓的天下，不过是指中国。

冯友兰坚持把"天下"翻为世界，同时也承认古人是把中国当作全世界。"但我们亦并不以为中国古代人不是'把中国当做全世界'。中国古代人是'把中国当做全世界'。但我们不能因此即以为，中国古代人说天下，不是说全世界。"② 冯友兰处理的方法是很巧妙的，他利用概念的具体所指和抽象意义来力图化解"天下"概念面临的古今难题。"在古人的知识中，'天下'一名词的实际所指，是有限制底。但他们所谓'天下'的意义，则不受这些限制的限制。古人所谓'天下'，在其时虽实际上是指中国，但照他们所谓'天下'的意义，则天下是可以指中国以外底任何地方。"③ 冯友兰坚持认为"天下"仍应翻为"世界"。从知识上来说，古人没有关于全球的知识，中国就是他们的世界，"人力所通""舟车所至"之地就是天下的界限，但天下从"天之所覆""地之所载""日月所照"的角度来看，则是不受"人力所通""舟车所至"限制的。冯友兰坚持把"天下"翻为"世界"，并没有在根本上解决古今、中西的难题。如果古人是把中国当作全世界，"天下"观其实是古人的国家观，并不是古人的世界观，或者说是古人借着世界来表达自己的国家观。如果古人是以天下观中国，那么天下观是古人的世界观，就不是古人的国家观。

中国古人的"天下"概念显示了一种认知的张力，人以所知去表达未知，以有限去理解或者表达无限，无限当中被输入了有限的内容，同时无限也超越了有限。在天下观中，存在两种相对而行的思维过程："天下—国—家—身"和"身—家—国—天下"。天下永远关联着某主体，某有限的存在物。主体不同，"天下"的实际所指也会有差别。如果主体是"身"，

---

① 冯友兰：《三松堂全集》第5卷，河南人民出版社，2001，第365页。
② 冯友兰：《三松堂全集》第5卷，河南人民出版社，2001，第366页。
③ 冯友兰：《三松堂全集》第5卷，河南人民出版社，2001，第366~367页。

是主体自身，那么"家"也可以是自己的"天下"。在这一意义上，"利天下"就是爱亲，就是爱家。当主体是血缘家庭的时候，"四海之内"就是"天下"。主体不同，天下的外延也不同。"天下"的外延可以指家、国，也可以指世界。"天下"的内涵是在张力中显示出来的。从"天之所覆""地之所载""日月所照"来看，"天下"的哲学内涵是普遍、是一般、是公共。"天下"的政治哲学的意义在于对普遍性的寻求。"天下"概念的局限在于把特殊事物及其逻辑纳入普遍性当中，从而把普遍变成了特殊的一种普遍性形式。

一 作为政治普遍性诉求的"天下"

"天下"是具体主体对政治的普遍性诉求所使用的概念，因而总是以具体中的抽象的样态存在的，具体到自然界的天和地本身的时候，天下就是用天和地这些具体来限定其他具体，从而通过更大范围的具体限定更小范围的具体的方式表达了天下的普遍性。以天地来界定天下，"天下"概念就具有了较高的普遍性。从地球以外的视角来看地球，那么"天下"就包含了地球上的所有生命。从这一意义上说，天下不仅仅是天下人的天下，而且是地球上所有生命的天下。从公共政治空间和共同资源的角度来看，天下是地球所有生命的公共政治空间和共同资源。如果还考虑到太空，那么，天下还要求把太空中可能存在的生命考虑进去。虽然可以说天下是宇宙空间和地球现实存在或者可能存在的生命的公共政治空间和共同资源，但不意味着天下可以被具体的主体所独占。天下的政治性必然是多元的、多层次的，是交叉性的。

天下的普遍性不仅仅是空间性的，还是时间性的，既包括了现在，也包括了过去和未来。天下不仅仅是当下的生命的天下，还是未来可能的生命的天下，并是已经逝去的生命的天下。天下还是动植物的天下，动物社群理论就是建立在这一理念基础之上的。"有些动物应当被视作在它们自己的领土上组成独立的主权社群（那些生活在荒野的、易受人类入侵和殖民所害的动物）；有些动物像移民或居民那样选择来到人类居住区（边缘投机动物）；而有些动物则应当被视作政治社群的完全公民，因为它们世世代代被圈养，已经变得依赖于人类（家养动物）。所有这些关系（还有其他一些我们会讨论的关系）都有它们各自的道德复杂性，我们可以用主权、居民身份、移民、领土、成员身份和公民身份等概念来厘清这种复杂性。"①

天下对特定的主体意味着超越和独立。"天下"具有"平铺性"，原本被置于最高地位的事物，相比于"天"而言，被降到了和其他事物平等的地位。从道来看万物，物无贵贱。天下具有相对于具体事务的超越性和独立性。天不依赖人，天不会因为人的意愿而改变自己四时变化的规律。

天下对个体而言，具有内在性和外在性两面。天下和个体的存在之间是一体的，天下是个体自身存在的本真性，是个体自身的整体性存在方式，是个体自身的类存在方式。天下和个体既是肯定性的关系，也是否定性的关系。天下观之下的个体观念，必然是一分为二的，其个体性的一面是私我，是有为，是小我，是形体及其欲求；其类存在方式的一面是公我，是无为，是大我，是心性及其欲求。就个体的形体及其欲求而言，形体及其欲求本身显示了天，天下内在于个体，个体的形体欲求及其权利就是天；同时天下作为整体是外在于个体的。就个体的心性及其欲求而言，天内在于心性，天下是作为整体内在于个体的；但天下也是个体的外在的对象，天下是外在于心灵的。天下与个体的内在性和外在性的结合，使得天下没有外部性。就普遍性而言，个体被天所限制，个体不是天下；天下内在于个体，个体即是天下。个体即是天下，也不是天下，当个体本身就是天下的时候，意味着天下不是个体的外在限制，而是个体的内在本质。

天下意味着公正和仁爱。有道的天下即公正和仁爱的天下，即天下为公，这是大同之道。天下不是一人之天下，是天下之天下，其价值自然是至平、至公、至仁。

综合起来说，特定主体的天下诉求是普遍性诉求，是群体性的诉求，是公共性的诉求，是超越性和独立性的诉求，是个体性和类存在一致的诉求，是公正和仁爱的诉求。

---

① 〔加〕休·唐纳森、威尔·金里卡：《动物社群：政治性的动物权利论》，王珀译，广西师范大学出版社，2022，第19页。

二　天下与政治哲学的起点和终点

从具有普遍性的天下看人，人是超越了家庭、民族等特定的群体性存在形式的，当把家庭、城邦、民族等看成政治领域的事情的时候，人性的问题不是政治哲学的问题，但可以是政治哲学的起点和终点。当把"政"的概念界定为人性之正的时候，家庭、城邦、民族等之所以为政治之事，则是受到人性规定的。人性问题直接就是政治问题的全部和本质。孔子把政治的问题看成"身正"的问题，墨子用"正"定义"政"，其思想可以归入把人性问题看成政治的本质的思想一类。

按照这一思路，政治哲学的基石是养生，是生命。如《唐虞之道》用养生的逻辑来说明"弗利"、说明"知政"、说明"禅让"。"古者圣人二十而冠，三十而有家，五十而治天下，七十而致政，四肢倦惰，耳目聪明衰，禅天下而授贤，退而养其生。此以知其弗利也。"（《唐虞之道》）政治生活对于个人的生命来说，是有伤害的，生命与权力之间是有紧张关系的。不以天下害其生才可以托天下，禅天下是去臣虏之苦。养生的逻辑要求天下不能损益于己。《唐虞之道》中的政治养生论包含两个层次，一个层次是养民生。《唐虞之道》中有"民本"思想。不过对于"民"性的理解有特殊的内涵。除了强调对民的德性启迪，比如"有尊""有亲""有敬""孝""弟""大顺之道"以外，还强调"养生"。"禹治水，益治火，后稷治土，足民养生。夫唯顺乎肌肤血气之情，养性命之政，安命而弗夭，养生而弗伤，知天下之政者，能以天下禅矣。"（《唐虞之道》）这是"养性命之政"，是以养生的原则作为治国的原则。另外一个层次是自我的养生。《唐虞之道》以养生的逻辑说明禅让。"四肢倦惰，耳目聪明衰，禅天下而授贤，退而养其生。"（《唐虞之道》）《唐虞之道》有"退而养其生"的养生思想，意识到政治与养生的矛盾。《唐虞之道》以养生的原则作为处理个体生命和政治生活关系的原则。全然的利天下并不否定养生的价值。

按照这一思路，个体对群体的政治义务是有限的义务。修身传统的存在使中国传统政治思想中个人修身和修"官身"之间出现了张力，从而把政治义务或者政治责任限定在政治角色范围内。当相应的政治角色丧失了以后，相应的政治权利和义务也就丧失了。"子曰：不在其位，不谋其政。"
（《论语·宪问》）"政"与"位"联系在一起，当"无位"的时候，人就丧
失了相应的政治属性，自然也就没有了相应的政治责任，无须做出相应的
政治言行。而人有一个永远无法摆脱的"位"，这就是力求成为"君子"。
《左传》记载，晋灵公暴虐无道，执政大臣赵盾连续进谏，得罪灵公。晋灵
公几次派人杀赵盾，但都未得逞。赵盾堂弟赵穿攻杀灵公。赵盾其时已经
出奔，尚未离开国境，听到灵公被弑，就回来了。晋国的史官董狐记载这
件事情的时候，写为"赵盾弑其君"，表明赵盾对这一事件负有责任。孔子
说："董狐，古之良史也，书法不隐。赵宣子，古之良大夫也，为法受恶。
惜也，越竟乃免。"（《左传·宣公二年》）这个历史事件，涉及政治责任和
政治义务的问题。如果"赵盾"越境了，其正卿的责任和义务也就丧失了，
相应的"讨贼"的"应当"也就不存在了。"鸟则择木，木岂能择鸟？"
（《左传·哀公十一年》）现实政治生活是"木"，自我完善是一个开放的自
由的天空，正因为有这个自由开放的天空存在，孔子才可以对恶的政治采
取灵活多变的伦理抉择。"窃负而逃"近年来引起了较大的争议。以往讨论
的盲点就在于二者之间是一个假定的对立选择，后者是在"弃天下""忘天
下"的情境下发生的。离开这个前提，就会偏离孟子的思想的原义和重点。
孟子的观念的重点不是"窃负而逃"，而是"忘天下""弃天下"。也就是
说，在孟子心目中，政治义务是有界限和限制的，自我"终身欣然"的价
值高于政治义务的价值。当舜选择了"弃天下"的时候，他本身就失去了
天子的政治属性，窃负而逃，瞽瞍也不再属于公民，自然也就不存在犯罪
不犯罪的问题，二者相对应的义务关系是天命，而不是他人，这个时候，
瞽瞍是否犯罪的定罪主体是天而不是人。桃应设立的语境和现代生活的语
境是不对称的，在现实生活中，任何滨海都有政治属性，属于不同国家的
主权范围，任何亲情和家庭都是一定国家的家庭，都有政治的属性。在桃
应设定的情境中"遵滨海而处"的舜和瞽瞍不属于一定主权国家领土上的
公民，也不属于一定主权国家的家庭。这个故事本身就是假设的情境，目
的是说明人不完全是政治性的人，不能仅从人与人的政治关系角度来理解
人，还要从天人关系来理解人，"尽心""尽性""尽伦"都是为了"知
天"，为了获得"天爵"，"天爵"比"人爵"更为可贵。如果用这个故事

来讨论其现实意义，要讨论的是人是否是天民，人是否应当或者可能过"知天"的生活，"天爵"是否存在，是否比"人爵"更为可贵，人的政治属性是否是绝对的，人能否超越政治性等。显然孟子承认，人有超越政治性的一面，并且这一层面更有价值，在发生冲突的情况下会选择后者。"天下"概念是对现实政治的解构，"天下"概念解构现实政治，以一种哲学思维建构着新政治。

天下在解构现实政治的同时，也建构新政治。天下对政治的建构有两条路径，一条路径是明德亲民或新民的路径。"明德者，天命之性，灵昭不昧，而万理之所从出也。人之于其父也，而莫不知孝焉；于其兄也，而莫不知弟焉；于凡事物之感，莫不有自然之明焉；是其灵昭之在人心，亘万古而无不同，无或昧者也，是故谓之明德。……明之者，去其物欲之蔽，以全其本体之明焉耳，非能有以增益之也。"① 天下内在于人，人的天下就是明德。人得自我的明德，就得天下，就建构了天下。自我的建构就是现实政治的建构。这个建构的理想图景就是万物同一体的政治境界，就是所有人都自新的境界。明德是人所同得，非人之私；明德自明，非人力所为，非私意苟且，按照"理一"的逻辑当肯定所有人都在自明而明人。这样一来，推己及人或推己及物就不仅仅限定在上下关系中，而且还涉及人与人的一般的关系。明德亲民的关系也不是特殊的社会关系，而是社会关系，是人与人的关系的一般原则。人都有明德，即意味着人人都能自明，人时时刻刻都在自明而明人的过程之中。社会群体生活的基本原则即是自明而明人，即推己及人。自明明人，有很多节次，君、亲、师不过是诸多节次中的某个节次而已。所有人都是在自明和自觉的过程之中，都在自明和明人的过程当中。社会不同的成员是自明明人的不同节次，明德构成了社会总体性的存在，自明明人是社会网络关系的本质，推己及人或推己及物是把握社会关系网络的基本原则。自明明人不害彼此之亲。"夫圣人之心，以天地万物为一体，其视天下之人，无外内远近，凡有血气，皆其昆弟赤子之亲，莫不欲安全而教养之，以遂其万物一体之念。"②

天下对政治的建构的另外一条路径是肯定气禀之欲的路径。政治哲学

---

① 《王阳明全集》（上），吴光等编校，上海古籍出版社，2011，第279页。
② 《王阳明全集》（上），吴光等编校，上海古籍出版社，2011，第61页。

需要以一原初状态开理想境界，但如果把特定历史时期的状态理解成原初状态，那么原初状态不过是特殊状态的永恒化，因而这一原初状态就是不可靠的。对于具体的原初状态的理论，都需要一定的搁置和某种现象学的还原，都需要有一定的人本学的立场，都需要有世代更迭的观念，诊断原初状态的社会历史阶段性内容，清除这些内容，不断澄清原初状态。另外，对于原初状态，既要有理想性的一面，如承认人人有明德，人人有明德的权利和自由，人与人之间是一体的，据此也可以导出一种低限度的有为政治，而崇尚自然天成的无为政治，这种政治指向一种形而上学的境界；同时也要客观承认现实的人的感性欲求，即所谓的"有我之私""物欲之蔽"，政治哲学也需要面对"有我之私""物欲之蔽"，这也是人的原初状态。要承认气禀之蔽也是天下的常态。"所以每个个体都有这样的最高的律法与权利，那就是，按照其天然的条件以生存与活动。我们于此不承认人类与别的个体的天然之物有任何差异，也不承认有理智之人与无理智之人，以及愚人、疯人与正常之人有什么分别。"①

天下以对现实政治性的批判和对人性的呼唤解构现实政治，同时天下以人性的理解重新建构了政治，从而使天下成为政治哲学的起点和终点。天下既是抽象的，又是具体的，如何对待每个个体就是如何对待天下，个体价值的实现就是天下价值的现实化。

三 天下：人的群体存在的公共性本质的确证

个体确证了自身的类价值，用中国古代哲学的表达方式来说，就是成为圣人，而这个圣人同时就是圣王。圣与王同义，人人为圣人即人人为圣王。人人为圣王，意味着没有王，意味着群龙无首，意味着无为却能大治。显然，这是天下观以人的价值实现为政治的起点和终点引申出来的理想政治结论。以这样的理想政治观现实政治，天下观所蕴含的政治哲学必然是在张力中开展的。

修身即政治引申出来的是齐家政治论。尧舜是如何成为王的呢？道德

---

① 《斯宾诺莎文集》第3卷，温锡增译，商务印书馆，2014，第214~215页。

的根据是"利天下"而不自利。"尧舜之王，利天下而弗利也。"（《唐虞之道》）孝的价值不在于自利，而在于"弗利"，爱亲的伦理内涵在于利益亲人，而不是自利。"传子"不在"爱亲"的范围之内。传子虽然也可以说是利亲人，但这种利亲人，实际上是利自己，与"弗利"原则相悖。"弗利"对应的是"利天下"，传子是利家，不属于利天下的范围。《唐虞之道》并不是着眼于亲人的私利来肯定孝的，而是着眼于天下之利来肯定孝的。《唐虞之道》中潜含着一种"无我"奉献的精神。"身穷不贪，没而弗利，穷仁矣。"（《唐虞之道》）"穷"和"利天下"把自我和他人的张力揭示了出来，没有自我的私利，可以说是"穷"，利天下可以说是"仁"。人的一生都以此为准则，从出生到死亡；人的一生所遇的各种境遇都以此为准则，不论穷富贵贱，都"不贪"。仁孝是一体的，孝被统摄到仁之下，而以"利天下"为道德尺度。"孝之施，爱天下之民。"（《唐虞之道》）"施"，有的人说是"杀"，意思是等差或者次序相继。《唐虞之道》既肯定了"孝"，同时也限制了"孝"。限制"孝"，是限制把爱亲理解为谋自己的私利，谋亲人的私利。"孝，仁之冕也。"（《唐虞之道》）"冕"，有的解释为初生，这样就是认为"孝"是仁的初生。这里按照"穷仁"的观念来理解，"孝"是穷仁，是"利天下"，是"弗利"。

"利天下"和"弗利"相对，不过是强调了利益的公共性。自己有私利，亲人也有私利，"利天下"与所有形式的私利相对。"爱亲"的价值就在于对亲人的全然的奉献，但这种奉献是有尺度的，这个尺度就是"弗利"，不求自利，不谋亲人的私利。"爱亲"是在"利天下"的视野下来看亲人的，正因如此，"爱亲"才不会止步于自己的亲人。个体在爱亲中实现了自己的类的价值，强化了自己的政治属性，同时自己"安命而弗夭"，在托起家庭的同时，自我的个体价值并没有因此而受到损害。

天下构成了家的政治哲学的本质。虽然天下的观念相比于"国家"的观念来说，所指称的范围更广，但也不能因此就认为天下观就摆脱了家园意识。"天下是大的家族，而家族是小的天下。天下和家族只是范围广狭的差别，在实质上，是没有什么不同的。"① "家族是天下的原型"②，尽管天

---

① 〔日〕尾形勇：《中国古代的"家"与国家》，张鹤泉译，中华书局，2010，第3页。
② 〔日〕尾形勇：《中国古代的"家"与国家》，张鹤泉译，中华书局，2010，第3页。

下观中包含从更宽阔的领域俯视的视角，这一视角有助于把天下所有的存在物都看成平等的，从而促进天下人或者民族、国家进行自我约束，但也要看到天下观也存在特殊存在想要把自身普遍化的冲动。那种认为天子把自己所属的家族扩大为国，扩大为天下，从而把天下私有化的讲法，就说明了以"家"形式运作着的权力中存在着的一种趋势、一种可能性、一种动力。追求最高权力的动机以"家"的形式呈现出来的时候，的确个别的家族会成为权力的中心，掌握最高的权力系统。从全球的历史来看，还没有哪个特殊的民族或者国家真正能够匹配全球意义上的天下，而历史上的得天下，针对的是相对的领域。因为是相对的领域，自然有其内外界限，这种界限犹如家内和家外一般。诸侯的领土为国，大夫的采邑和家宅为家。也有称天子为国家的。家不仅仅指家庭，而是一个政治意义上的概念，统治范围之内都是家。"天下乃大的家族，家族为小的天下。故称国为国家，称天下为天家，又谓之天下一家。"① "天下与家族，只范围广狭之差而已，实质上并无任何不同。父为小天下之君，天子为大家族之父。"② "天下一家"的伦理原则是"天下为公"，但这一"公"的基础从两个方面无法摆脱"家"，一个是宏观的"天下一家"，即家天下，另外就是天下是由众多的家构成的。公私结合的结构集中表现为帝制的继承。从私家的角度来看，则采取同姓内继承，即血缘性的家内继承的形式；从公家的角度来看，则采取异姓继承，易姓革命的形式，禅让制的形式。"'天下为公'作为'异姓间继承'的理论支柱发挥了作用。"③

　　天下观在一定意义上说是特殊的国家观念。作为一种政治现象的家逻辑，其包含的很多细节需要澄清。相比较而言，尾形勇的分析较为合理。"'天子'是以'某家'的形式体现的整个国家的代表者，这种'某家'是在清除全部'私家'的基础上建立起来的（也即'天下一家'＝'天下无家'）。同时，又是自'某家'这个'家'出身而'臣'从于天帝（地神）的属'臣'。可以说这正是天子称号，第一临于天地鬼神；第二对'外国'（蛮夷）使用的原因所在。就是说，以'君臣'关系为轴心而建筑起来的古

---

① 〔日〕桑原骘藏：《中国之孝道》，宋念慈译，台湾中华书局，2014，第13页。
② 〔日〕桑原骘藏：《中国之孝道》，宋念慈译，台湾中华书局，2014，第14页。
③ 〔日〕尾形勇：《中国古代的"家"与国家》，张鹤泉译，中华书局，2010，第219页。

代帝国的秩序构造，通过'天子'与'天（地）'之间的'君臣'关系得以完善，并被赋予了权威。"① "天子"的"某家"其实不是一个相对小的家，而是大家，即某一公共的领域。"天子"并不是某一公共的领域中的一个普通的成员。"如'天子以天下为家'、'天子无外'、'王者以天下为家'等，'天下一家'的'家主'虽然是'天子'或'王者'，却不是'皇帝'。"② "天子"是天下这个"家"的家主，其出于天下，却超越于天下。天子的超越性的合法根据也以"民本"的概念呈现出来，说明这种合法性也来源于民众。但如果来源于民众而没有天命的概念，其最终成为天下之家的"家主"的理由就不够充分。"天子"这样的称呼巧妙地把君臣关系和父子关系结合在一起，并把君臣和父子关系纳入天人关系的思考当中，从而为现实生活中的君臣、父子关系提供了最高的合法性与合理性论证。"天"和"人"之间的关系在政治上被理解为君臣关系。"'天子'既然作为一个'臣'服务于'天地'，应该备有自己'出身'的某个'家'。对这种'家'，从史实上重新探索时，最终还得归结到'家主'是'天子'或'王者'这样拟制的'家'，也就是'天下一家'，以及把它变为现实的所谓'某家'（在汉代即'汉家'）上来。"③ "子"则说明"天"和"天子"之间还有父子关系。天子的这种属性使其从天下、出生的家庭、个人的局限中超脱出来，超越了来自家庭以及个人的局限性。但这种超拔的过程并不总是奏效的，当这一过程被质疑，被新兴的社会进步力量所利用的时候，就会出现社会动荡或社会变革。但新兴的社会进步力量如果依然利用天命来论证自身革命的合理性，就又会重新复兴天命论。皇帝突出了对国内政治上的权威。"皇帝臣某"则隐去了父子关系，这是以君号令天下。但公的领域也浸润着家园的意识。公的领域被"门""室""庭""廷"所修饰就很能说明问题。"臣子"这一讲法中，"子"在后，"臣"在前，说明其中虽然包含父子的规定性，但君臣的规定性更为根本。相比于皇帝所对应的宗庙来说，显然国家这个"家"更大。皇帝这个概念淡化了自己和祖先的父子关系，以便突出其对臣民的至高无上性。"皇帝的自称形式有'天子臣

---

① 〔日〕尾形勇：《中国古代的"家"与国家》，张鹤泉译，中华书局，2010，第230页。
② 〔日〕尾形勇：《中国古代的"家"与国家》，张鹤泉译，中华书局，2010，第188页。
③ 〔日〕尾形勇：《中国古代的"家"与国家》，张鹤泉译，中华书局，2010，第215页。

某'、'天子某'、'皇帝臣某'、'皇帝某'四种情况。"① "天子"的称呼用于祭祀天地鬼神，而"皇帝"的称呼则用于祭祀以祖先神灵为首的地上的诸神灵。"尽管所谓'天子'就是'天之子'，即这一称号，在通常观念中是被认为属于家族秩序的范畴，但至少在三国以后，家族伦理核心的'孝'字，不是作为'天子'的冠称而是作为'皇帝'的冠称而被采用。"② 以一种相对普遍的概念为特殊的事物进行论证，必然要把普遍和特殊关联起来，并使某种特殊因为与普遍有关系，从而超越了其他的特殊，从而使其具有某种普遍的品格。"天子"不可能不是出身于某一特殊的家庭的，这样一来，无论是从个体性还是从家庭的具体性来说，都缺乏充分的理由证明其凌驾于其他家庭或者个体之上。民意和民心向背的思想解决了这一问题，但仅仅有这一点显然是不充分的。民意和民心向背一定要和某一特殊的个体的美德或者某一家庭的美德相互结合，这样美德就构成了拥有特殊的权力或者地位的哲学根据。家族的传统与贡献也能够起到论证和说服的作用。但这一切或许在特定的条件下会起到关键的作用，却无法给某一家长久地当天下的家长提供合法性和合理性的根据。

宇宙观作为形而上学，其另外一面却是现实的政治或者人生等形而下的问题。一般认为，中国古代的宇宙观具有拟人性，天的属性和人类世界具有对应和匹配的关系，这恰好说明，"天"的问题本质是人的问题。如果从人本学的立场来看，就需要把天的问题还原成人的问题。宇宙观在国家观念的构建过程中起到重要的作用。"天下"概念看起来是一个普遍性的概念，但这一概念却在现实上起到建构国家的统一性和公共性的作用。"天下"会起到使被特定的群体边缘化的人员重新找到归属和价值方向的作用，从而重新塑造了最高的认同原则。天相对于人事的不变和超越、稳定的特征，起到促使人寻找人世一般真理的动力作用。宇宙观还会起到界定权力和社会等级关系的作用。如"四方是一个政治概念，代指一个向中心会聚的'天下'。四方是来自中心的统治可以管理，中心制定的规则、秩序可以

---

① 〔日〕尾形勇：《中国古代的"家"与国家》，张鹤泉译，中华书局，2010，第102页。
② 〔日〕尾形勇：《中国古代的"家"与国家》，张鹤泉译，中华书局，2010，第103页。

延伸，而人民必须俯首于中心的政治版图"①。四方变成万邦，四方的概念也会和天下联系起来，四方起到限制中央的作用，从而四方和中央一同处在一个天下之下。天命的观念使这种拉平具有了动态的意蕴，彼此都可以交替成为中心。"宏观宇宙——'天'——完全控制了微观宇宙——君，君王的身体成了宏观宇宙内在秩序的载体和体现。"② 病因、利益、食物、服饰、乐器、居住的位置等都与宇宙循环的规则相关联。五行否定了四方宇宙观的中心概念，并用五行循环，这种宇宙力量之间不停的相互作用、相互改变的模式，代替了神圣而永恒的中心，代替了四方结构恒定的等级关系，以天下观的形式规定了中央和地方的关系，规定了权力再分配的关系。天命的观念有着论证政治参与和分享最高权力的功能，也解释了最高权力转移的问题。五行之间的相克为战争提供了理论根据，具有权力分享的意义。五行宇宙观的相克循环证明了用武力改朝换代的合理性。相克尚武，而相生则尚德。灾异是界定皇帝行为规范并约束和惩罚皇帝违背规范的手段。

天下观是世界观。有论者强调天下是"世界"，并且强调对世界的忠诚。以"世界"为政治主体，为政治单位，"世界"就成为衡量政治秩序和政治合法性的尺度。现实的社会显然还不具备这些特征。世界政府可能会达到这一标准，也可能达不到这一标准。"从天下去理解世界，也就是要以'世界'作为思考单位去分析问题，超越西方的民族/国家思维方式，就是要以世界责任为己任，创造世界新理念和世界制度。"③ 天下是普遍的，当政治的主体是国家的时候，天下就成了建构国家的一种哲学理念，也成为解构国家的哲学理念。世界制度的设想就是天下观对国家的解构和建构。"天下"是"世界"，但这是就自然状态的意义来说的，把天下组织成一个有机的世界，还需要人类做出很大的努力。天底下大地、万民作为一种现实的普世体系目前还没有变成现实，人类还没有成为全球性的共同体。目前人类还没有普遍有效的世界制度，也没有普遍同意的世界政治体系，没

---

① 王爱和：《中国古代宇宙观与政治文化》，〔美〕金蕾、徐峰译，上海古籍出版社，2018，第87页。

② 王爱和：《中国古代宇宙观与政治文化》，〔美〕金蕾、徐峰译，上海古籍出版社，2018，第153页。

③ 赵汀阳：《天下体系——世界制度哲学导论》，中国人民大学出版社，2011，第2页。

有共同的心理世界。注意到"世界的世界化"问题是值得肯定的。"世界的世界化"其实是世界历史的生成过程，这样一来就要回答"天下"概念在世界历史生成过程中可以发挥什么积极作用的问题。①

"天下"概念包含着普遍性的诉求，这种诉求渴望把群体凝聚成一个整体，渴求有更大的包容性和兼容性，渴望共有和共享，渴望平等。"中国儒家传统的天下观在深层意义上可以与当今社会管理的'社会'意涵相会通，并为中国社会管理的目标状态的设定和治理方案的实施提供有益的借鉴。"②"天下"也可以说是一种组织社会的观念。

四　天下政治哲学中的主客问题

天下是一种理想的状态，其中动植物和人共享资源，自由自在地生活在一起，万物一体是其基本特征。天下观涉及自然和人的矛盾，天下的理想状态是比照自然状态来思考的，要达到这种理想状态需要通过人把人群组织起来，这样就会导致主客颠倒的问题。从自然状态的天下看人类社会，人民和民族国家等都是客体；从人类社会看天下，人民和民族国家是主体，天下是客体。把人群组织成天下，那些能够把人群组织起来的杰出的人物，中国古人认为有三类——君、亲、师，那么组织者自身就匹配了天地，这样就出现了君和民的主客颠倒，君、亲、师成了主体，而人民成了客体。

天下观的内在逻辑可以合理地推演出天下所有生命都是客体，这是对特殊的主体性地位的彻底解构。其逻辑的结论是没有特殊的客体可以成为凌驾于其他生命之上的主体，从而把其他生命置于客体的地位上。在彻底解构的基础上，才有真正意义上的建构。"王天下"是否等于创建世界政府呢？"王天下"中如果去掉了"王"才是创建世界政府，如果有"王"，世界依然是"王"的世界，普遍性被特殊性限制成了特殊性。天下政治哲学存在主客的张力，人民为主，君就为客，君为主，人民就为客。如果认为"人"泛指一切人，而人是主体，那么"天下"就是人类社会，人类社会组

---

① 赵汀阳：《天下的当代性：世界秩序的实践与想象》，中信出版社，2016，第2页。

② 李兰芬、朱光磊：《社会管理创新的儒学解读——儒家天下观与当今社会的会通及其现代转型》，《中国人民大学学报》2013年第4期。

织起来的形式"国家""民族"是客体，这些组织形式之所以能够组织起来本质上是因为这些形式以特殊性反映了普遍性，即"世界"的本质，即"天下"。"天下"是内蕴在特殊组织形式中的本质，也构成了这些特殊组织形式的理想。在"天下"图景中，没有人我的分别，可以说是"无内外"的。"无外"其实是不从一端看另一端，而是以形而上的立场，跳出场内的两端看两端。无外不必脱离内外，无外本质上是一种形而上的超越性，需要一定的内观作为支持，并演化成一种价值视野。民族国家之所以为民族国家，就在于在特殊性形式内实现了"无外"，但同时又形成了大尺度的内外。大尺度的内外大到一定程度就是文化的区别。"国家不能以国家尺度对自身的合法性进行充分的辩护，而必须在天下尺度中获得合法性。"① 生生灭灭是这个世界恒常的现象，思考的尺度总是不能超过生命的生灭。主体生命的生灭是大小尺度的界限。天下观是一种社会大于政治的观念。因为在每一个国家和民族产生之前，天下就存在了，天下没有任何政治的属性。从政治体系来说，政治体系应该以人民的生活或者说社会为基本的价值归宿。天下如果一定从历史观上来说，其精神旨趣是土地等按照自身的属性和人打交道，而人与人之间按照人性的尺度和自然打交道。

传统的天下观就形而下层面来讲，包含两个对子，一个对子是天—民，一个对子是夏—夷。天下对应人民，就像黄宗羲所认知的那样，天下是主，君是客。顾炎武也区分了亡国和亡天下的不同。天下为主体，合理的推理是君和民都为建构天下的平等的主体，夏和夷都是建构天下的平等的主体。当人民可以自组织起"天下"的时候，组织和被组织的主客颠倒问题就得到了解决。当人民需要被组织起来才能成为"天下"的时候，自然存在主客颠倒的问题。

"天下"成为所有生命的天下，是一个历史进程。"天下"组织成天下的过程既是主体自组织的过程，同时也是限制主体性膨胀的过程。"天下"组织成天下是在主客张力中完成的。主体性的膨胀破坏了"天下"，使其他主体不再成为天下的主体，使"天下"形成了有内有外的格局，形成了主客颠倒的格局。上述两个张力缔造了不同的"天下"的社会历史存在形式，

---

① 赵汀阳：《天下体系——世界制度哲学导论》，中国人民大学出版社，2011，第31页。

缔造了不同的人群存在形式。上述张力也使不同的"天下"存在形式有着不同的"寿命"，从而形成了形式的更迭。在这个过程中，永恒的是"天下"本身，天下依然是所有生命的天下。不过因为存在主客的颠倒，存在内外有别，对于具体的生命而言，天下是他们的天下，有的是悲剧，有的是喜剧。社会历史进步的方向是天下，是所有生命的天下，是所有生命的喜剧的天下。

传播学视域下的阳明心学民间道德教化研究

韩玉胜　李习羽*

摘　要：阳明心学在基层社会道德教化方面影响巨大，这在很大程度上要归因于其独特的传播方式。第一，内在传播。阳明心学的旨归与"内在传播"既激发行为主体向内进行思考又促进行为主体向外践履行为的理想效果相一致。第二，人际传播。阳明弟子流派分化为阳明心学被大众广泛知晓奠定了基础，促进了阳明心学走向民间，推动了开展民间道德教化的进程。第三，群体传播。阳明心学得以向民间传播主要依赖于"群体传播"这种传播方式，而"群体传播"的过程即是以阳明心学的"觉民行道"为表现方式的。

关键字：阳明心学；内在传播；人际传播；群体传播

以传播学的视角来思考阳明心学的民间道德教化的过程，实质上就是侧重于思考阳明心学作为一门能开展道德教化的学问是如何向民间传播的。① 阳明心学作为一种独特的伦理思想，在传播方式上也具有特殊性。本文认为，阳明心学得以向民间传播从而顺利开展民间道德教化的原因，离不开"内在传播"、"人际传播"和"群体传播"这三种传播方式及其产生

---

* 韩玉胜，南京大学哲学系副教授、博士生导师，主要研究方向为中国传统伦理；李习羽，南京大学哲学系博士研究生，研究方向为中西伦理比较。

① 此处笔者说"侧重于"思考作为一门道德哲学学问的阳明心学是如何向民间传播的，意在表明笔者并不是以传播学视角来探究阳明心学民间道德教化的全部问题，而是想强调，这一问题可以作为"阳明心学民间道德教化的传播学解读"这一宏大问题域中的一个主要问题，或者说是该问题域中需要首先解决的核心问题。概言之，对这一问题的理解和把握，是我们在之后进一步探究"阳明心学传播到民间之后是如何发挥道德教化功能的"这类问题的前提。

的积极影响。

一 "致良知"：阳明心学民间道德教化的内在传播

"内在传播"是传播学理论中关乎传播类型的一个基本范畴，所谓"内在传播"，也被称为"内向传播""人内传播""自身传播"。① "内在传播"的概念缘起于美国社会心理学家乔治·米德（George Mead）所开创的"主我客我互动"理论，用于阐释个人的自我意识是如何在社会文化的传播中得以确立的问题。② 在"内在传播"的过程之中，信息传播的双方是内在于"自我"的"主我"和"客我"，因此，传播信息的主体和接收信息的客体在本质上都是同一个人，即我们自身。这种发生在人自身内部的信息传播活动使个人在社会文化活动中秉持自我意识得以可能，因而是个人得以开展"外在传播"（此处泛指超出个人之外的传播活动，如人际传播、群体传播、组织传播、大众传播等）的前提，从而成为人类其他一切传播活动的基础。

（一） 内在传播的思想根源：致良知

王阳明曾说："吾平生讲学，只是'致良知'三字。"③ 他在晚年将自己的"致良知"思想视作"圣门之正法眼藏"④。可以说，"致良知"是王阳明心学思想的最终旨归，也是阳明心学的最高命题。⑤

第一，"致良知"所体现的道德本体论思想，是以人的内心为道德的出发点，主张通过个人与自我的交流走向更高的道德境界、实现个人心灵的升华，这与"内在传播"的表现——个人与自我内在的精神空间产生对话交流的方式相契合。王阳明认为"无善无恶"的"心体"是道德的本源。这种观点不同于宋代理学家二程和朱熹将"天理"视作道德的本源之看法，

---

① 聂欣如、陈红梅：《"人内传播"再商榷》，《上海大学学报》（社会科学版）2018 年第 2 期。

② 〔美〕乔治·H. 米德：《心灵、自我与社会》，赵月瑟译，上海译文出版社，2008。

③ 《王阳明全集》，吴光等编校，上海古籍出版社，1992，第 1039 页。

④ 《王阳明全集》，吴光等编校，上海古籍出版社，1992，第 191 页。

⑤ 吴震：《阳明后学研究》，上海人民出版社，2016，第 1 页。

王阳明在继承南宋陆九渊的思想之基础上，同样给出了"心即理"的命题，把外在于人而客观存在的"天理"与内在于人也同样客观存在的"心"等同了起来，认为"心即理也。天下又有心外之事、心外之理乎?"① 什么是"心"呢? 王阳明进一步指出"知是心之本体"，意在说明心之本体即是良知，既然道德的本源是"心"，而"心"的本源又是良知，这就意味着道德是从良知之中生长出来的，良知是道德最为根本的来源。那么什么是"良知"呢? 王阳明说"良知即是天植灵根，自生生不息"②，又说良知"人人自有，个个圆成""不假外慕，无不具足"③，其意在强调内在于个体自身的"良知"在本质上具有先天性和普遍性，每个人都具有的"良知"可以作为人们进行道德判断的普遍有效之依据。综合"致良知"中所体现的道德本体论思想而言，我们不难发现其内含着阳明心学能够"内在传播"的根本原因: 阳明心学能够促进信息"向内回归"，如此一来，信息的内在传播过程也就在"致良知"思想的影响下得以相应的展开。阳明心学所主张的要回归个人内心的本体论承诺，能够使得接受阳明心学思想的个体更多地将个人所获得的信息传播到"自我"（作为信息传播的接受者而言）的内部，并通过回归个人的"心内"去处理信息。（例如，某个受阳明心学影响的人，听到了他人对自己的某一负面道德评价的信息，这个人会倾向于将这个信息进行内在传播，并通过自己内心的"良知"来判断这一信息是否合理。）

第二，"致良知"所体现的道德修养论思想，是以回归个人内心、提升个人内在精神品质为道德修养的原则，这与"内在传播"将信息纳入个人自身进行处理的方式具有方法论上的相似性。王阳明认为虽然道德的本体——"良知"——是"无善无恶"的存在，但是这并不意味着由"良知"衍生出的道德就是虚无的，也就是说，道德的本体论旨在说明良知在本体层面的"有无"，但并不意味着道德在本体层面就是"虚无"的。在王阳明看来，道德是客观存在的，同时也是可以获得的，要想"直造圣域"，就需要个人的修养和个人工夫的介入。如何修养? 王阳明通过对儒家经典

---

① 《王阳明全集》，吴光等编校，上海古籍出版社，1992，第 2 页。
② 《王阳明全集》，吴光等编校，上海古籍出版社，1992，第 101 页。
③ 《王阳明全集》，吴光等编校，上海古籍出版社，1992，第 31 页。

《大学》中"格物致知"这一入门工夫进行重新阐释，构建了以心一元论为本体的道德修养论思想。王阳明认为"身、心、意、知、物是一件"①，从而提出了"格物之功，只在身心上做"的修养准则。在修"身心"的基础上，王阳明提出了"静修"和"动修"两种基本的修养方法。一方面，一个想要成为具有高尚道德的人，应该通过"省察克治"的方式去"静修"，做到"静时念念去人欲、存天理"②，"无事时将好色、好货、好名等私欲逐一追究，搜寻出来，定要拔去病根，永不复起，方始为快"③。另一方面，王阳明也看到了那种远离世事，只知静时从内心深处进行专一反省的局限性，认为修养的方法还应该包括"动修"，要做到"随事尽道"，一个真正具有道德修养的人"须在事上磨，方立得住，方能静亦定、动亦定"④。结合"致良知"中所体现的道德修养论思想来看，我们可以发现阳明心学中的修养方法与"内在传播"在方法论上的相似性：二者都具有"自我互动性"的特征。前者主张使个人对各种意志活动、行为活动的审视同个人对内在身心的关注展开互动，而后者则强调使个人对各种多元化的信息的理解同个人在"自我"（包含"主我"和"客我"两个层面）之中的感受展开互动。而正是这种方法论上的相似性，使得阳明心学能够很好地以"内在传播"的方式进行传播。

第三，"致良知"所体现的道德践履论思想，以"知行合一"为道德实践的基本准则，认为"真知"和"真行"是水乳交融、一体并进的关系，这种既强调理论思维也强调社会实践的特征，与"内在传播"既激发行为主体向内进行思考又促进行为主体向外践履行为的理想效果相一致。"知"与"行"之间的关系问题是儒家道德实践论中的重要议题，在宋儒中存在着一种较为普遍的观点，认为先有"知"，而后才有"行"，如朱熹曾说"论先后，知为先"（《语类》卷九），陆九渊认为："知之在先，故曰'乾知太始'；行之在后，故曰'坤作成物'。"⑤ 王阳明则开创性地提出"知行合一"的观点，认为前人之所以将"知"和"行"拆分成两个部分来言说，

---

① 《王阳明全集》，吴光等编校，上海古籍出版社，1992。
② 《王阳明全集》，吴光等编校，上海古籍出版社，1992。
③ 《王阳明全集》，吴光等编校，上海古籍出版社，1992。
④ 《王阳明全集》，吴光等编校，上海古籍出版社，1992，第12页。
⑤ 《陆象山全集》，中国书店出版社，1992，第256页。

其实是"古人不得已补偏救弊的说话"，"知行本体原是如此，今若知得宗旨时，即说两个亦不妨，亦只是一个"①。在阳明看来，"知"和"行"实质上在时间上共存，在空间里并居，是不可须臾分离的两个方面，二者本属于一个共同的本体。所以，在生活之中，"行之明觉精察处，便是知；知之真切笃实处，便是行"②，"知是行的主意，行是知的功夫"③。通过对"致良知"中所体现的道德践履论思想的分析，我们可以发现阳明心学的旨归与"内在传播"既激发行为主体向内进行思考又促进行为主体向外践履行为的理想效果相一致。"内在传播"并非一种孤立的、片面的、静止的"主观精神"活动，而是一种能够同具体的社会实践相结合的活动。这是因为"内在传播"的过程在本质上是个人处理与具体社会实践相关的信息的过程，是社会实践的反映，且这种反映不是简单的复制，而是融入了个人自我意识后的创造性活动，因此，"内在传播"的理想效果即是既促进人内省获得真知，又能促进人通过行为对现实社会实践产生积极影响，这与阳明心学"知行合一"的旨归可以说是不谋而合，阳明心学也因之具有"内在传播"的显著优势。

（二）以"致良知"展开的内在传播的积极意义

首先，以"致良知"展开的内在传播有助于帮助个人把握外部世界的客观规律。一般而言，个人是作为社会之中的存在物而存在，一个人只要生活在社会之中，这个人就必然会与周遭的世界产生联系，也就会生成对周遭世界的一般性思考，从而走向个人内部的一片天地，在此意义上，也就会产生个人自我内部的"内在传播"。当个人以"致良知"思想为自己的世界观和方法论指导的时候，就能够在内在传播之中践行"致良知"思想。以"致良知"展开的内在传播强调个人的思维活动，主张回归自己的"良知"，审视自我的精神世界。依照"致良知"中"心即理也"的观念，个人内在的思维以及产生的精神活动能够反映外在事物之间的一般性联系，也能够反映外在事物的一般性特征，当个人以"致良知"的方式在自身内部

---

① 《王阳明全集》，吴光等编校，上海古籍出版社，1992，第5页。
② 《王阳明全集》，吴光等编校，上海古籍出版社，1992，第42页。
③ 《王阳明全集》，吴光等编校，上海古籍出版社，1992，第4页。

传播、加工、处理外在信息的时候，"内在传播"的过程就能够有助于帮助个人在内省的过程中厘清事态，把握事物外部的规律。

其次，以"致良知"展开的内在传播能够促进个人实现自身心灵的升华。在"致良知"的思维过程中，个人不只是将外部的世界当作思考的认知对象，而且也将个人自身作为慎思的对象。这是因为，作为个体的个人虽然是外部事件的有机组成部分，处于与外部世界的交互之中，但是这种交互并非时刻显在、毫不停顿的。通常情况下，个体存在着一个区别于他人的"空间"，这既是我们在日常语言中经常所说的"自己的一方天地"，这一方天地往往表现为某一个专属于个人的、独立的精神空间。在以"致良知"思想为指导的内在传播过程中，个人能够在专属于自己的小天地中自言自语、自我陶醉甚至是自我发泄，能够在独立的自我空间中耕耘、劳作和创造。在这种内在的信息传播过程中，内在传播中的"主我"和"客我"（me）"在个人的'小天地'里可谓形影不离，融为一体"①，能够通过"致良知"的方式实现与自我的交流，这就有助于促进个人关注自己的本心，回归人之为人的本性，这也就是我们现在所说的"不忘初心"，在这种不断向初心精神回归的过程中，个人自身心灵就具备了不断升华的可能性。

最后，以"致良知"展开的内在传播能够通过内省式的思考引导出合乎社会秩序的实践活动。"致良知"的过程不是"入坐穷山"，不是一味地追求自身内在的精神世界，而不与世事产生关联。王阳明认为"人须在事上磨，方立得住，方能静亦定、动亦定"②。因此，"致良知"的过程不是封闭的，而是时刻直面外部的现实处境。同样的，内在传播的过程也并不是封闭的，从根本上来看，内在传播的过程与个体所处的现实生活环境具有密不可分的关系。当信息在"自我"之中生成、传播、处理的时候，个人的思维之中往往会出现他者的形象，这种他者可以是某个具体的他人形象，也可以是社会普遍接受的某种准则规范，甚至是一种符合某种精神追求的程式化期待。个人在面对他者形象的时候，会分析和揣测他人对某一件事的可能态度，会考虑他人对某一件事情的判断和评价，在此基础上，个人

---

① 居延安：《信息·沟通·传播》，人民出版社，1986，第32页。
② 《王阳明全集》，吴光等编校，上海古籍出版社，1992，第12页。

在与他者的联系中逐渐归纳出了自己的态度和判断。在"致良知"的过程中，这种经由与他者联系所产生的自我意识，其本质上是由个人内心的"良知"衍生而出的，因此外在的社会规范与自己内在的"良知"是一致的，这即是"心即理"的内涵。因此，经由"致良知"展开的内在传播，在通过直面外部的现实处境，综合考虑外在的社会规范的同时，又将外在于人的社会秩序内化于个人的内心之中。而"致良知"中"知行合一"的实践要求，能够使个人在"行"的过程中，既遵循自己内心的"良知"，又隐含地遵循外在的社会规范，这就在实际上引导出了合乎社会秩序的实践活动。

二　学派争鸣：阳明心学民间教化的人际传播

"人际传播"（interpersonal communication）是传播学理论中最为重要的基本范畴之一，学界对于"人际传播"的理解存在着广义和狭义之分。我们可以认为人际传播是一种强调人与人之间直接交流的信息传播方式。概言之，人际传播是发生在两个个体（或范围较小的两个群体）之间的面对面的（或凭借较为单一的媒介，比如，书信、电话等非大众传播方式进行的）信息交流活动。因此，"人际传播"可以说是人类日常社会生活中最为直接、最为常见也是最为丰富的传播现象，也正因如此，人际传播的过程能够较为直接地反映出传播者（可以是某一个个体，也可以是某一个群体）的个性特征，进而呈现出个体与社会之间的关系。

（一）　经由学派争鸣展开的人际传播

传播阳明心学的学人可以分为两个大的阵营：一是支持阳明心学主要观点的学派，二是反对阳明心学主要观点的学派。前一个阵营主要由王阳明本人和阳明的弟子们（包括弟子的弟子们）所组成，而后一个阵营主要由王阳明同时期的理论对手和这些理论对手的弟子们（也包括他们弟子的弟子们）所组成。

整个阳明后学的发展过程，即阳明心学的分化过程，就是阳明心学在学人之间不断进行人际传播的过程。黄宗羲在《明儒学案》中，以地理上的分布，将王门弟子分为六派。① 一是浙中学派。黄宗羲认为："姚江之教，自近而远。其最初学者，不过郡邑之士耳。龙场而后，四方弟子，始益进焉。"② 我们可以发现，王阳明的姚江之学始于今浙江宁波姚江之滨，而以钱绪山、王龙溪（二人都是王阳明的弟子，为浙中学派的代表人物）为首的学人，在当时以人际传播的方式进一步在浙中地区传播阳明心学，使浙中地区的学人逐渐关注到阳明心学的思想，而这可以说是阳明心学后续能在浙中地区开展民间道德教化的一个中间环节。二是江右学派。黄宗羲谓："姚江之学，惟江右为得其传，东廓（邹守益）、念庵（罗洪先）、两峰（刘文敏）、双江（聂豹）其选也。再传而为塘南（王时槐）、思默（万廷言），皆能推原阳明未尽之旨……盖阳明一生精神俱依江右，亦其感应之理宜也。"③ 由此可见，阳明心学思想的人际传播也发生在今江西一带，其主要通过阳明的弟子邹东廓、聂双江等，以及其再传弟子王塘南、万思默等人得到了进一步传播。三是南中学派。黄宗羲说："南中之名王氏学者，阳明在时，王心斋（艮）、黄五岳（省曾）……其著也。阳明殁后，绪山（钱德洪）、龙溪（王畿）所在讲学，于是泾县有水西会，宁国有同善会，江阴有君山会，贵池有光岳会，太平有九龙会，广德有复初会，江北有南谯精舍，新安有程氏世庙会，泰州复有心斋讲堂，几乎比户可封矣。"④ 不难发现，阳明心学的思想通过王艮、黄省曾等学人在今江苏一带得到了广泛的人际传播，尤其是各个地域的讲学活动，进一步促进了阳明心学在学人与大众之间的传播。四是楚中学派。黄宗羲称："楚学之盛，惟耿天台（定向）一派，自泰州流人……反多破坏良知学脉。"⑤ 虽然黄宗羲认为楚中学派破坏了阳明心学的真正思想内涵，但我们也能看到以耿天台为首的学人在事实上推动了阳明心学在今天湖南一带的人际传播。五是北方学派。黄宗羲言："北方之为王氏学者独少……即有贤者，亦不过迹象闻见之学，而自得者鲜矣。"⑥ 这一论述表明阳明心学在北方地区的人际传播较少，这是

① （清）黄宗羲：《明儒学案》，沈芝盈点校，中华书局，2008。
② （清）黄宗羲：《明儒学案》，沈芝盈点校，中华书局，2008，第219页。
③ （清）黄宗羲：《明儒学案》，沈芝盈点校，中华书局，2008，第331页。
④ （清）黄宗羲：《明儒学案》，沈芝盈点校，中华书局，2008，第580页。
⑤ （清）黄宗羲：《明儒学案》，沈芝盈点校，中华书局，2008，第626页。
⑥ （清）黄宗羲：《明儒学案》，沈芝盈点校，中华书局，2008，第635页。

因为当时北方学人多以程朱理学为正统。六是粤闽学派。黄宗羲谓："岭海之士，学于文成者，百方西樵（献夫）始……乃今之著者，唯薛氏（中离）学耳……闽中自子莘（马明衡）以外，无著者焉。"① 可见，阳明心学在今广东、福建一带也得到了一定的人际传播。

阳明心学外部的批判主要来自那些站在阳明心学对立面的学人及其学派。从学理上来看，这种批判大致可分为两种情况：一种是对阳明心学主要观点和理论的攻击，另一种是承认阳明心学的主要思想有一定的合理性，主张对阳明心学进行修正。但无论哪一种情况，都在实际上促进了阳明心学的传播，提升了阳明心学的知晓度，这就为阳明心学被大众广泛知晓奠定了基础，亦推动了阳明心学走向民间并开展民间道德教化的进程。

以传播学的视域来看，第一种情况包含着带有攻击性的信息内容，这种信息内容主要来自王阳明在世时就已经存在的主流学派：有以马理、南大吉为代表的关中学派（今陕西境内），以余讱斋为代表的崇仁学派（今江西境内），以吕泾野为代表的河东学派（今山西境内），以湛甘泉为代表的江门学派（今广东境内）和以方孝孺、曹月川、罗整庵等学者为代表的诸儒学派（"诸儒学派"指其他众多儒家学者的统称）。为说明阳明心学是如何在这一过程中得到人际传播的，我们以关中学派的马理对阳明心学的批判为例。马理与当时大多数儒者一样，对横空出世的阳明心学持批判性的态度。马理认为阳明心学不得儒学真传，反而堕入佛老的异端学说之中，我们可以从他与同时期学人罗整庵的书信中窥见一斑："夫良知者，即孩提之童，良心所发，不虑而知者也，与夫隐微之独知异矣，与夫格致之后至知，则又异矣。其师曰：'此知即彼知也。'又以中途有悟，如梦斯觉为言，此真曹溪（禅宗南宗别号）余裔，其师如此，徒可知矣。"② 为此，马理在《重修商州文庙记》中直言"吾见有糠尘经籍者矣，见有专事良知，废诸学问思辨笃行者矣，此达摩、惠能之徒也"③；还在讲学之中谓："若只闭门静坐，即是禅学，有体无用。"④ 可见，在关中学派的马理看来，阳明心学背

---

① （清）黄宗羲：《明儒学案》，沈芝盈点校，中华书局，2008，第655页。
② 《马理集》，许宁、朱晓红点校整理，西北大学出版社，2015，第322页。
③ 《马理集》，许宁、朱晓红点校整理，西北大学出版社，2015，第553页。
④ 《马理集》，许宁、朱晓红点校整理，西北大学出版社，2015，第603页。

离了程朱理学的"格物致知"的工夫论，王阳明及其弟子们本质上是披着儒学外衣的佛教之徒，为此马理毫不客气地将阳明心学视作"邪说"，认为阳明心学的传播使当时之世"邪说横流"①。抛开马理的批判是否正确不谈，我们可以从传播学视角看到的是，马理与友人罗整庵的书信过程即是最为直接的人际传播，推动了阳明心学在个体与个体之间的传播；他在重修商州文庙的记叙文中批判阳明心学，这必然使更多的商州知识分子知晓阳明心学；他在讲学的过程中，又进一步推动阳明心学在其学生群体中传播。综合来讲，这种批判阳明心学的实践活动，携带着与阳明心学相关的思想信息内容，且多通过书信往来、文章创作和讲学活动的方式，使阳明心学能够在个体与个体之间、个体与较为固定的群体之间传播，因而较为广泛地促进了阳明心学的人际传播。

以传播学的视域来看，第二种情况包含着带有修正意义的信息内容，这种信息内容主要来自晚明时期极力反对阳明后学滥觞的学派：以顾宪成、高景逸、孙淇澳为代表的东林学派和以刘蕺山为代表的甘泉学派。要想说明阳明心学是如何在这样一种情况下得到人际传播的，其实我们可以借助第一种情况中以关中学派马理为例的分析。从传播内容的角度来看，东林和甘泉这两个学派同关中学派之间最为明显的区别即是信息内容上的区别，后者呈现出带有强烈攻击性的信息内容，而前者所呈现出的信息内容多为对阳明心学的修正与补充。从传播方式的角度来看，东林、甘泉这两个学派和关中学派一样都采取了书信往来、文章创作和讲学活动的信息交流方式。基于上述事实，我们可以推导出以下结论：虽然东林学派和甘泉学派的学人所呈现出的信息内容与关中学派的马理所呈现的信息内容有所不同，但是其传播的结构和方式是相似的。因此，以东林、甘泉为代表的修正学派也能在信息传播学的意义上促进阳明心学的传播，提升了阳明心学的知晓度，这就为阳明心学被大众广泛知晓奠定了基础，促进了阳明心学走向民间，推动了开展民间道德教化的进程。

（二）以学派争鸣展开人际传播的作用

从传播学的角度来看，学派争鸣是阳明心学这一思想展开人际传播的

---

① 《马理集》，许宁、朱晓红点校整理，西北大学出版社，2015，第322页。

一种表现，而这种以学派争鸣展开的人际传播活动，能够反作用于传播者和传播内容这两个因素。

第一，以学派争鸣展开的人际传播有助于促进个人表达自我。与传播学中的其他"外在传播"方式相比（如大众传播、组织传播等），以学派争鸣展开的人际传播具有非制度化的特点。我们之所以说这种传播方式是非制度化的，并不是在说这种传播方式完全不受到其他任何制度化因素的影响。我们此处所指的"非制度化"，主要是指阳明心学在通过学派争鸣的方式展开人际传播的过程中，其传播者的思想意志并没有过度地受到外在制度的制约，即作为传播者的个体在传播信息的过程中，具有传播意志上的自发性和传播内容上的自主性。质言之，阳明心学以学派争鸣所展开的人际传播主要建立在符合传播者的某种心意之基础上。在学人与学人之间的人际传播中，双方都没有强迫对方传播某一信息的权利，也没有必须传播某一信息的义务，这意味着学人之间就阳明思想所展开的学派争鸣是一种相对平等和自由的传播活动。在这种传播活动中，信息交流的双方通常以一来一往的方式传播自己的想法、意见和观点，传播者和受传者能够在两种角色之间转换，双方都可以根据对方的接受状态来把握自己在人际传播中所产生的效果，并随之相应地调整、补充和修改自己所要传播的内容。不难发现，这种传播活动对于传播的双方来说都是一种自我表达，是一种传播者能够"将自己的心情、意志、感情、意见、态度、考虑以及地位、身份等向他人加以表达"[1] 的传播活动，因此阳明心学在通过学派争鸣得以展开人际传播的过程对于个人具有积极的影响，有助于促进个人的自我表达。

第二，以学派争鸣展开的人际传播有助于推动"王学共同体"的形成。学人之间以阳明心学为议题的学术争鸣，在实际效益上起到了推动阳明心学传承和发展的作用。随着阳明心学的传播与发展，知晓阳明心学的人员不断增加，追随王阳明思想精神的弟子也不断增多，他们逐渐形成一个群体，并在阳明心学的学派争鸣过程中，通过人际传播的方式不断发展壮大。出于对阳明心学的推崇和敬奉，群体内的成员具有相同的价值取向、相似的内在精神和共通的文化生活，并且能够为了共同的价值理念而遵循群体

---

[1]　郭庆光：《传播学教程》，中国人民大学出版社，1999，第 85 页。

内部普遍认可的行为规范和道德准则（如，遵循"知行合一"的道德实践要求）。基于以上分析，我们可以将这样的群体视为一种推崇王阳明思想精神、践行阳明心学的实践主张的共同体，即"王学共同体"。在王学共同体之中，成员会一同学习、一并修行（如，定期组织讲学修行、规过劝善、慈善救助等活动）。在此过程中，共同体中的个体之间能够切磋琢磨、相互影响，从而构建起共同体内部信仰的共同价值观、形成共同体内部所遵循的共同实践准则。此外，王学共同体还十分重视个人的道德修养。王门的弟子经常组织各种活动来敦促共同体内的成员完善自我的思想认识、提升自我的道德境界。比如，王学共同体内曾流行"省过簿"的活动，是王学共同体成员定期向王学共同体内的其他成员交流汇报个人的道德实践活动的一种方式。其中汇报的成员通常用这种方式记录个人的道德生活、记录道德生活中所闻所见的行善之举；而接受汇报的成员则对汇报人道德生活中做得好的地方进行赞誉，鼓励其他成员见贤思齐，对汇报人道德生活中有过错的行为进行批评，并监督行为者在之后改过。

第三，以学派争鸣展开的人际传播有助于推动阳明心学的传承与演变。传播对于思想文化的发展具有潜移默化和持久而深远的影响，在此意义上，传播可以理解为思想文化发展中的一种"工具"。在阳明心学通过学派争鸣得以展开人际传播的过程中，人际传播这种传播方式就是阳明心学这种思想文化得以发展的"工具"，而这种"工具性"可以从两个方面得到阐释。一方面，以学派争鸣展开的人际传播使阳明心学能够被更广泛地传承。无论是在学人之间的辩论中，还是在学派之间的争鸣之中，都存在着将阳明心学不断传播的实际效益。在这一传播的过程中，王阳明的思想精神较多地被王门弟子继承，而王门弟子的思想精神又被他们自己的弟子继承。就这种现象而言，我们可以看到，阳明心学作为一种信息，实现了由上一代人传播到下一代人的过程，这其实就是学派争鸣的人际传播实现了对阳明心学这种文化的传承。另一方面，以学派争鸣展开的人际传播使阳明心学能够被不断地改造，演变出新的思想样貌。一种学问在封闭的状态下是难以得到发展和创新的，要想推陈出新，需要学问内部和外部的共同传播交流。以学派争鸣展开的人际传播使学派内部兴起讨论阳明重要论述的风气，使王门弟子能够不断地对阳明心学中的关键概念进行辨析，对阳明心学可能产生的实际效用进行审视；同时，以学派争鸣展开的人际传播使学派外部形成对阳明心学核心观念进行合法性思考的思潮。正是在这种特殊的人际传播方式下，阳明心学才能够不断地焕发出新的学术生命力，演化出各具特色的阳明后学。

三　觉民行道：阳明心学民间教化的群体传播

我们可以从三个方面来把握"觉民行道"的内涵：其一，"觉民行道"是阳明心学的一个重要特征；其二，"觉民行道"是一种关乎道德修养的形上思考，是王阳明在龙场悟道后，对"得君行道"式的"修齐治平"模式的解构；其三，"觉民行道"是一种道德实践活动，也就是王阳明所说的"觉于天下"的过程。本文认为阳明心学得以在民间传播主要依赖于"群体传播"这种传播方式，而"群体传播"的过程即是以阳明心学的"觉民行道"为表现方式的。

（一）"觉民行道"：作为阳明心学能够群体传播的思想来源

以"讲学"为思想特征的"觉民行道"，是阳明心学能够开展群体传播的直接思想来源。具体而言，"觉民行道"中的讲学思想从以下三个方面对阳明心学的群体传播进程产生了内在的影响。

第一，阳明心学中的讲学理念将讲学视作"觉民行道"的必要条件，这有助于王门弟子从思想层面认可群体传播这种传播途径。为了阐明讲学的重要性，王阳明援引了孔夫子的话，将讲学这种理念视作儒家精神的传统，并作出了以下论述："夫'德之不修，学之不讲'①，孔子以为忧。而世之学者，稍能传习训诂，即皆自以为知学，不复有所谓讲学之求，可悲矣！夫道必体而后见，非已见道而后加体道之功也。道必学而后明，非外讲学而复有所谓明道之事也。"② 在这段话中，我们可以看到王阳明十分肯定讲学的作用，他认为讲学帮助民众知晓圣人之道、践行圣人之道（这可以视

---

① 原文为："子曰：德之不修，学之不讲，闻义不能徙，不善不能改，是吾忧也。"（《论语·述而》）

② 《王阳明全集》，吴光等编校，上海古籍出版社，1992，第75页。

作"觉民行道"中的"觉民"过程）。在此意义上，我们可以发现，作为一种群体传播活动的"讲学"，在思想层面已经与阳明心学的核心主张"觉民行道"相契合，质言之，"讲学"这种理念本身内在于阳明心学的"觉民行道"思想中，因此，以"讲学"这种方式开展阳明心学群体传播活动也就有了最为直接的思想基础。

第二，阳明心学中的讲学理念认为"讲学以求实学"，这有助于阳明心学传播到"庶民阶层"这一特殊群体之中。既然讲学是"觉民"的必要前提，那么从传播的信息内容之角度来看，讲学的过程中究竟要"觉民之何物"呢？也就是说，阳明心学所主张的讲学之具体内容是什么呢？王阳明的回答其实十分简单，只要将"良知"作为"主宰"，则一切社会生活之事都可以作为实际的学问（"实学"），其曰："使在我果无功利之心，虽钱谷兵甲、搬柴运水，何往而非实学？何事而非天理？"[1] 这也就是说，在阳明心学的视域中，只要心术端正、没有私利之心，那么诸如"钱谷兵甲""搬柴运水"这类日常生活中的看似凡俗之事，都是实际的学问，都可以作为讲学的内容。王阳明的这种"讲学以求实学"的理念，为阳明心学传播到寻常百姓家奠定了思想上的基础；这种理念后来被王阳明的弟子王心斋所继承，心斋提出了"百姓日用即道"的说法，从而进一步推动了阳明心学在庶民阶层的群体传播。[2]

第三，阳明心学中的讲学理念主张"异业而同道"，这有助于推动阳明心学向"士农工商"等多圈层的社会群体进行传播。如果说从传播的信息内容角度来看，讲学的具体内容是"实学"，那么，从传播的接受者角度来看，讲学所面向的群体又是哪些呢？传统的儒家思想较为重视"士"在士、农、工、商这四种社会职业中的作用，并将士人阶层视作求道、传播道的特定群体（即讲学所面向的群体）。相较于儒家思想这种重视士人阶层的思想传统，阳明心学对待职业的态度有所不同，认为"士农工商"都可以成为讲学的对象。王阳明曾就从事经营性的商业行为作出如下说明："果能于此处调停得心体无累，虽终日做买卖，不害其为圣为贤，何妨于学？学何

---

[1] 《王阳明全集》，吴光等编校，上海古籍出版社，1992，第 166 页。

[2] 笔者在此处说阳明心学在庶民阶层中的群体传播，主要是指以王心斋为首的泰州学派特别重视在庶民阶层中开展讲学活动。参见吴震《阳明后学研究》，上海人民出版社，2016，第 439~447 页。

贰于治生？"① 我们可以发现，阳明认为虽然"治生"② 的商人与求学的士人隶属于不同的职业，但是如果从商之人能够"调停得心体无累"（即阳明所说的"致良知"之意），也能够实现成为圣贤的道德理想，这在本质上是与求学的士人相一致的。

（二）"觉民行道"：作为阳明心学得以群体传播的实践过程

"觉民行道"除了具有作为关乎个人道德修养的形上思想的面向，还具有作为一种道德实践活动的面向。而阳明心学民间道德教化的最终展开，正是依赖于"觉民行道"这种特殊的群体传播活动。王阳明及其弟子积极地推动着阳明心学的群体性传播，这一努力表现在他们对民众开展道德教化的过程之中，主要表现在授徒讲学、制定乡约、创办书院等三个方面的实践活动中。

一是授徒讲学。以王阳明本人为例，阳明早年游学于京师（今北京），弘治十八年（公元 1505 年），王阳明（时 34 岁）就在京师授徒讲学，与好友湛若水定交，共倡身心之学。后来他被贬到贵州，途中收多名弟子。正德三年（公元 1508 年），王阳明（时 37 岁）在经历"龙场悟道"之后，他的讲学规模逐渐扩大，阳明心学在社会层面也得到了群体性的传播。次年（正德四年，即公元 1509 年），刚刚调任贵州提学副使的席书，在听闻阳明的名声后，聘请王阳明主持贵阳文明书院的讲学活动，这一时间节点是王阳明大规模向民众传播自己的心学思想的开始。此后，凡是阳明足迹所到的地方（如，调往庐陵、京师、南京等地），他都致力于讲学，将自己的心学思想传播到了所在地域的一方人群之中。居越六年（正德十六年至嘉靖六年，即公元 1521～1527 年），王阳明将个人的主要精力投入"觉民行道"的讲学活动之中，其讲学活动达到一个高峰，他的"良知"学说和心学思想也在社会上广泛地传播开来。之后，阳明无论是在赶赴广西的途中，还是到达江西吉安，他都专注于讲学，传播自己的思想观念。③ 综观阳明的一

---

① 《王阳明全集》，吴光等编校，上海古籍出版社，1992，第 1171 页。
② "治生"一词出自司马迁的《史记·货殖列传》，泛指"货殖""治产"等经营性行为活动。
③ （明）王阳明：《传习录》，叶圣陶校注，江苏凤凰文艺出版社，2019，第 484～491 页。

生，他将个人的主要精力投入讲学的实践活动之中，使阳明心学能够通过讲学这种群体传播的方式广泛地传播到社会中的不同地域。

二是制定乡约。乡约是一种由地方德高望重的儒家士绅发起、民众自发参与制定的以道德教化制裁社会行为的民间规范。中国历史上最早的真正意义上的成文乡约是北宋吕大均兄弟在陕西蓝田推行的《吕氏乡约》，后经理学大师朱熹考证、增损和编辑而声名远播、广为效法。王阳明基于"破山中贼易，破心中贼难"的深刻认知并结合当时南赣地区的社会舆情，创造性地制定了著名的《南赣乡约》，推动了阳明心学在南赣地区的广泛传播。阳明此举引发其弟子的争相效仿，制定、推行乡约成为贯穿"阳明后学"地方社会活动的一条主线。从地域范围来看，阳明后学制定乡约活动较为频繁的区域有江右、泰州和岭南地区，尤以明代嘉靖年间吉安府各县乡约活动为盛，例如，时阳明的弟子程文德在安福县推行《安福乡约》；而后，阳明的弟子季本和聂豹在永丰县推行《永丰乡约》。① 从传播学的角度来看，阳明心学传播过程中兴起的制定乡约活动，其最大特色在于它的传播内容。这些乡约呈现出了鲜明的阳明心学色彩，王阳明及其弟子将举乡约视为一项拯救乡村社会世道人心的"治心"举措，要求约众以戒慎恐惧、省察克制之心时刻警惕自身的细微恶念，特别重视"良知"在践约实效中的关键作用和特殊意义。阳明后学将阳明思想那种专注行为主体内心的严格细致的修养工夫作为推行乡约的精神要义，在民间社会开辟了一条面向一般民众、具有操作性的成德路径，推动了阳明学说尤其是良知之教在民间社会的传播、落实与被认可。

三是创办书院。王阳明在开门授学的过程中，还创办了众多地方社学书院，充分发挥了书院的群体传播功能，向较为偏远的地区推广道德文化教育、向社会的基层民众传播道德文化知识，推动了儒学平民化的历史进程。阳明在讲学之历程中，素有"随地讲学"的特点，凡他足迹所到之处，往往会建立书院，他创办了龙岗书院、濂溪书院等著名书院。从传播学的角度来看，可以说王阳明对"传播者"、"传播的信息内容"以及"信息传播的目的"这三个方面都进行了明确的规定。就传播者而言，老师这一群

---

① 参见韩玉胜《政教与俗教：儒家士人德教的精英传统与世俗传统》，《南京社会科学》2021年第7期。

体是书院中的传播者，必须是既具有学识又具有德行的人，阳明谓之"学术明正、行止端方者"①"行以实心，节用爱民"②；从传播的信息内容来看，阳明规定各地的社学书院"务遵本院原定教条……不但勤劳于诗礼章句之间，尤在致力于德行心术之本"③，也就是说，老师教授传播的内容需要严格遵循原有的教育大纲，要以诗词歌赋和儒家的四书五经等为主要传播内容，着重阐释其中的道德行为和道德精神境界；就信息传播的目的而言，通过创办书院来"教育民间子弟"④主要是为了"使礼让日新，风俗日美，庶不负有司作兴之意，与士民趋向之心"⑤，"使人知礼让，户习《诗》、《书》，丕变偷薄之风，以成淳厚之俗"⑥。总的来说，书院的创办不仅推动了地方文化教育的发展，也实践了阳明的"觉民行道"思想，从客观上促进了阳明心学的传播与发展，在社会范围内普及和强化了阳明心学信仰。

---

① 《王阳明全集》，吴光等编校，上海古籍出版社，1992，第1343页。
② 《王阳明全集》，吴光等编校，上海古籍出版社，1992，第627页。
③ 《王阳明全集》，吴光等编校，上海古籍出版社，1992，第611页。
④ 《王阳明全集》，吴光等编校，上海古籍出版社，1992，第1165页。
⑤ 《王阳明全集》，吴光等编校，上海古籍出版社，1992，第611页。
⑥ 《王阳明全集》，吴光等编校，上海古籍出版社，1992，第1165页。

慎到的"势""术""法"
与"天下治"的实现

王威威[*]

摘　要: "势之足以治天下"被视作慎到的代表性观点,实际并非如此。慎到肯定"势"是服众的充要条件,但并没有主张"势"足以保证天下治;他认为"贤"不是服众的充分条件,也非必要条件,但没有否定"贤"的作用,正是依靠众人之助,用众人之力、众人之智,才能够实现天下大治。慎到认为天子的权力是为天下利益服务的,而"法"是公平无私且稳定的制度,君主的高位重权只有同"法治"结合,坚持"立公弃私""事断于法",而不是"舍法而以身治""有法而行私",才能保证其"公"的属性,而不会变成君主攫取私利的工具,如此才能实现天下大治。

关键词: 势;法;术;无为;天下治

慎到是战国中期赵国人,曾经游学于齐国稷下学宫,是当时享有盛名的稷下先生,其思想有较强的黄老道家色彩。《史记·孟子荀卿列传》讲:"慎到,赵人。田骈、接子,齐人。环渊,楚人。皆学黄老道德之术,因发明序其指意。"《庄子·天下》概括彭蒙、田骈、慎到的思想主旨说,"公而不当,易而无私,决然无主,趣物而不两,不顾于虑,不谋于知,于物无择,与之俱往",并提出三子的思想以"齐万物"为首,慎到"弃知去己,而缘不得已,泠汰于物以为道理",这体现了慎到思想中的道家面向。司马

---

[*] 王威威,北京大学哲学博士,中国政法大学人文学院哲学系教授,研究方向为中国古代哲学、中国传统法治文化。

迁在《史记·孟子荀卿列传》中说慎到著"十二论"，班固的《汉书·艺文志》著录《慎子》四十二篇，但是到宋时《慎子》只存一卷，有《威德》《因循》《民杂》《德立》《君人》五篇，加上清严可均据《群书治要》辑出《知忠》和《君臣》两篇，共七篇。此外，在《太平御览》《艺文类聚》《意林》等书中还可见到《慎子》的佚文。这些篇章主要体现了慎到思想的法家面向。① 慎到常被归入法家的重势派，"势之足以治天下"被视为他的思想标志。事实是否如此呢？本文将结合《庄子·天下》中对慎到思想的概括、《慎子》七篇及佚文，从对"势之足以治天下"的辨析开始，探讨如何实现"天下治"的问题。

一　势之足以治天下？

慎到关于"势"的看法主要集中在《慎子·威德》篇。他把君和势比拟为飞龙、腾蛇和云雾：

> 故腾蛇游雾，飞龙乘云，云罢雾霁，与蚯蚓同，则失其所乘也。故贤而屈于不肖者，权轻也；不肖而服于贤者，位尊也。尧为匹夫，不能使其邻家；至南面而王，则令行禁止。由此观之，贤不足以服不肖，而势位足以屈贤矣。故无名而断者，权重也；弩弱而矰高者，乘于风也；身不肖而令行者，得助于众也。

腾蛇在空中游走依靠雾，飞龙在天上高飞需要云，一旦云雾消散，腾蛇、飞龙就和地上的蚯蚓没什么区别，这是因为它们失去了凭借。贤人之所以屈服于不肖之人，是因为贤人所拥有的"权轻"；而不肖之人之所以服从贤人，是因为贤人"位尊"。他还以尧为例，说明有了君王之位，尧才能做到"令行禁止"，如果只是普通人，即使是圣贤也无济于事。慎到由此得出结论，"贤"并不足以让不肖者服从，而"势位"却足以让贤人屈服。"贤而屈于不肖者，权轻也"和"尧为匹夫，不能使其邻家"说明"势"

---

① 本文论述中所引用的、未指出篇名的慎到之言均为《慎子》的佚文。

是服众的必要条件,无"势"则不能服众;"至南面而王,则令行禁止"和"势位足以屈贤"说明"势"是服众的充分条件。慎到认为,"势"是君主服众的凭借,无论"贤"还是"不肖",凭借"势"就可以令众人屈服,而如果失去了"势",即使"贤"也不能令人服从,可见,"势"比"贤"更为关键。这与《庄子·天下》中所说的慎到"笑天下之尚贤"是一致的。在这一段中,慎到讲到"权轻""位尊",并将"势"与"位"合称为"势位",与"势"直接对应的是"权",与其有直接联系的是"位"。"势"所指应是人由于其所处的地位而拥有的权力。而"势"与"权"和"位"的区别在于,"权"有轻有重,"位"有尊有卑,而"势"意味着"权重""位尊"。

韩非在《难势》中转述了慎到的观点及其论证:

> 飞龙乘云,腾蛇游雾,云罢雾霁,而龙蛇与蚓蚁同矣,则失其所乘也。贤人而诎于不肖者,则权轻位卑也;不肖而能服于贤者,则权重位尊也。尧为匹夫,不能治三人;而桀为天子,能乱天下:吾以此知势位之足恃而贤智之不足慕也。夫弩弱而矢高者,激于风也;身不肖而令行者,得助于众也。尧教于隶属而民不听,至于南面而王天下,令则行,禁则止。则此观之,贤智未足以服众,而势位足以屈贤者也。

将《难势》中的引文与《威德》进行比较,会发现几处不同。《威德》中"权轻"与"位尊"互文,《难势》中补足为"权轻位卑"和"权重位尊",使"势"所包含的"权重""位尊"的内涵更为明确,"权轻位卑"就是无"势"。更为重要的是,《难势》中两次出现的"尧",和《威德》中没有出现的"桀"改变了原文的逻辑。虽然"尧为匹夫,不能治三人"与"尧为匹夫,不能使其邻家"文意相同,但其后接着的是"桀为天子,能乱天下",与"尧为匹夫,不能使其邻家;至南面而王,则令行禁止"相对应的并不是这一句,而是"尧教于隶属而民不听,至于南面而王天下,令则行,禁则止"。整体上看,"尧为匹夫,不能治三人;而桀为天子,能乱天下:吾以此知势位之足恃而贤智之不足慕也"是《难势》中新增的内容。《威德》以龙蛇为喻、以尧为例论证了"贤不足以服不肖，而势位足以屈贤"的观点，而《难势》除了这一观点之外，又通过尧和桀的对比论证了"势位之足恃而贤智之不足慕"的观点，而这一观点将"势"的地位和作用推向了极端，也突出了"势"与"贤"的对立。《难势》接着引入了反驳慎到观点的"应慎子"之言：

> 今桀、纣南面而王天下，以天子之威为之云雾，而天下不免乎大乱者，桀、纣之材薄也。且其人以尧之势以治天下也，其势何以异桀之势也，乱天下者也。夫势者，非能必使贤者用已，而不肖者不用已也。贤者用之则天下治，不肖者用之则天下乱。人之情性，贤者寡而不肖者众，而以威势之利济乱世之不肖人，则是以势乱天下者多矣，以势治天下者寡矣。夫势者，便治而利乱者也。故《周书》曰："毋为虎傅翼，将飞入邑，择人而食之。"夫乘不肖人于势，是为虎傅翼也。桀、纣为高台深池以尽民力，为炮烙以伤民性，桀、纣得成四行者，南面之威为之翼也。使桀、纣为匹夫，未始行一而身在刑戮矣。势者，养虎狼之心，而成暴乱之事者也。此天下之大患也。势之于治乱，本未有位也，而语专言势之足以治天下者，则其智之所至者浅矣。

无德才的桀、纣和有德才的尧、舜所用之"势"并无区别，结果却有"天下乱"和"天下治"的差异。这说明君主是否有德才决定了或治或乱的结果；而"势"具有双向的作用，既有助于天下治的实现，也可成为祸乱天下的凭借。"应慎子者"认为"势"并不能决定天下的治乱，即"本未有位"，慎到专讲"势"足以治理好天下的看法过于浅陋。从中可见，"应慎子者"反驳慎到观点的力证就是"势"被尧这样的贤者所用则天下治，被桀这样的不肖者所用则天下乱。这样来看，《难势》中所增加的"尧为匹夫，不能治三人；而桀为天子，能乱天下：吾以此知势位之足恃而贤智之不足慕也"正是"应慎子"之言的靶子，且"势位之足恃"又被进一步理解为"势之足以治天下"。这一论争焦点也是韩非进一步论证的出发点，如果没有这一句，《难势》全篇就无法展开。因为慎到论著的大部分佚失，我们已无法确知"势位之足恃而贤智之不足慕"是否为慎到本人的观点,仅从《难势》和《威德》的对比来看,《难势》的转述重复使用尧的事例,又在提出"势位之足恃而贤智之不足慕"后再讲与之类似但相对温和的"贤智未足以服众,而势位足以屈贤者",则有后来添加的可能性。也就是说,慎到只是提出了"势"足以让君主服众,从而达至令行禁止,他没有主张"势"足以保证天下大治。

韩非提出"自然之势"和"人设之势"的区别来回应"应慎子"之言。"自然之势"指人力所不能改变的事物的变化趋向(包含社会的变化趋向),"人设之势"指君主由于其所处的地位而拥有的权力,以赏罚权为主要内容。① 韩非认为,尧、舜在位则天下治和桀、纣在位而天下乱,是"自然之势",此"势"与尧、舜和桀、纣所用之"势"内涵不同,并不能用来论证"贤者用之则天下治,不肖者用之则天下乱"的观点,也不能得出"势不足以治天下"的结论。在不出现尧、舜在位则天下治和桀、纣在位而天下乱的"自然之势"的情况下,君主是否掌握"人设之势"可决定天下治乱,"人设之势"足以保证中等资质的君主治理好天下,这就是"势之足用"。② 很多学者认为慎到和"应慎子者"所讲的"势"是"自然之势"。如苗润田说:"慎到所说的'势'仅仅是那种'自然之势'。"③ 蒋重跃断言韩非"把慎到的势称作'自然之势'"。④ 马腾也认为韩非改造了慎到"自然之势"而提出的"人为之势"。⑤ 王邦雄还解释说:"云雾是一个客观的情势,你看他身在天子的位置,他就飞扬空中啊,所以客观的'势',才是重要的,云雾是自然的,所以就叫自然之势。"⑥ 实际上,慎到和"应慎子者"所讲的"势"是为君者所拥有的高位重权,并非韩非所讲的"自然之势"。这并不是说慎到所讲的"势位"与韩非所讲的"自然之势"毫无关系。朱利安曾区分中国古代战略思想中的"形"和"势",认为"形"是

---

① 详见王威威《韩非的"自然之势"与"人设之势"新解》,《兰州学刊》2011 年第 11 期。
② 参见王威威《"理"、"势"、"人情"与"自然"——韩非子的"自然"观念考察》,《晋阳学刊》2019 年第 2 期。
③ 苗润田:《从先秦文献中看慎到的思想特点》,《齐鲁学刊》1983 年第 2 期。
④ 蒋重跃:《韩非子的政治思想》,北京师范大学出版社,2010,第 71 页。
⑤ 马腾:《儒法之间:道家哲学对先秦法思想史的意义》,《现代法学》2017 年第 2 期。
⑥ 王邦雄:《中国哲学论集》,(台湾)学生书局,1990,第 124~125 页。

情境或状态的组合，而"势"是含带在这个情境中潜在的倾向。^① 而在社会及政治组织层面，这情境中的潜能转译为"有力的地位"（"势"），就是说，政治上的潜势即"势位"，此"势位"创造了遵守命令的倾向，并由它产生了影响力。韩非所讲的"自然之势"即"情境中潜在的倾向"，慎到所讲的"势位"是其在政治上的体现。^②

二 用人之术与无为之治

如前文所言，慎到主张"势位足以屈贤"，并不认为"势足以治天下"。拥有高位重权的君主能够服众，能够得到众人之助，虽自身不肖，也能够推行自己的命令，《慎子·威德》中就提出了"身不肖而令行者，得助于众也"的观点。因此，如何借助众人之力、众人之智是拥有权势的君主亟须解决的问题。《慎子·民杂》中明确提出了"臣事事而君无事"的观点：

> 君臣之道，臣事事而君无事，君逸乐而臣任劳。臣尽智力以善其事，而君无与焉，仰成而已。故事无不治，治之正道然也。

慎到认为，臣下做事而君主无须做事，君主安逸享乐而臣下辛劳工作，这是君主和臣下所应遵守的行为原则。臣下竭尽智慧和能力把各种事务做好，这就是"臣事事"，"臣任劳"；君主无须参与，坐享其成就可以，这就是"君无事"，"君逸乐"。"无事"就是"无为"，"事事"就是"有为"。"臣事事而君无事"就是"臣有为而君无为"。如此，各种政事都可以办好，即"事无不治"。"事无不治"就是通过"君无为而臣有为"所实现的"无不为"。

慎到认为"臣事事而君无事"才是"治之正道"，因此对"人君自任"而"臣不事事"的"逆乱之道"进行批评：

---

① 〔法〕朱利安：《功效：在中国与西方思维之间》，林志明译，北京大学出版社，2013，第 22~23 页。

② 〔法〕朱利安：《功效：在中国与西方思维之间》，林志明译，北京大学出版社，2013，第 32~33 页。

人君自任，而务为善以先下，则是代下负任蒙劳也，臣反逸矣。
故曰：君人者，好为善以先下，则下不敢与君争为善以先君矣，皆私
其所知以自覆掩，有过，则臣反责君，逆乱之道也。

君之智，未必最贤于众也，以未最贤而欲以善尽被下，则不赡矣。
若使君之智最贤，以一君而尽赡下则劳，劳则有倦，倦则衰，衰则复
反于不赡之道也。是以人君自任而躬事，则臣不事事，是君臣易位也，
谓之倒逆，倒逆则乱矣。

如果君主处于上位却事必躬亲，在臣下之先就把各种事务做好，这是
代替臣下担负责任、承受辛劳，臣下反而安逸。在这样的情况下，臣下不
敢抢在君主之先去做事，就会把自己的智慧隐藏起来，在出现问题时，臣
下还会去指责君主。这样君臣之道颠倒，会导致臣下背叛君主、国家出现
祸乱。而且，君主的智慧未必高于所有人，想要事事做好，其智慧能力都
无法满足。即使君主拥有最高超的智慧，他的精力也有限，以一人之力供
养天下百姓，就会劳累、疲倦，最后还是不能做好所有的事情。这样来看，
君主之"无为"不仅是可以实现的，而且是应该遵从的治理模式。慎到又
重申："人君苟任臣而勿自躬，则臣皆事事矣。是君臣之顺，治乱之分，不
可不察也。"这也说明，慎到所讲的君之"无事""逸乐"是"任臣而勿自
躬"，君主任用臣下而不要亲自去做具体的事务；各个岗位上的具体工作均
由任职的臣下去完成，这就是"臣事事"。君臣关系的顺逆，决定了天下国
家的治乱。《慎子·知忠》也讲：

亡国之君，非一人之罪也；治国之君，非一人之力。将治乱，
在乎贤使任职而不在于忠也。故智盈天下，泽及其君；忠盈天下，害
及其国。……故廊庙之材，盖非一木之枝也；粹白之裘，盖非一狐之
皮也；治乱安危，存亡荣辱之施，非一人之力也。

国家的治乱、安危、存亡、荣辱均非决定于君主一人，而在于能否
任用贤能的人。如果能够任用有智慧的人辅助君主治理天下，他们会出
色地完成自己所负责的事务，这就会为君主带来福泽。"智盈天下，泽

及其君"就是《民杂》中所讲的"臣尽智力以善其事，而君无与焉，仰成而已"。

《慎子》有《君臣》一篇，大概会对这一"君臣之道"有更深入的阐发，但该篇仅存五十余字，申明了君主应以"法"为依据处理各种事务的观点，提出了"官不私亲，法不遗爱"的名言，最后得出了"上下无事，唯法所在"的结论。这里的"上下无事"应如何理解呢？"无事"是否可以理解为"无为"？许富宏将其解释为"一国上下相安无事"，"无事"应该是没有发生事端之义。①《慎子》中确实有君主据法行事能够让君臣之间不生怨恨、上下和谐的看法。《慎子·君人》讲："大君任法而弗躬，则事断于法矣。法之所加，各以其分，蒙其赏罚而无望于君也。是以怨不生而上下和矣。""上下和"即是《君臣》中的"上下无事"。但是，如果我们联系关于君臣之道的分析，设想《君臣》全篇可能的阐发，是否有可能这样理解，"上下无事，唯法所在"是说君主和臣下均据法行事，而不去做任何没有法律根据的事，毕竟该篇还讲到了"无法之言，不听于耳；无法之劳，不图于功；无劳之亲，不任于官"。这样，我们就可以得到一个关于"无为"的新理解，还有臣下也可以"无为"的可能性。

那么，如何能让臣下尽职尽责做好各种事务以实现君主的"无为而无不为"呢？慎到在《因循》篇中提出了"因人之情"的观点：

> 天道因则大，化则细。因也者，因人之情也。人莫不自为也，化而使之为我，则莫可得而用矣。是故先王见不受禄者不臣，禄不厚者，不与入难。人不得其所以自为也，则上不取用焉。故用人之自为，不用人之为我，则莫不可得而用矣。此之谓因。

"因"是因循、随顺之义，也有依靠、凭借、利用之义。② 而"人之情"就是"自为"。"自"是行为的目的，"自为"是说以自己的利益为行为的目的，为自己的利益打算。慎到认为没有人不是为了自己的利益行为

---

① 许富宏译注《慎子 太白阴经》，中华书局，2022，第 40 页。
② 参见王威威《韩非思想研究：以黄老为本》，南京大学出版社，2012，第 116 页。

的,"人莫不自为也"。① 他还举例说:"匠人成棺,而无憎于人,利在人死也。""家富则疏族聚,家贫则兄弟离,非不相爱,利不足相容也。"而君主治理国家应该因循和利用人的这一倾向,因为人"自为",就会为了丰厚的报酬而努力,这样才能够为君主所用,以成就君主的丰功伟业:这就是"因则大"。而如果要把人们的"自为"转化成"为我",让他们都为了君主的利益考虑和行为,这些人就不能够被君主所利用,君主的事业就无法成功:这就是"化则细"。《文子·道原》中讲:"先王之法,非所作也,所因也。……故能因即大,作即细。"《文子·自然》讲:"先王之法,非所作也,所因也。……以道治天下,非易人性也,因其所有,而条畅之。故因即大,作即小。"曹峰据此提出,《慎子·因循》中的"化则细"就是"作则细"。② 《文子》中所说的"作"就是"非易人性也"中的"易",而"易"与"化"义近,"作则细"和"化则细"意义可以相通。但是,《因循》中的"化而使之为我"应该就是对"化"的解释,说的是将"自为"的人性转化为"为我",此"化"之义近于荀子所讲的"化性"之"化","化则细"不必改为"作则细"。

前文讲到要任用有能力、有智慧的人,但也要认识到每个人的能力不同。《慎子·民杂》讲:"民杂处而各有所能,所能者不同,此民之情也。大君者,太上也,兼畜下者也。下之所能不同,而皆上之用也。是以大君因民之能为资,尽包而畜之,无能去取焉。"每个人都有自己的能力,各自的能力有所不同,这是民众之真实情况。这里的"情"是情实之义。君主处于上位应该对各有专长的人才兼容并蓄,而不是设定一个目标来要求别人达到,也不以一个标准对能力不同的人进行取舍。《庄子·天下》中说彭蒙、田骈、慎到"齐万物以为首,曰:'天能覆之而不能载之,地能载之而不能覆之,大道能包之而不能辩之。'知万物皆有所可,有所不可,故曰:'选则不遍,教则不至,道则无遗者矣'"。慎到对能力不同的人"包而畜之"的思想正是这一"齐物"观念的具体化。正如冯友兰所讲:"统治者在

---

① 法家及黄老道家多以"人情"论"人性"。具体讨论参见王中江《早期道家的"德性论"和"人情论"——从老子到庄子和黄老》,《江南大学学报》(人文社会科学版) 2012 年第 4 期;姚裕瑞《作为黄老学人性论的"人情模式"及其秩序》,《中州学刊》2021 年第 6 期。

② 曹峰:《谈〈恒先〉的编联与分章》,《清华大学学报》(哲学社会科学版) 2005 年第 3 期。

社会中的地位，就好像道在自然界中的地位。万物都'有所可'，人们也都'有所能'。虽然'所能不同'，但都可为'上'之用，都是'上'的凭借（'资'）。道尽包万物，无所选择；统治者也应该'兼畜'老百姓，无所选择。"① 能力不同的人都能为君主所用，每一个人都能够凭借自己的才能得到俸禄，而不会去羡慕别人得到赏赐和钱财，这就是"以能受事，以事受利。若是者，上无羡赏，下无羡财"。

除了要依据人的能力用人之外，慎到还提出了"工不兼事，士不兼官"的思想："古者，工不兼事，士不兼官。工不兼事则事省，事省则易胜；士不兼官则职寡，职寡则易守。故士位可世，工事可常。"工匠不兼做其他的事情，士人不兼任其他官职。工匠专心致志地去做一件事情就容易完成，士人一心一意地恪守一个官职就更容易胜任。韩非在《定法》中讲："术者，因任而授官，循名而责实，操生杀之柄，课群臣之能者也，此人主之所执也。"这是韩非为申不害之"术"所下的定义，也是韩非"术"治的内容。韩非还反驳了申不害"治不逾官，虽知弗言"的观点，并提出了"一人不兼官，一官不兼事""士不兼官"的思想。慎到也有"以能受事，以事受利""工不兼事，士不兼官"的思想，这说明，除了"贵势"，慎到思想中也包含这种用人之"术"。

三 "法"与"公天下"的实现

慎到虽然主张君主应把握"势"即高位重权，让众人之力、众人之智为己所用，但并不认为其权势是为君主个人服务的。《慎子·威德》讲：

> 古者立天子而贵之者，非以利一人也。曰：天下无一贵，则理无由通，通理以为天下也。故立天子以为天下，非立天下以为天子也；立国君以为国，非立国以为君也；立官长以为官，非立官以为长也。

古代尊立天子、国君之位并不是为了谋取天子、国君个人的利益，而

---

① 冯友兰：《中国哲学史新编》上卷，人民出版社，1998，第491页。

是为了实现天下和国家的利益，也就是说，天子、国君的权力不是为个人私利服务的，而是为了增进天下和国家的利益，其属性是"公"而不是"私"。为何一定要立"天子"呢？因为如果整个天下没有一个最尊贵的天子，道理就不能够通畅地传达，通畅地传达道理是为了天下利益。设立天子并让其拥有尊贵的地位，是为了天下的利益，而不是为天子设立了天下；设立国君是为了国家的利益，而不是为国君建立国家；设立官长是为了各个部门事务的管理，而不是为官长设立各个管理部门。给予天子和国君高位重权不是目的，而是实现天下利益和国家利益的手段，这一关系不能被颠倒。

但在现实中，如何能保证天下权力为天下利益服务，而不会沦为天子攫取个人利益的工具呢？国家的权力、各部门的权力也有为国君、官长利用的风险。《商君书·修权》就曾批评当时的君、臣："今乱世之君、臣，区区然皆擅一国之利而管一官之重，以便其私，此国之所以危也。"《庄子·天下》中说彭蒙、田骈、慎到有"公而不党，易而无私"的主张，要求主体做到公正而不偏，平易而无私。而在慎到看来，"法"是最为公正无私而且极其稳定的制度，"法者，……至公大定之制也"。"法"的最大功用就是使私心、私情、私利无法实现，"法之功，莫大使私不行。"《慎子·威德》对此进行了具体说明：

> 夫投钩以分财，投策以分马，非钩策为均也。使得美者，不知所以德；使得恶者，不知所以怨，此所以塞愿望也。故蓍龟，所以立公识也；权衡，所以立公正也；书契，所以立公信也；度量，所以立公审也；法制礼籍，所以立公义也。凡立公，所以弃私也。

慎到用钩、策、蓍龟、权衡、书契、度量打比方，论证稳定的政策和法令对于治国的重要性。以钩、策、蓍龟、权衡、书契、度量这些工具为判断和行为的依据，虽然不能够保证绝对的公正，但是能做到不掺杂任何人的私心、私情，不考虑任何人的私利。同理，法制规章确立了"公义"，即公共的是非、善恶标准，排除了个人的私心、私情和私利，"立公"则能"弃私"。

虽然慎到和庄子同样主张"齐物"，但是庄子否认"物之所同是"的存在，慎到所讲的作为"公义"的法就是"物之所同是"在人类社会中的体现。慎到讲："法者，所以齐天下之动。""法"可以统一天下人的行为，这也是慎到的"齐物"思想的体现。"法"的这一作用的发挥类似于用权衡、尺寸称量轻重和长短，因为准确、客观、简便，是非对错和法的规定相比照就能一目了然，所以能够防止诈伪行为的发生。《慎子》佚文中有："厝钧石，使禹察锱铢之重，则不识也。悬于权衡，则氂发之微识也，及其识之于权衡，则不待禹之智，中人之知，莫不足以识之矣。""有权衡者，不可欺以轻重；有尺寸者，不可差以长短；有法度者，不可巧以诈伪。"正如胡适所讲："慎子最明'法'的功用，故上文首先指出'法'的客观性。这种客观的标准，如钧石权衡，因为是'无知之物'，故最正确、最公道、最可靠。"① 《慎子·威德》还提出，法不仅能规范人的行为，而且能够统一人心："法虽不善，犹愈于无法，所以一人心也。""法虽不善"中的"不善"常被等同于"恶"。邹光表说："慎子《威德篇》说：'法虽不善，犹愈于无法，所以一人心也。'竟至说恶法亦法了。"② 崔永东、龙文懋认为"法虽不善犹善于无法，所以一人心也"是说"即使有恶法也比没有法好，因为恶法也能起到'一人心'即统一人心的作用"。③ 时显群虽然主张不能从"法虽不善，犹愈于无法"中得出"法家不要求善法"的结论，但是他认为"当慎子说出法的善与不善时，就说明了他已经认识到法有善恶"，仍然是以"恶"来理解"不善"。④ 实际上，此处的"不善"并不是"恶"，而是不完善、不完美的意思。前文所引的"夫投钩以分财，投策以分马，非钩策为均也"紧接此段文字，用投钩和投策的方法进行财物的分配并不能做到平均，就像"法"不能做到完善。慎到认为，法虽然不完善，但能够用来统一人心，还是比没有法好。如果没有法，人心就会乱，国家也会乱，"故治国无其法则乱"。这就类似于《韩非子·八说》中所讲的"无难之法，

---

① 胡适：《中国哲学史大纲》，岳麓书社，2009，第258页。
② 邹光表著、刘梓霖整理《中国古代法律哲学的总结算》，载曾宪义主编《法律文化研究》第五辑，中国人民大学出版社，2009，第559页。
③ 崔永东、龙文懋：《评中国思想家对道德与法律之关系的探索》，《孔子研究》2003年第1期。
④ 时显群：《论先秦法家法治与亚里士多德法治之共性》，《学术交流》2009年第12期。

无害之功，天下无有也"。韩非认为任何事情均有利害两个方面，不能因为有害的方面存在就放弃更大的利。法也不可能只有利而没有害，权衡利害得失，只要利多弊少，能够保证事情成功的法就可以制定和施行，这就是"法有立而有难，权其难而事成则立之"。

"法"还有"定分止争"的功能。"分"一般被解释为名分、职分、位分等。慎到讲了"百人逐兔"的故事："一兔走街，百人追之，贪人具存，人莫之非者，以兔为未定分也。积兔满市，过而不顾。非不欲兔也，分定之后，虽鄙不争。"这里的"分"具体指财物的所有权。一只兔子在田野里奔跑，成百的人在后面追赶，是因为兔子的所有权还没有固定下来；成群的兔子堆在市场上，行路的人不看一眼，这并不是因为人们不想得到兔子，而是因为这些兔子的所有权已经确定。慎到通过这个故事，说明了确定个人的权利、义务对于止息人与人之间的利益冲突具有重要的作用。"定分"是对个人利益的确认和保护，"止争"则关涉天下和国家的利益，"法"以实现天下、国家的利益为目标，又能保护个人的利益，似乎看到了个人利益和天下、国家利益之间的一致性。

现实中的"法"为人为制定，如何能体现"公义"呢？慎到对立法权的归属问题也有思考，"以道变法者，君长也"，这是说立法权为君主掌控。"治水者，茨防决塞，虽在夷貊，相似如一，学之于水，不学之于禹也。"社会在变，法也不能固守不变，"守法而不变则衰"。君主应该"以道变法"，也就是说，法不能随意确立，也不能随意变更，而是要依据"道"，符合"道"。由于材料的佚失，我们无法得见慎到关于如何"以道变法"的论证，却也足见慎到之"法"不是出于君主个人的意志，而是以"道"为根据的。这一点与《黄帝四经》及《管子》具有共同性。[①] 正是因为"法"以"道"为依据，它才能是"公义"，而不是"私心"。慎到还讲道："法非从天下，非从地出，发于人间，合乎人心而已。"法不是从天上掉下来的，也不是从地里长出来的，而是社会的产物，所立之"法"应该符合社会现实，即"发于人间"，符合、顺应人心，即"合乎人心"。"发于人间"和"合乎人心"应该也是合于"道"的表现。这里的"合乎人心"之意义

---

① 参见王威威《韩非的道法思想与黄老之学》，《兰州学刊》2008年第6期；王威威《论〈管子〉中道与法的连接》，《江淮论坛》2022年第4期。

还需深究。在前文关于"臣事事而君无事"的讨论中，我们讲到了他的"因人之情"的思想，"人之情"就是"自为"，"自为"是说以自己的利益为行为的目的。韩非有"因人情，行赏罚"的主张，他也认为"人情"为好利、自为；同时，他认可治国应"得人心"，这里的"人心"也是指"自为心"；但是，韩非反对治国需要"得民心"的看法，这里的"民心"指民众的意见、情感和意愿等，"民知""民情""民意"都可包含在"民心"之内。① 而《管子》中有著名的"以人为本"（《管子·霸言》），也明确提出了"政之所兴，在顺民心"（《牧民》），该篇还提出"下令于流水之原者，令顺民心也；……令顺民心，则威令行"。《管子·形势解》也讲："法立而民乐之，令出而民衔之，法令之合于民心，如符节之相得也，则主尊显。"这是要求法令要"合于民心"，因为能满足民众的愿望，符合民众的想法，所以会有"法立而民乐之"的情况。如果联系慎到"因人之情"的思想，他的"合乎人心"更大可能是指合乎人的自为心。

除立法权的问题，慎到还探讨了执法的主体、法的约束对象等问题。君主所立之法颁布后，民众要接受法的约束，依法行事，"以力役法者，百姓也"；各级官吏要用生命维护法的执行，"以死守法者，有司也"。需要注意的是，"以力役法者，百姓也；以死守法者，有司也；以道变法者，君长也"强调了不同的社会角色在法治运行中所承担的不同责任，并不是说法所约束的对象只有民众。在慎到看来，法具有至高地位，任何人都应遵守而不能背离。"故智者不得越法而肆谋，辩者不得越法而肆议，士不得背法而有名，臣不得背法而有功。"有智慧的人不能超越法律来谋划，善辩的人不能超越法律来发表议论，士人不能背离法律来赢得名声，臣子不能违背法律来建立功绩。《慎子·君臣》还特别提出了"官不私亲，法不遗爱"的主张：

> 为人君者不多听，据法倚数以观得失。无法之言，不听于耳；无法之劳，不图于功；无劳之亲，不任于官。官不私亲，法不遗爱，上下无事，唯法所在。

---

① 参见王威威《韩非思想研究：以黄老为本》，南京大学出版社，2012，第145~146页。

作为君主，不应该听从他人的各种意见，而应该根据法律来判断得失。不合于法的言论，不听信；不符合法的规定的功劳，不计入功劳奖赏；对于没有取得功劳的亲人，不能任用他们做官。任用官员不能对亲近之人有所偏私，执法不能将自己喜欢的人置于法外。君主实行法治就要严格依照法律和规定办事，秉公执法，不徇私情。如果确立了法律，却又徇私枉法，其带来的混乱比没有法还严重，即"今立法而行私，是私与法争，其乱甚于无法"。慎到还讲道："我喜可抑，我忿可窒，我法不可离也；骨肉可刑，亲戚可灭，至法不可阙也。"个人的喜怒哀乐、骨肉至亲，均属于"私"，在与法发生冲突时，都可以舍弃，可见他坚决维护法治的立场。

《慎子·君人》篇分析了"法治"之利和"身治"之弊，提出了"事断于法"的主张："君人者，舍法而以身治，则诛赏予夺，从君心出矣。然则受赏者虽当，望多无穷；受罚者虽当，望轻无已。君舍法，而以心裁轻重，则同功殊赏，同罪殊罚矣，怨之所由生也。"如果君主舍弃法治而实行"身治"，诛杀、奖赏、任用、罢免由君主个人的喜怒好恶来决定，就会出现同功不同赏、同罪不同罚的情况，怨恨由此产生。即使奖赏和惩罚都得当，得到奖赏的人还是想要更多，受到惩罚的人都期望减轻刑罚。"是以分马者之用策，分田者之用钩，非以钩策为过于人智也。所以去私塞怨也。故曰：大君任法而弗躬，则事断于法矣。法之所加，各以其分，蒙其赏罚而无望于君也。是以怨不生而上下和矣。"分配马匹和分配田地的时候不是由人直接分配，都要使用工具，并不是这些工具比人有智慧，而是因为使用工具能去除私怨。前文讲到"法"作为"公义"有"立公"而"弃私"的功能，"事断于法"，可排除私心、私情、私欲，诛杀、奖赏、任用、罢免都由"法"决定，每个人都因自己的行为而受到相应的奖赏和刑罚，而不再指望君主能够增加奖赏或减轻刑罚，人们心里不会产生怨恨，君臣上下方能和睦相处。这可以说是《庄子·天下》中所讲的"弃知去己，而缘不得已，泠汰于物以为道理"，"夫无知之物，无建己之患，无用知之累"在政治哲学中的体现。

结　论

慎到所讲的"势"指由于人所处的地位而拥有的权力，这不是韩非所讲的"自然之势"，也不同于"人设之势"。慎到认为"势"是服众的充要条件，但并没有主张"势"足以保证天下治；他认为"贤"不是服众的充分条件，也非必要条件，但并没有否定"贤"在治天下中的作用。君主掌握权势方能服众，而正是依靠众人之助，尤其是贤人之助，才能够实现令行禁止、天下大治。慎到关于如何利用众人能力的问题有细致的思考。他提出了"臣事事而君无事"的观点，这是对老子"无为"思想的发展。他主张君主因循自为之"人情"，包容每个人能力不同的"民情"，让人人都能"以能受事，以事受利"。这些思想在法家思想体系中常被归为"术"。慎到虽然重"势"，要求君主拥有"重权尊位"，但他认为天子的权力是为天下利益服务的。在慎到看来，"法"代表"公义"，君主坚持"立公弃私"，"事断于法"，严格依法行使权力，才能保证其"公"的属性，"法"才能增进天下的利益，而不会变成君主攫取私利的工具，如此才能实现天下大治。总之，"势""术""法"在"天下治"的实现中各有其作用。

中国传统治理智慧与国家治理现代化的现实路径[*]

彭菊花　张婉琼[**]

摘　要：中国特色社会主义制度和国家治理体系植根中国大地，具有深厚中华文化根基。本文主要从四个方面——"天下为公"与国家治理现代化的价值导向、"以民为本"与国家治理现代化的力量根基、"德法并举"与国家治理现代化的双轮驱动、"执两用中"与国家治理现代化的系统思维——分析国家治理现代化与中华优秀传统文化之间的内在联系，对中华优秀传统文化在国家治理方面的理念和智慧进行了较深入的梳理，并揭示了当代中国国家治理现代化的深层根脉与独特优势。

关键词：传统文化；国家治理；现代化

习近平总书记强调："要治理好今天的中国，需要对我国历史和传统文化有深入了解，也需要对我国古代治国理政的探索和智慧进行积极总结。"[①]中华民族有着五千多年积淀深厚的传统文化，蕴藏着极为丰富的治国理政智慧，其合理的价值内核需要接续传承。习近平总书记指出："我国今天的国家治理体系，是在我国历史传承、文化传统、经济社会发展的基础上长

　＊　本文系教育部高校思想政治理论课教师研究专项重大课题攻关项目"建党百年思政课建设的历史经验与发展规律研究"（21JDSZKZ02）的阶段性成果。

＊＊　彭菊花，华中师范大学马克思主义学院副教授，法学博士，研究方向为中华传统文化；张婉琼，华中师范大学马克思主义学院硕士研究生，研究方向为中华传统文化。

①《习近平：牢记历史经验历史教训历史警示　为国家治理能力现代化提供有益借鉴》，《人民日报》2014年10月14日。

期发展、渐进改进、内生性演化的结果。"① 这段话指明了传统文化基因、传统治理理念对今天治理现代化的影响，二者不仅是时空层面的延续，而且是"内生性的演化"。这种演化既体现在基本价值理念层面，也体现在基本治理方略方法层面、思维层面。

一 "天下为公"与国家治理现代化的价值导向

在国家治理现代化的进程中，"天下为公"在提升国家认同、引导人民关心国家命运、襄助社会进步和打破既往世界历史上"国强必霸"的霸权逻辑等方面有着重要作用，是中国传统治理智慧促进当代中国国家治理现代化的重要动力，对世界政治文明发展具有重要指导意义。

（一）国家治理中的价值导向

国家治理绕不开价值取向问题，公与私既是道德范畴，也是基本的政治哲学范畴，"公天下"或"私天下"，是国家治理中绕不开的价值理念和评价标准。千百年来，公与私的问题，始终是国家治理中的一个核心问题。古代典籍中，常见对公、私价值意义的梳理与探讨，以及对"天下为公"这一理想的构想与憧憬。相对"公"所指的江山社稷、家国民族这样的整体利益，"私"所代表的利益并不是中国人的第一追求。

现阶段，我国是多民族国家并且仍处于社会主义初级阶段，经济发展不平衡导致社会、教育等方面在地域间、民族间发展差距较大，社会利益整合面临一些看得见或看不见的阻力和冲突，国家治理现代化不可能绕得开对不同利益的诉求主体的利益整合任务。推进国家治理现代化就是使"天下为公"的大同社会从理想变为现实。正确认识和处理公与私的关系，寻求全社会公平和正义的最大公约数，是当代中国国家治理现代化的基本价值导向，体现在中国特色社会主义改革发展实践之中。

（二）传统治理中的"天下为公"

天下为公，是中国古代向往的一种大同理想社会，这一思想源远流长。

---

① 《习近平谈治国理政》，外文出版社，2014，第105页。

传统观念认为，"天下为公"是"大道之行"的原初状态。古代贤者圣人都十分向往"天下为公"的大同理想，《史记·太史公自序》曾精辟地指出："《易大传》曰'天下一致而百虑，同归而殊途。'夫阴阳、儒、墨、名、法、道德，此务为治者也。"① 昭示"天下非一人之天下也，天下之天下也"的"公天下"思想②。儒家推崇"选贤与能，讲信修睦""人不独亲其亲，不独子其子"，引导民众秉持公而无私的价值取向，以达到社会的至高境界，即"老者安之，朋友信之，少者怀之"③。这也是历代圣明君主的政治理想，《吕氏春秋·贵公》云："昔先圣王之治天下也，必先公。公则天下平矣。"君王用"公"的理念治理天下的方式是效法自然的，从自然变动中领悟治国智慧。在中国传统观念看来，天地间万事万物都有其生成转变的原因，"观天之道，执天之行"是古人的行事守则。《尚书·泰誓》曰"惟天惠民，惟辟奉天"，《尚书·尧典》还关注到天下万国之民，曰："克明俊德，以亲九族。九族既睦，平章百姓。百姓昭明，协和万邦。黎民于变时雍。"《吕氏春秋·去私》中有："天无私覆也，地无私载也，日月无私烛也，四时无私行也。行其德而万物得遂长焉。"天地、日月、四时都是无私的，万物因此生机勃勃，长盛不衰。所以，天子要顺应自然规律，效仿天地、日月、四时一般公而不私。天道自然对万物都是平等的，无亲无近，无偏无私。治理国家要向天道看齐。由此引出一个基本原则，即尚公抑私。圣明的君主"任公而不任私，任大道而不任小物"④，"圣人若天然，无私覆也；若地然，无私载也。私者，乱天下者也"。

在中国传统文化的视域中，世界万物是一个统一的整体，"'天'这个大宇宙与'人'这个小宇宙是相互联系的整体"⑤，在这种整体思维模式下，中华文化孕育出了"天下为公"这一恢宏光大的治理图景。在政治领域强调"公天下"而不是"家天下""私天下"，在经济领域推崇"不患寡而患不均，不患贫而患不安"的价值取向，在社会利益分配的原则上，要尽量

---

① （汉）司马迁撰《史记》卷一三〇《太史公自序》，中华书局，1959，第3288～3289页。
② 陆玖译注《吕氏春秋》，中华书局，2011，第21页。
③ 杨伯峻译注《论语译注》，中华书局，2017，第74页。
④ 李山、轩新丽译注《管子》，中华书局，2019，第695页。
⑤ 彭菊花：《天人合一的宇宙观及其时代价值》，《湖北大学学报》（哲学社会科学版）2023年第1期。

公平均衡，这是维护社会安定和睦的基础，在社会领域主张"兼相爱""利天下""四海之内，皆兄弟也"的共处之道，在国际政治领域秉持"天下无外""协和万邦""和而不同"的和平文化传统。中华民族历来有"廓然大公""兼济天下"的宏大政治抱负。"天下为公"寄寓着中华民族矢志追求的价值目标，最终演变成一种深厚的集体主义的文化心理和独具中华传统特质的美好政治宏愿，传承和激励后代秉持开放包容、命运与共、天下和合、协和万邦的天下情怀，在中国政治思想史上占据着重要地位。

（三）"天下为公"契合当代中国国家治理现代化的价值导向

"天下为公"的价值理念贯穿中国共产党百年历程。近代以降，对外遭西方列强侵略和对内受封建统治压迫，中国逐步沦为半殖民地半封建社会。旧民主主义革命无法拯救中国，中国共产党以天下为己任的政治意识在挽救国家分裂、民族危亡、人民蒙难之中应运而生。《共产党宣言》指出："过去的一切运动都是少数人的，或者为少数人谋利益的运动。无产阶级的运动是绝大多数人的，为绝大多数人谋利益的独立的运动。"[1] 指明了无产阶级政党立党为公、不存私利的鲜明执政理念。中国共产党在30年的新民主主义革命历程中诠释了为人民谋幸福、为民族谋复兴的大无畏精神，以及重公忘私、忠诚为民的政治品格，完成开天辟地的救国大业。《共产党宣言》指出："共产党人不是同其他工人政党相对立的特殊政党。他们没有任何同整个无产阶级的利益不同的利益。"[2]社会主义革命和建设时期顺利进行社会主义改造，确立社会主义基本制度，全面推进社会主义经济、政治和文化；改革开放和社会主义现代化建设新时期探索开辟中国特色社会主义道路，不断推进社会主义的自我完善和发展；党的十八大以来，以习近平同志为核心的党中央将中国特色社会主义推进到新的时代，我国彻底告别贫困，实现了全面小康。中国共产党自成立以来，始终秉承"天下为公"理念，把为中国人民谋幸福、为中华民族谋复兴作为自己的初心使命，历经百年艰苦卓绝的奋斗，从根本上改变了中国人民和中华民族的前途命运。

"天下为公"是古代思想家孜孜不倦的价值追求，与当代中国国家治理

---

① 《马克思恩格斯选集》第 1 卷，人民出版社，2012，第 411 页。
② 《马克思恩格斯选集》第 1 卷，人民出版社，2012，第 413 页。

现代化的价值导向十分契合，是处理各种社会关系、利益关系的基本价值尺度。有人的地方就有社会，人类社会的历史就是人与人进行互相交往、互相交换的实践性活动历史。马克思曾指出："历史不过是追求着自己目的的人的活动而已。"①"天下为公"符合人的社会属性，契合人与人之间顺利开展良性交往和公平交换的价值导向。当下我们党总结历史经验，探索出"以公有制为主体、多种所有制经济共同发展，按劳分配为主体、多种分配方式并存，社会主义市场经济体制"等社会主义基本经济制度，着眼于全体人民共同富裕，对内秉承"全国一盘棋""集中力量办大事"，对外坚持"互利共赢"，倡导共建"一带一路""人类命运共同体"，都是践行"天下为公"理念的体现。在现代化实践中，中国共产党坚持以人民之心为心，以天下之利为利，凝聚社会共识，坚持自立自强、守正创新，通过汇集多方合力创造一个又一个奇迹，在兴国大业、强国大业中不断创造新的治理伟绩。

二　"以民为本"与国家治理现代化的力量根基

古代贤明的君王向来看重百姓在政治生活中的地位，以民为本的宝贵思想历史悠久，早已内化为中华民族深层次的民族文化心理，成为几千年来治国安邦的重要政治理念。因此，围绕"以民为本"形成了重民、利民、爱民等内涵丰富的民本思想。中国共产党在团结带领人民进行革命、建设、改革、发展实践过程中继承与超越传统民本思想，从理论与实践两方面解决了国家治理现代化中的主体力量问题。

（一）国家治理中的力量基点

国家治理中始终有一个依靠什么人、为了什么人的问题，这关系"何为国家治理的基础、基石、根基"的根本价值立场，也会涉及国家治理的重大策略战略。坚持人民史观是中国共产党团结带领中国人民进行国家治理现代化过程中在主体问题上最根本的政治立场。作为马克思主义政党的

---

① 《马克思恩格斯文集》第 1 卷，人民出版社，2009，第 295 页。

中国共产党始终坚守人民是历史活动的主体，是社会财富的创造者，是社会变革的决定力量。抛离对人民是最高力量基点的历史定位和理论定位，国家治理现代化也就失去了力量源泉和行动根据。恩格斯指出："与其说是个别人物，即使是非常杰出的人物的动机，不如说是使广大群众、使整个整个的民族，并且在每一民族中间又是使整个整个阶级行动起来的动机。"①广大人民群众的内在需要和动机决定和反映着社会历史发展的前进方向。人民是历史的创造者在社会主义中国的鲜活写照就是"波澜壮阔的中华民族发展史是中国人民书写的！博大精深的中华文明是中国人民创造的！历久弥新的中华民族精神是中国人民培育的！中华民族迎来了从站起来、富起来到强起来的伟大飞跃是中国人民奋斗出来的！"②实践证明了紧紧依靠广大人民群众就是遵循了正确的社会历史发展规律，就是尊重人民的主体地位。对人民群众这一主体力量的感知深浅影响和决定着推进国家治理的规模大小、速度快慢、质量优劣、资源多少、稳定与否等方面。

以民为国家治理的力量基点影响并决定着整个治理的全过程，包括治理问题的界定、治理目标的确定、治理规划的择取、治理效果的评定、治理反馈总结等各个环节。以人民群众为力量根基，内在规定了要把以人民群众的公共诉求作为各环节治理的前提，通过深入群众中调查研究，问策于民，汇聚民智，及时了解和把握"民之所需，民之所欲"，精准把握人民群众的真实和迫切需求，在国家治理现代化中及时而负责地回应和反映民意，保障治理公平、正义、民主、合法、合理，确保人民群众利益最大化。

（二）传统治理中的"以民为本"

"民"是治国安邦的根本。以民为本的思想主张最早源于殷周，《尚书·盘庚》中有"重我民""视民利用迁"的记载，《尚书·五子之歌》中"民惟邦本，本固邦宁"是民本思想的经典表达。西周初年，鲁国周公从夏商周的朝代兴衰更替中获得启发，提出"敬德保民"的思想。春秋以前的政治特别重视天、神，凡事都要从天、神那里获得指示和说明。春秋以降发生了重大变化，人成为政治生活议题中的中心内容，认为政治成败的原

---

① 《马克思恩格斯文集》第 4 卷，人民出版社，2012，第 255～256 页。
② 《习近平谈治国理政》第 3 卷，外文出版社，2020，第 139 页。

因蕴藏于人本身。正如《左传》中记载道："国将兴，听于民；将亡，听于神。"① 这点明了两种治理观点。可以看到当时已有一些政治思想家意识到民之向背是政治成败的关键。到了战国时期，民为政本是这种思想的最高概括。《鹖冠子·博选》有："神明者，以人为本者也。"《管子·霸言》谓："夫霸王之所始也，以人为本。本理则国固，本乱则国危。"② 《春秋繁露·立元神》曰："何谓本？曰：天地人，万物之本也。天生之，地养之，人成之。"《吕氏春秋·用众》云，"凡君之所以立，出乎众也。立已定而舍其众，是得其末而失其本"，这里的"众""本"，指的就是民众百姓，君主是民众立的。中华文化将人与天、地并提，确立了人的地位。后来更是充分肯定了人在天地自然之间的中心地位，认为人是万物之灵，天地间人为贵，"人事为本，天道为末"③。

"民"是创造社会物质财富和精神财富的主体力量。从西周始，思想家就已知晓广大民众是为国家、社会、家庭提供物质生活资料的创造性主体。周宣王时期的虢文公曾曰："夫民之大事在农，上帝之粢盛于是乎出，民之蕃庶于是乎生，事之供给于是乎在，和协辑睦于是乎兴，财用蕃殖于是乎始，敦庞纯固于是乎成。"④ 并且国家的强弱、贫富取决于民，民富则国富，民贫则国贫，民力强则国力强。三国时吴国名臣陆逊认为："国以民为本，强由民力，财由民出。夫民殷国弱、民瘠国强者，未之有也。"⑤

"民心向背"关乎社稷存亡、政权更迭。庙堂之本在于民，所谓"道洽政治，泽润生民"⑥，善政善治有利于社会安定和谐、国家长治久安。得民或失民是王朝兴亡的关键因素，是国家治理的关键因素和要害所在，得民者昌，失民者亡，"此得助则成，释助则废矣"⑦。君主应利民不自利，强调"仁义以治之，爱利以安之，忠信以导之"，以安民爱民维持治理。如果暴民、残民、害民、欺民，无限度地搜刮民脂民膏，统治终究会被百姓民众

① 郭丹、程小青、李彬源译注《左传》，中华书局，2012，第288页。
② 李山、轩新丽译注《管子》，中华书局，2019，第434页。
③ 孙启治译注《政论　昌言》，中华书局，2014，第279页。
④ 陈桐生译注《国语》，中华书局，2013，第16页。
⑤ （晋）陈寿撰，（南朝宋）裴松之注《三国志》，上海古籍出版社，2016，第1205页。
⑥ （汉）孔安国传，（唐）孔颖达正义，黄怀信整理《尚书正义》，上海古籍出版社，2007，第757页。
⑦ 许富宏译注《慎子　太白阴经》，中华书局，2022，第18页。

推翻、覆灭。《尚书·康诰》中有"天畏棐忱，民情大可见，小人难保"，从殷民对纣王的反抗中可以窥见民心不稳，社稷就不稳。秦帝国的暴政暴治使农民纷纷揭竿起义，天下叛乱，致其"二世而亡"。明代名臣张居正点出了顺民安民的治国之要："窃闻致理之要，惟在于安民，安民之道，在察其疾苦而已。"为政在于理解人民的需求和处境，顺应人民的自然本性，满足不同群众的利益，因为民众是治国理政的关键组成部分，他们"犹百家众技也，皆有所长，时有所用"①，"计上之所以爱民者，为用之爱之也"②，君王之所以爱民，是为了用民，说明在古代先哲就已经了解到民众的主体力量，民众是国家长治久安的根本力量。警示治国理政者应当察民情、恤民苦以善用民智、巧用民力，否则便不能治理好国家。

可以看到，中国传统文化内蕴含着十分丰富而又深刻的民本思想，并形成重民、爱民、养民、教民、敬民、惠民、保民、富民、裕民、足民、恤民、利民、安民等思想观念，囿于封建阶级统治的历史原因，这些思想具有一定的局限性。但是，不能简单地将传统民本思想看作统治者维护自身利益而使用的驭民之术或被迫之举。以民为本这一思想是建立在将天地万物与人类视为一个系统、整体这样一种哲学本体论思想基础之上的，故张载有"天地之塞，吾其体；天地之帅，吾其性。民，吾同胞；物，吾与也"的著名论断，把人民作为政治的根基、基础，一种主体力量，这与马克思主义的人民史观确有相通之处。

（三）"以民为本"契合当代中国国家治理现代化的力量根基

落实人民主体性是马克思主义政治哲学的核心命题。中华人民共和国的一切权力属于人民，"江山就是人民，人民就是江山"是当代中国国家治理现代化的真实宣告，以民为本揭示了推进国家治理现代化的时代主题和内在本质规定，不解决"治理为了什么"的问题，国家治理现代化就是一句空话，当代中国国家治理现代化的任务就不可能完成。

以民为本是国家治理现代化获得正当性和合法性的前提。从理论逻辑上看，作为治理主体的人民是现实历史性存在。马克思曾说："人的本质不

---

① 方勇译注《庄子》，中华书局，2015，第568页。
② 李山、轩新丽译注《管子》，中华书局，2019，第291页。

是单个人所固有的抽象物，在其现实性上，它是一切社会关系的总和。"①
人类的治理活动都是在有组织有分工的社会交往中进行的。治理活动作为
物质性实践活动，其创造发展总是同人的现实创造相呼应。在治理过程中，
人在把握治理本质规律的前提下，依照自己的现实物质需要和精神需要自
由地改造人所处的社会环境。正如习近平总书记所指出的："人民是历史的
创造者，是决定党和国家前途命运的根本力量。必须坚持人民主体地位，
坚持立党为公、执政为民，践行全心全意为人民服务的根本宗旨，把党的
群众路线贯彻到治国理政全部活动之中，把人民对美好生活的向往作为奋
斗目标，依靠人民创造历史伟业。"②

从历史逻辑上看，是人民创造了历史，因此，国家治理现代化不可能
不以保障人民群众的主体性为基础。回望中国历史，在党与人民鱼水情深
的波澜壮阔的百年实践中，历经革命、建设、改革发展时期的传承创新。
从"以民为本"到"一切为了群众""紧紧依靠群众""团结带领群众"
"深度服务群众"③。传统民本思想被赋予了全新内涵，人民至上、人民当家
作主成为广泛深入的实践。这也是对传统民本思想在历史演进中的真实应
用与发展，体现出马克思主义政党对人民群众的历史地位的自觉认识，若
是失去人民的拥护和支持，党的事业和工作就无从谈起，国家治理现代化
也无从谈起。

从现实逻辑上看，新时代以来我国书写了经济快速发展和社会长期稳
定两大奇迹新篇章，这些伟绩本质上符合人民对美好生活的向往追求。平
等、自由、正义、公平、民主实际都是讲以民为本。"自由平等的获得需要
经过奋斗，奋斗要靠人人自觉是一个独立的个体，这步自觉就是主观的，
即自由在主观的觉识中呈现，因此是主观的自由，这代表自觉。"④ 历史实
践证明，党的领导与人民中心具有高度一致性。在国家治理现代化过程中
的实现主体是党领导下的广大人民群众。换言之，国家治理现代化就是党
领导和带领人民有计划有步骤地践行国家治理伟大实践。在多元主体发挥

① 《马克思恩格斯选集》第 1 卷，人民出版社，2012，第 135 页。
② 《习近平谈治国理政》第 3 卷，外文出版社，2020，第 16～17 页。
③ 程奎：《中国共产党坚持和践行群众路线的百年历程与经验启示》，《学校党建与思想教育》
　2022 年第 24 期。
④ 牟宗三撰《中国哲学十九讲》，上海古籍出版社，2005，第 154～155 页。

协同治理作用时，国家应在起点、过程、结果、程序、评定等环节给予人、财、物各方面支持，使治理主体能够合法有效掌握和利用社会资源，最大限度调动治理主体的积极性。积极引导多元主体的责任和担当，进而使主体形成对国家治理的认同感和责任意识。这就意味着须在国家治理现代化中始终关注社情民意，坚持以民为本的发展思想，坚守人民主体地位，以保障人民群众根本权益为治理的出发点、着力点和落脚点，才能彰显中国特色社会主义国家治理现代化的自由、平等、民主导向，保障治理的时代价值高度。从根本上说，把人民作为主体力量，中国国家治理现代化才具有合法性和正当性。

以民为本的理念着眼于社会现实问题的解决，反映人民的利益诉求，反映了国家治理现代化的根本动力。社会现实问题的解决关乎党执政兴国，关乎人民幸福安康，关乎党和国家长治久安。坚持以民为本理念，可以在治理中明确调节社会各种利益关系的方向和目标，使人民可以最大限度地表达诉求，保障人民对国家治理的知情权、参与权、表达权和监督权。实现人民民主和国家意志相统一，这就要求推进国家治理现代化统筹把握个人利益和集体利益、局部利益和整体利益、当前利益和长远利益，统筹国内国际两个大局，正确处理广大人民群众的根本利益、现阶段群众的共同利益和不同群体的特殊利益，兼顾统筹不同方面、不同领域的利益诉求。在整合各阶级、阶层以及社会利益集团对国家治理的不同要求和不同利益过程中形成公共利益。国家治理现代化归根结底就是要在社会主义市场经济、民主政治、先进文化、和谐社会、生态文明等领域实现公共利益最大化。这也内在切合了以民为本理念，使实现人民权利成为国家治理得以顺利推进的基础，依靠群众路线不断激发和提高人民群众的创造合力和动力，解决处理好人与人之间、人与社会之间、人与自然之间的矛盾。国家治理现代化以人民满意程度为治理效能衡量标准，实现紧紧依靠人民、接受人民监督、坚持为人民服务、让人民真实评价四个环节的有效互动，不断巩固当代中国国家治理现代化赖以发展的群众基础和社会基础，让人民群众在国家治理现代化过程中更有获得感、满足感、安全感。

三 "德法并举"与国家治理现代化的双轮驱动

在中国传统政治思想史上，比较典型的德法并举思想，是春秋战国时期儒家主张的德治和法家推崇的法治，这对历代统治者的治理思想产生了重大影响，也为当代中国国家治理现代化提供了重要借鉴。

（一）国家治理中的基本方略

治国方略是治国理政者把握社会运行的基本规律，为促使国家社会平稳运行所采取的相应的策略，反映了治国理政者管理国家和社会的基本方式。国家治理需要依赖一定的基本方略来进行，德治和法治不仅是古代国家也是现代国家治理的必要方式。选择"以德治人"还是"以法治人"影响着治理实践的有效落实和推进，更影响着治理的执行广度与效度。"以德治人"是指通过道德力量规范和教化人，按照人文的规律"以文化人"，使人们自觉追求真、善、美，是一种内在道德导向的策略，德治塑造了社会的物质文化和精神文化，构成了治国理政的内在动力。"以法治人"是指通过法律条文强力规定和约束人的行为，管理人与人、人与社会之间的关系。通过刑法刑制驾驭、监视、规范、震慑人，是一种外在立规整顿的方法，对正风肃纪、严明秩序方面有积极作用。

"德治"和"法治"各有不同的侧重点和不可替代的作用，国家治理的基本方略要符合具体历史条件，坚持两种基本方略融会贯通，才能发挥德治和法治的积极效用，扬长避短、相得益彰。

（二）传统治理中的"德法并举"

德与法是中国传统哲学中袭用甚久的范畴。古代思想家通过观象于自然，从自然规律中汲取治理智慧，其中"老聃贵柔，孔子贵仁，墨翟贵廉，关尹贵清，子列子贵虚，陈骈贵齐，阳生贵己，孙膑贵势，王廖贵先，兒良贵后"① 等，路径各异，其中最为显盛不外乎德、法两种。古代先哲认

---

① 陆玖译注《吕氏春秋》，中华书局，2011，第617页。

为，德、法（刑）是从自然万物萌、长、荣、成、衰、枯、杀中引申出来的。德、法（刑）双轮应像天地四时的自然节候那样循环驱动，相济而用。"是以圣王治天下，穷则反，终则始。德始于春，长于夏；刑始于秋，流于冬。刑德不失，四时如一。刑德离乡，时乃逆行。作事不成，必有大殃。"①遵循合理的政治主张就是不改天之道、不绝地之利、不乱人之纪。在儒家看来，德衰则世乱，用德治治理国家，人民就会像众星一样把君主当作北极星围绕着他，使君主安居其位。仁政德治的治国方略强调道德的教化力量，主张以德立国、教民循礼。孔子在《论语·为政》中说："道之以政，齐之以刑，民免而无耻；道之以德，齐之以礼，有耻且格。"孟子曰："非仁无为也，非礼无行也。"荀子主张"明德慎罚"，到了董仲舒则强调德行好的君王对治天下的重要作用："天之生民，非为王也；而天立王，以为民也。故其德足以安乐民者，天予之，其恶足以贼害民者，天夺之。"② 后来朱熹进一步继承了德主刑辅、以德为重的思想，强调统治者身居高位也须时刻保持贤德，不得滥施暴政。《朱子语类》中云："为政以德，非是不用刑罚号令，但以德先之耳。"凡此，都是儒家所提倡的以德治国的具体表征。

在法家看来，仁义道德不足用时，唯严刑峻法可治国。法是有效处理社会矛盾的基本手段，处理国事政务"唯法所在"③。"夫生法者，君也；守法者，臣也；法于法者，民也。君臣上下贵贱皆从法。"④ 法虽然是由君主制定出来的，但法对天子庶民都有制约警觉作用。法家把法抬高到保天下顺和的位置，"法者，天下之程序也，万事之仪表也"⑤。法的这一重要地位促使施政者注重贴近社会民众的现实境况对法进行革旧布新，法家商鞅提出："治世不一道，便国不必法古。"⑥ 韩非子说，"法与时转则治，治与世宜则有功"⑦，治世之功绩在于法律制定要与现实国情、社情、民情相吻合，

---

① 李山、轩新丽译注《管子》，中华书局，2019，第673页。
② 张世亮、钟肇鹏、周桂钿译注《春秋繁露》，中华书局，2012，第277页。
③ 许富宏译注《慎子　太白阴经》，中华书局，2022，第39页。
④ 李山、轩新丽译注《管子》，中华书局，2019，第699页。
⑤ 李山、轩新丽译注《管子》，中华书局，2019，第900页。
⑥ 石磊译注《商君书》，中华书局，2009，第7页。
⑦ 高华平、王齐洲、张三夕译注《韩非子》，中华书局，2015，第759页。

这样的法才算是为世人造福的良法。当然，赏赐刑罚要坚决专一，否则就会破坏法律的严肃性和权威性，从而难以达到法安天下的效果，确保"宪律制度必法道，号令必著明，赏罚必信密"①，赏罚专一，令不两行，这样才能取信于民。此外，法律条文如果过于冗杂无章或者没有固定的基本法律也会起消极作用，早在春秋时期老子就指明"法令滋彰，盗贼多有"②。法律过多往往导致诸多法律无法真正执行和落实，反而会削弱法的权威，最终导致民众蔑视法律、抵制法律，不利于维护社会安定发展。"国无常经，民力必竭"，如果没有一个常法，民心民力难以聚集。"赏不足以劝善，刑不足以惩过。气意得而天下服，心意定而天下听"③，表明赏赐不一定能够劝善，刑罚也不一定能够惩治过错，而不偏的正气和专一的意气能够使天下人安服，这样的统治能维持长久。

习近平总书记指出："我国历史上有十分丰富的礼法并重、德法合治思想。"④古代哲人从不同角度探讨对德与法的不同理解，德法两柄，相须为用，不可或缺。儒家思想倡导道德的自觉性，启发了人们的道德觉悟。法家强调法对天子庶民都有警示作用，严刑峻法才更能营造良好的社会秩序，保证百姓安居乐业。德法两家有各自的侧重点，提供了国家社会治理的基本方式。南宋孝宗说："以佛治心，以道治身，以儒治世。"⑤我国秦汉以后国家治理的基本方略主要从德、法出发，自王霸道杂之到儒释道并用，儒家学派吸取和融合各种思想学说，使以德治国作为中国传统治国理政的主流方略存续两千多年之久。这些政治文明积淀，不仅构成了现代德治思想和法治思想的文化资源，亦是当代弘扬公平正义精神、法治精神的重要思想基础。

（三）"德法并举"契合当代中国国家治理现代化的基本方略

"从严格意义上说，传统社会没有法治，只有礼治，刑法只不过是实现

---

① 李山、轩新丽译注《管子》，中华书局，2019，第289页。
② 张景、张松辉译注《道德经》，中华书局，2021，第234页。
③ 李山、轩新丽译注《管子》，中华书局，2019，第727页。
④ 《论坚持全面依法治国》，中央文献出版社，2020，第178页。
⑤ （宋）刘谧撰《三教平心论》，商务印书馆，1937，第1页。

礼治的一种极端手段"①，传统治国方略中的法治更注重刑法，与今天所倡导的法治有着本质区别。但总体看来，德法并举的治理之略是在数千年中华优秀传统文化沃土上孕育而来的，对当代中国国家治理现代化仍有着重要的启示意义。

德法并举的思想拓宽了国家治理现代化的治理方略维度。德法并举并非单纯地强调"并举"，而是强调了德治与法治之间的内在关联性。从表现形式看，德治属于隐性、柔性层面的，要重视其教化润育作用；法治属于显性、刚性层面的，要重视其规范导明作用。从价值层面看，德治靠浸润人心，促人向善向上来达到良治善政；法治内在顺应了人们对至善至美的追求，与德治的根本价值取向具有一致性。在某种意义上，德治是隐性的法治，法治是显性的德治，由此才会有卢梭所言的，"一切法律中最重要的法律，既不是刻在大理石上，也不是刻在铜表里，而是铭刻在公民的内心里"②。以德治浸润法治理念，增强道德对法治文化的伦理诠释作用。与此同时，以法治体现道德取向，强化法律对道德建设的促进作用，德治和法治相互依存，互补互济。德治与法治，是治国理政不可或缺的两种方式，如车之两轮或鸟之双翼，忽视其中任何一个，都难以实现国家的长治久安。只有让德治和法治共同发挥作用，才能使道德和法律相辅相成，发挥治国理政的叠加效能，做到"法安天下，德润人心"③。

坚持依法治国和以德治国相结合，要善于运用法治思维和法治方式推进精神文明建设，着力提高全民族法治素养和道德素质，实现法律和道德相辅相成、法治和德治相得益彰。直到今天，国家治理现代化仍然需要接续发挥德法并举之略的聚合作用。习近平总书记指出："法律是准绳，任何时候都必须遵循；道德是基石，任何时候都不可忽视。"④ 当代中国国家治理现代化离不开德法兼施所带来的治理生命力、创造力、有效性，需要不断切实把推动德治和法治并举并用落到实处。在发挥作用的样态上，德治和法治有所不一，但德治和法治的最终目的是一致的，也就是说德法并举

---

① 江畅：《中国传统价值观及其现代转换》上卷，社会科学文献出版社，2020，第300页。
② 〔法〕卢梭：《社会契约论》，何兆武译，商务印书馆，1963，第3页。
③ 《习近平谈治国理政》第2卷，外文出版社，2017，第133页。
④ 《习近平谈治国理政》第2卷，外文出版社，2017，第133页。

的本质，就是聚焦于如何平等地维护和保证人民群众的权利落实落地。而维持公平正义的良方在于发挥德法并举的最优效用，使人民群众所生存发展的社会政治环境导向并实现真正的公平公正，也体现着中国特色社会主义坚持依法治国和以德治国有机统一的本质特征。

统筹推进依法治国和以德治国相结合，需要着眼两个方面。一方面，法治要为德治作规范依托。需要制定和完善法律制度体系中起根本性、稳定性、统领性、长远性支撑作用的基本法，形成中国特色社会主义法律体系，在法治轨道上全面建设社会主义现代化国家。严格制定和执行明文法规，切实保障治理关键环节和人民关切的基本问题和核心问题得到解决，"努力让人民群众在每一项法律制度、每一个执法决定、每一宗司法案件中都感受到公平正义"①，巩固和提升法律权威和司法责任，尽可能扩大法治制约作用的覆盖面。另一方面，德治要为法治嵌入价值理念，为法律条文加强配套道德价值观作指引，增添法治的道德伦理底色。具体而言，中国国家治理现代化以社会主义核心价值观作为价值导向，"要善于运用中华优秀传统文化中凝结的哲学思想、人文精神、道德理念来明是非、辨善恶、知廉耻，自觉做为政以德、正心修身的模范"②，在法律威慑力下处理道德领域突出问题和典型案例中强化道德伦理良知的规范力量，善养具有中国特色社会主义治国理政的道德价值引导，形成引领人人尊崇的良好社会道德秩序。在社会主义国家治理中，要培育伦理和法理相统一的聚合能力，将公正、民主、平等、正义等元素和中国人的信仰、价值、传统、习俗、信念等内容有机融合。在划清公与私、义与利界限的基础上促使法治建设更富有人情味，最大限度补填国家法律遗留的空隙和漏洞，有效引导其他社会治理规范构成良性互动关系，从而在各种利益需求和价值观中寻求最大公约数，不断为开辟德法共治并举新局面积蓄磅礴力量。

四　"执两用中"与国家治理现代化的系统思维

"执两用中"是儒家政治思想的重要内容，也是中国传统政治治理的一

---

① 《中共中央关于党的百年奋斗重大成就和历史经验的决议》，人民出版社，2021，第42页。
② 《习近平关于社会主义文化建设论述摘编》，中央文献出版社，2017，第149页。

大特色。具体来说，"执两用中"是整体论与重点论的辩证统一，要从"执两用中"思想中汲取治理之方，为寻求推动国家治理现代化的系统方法提供有益借鉴。

（一）国家治理中的系统思维

系统思维指治国理政者在进行治国理政时，综合运用各种资源的方式、方法、工具的科学思维方法，强调治国理政的过程中要正确认识世界固有的整体性、组织性、层次性，把握内在的本质的联系。国家治理现代化涉及治理对象、治理过程、治理方式中整体和部分的关系、共性与个性的关系、系统和结构的关系，系统内部各要素、各环节相互联系、相互作用。

国家治理现代化是一项系统的长期工程，统筹协调好各方面利益，既要用系统思维来认识治理全局，又要用系统方法来解决各方面的治理问题。国家治理现代化需要以动态性的系统思维谋篇布局，兼顾各方的关系和利益，尊重不同利益主体之间的差异，增强治理各方面工作之间的关联性和耦合性，保障公平正义的最大化实现，推动治理成果阶段性和连续性的统一。

（二）传统治理中的"执两用中"

中道是中华传统文化中十分重要的范畴，而"执两用中"的思想在《中庸》中得到最集中和最明确的论述。《中庸》云："子曰：'舜其大知也与！舜好问而好察迩言，隐恶而扬善，执其两端，用其中于民，其斯以为舜乎！'"有的学者认为，"执两用中"思想在《易经》六十四卦里首尾两组四卦的卦序中即已体现：以乾、坤两卦开头，通过其中六十卦的反复变化，以既济、未济两卦结尾。这结尾的两卦，"从图像上看，正好是开头两卦的交互错综、参和统一；或者说，是乾坤两卦各以己之所有，济对方之无，各以己之所过，济对方之不及。故取名曰济。济也是成，是整个过程的终了和完成；济还是通过，由此岸到达彼岸"①。《易经》里的卦象和卦名暗示着卦与卦之间以对立为始，以对立的阴阳调和而终，在矛盾运动中进行物质、能量、信息的转换后归于调和，这种调和，也就是"道"，是动态

---

① 庞朴：《庞朴学术文化随笔》，中国青年出版社，1996，第6页。

的"中"，就如老子所言，"万物负阴而抱阳，冲气以为和"，一阴一阳经过千变万化最终合二为一生成为"道"，若偏执一端就无所谓"道"了。

理解"执两用中"的思维形式有四种。一是关注"度变"。承认万事万物发展的动力是其内在矛盾，把握"执之度"，把对立两端直接结合起来，异中求同、取长补短、救偏补弊、互补互益，从"过"和"不及"的两端找到一个中正之道，以促进两端和谐共生、共荣共进，追求最佳的"中"的状态。但所谓阴阳、雌雄、损益、增减、动静、坚柔、攻守、兴废、治乱、巧拙、荣辱、明暗、善恶、生灭、安危、胜败、进退等是相生相伴而成，发展的每一个阶段具有不同的参照系。这样看来，"中"相当于"度"，即维持理想状态的限度，不能将执两用中机械简单地理解为折中主义。二是关注"时变"。不断运动的事物，从长期看来，由一个个不同时段、阶段组合而成。古代治理者善于观时、易时，从中得出的基本规律，即"穷则变，变则通，通则久"。"与时屈伸"是儒家对"时"这一概念的理解，伴随时间的变化需要不断调整去适应变化的环境，采取不同的对策，也可能产生前后对立的对策，"时止则止，时行则行，动静不失其时，其道光明"①，允许"彼一时，此一时也"②的做法。从灵活的角度看，这并不是背离中庸之道。道家老子也说，"故有无相生，难易相成，长短相较，高下相倾，声音相和，前后相随"③，一切对立相反的事物，实是联立并生，互为依傍。要在足够的时间长度下动态地分析观察和理解事物，避免单一化、片面化、凝固化、绝对化。因为它内蕴着亦先亦后的状态和浑然为一体的态度，从时间历程及整个过程看，这也是一种"用中"。三是关注"地变"。由于客观空间地理环境情况的复杂多样性，"两端"中的"两"不只是直观数字，在现实中它往往倾向表现为"多"，它可能包含于具体两个或以上的事物，或一个事物的两个或以上的方面。一方面，在不同时间对同一事物容许交相兼济的效果，予取有别，施敛有分来达到"用中"的效果。另一方面，在同一时间或特定时间内，针对事物所处的具体范围、具体状态可以采用相似甚至完全不同的方法，这也属于在空间上所运用的用中之道。

---

① 王锦民撰《周易新注》，中华书局，2022，第494页。
② 杨伯峻译注《孟子译注》，中华书局，2019，第118页。
③ 张景、张松辉译注《道德经》，中华书局，2021，第10页。

四是关注"势变"。在同一时间对待不同事物，办法可以是不同的，要根据具体形势而改变。"汤执中，立贤无方"①，这里的"无方"是不拘一格，传统文化中"无独必有对""相反相成""一物二体""合二为一"强调了事物多元、状态多变、场域多样，依托各有不同，万物各得其所，各得其宜，"故曰：有中有中"②，从条条、框框、本本中解脱，其实内蕴了"中"，它们的全局则构成共生共存的"用中"，以达到"致中和，天地立焉，万物育焉"的境界。

中国古代哲学通过把握"中道"来把握宇宙的整体性存在状态，只有把局部性存在和整体性存在相联结，才能参透宇宙万物流变运动的真相和规律。因此，处理局部的问题需要具备整体性、结构性、开放性思维方法，关注从普遍联系的观点去发挥系统整合作用。需要培养从局部洞悉整体的思维能力和从整体鸟瞰局部的思维能力，达到"一是即皆是，一明即皆明"③ 的境界。在整体性思维下，中华传统文化强调"执两用中"，"中"本身就是一种整体达到和谐完满的存在样态，这种整体观念和系统思路是很可贵的。

（三）"执两用中"契合当代中国国家治理现代化的系统思维

"执两用中"实质上是一种系统观念，是推动国家治理现代化的治理之方，是清晰认识和科学把握"如何治理"的重要工具。党的二十大报告指出："必须坚持系统观念。万事万物是相互联系、相互依存的。只有用普遍联系的、全面系统的、发展变化的观点观察事物，才能把握事物发展规律。"④要坚持运用系统思维和系统方法推进当代中国国家治理现代化。

"执两用中"的系统观念能够对当代中国国家治理现代化的实践模式进行全息式反馈。治国无方则乱，国家治理现代化意味着对思维方法和工作方法的全方位审视。我国是人口规模巨大、社会政治经济文化方面的关系复杂多样的一个大国，推动国家治理现代化会涉及各方面各环节，推进改革发展、调整利益关系往往牵一发而动全身，需要运用全息式的系统思维，

---

① 杨伯峻译注《孟子译注》，中华书局，2019，第210~211页。
② 李山、轩新丽译注《管子》，中华书局，2019，第646页。
③ （南宋）陆九渊撰，叶航整理《陆九渊全集》，上海古籍出版社，2023，第428页。
④ 《习近平著作选读》第1卷，人民出版社，2023，第17页。

把握全局和部分、长远和当前、宏观和微观等关系。治理系统内部的各个方面、各个环节都是国家治理现代化中不可缺少的支柱和单元，若存在一方不稳、歪曲、短小，或者一个环节不嵌合、断联、错序，那么治理系统内部在现代化实施过程中会失衡失序，各方面各环节通过显性或隐性的方式显示出治理效果不佳或效率低下，这不仅会导致治理恐慌，而且其他内部系统和外部系统也会受到交互影响，发生连锁效应。全息式反馈意味着对实践模式不能只看到现状，不关心未来，不能只理内不理外，只关注当下的绩效和方法模式而不分析预测可能出现的弊端和弱点。在国家治理现代化之中，全息和调整实践模式只不过是一个方面，应该要着眼现在，放眼未来，全方位、多层次地探索定位明确、分工有效、资源互通、系统连续的治理新模式。

"执两用中"的系统观念能够推动探索当代中国国家治理现代化的实践新模式。"执两用中"的系统观念特别强调以变动的眼光、中和的态度，较理性地看待周围事物，并善于处理部分与整体之间的关系。可以说，"执两用中"在国家治理现代化的实践模式中起着一种均衡、联络、调节各方面各环节的作用。在推进国家治理现代化的过程中矛盾普遍存在，以系统的眼光去考察矛盾着的事物可以发现，"动态平衡的过程实际上是系统正负反馈机制通过信息交换来保持系统的开放性，在钟摆式的调平机制下推动系统迭代更新的过程"①。系统更新带来的实践新模式的结果，促进了治理效能与治理水平的提升，但同时也可能使系统内部和外部各方关系愈趋复杂，这种复杂关系可能在国家治理现代化的过程中被忽视。国家治理现代化的整个过程及其系统各要素就是共生共存的统一体，具有矛盾性和不可分割性，要防止陷入机械的条块化、碎片化治理困境。着眼国家治理现代化中的发展与稳定，坚持统筹推进"五位一体"总体布局、协调推进"四个全面"战略布局。在国家治理现代化中兼顾民主与集中相统一。在中国共产党的统一领导下的"民主基础上的集中和集中指导下的民主相结合"②，促使各个治理机关、部门互相协作、分工配合，民主和集中不可偏废，促使

---

① 张树华、王阳亮：《制度、体制与机制：对国家治理体系的系统分析》，《管理世界》2022年第1期。

② 《习近平著作选读》第1卷，人民出版社，2023，第550页。

中央和地方、政府与群众之间顺畅沟通，从整体性思维出发既兼顾各方的利益诉求，又集中考虑了各方利益，能够最大限度统一思想和行动。人民对美好生活的向往体现在物质领域和精神领域，在国家治理现代化中坚持物质与精神两手抓就是兼顾和满足人民群众的需求，要真正做到物质与精神两手都要硬，任何一手变软，都会导致推进国家治理现代化过程的不充分不平衡，要有系统性思维，在治理中真正做到治理为了人民、治理成果造福人民。要辩证处理国企与民企的互补关系，切实落实"两个毫不动摇"，避免国退民进、国进民退的机械思维，国企有其强大优势和竞争力，民企有其灵活性和机动性，两者可以互补，从而提高国企核心竞争力，使民营企业不断发展壮大，形成优势互补的发展格局。

利用"执两用中"的系统观念将国家治理现代化过程中各方盘根错节的矛盾厘清理顺，使改革发展治理各要素的各种关系由失序向有序优化调整，防止小问题变成大问题，保障当代中国国家治理现代化的创新实践运行顺畅、落实到位。

结　语

人类在每一个时代都会面临不同的时代课题，需要完成不同的历史任务，具体的历史任务又源于当时社会的最尖锐的矛盾，同时反映当时的人民的迫切需求。国家治理现代化不是简单的枝枝节节的问题，它涉及从生产力到生产关系、从经济基础到上层建筑、从物质生活到精神生活、从传统到现代、从体制到文化、从个人到国家等方面的全面调整和深刻变革，需要兼顾和协调多方矛盾寻找相容共赢之道。"一个国家选择什么样的治理体系，是由这个国家的历史传承、文化传统、经济社会发展水平决定的，是由这个国家的人民决定的。"[①] 推进国家治理现代化同时也是推进中国传统文化现代化的过程，伴随着对传统观念、传统文化、传统制度的反思、批判、扬弃和超越。

---

① 《习近平谈治国理政》，外文出版社，2014，第105页。

《理想国》中"哲人王"的理想与现实[*]

刘 玮^{**}

摘 要：政治与哲学的结合这一"哲人王"的理想是柏拉图在《理想国》里构建的"美丽城"是否能够实现的关键，而哲人王的理想面临两个近乎悖论性的困难：哲人有什么动机回到政治世界进行统治？就算哲人愿意承担统治，他又如何能够避免被伤害甚至被杀死？本文讨论《理想国》提供了哪些资源可以回答这两个问题，并考察它们是否具有现实性。本文认为，柏拉图确实对这两个问题进行了一定的讨论，并且考虑到了两个层面的"现实性"，一个是由哲人王统治的"美丽城"在大地上成为现实，另一个是以哲人王的观念为指引建立个人灵魂中的秩序，前者的现实性很低，而后者的现实性要高得多。

关键词：《理想国》；哲人王；强迫；说服；现实性

在《理想国》中，柏拉图提出了构造理想城邦或者"美丽城"（Kallipolis）的"三个浪潮"，它们分别是男女平等、共产共妻共子、哲人王。其中哲人王的浪潮又是这三个浪潮里最大的（τῷ μεγίστῳ…κύματι, V. 473c6），苏格

---

* 本文初稿曾在 2022 年陕西师范大学"美德与幸福：古希腊罗马哲学之旅"系列讲座和 2023 年华中师范大学"第二届桂子山政治哲学专题学术讲座季"上发布过，笔者感谢于江霞老师和江畅老师的邀请，以及讲座参与者提出的问题。

** 刘玮，中国人民大学伦理学与道德建设研究中心研究员，中国人民大学哲学院教授，北京大学外国哲学研究所兼职研究员，研究方向为古希腊哲学、西方伦理学与政治哲学。

拉底①清楚地意识到，这个"嘲笑完全可以把我淹没在讥讽和鄙视之中"（εἰ καὶ μέλλει γέλωτί τε ἀτεχνῶς ὥσπερ κῦμα ἐκγελῶν καὶ ἀδοξίᾳ κατακλύσειν）（V. 473c7 - 8）。② 但是与此同时，这个浪潮又是前两个浪潮能够实现、"美丽城"得以出现的关键环节：

> 【T1】除非哲人在这些城邦中成为君主（οἱ φιλόσοφοι βασιλεύσωσιν ἐν ταῖς πόλεσιν），或者如今被称为君主和主子的人真正地和充分地从事哲学（οἱ βασιλῆς τε νῦν λεγόμενοι καὶ δυνάσται φιλοσοφήσωσι γνησίως τε καὶ ἱκανῶς），也就是政治权力和哲学合二为一（τοῦτο εἰς ταὐτὸν συμπέσῃ），否则城邦和人类就不会结束灾祸（κακῶν）。

哲学与统治权力的结合无疑是《理想国》中的核心诉求，而在哲人成为王或者王成为哲人这两种可能性中，苏格拉底总是对后者一笔带过，而把主要的精力都用于讨论前者。这或许是因为苏格拉底认为政治对人有先天的败坏作用，因此很难想象已经深陷政治的统治者可以"真正地和充分地从事哲学"。③

为了哲人成为王这个理想的实现，柏拉图对潜在的哲人提出了非常高的要求，他们必须记忆力好（μνήμων）、善于学习（εὐμαθής）、志向高远（μεγαλοπρεπής）、宽厚仁慈（εὔχαρις）、是真理的朋友和亲戚（φίλος τε καὶ συγγενὴς ἀληθείας）、正义、勇敢、节制（VI. 487a3 - 5；类似的列表参见 VI. 490c - d，VI. 494a - b）。而且除了在第二、三卷提到的文艺和体育方面的"基础教育"之外，苏格拉底还给这些潜在的哲人王安排了"特殊教育"，他们要按顺序经过算数、平面几何、立体几何、天文学、和

---

① 如无特别说明，本文里提到的"苏格拉底"都是指《理想国》中的对话者苏格拉底，而非历史上的苏格拉底。

② 柏拉图作品的翻译依据 John Burnet ed., *Platonis Opera*, 5 Vols., Oxford：Oxford University Press, 1900 - 1907；参考了 John Cooper ed., *Plato*：*Complete Works*, Indianapolis：Hackett, 1997 的英译本。

③ 这一点在柏拉图的《苏格拉底的申辩》中苏格拉底对自己的"神灵"（daimonion）让他远离政治的告诫，以及《第七封信》中记载的柏拉图远赴叙拉古的失败经历中都可以得到确证。在《理想国》VI 中提到的哲人得以产生的条件中（下文会提到），也无一例外需要潜在的哲人远离政治的败坏。

声学和辩证法这些越来越带有哲学性的严格训练直到 35 岁，之后还要返回城邦服务 15 年，直到 50 岁的时候，才能学习"好的理念"，并由此获得最终的统治资格（VII. 521b – 541b）。

哲人王的统治资格无疑来自他们对于"好的理念"的认识，因为按照苏格拉底的理解，政治就是要给城邦中的每个人分配最好的东西，让他们在最适合自己自然本性的位置上发挥作用。而"好的理念"正是这种分配的最终依据，因为可感世界中的一切好，都是因为分有了"好的理念"才成其为好的，那么充分认识了最高的"好的理念"之后的哲人，自然就有了一种"向下兼容"的资格用最好的方式分配城邦中所有的好东西，也就最适合成为城邦的统治者。苏格拉底利用一系列让人印象深刻的比喻（航船、太阳、线段和洞穴）把哲人王最适合统治的特征表现得淋漓尽致。①

但也正是在洞穴的比喻中，哲人王的理想在两个意义上被浓重的阴影笼罩了。

一方面是走出洞穴的哲人似乎根本没有意愿重新回到洞穴之中，承担起统治的义务。因为相比进行哲学沉思、在完美的理念世界遨游，从事政治、管理不完美的城邦和公民无疑是一件痛苦的事情，因此在描述完离开洞穴看到真实世界的美妙场景后，苏格拉底自己提出了哲人无意返回洞穴的问题：

> 【T2】我们不必惊讶，到过那里的人们不愿意从事人类事物，他们的灵魂总是驱使他们向上，在那里生活（ἀλλ' ἄνω ἀεὶ ἐπείγονται αὐτῶν αἱ ψυχαὶ διατρίβειν）。（VII. 517c7 – 9）

另一方面，即便哲人想要回到洞穴之中承担起统治的义务，等待着他们的也注定是悲惨的命运。苏格拉底很形象地描绘了离开洞穴的哲人一旦回到洞穴之中可能遭受的命运：

---

① 关于哲人的统治资格问题，参见 David Sedley, "Philosophy, the Forms, and the Art of Ruling", in G. R. F. Ferrari ed., *Cambridge Companion to Plato's Republic*, Cambridge: Cambridge Univeristy Press, 2007, pp. 256 – 283。

【T3】在他的视力恢复之前——这个习惯过程不会很快，当他的视觉依然模糊时，如果他必须要再次和一直在那里的囚徒比赛辨认阴影，他不是会招来嘲笑（γέλωτ' ἂν παράσχοι）吗？他们不是会嘲笑他说，从上面回来，他们的视力被毁了，根本不值得尝试到上面去？如果有人想要动手松开他们，带领他们上去，如果他们能够动手杀掉他，不是就会杀掉他吗（εἴ πως ἐν ταῖς χερσὶ δύναιντο λαβεῖν καὶ ἀποκτείνειν, ἀποκτεινύναι ἄν）？（VII. 516e8 – 517a6）

在这里，作为《理想国》主角的苏格拉底展现了历史上的苏格拉底的命运。当历史上的苏格拉底试图告诉自己的雅典同胞还有一种比他们目前生活更好的生活，他们并不相信他，更不用说奉他为王，而是亲手把他送上了法庭，并处决了他。

这样一来，《理想国》中的哲人王理想能否变成现实就成了一个巨大的问题。有些学者认为，这个难题是无解的，因此整部《理想国》就是一部反讽性的作品，[①] 但是更多学者试图找出解决方案，为《理想国》的严肃性辩护。[②] 但是这些辩护尝试通常都集中在前一个问题，即哲人有什么动机回到洞穴的问题，或者迫使哲人回到洞穴是否正义的问题，而几乎没有学者讨论如果一个哲人回到了洞穴，在没有法律和制度保证安全的情况下，他

---

① "反讽性解读"参见 Leo Strauss, *The City and Man*, Chicago: University of Chicago Press, 1964, ch. 2; Allan Bloom, "Interpretive Essay", *The Republic of Plato*, New York: Basic Books, 1968。

② 这方面的文献数量庞大，比较有代表性的阐释包括: D. Dobbs, "The Justice of Socrates' Philosopher Kings", *American Journal of Political Science*, Vol. 29, 1985, pp. 809 – 826; T. C. Brickhouse, "The Paradox of the Philosophers' Rule", in D. D. Smith ed. , *Plato: Critical Assessment*, Vol. 2, London, Routledge, 1988, pp. 141 – 152; Richard Kraut, "Return to the Cave: *Republic 519 – 521*", *Proceedings of the Boston Area Colloquium in Ancient Philosophy*, Vol. 7, 1991, pp. 43 – 62; T. A. Mahoney, "Do Plato's Philosopher-Rulers Sacrifice Self-Interest to Justice?", *Phronesis*, Vol. 37, 1992, pp. 265 – 282; Eric Brown, "Justice and Compulsion for Plato's Philosopher-Rulers", *Ancient Philosophy*, Vol. 20, 2000, pp. 1 – 17; N. D. Smith, "Returning to the Cave", in M. L. McPherran ed. , *Plato's Republic: A Critical Guide*, Cambridge: Cambridge University Press, 2007, pp. 83 – 103; C. D. C. Reeve, "Goat-Stags, Philosopher-Kings, and Eudaimonism", *Proceedings of the Boston Area Colloquium in Ancient Philosophy*, Vol. 22, 2007, pp. 185 – 209; Christopher Buckles, "Compulsion to Rule in Plato's *Republic*", *Apeiron*, Vol. 46, 2013, pp. 63 – 83; J. T. Strabbing, "Internalization and the Philosopher's Best Interest in Plato's *Republic*", *Apeiron*, Vol. 51, 2018, pp. 147 – 170; 张新刚《重思哲人王难题》，载徐松岩主编《古典学评论》第 3 辑，上海三联出版社，2017；等等。

如何能够避免不幸的问题。接下来，我们就来看这个近乎悖论的局面是否有挽救的余地。

一　哲人为何返回洞穴？

在提出了哲人不愿返回洞穴的问题之后，苏格拉底首先给出了自己的解决方案——强迫他们回去！

【T4】［苏格拉底］我们不能允许他们（μὴ ἐπιτρέπειν）……待在那里，不愿意再次下到那里的囚徒中间，分享他们的劳作和荣誉，不管它们是好是坏。

［格劳孔］他们可以过更好的生活我们却让他们过更差的生活，这是不是对他们做了不义呢（ἀδικήσομεν αὐτούς）？

［苏］你又忘了法律关心的并不是让城邦里的某一个等级做得超凡的好（διαφερόντως εὖ πράξει），而是要让好遍及整个城邦，通过说服和强迫（πειθοῖ τε καὶ ἀνάγκῃ）让公民彼此和谐，让他们彼此分享每个等级能够给共同体带来的好处，法律在城邦里制造这样的人，不是为了让他们转向各自想要的方向，而是利用他们把城邦绑定在一起。（VII. 519d2 – 520a4）

苏格拉底对于"强迫"的提及为哲人返回洞穴设定了基调，在接下来的一系列与哲人返回洞穴相关的文本里，"强迫"反复出现，比如"我们强迫（προσαναγκάζοντες）他们关心和护卫他人"（520a8），"他们把统治当成一件被迫的事（ἀναγκαῖον）"（520e2），"你会强迫（ἀναγκάσεις）谁去成为城邦的护卫者"（521b7），"他们会被迫（ἀναγκαστέοι）统治"（539e3），"他们不是把统治看作高贵的，而是当作被迫的（ἀναγκαῖον）"（540b5）。[①]

但是我们依然可以问，哲人是被什么"强迫"的呢？他们显然不是被棍棒皮鞭这些东西强迫着回到洞穴之中的。那么还有什么东西可以"强

[①]　Brown, "Justice and Compulsion for Plato's Philosopher-Rulers" 和张新刚《重思哲人王难题》很好地强调了哲人王返回洞穴的"强迫特征"。

迫"他们回到洞穴之中呢？我们可以来考虑对这个问题的几种不同的回答。

（一） 被正义强迫

在提出强迫的问题之后，苏格拉底紧接着就给出了一个"官方"的解释，那就是"被正义强迫"：

> 【T5】我们对那些在这里变成哲学家的人不会做不义之事（οὐδ' ἀδικήσομεν），在我们强迫（προσαναγκάζοντες）他们去关心和护卫他人时对他们说的话是正义的（δίκαια）。因为我们会说："像你们这样的人在其他城邦，不用分享那里的劳作，因为他们是自己生长的，是每个政体非自愿的（ἀκούσης）。自己生长并且不因受到抚养而有所亏欠，不热心于回报抚养是正义的（δίκην δ' ἔχει）。但是我们把你们变成了蜂群中的统领和王，对你们自己和对于城邦的其他部分来讲都是如此，你们比其他人受到了更好和更完全的教育，更能够分享两种生活（μᾶλλον δνατοὺς ἀμφοτέρων μετέχειν）。因此你们每个人必须轮流（ἐν μέρει）下到他人共同的居所，并且习惯观看黑暗。"（VII. 520a6 – c3）

在这里苏格拉底明确提到了哲人的教育和获得统治资格都归功于城邦，他们能够过上哲人的幸福生活，都是拜城邦所赐，这样一来，哲人就对城邦有所亏欠，他们自然应该对城邦有所回报，而承担起统治的职责，与其他哲人"轮流统治"正是对城邦最好的回报，因此回到洞穴也就是正义对哲人提出的要求。虽然哲人更愿意留在洞穴外面过沉思的生活，但是正义确实"强迫"他们选择了一条并不那么快乐的道路，回到洞穴之中进行统治。

然而我们需要问的是，这是什么意义上的正义？它看起来似乎是《理想国》第一卷里克法洛斯和波勒马库斯信奉的那种习俗中的"欠债还钱"式的正义，而不是苏格拉底在跟同伴讨论"美丽城"时界定的那种一人一事的正义，因为在这里苏格拉底明确要求哲人"分享两种生活"。

但是这个问题似乎不难解决，因为在苏格拉底反驳克法洛斯和波勒马库斯时，他否定的只是把欠债还钱当作正义的定义。如果将正义等同于欠债还钱，那么很自然就会面对苏格拉底提出的质疑：当我意识到朋友疯了，是不是还要归还从他那里借来的刀呢？这个质疑并没有否认习俗中的正义观念有其合理性，只是主张正义需要与 "好" 结合起来考虑，才是真正的正义。那么要求哲人分享两种生活是不是违背了 "一人一事" 的正义原则呢？看起来并非如此。因为 "一人一事" 的正义原则背后的核心诉求是找到最适合每个人自然本性的事情。对于 "美丽城" 而言，哲人既是最适合哲学沉思的人，又是最适合进行统治的人，这样即便哲人分享了两种不同的生活，也并不违背一人一事的基本正义原则。

此外，我们必须承认，苏格拉底给这些哲人设计的 "双重生活" 并不非常糟糕。苏格拉底似乎很自信地认为，这个有着完美法律和制度的城邦可以稳定地培养出哲人，这样他们的统治就只需要 "轮流进行"（比如我们可以设想 12 个哲人每人统治一个月）。而且，既然是在 "美丽城" 里进行统治，而这个城邦已经有了完美的法律和制度，人们也自愿遵守这些制度，那么我们可以想见，统治的难度必定不会太高。与其说这些哲人的主要任务是完成日常的统治工作，不如说他们的主要任务是培养接班人，一旦接班人确定，这些哲人就可以摆脱哪怕是为数不多的政治事务的纠缠，专心从事自己心爱的哲学了。正如苏格拉底说的：

【T6】他们每个人会花大多数时间从事哲学，但是在轮到他时，就要为政治事务操劳（πρὸς πολιτικοῖς ἐπιταλαιπωροῦντας），为了城邦进行统治，他们不把这看作高贵的事情（καλόν），而是看作被迫的事情（ἀναγκαῖον）。在把他人教育成这样的城邦护卫者之后，他就可以离开前往至福之岛（μακάρων νήσους），并居住在那里。如果皮提亚祭司同意，城邦会设置公共的献祭，把他们当作神灵（ὡς δαίμοσιν）来纪念，即便不同意也是当作一个幸福和神圣的人（ὡς εὐδαίμοσί τε καὶ θείοις）。（VII. 540b1 – c2）

这样看来，苏格拉底确实有很好的理由认为，至少在 "美丽城" 的架构之中，"正义"可以"强迫"哲人承担起不那么自愿承担起的统治职责。①

但是，在这里我们会面临一个更严重的问题：假如哲人不是由"美丽城"培养起来的，正义似乎就无法对他们提出强迫的要求，他们也就没有理由回到城邦中进行统治了。事实上，【T5】就把这个问题明确地摆在了我们面前："像你们这样的人在其他城邦，不用分享那里的劳作，因为他们是自己生长的，是每个政体非自愿的。自己生长并且不因受到抚养而有所亏欠，不热心于回报抚养是正义的。"这段话同时确认了，即便没有美丽城提供的理想环境和系统教育，也有可能出现哲人，而在第六卷的讨论中，苏格拉底也确实提到了以下几种可能性让一个具有哲学天赋的青年不会很快被现实政治败坏（Ⅵ.496a–497a）：①一个高贵的灵魂因为流放而没有机会参与政治；②一个伟大的灵魂生在一个很小的城邦中从而对这里的政治生活毫无兴趣；③从其他技艺转换到哲学之中，从而没有机会很早就遭到败坏；④糟糕的健康状况让一个人无法参与政治；⑤还有最后一种类似于苏格拉底自己的情况，就是受到某个神灵（δαιμονίον）的庇护从而远离政治，保持哲学的追求。我们当然不确定这几条道路是不是一定能产生苏格拉底心目中严格意义上的哲人，但是它们至少为没有出生在"美丽城"中的潜在哲人提供了可能的发展道路。

那么，我们就需要问，如果脱离了现有的"美丽城"，依然有哲人出现，他是不是就像苏格拉底说的那样，因为没有对城邦有所亏欠，完全无法受到"强迫"从而参与政治呢？他们是不是就可以心安理得地长久待在洞穴外面沉思理念呢？这个问题背后还有一个更大的问题：第一个"美丽城"是否有可能实现？《理想国》中的"美丽城"是苏格拉底和朋友彻夜长谈的结果，是一个彻底的"言辞中的城邦"（πόλει…τῇ ἐν λόγοις，Ⅸ.592a10–11），而这个城邦如果想要变成现实，肯定不能期待首先存在一个现成的"美丽城"，而是需要哲人首先做出下到政治生活中的举动。那么一个缺少了正义"强迫"的哲人，还有可能因为其他的因素或者其他的"强迫"回到洞穴之中吗？

---

① 比如 Brown，"Justice and Compulsion for Plato's Philosopher-Rulers"和 Buckles，"Compulsion to Rule in Plato's *Republic*"主要从服从正义的法律是正确的，而不服从则是伤害灵魂的角度解释了哲人为什么要回到洞穴。

（二） 被惩罚强迫

很多学者都注意到，在《理想国》第一卷里，苏格拉底提到一个好人 "被迫" 进行统治的情况：

> 【T7】好人不愿意为了金钱或荣誉统治……如果他们想要统治，必须要有某种强迫和惩罚（ἀνάγκην… καὶ ζημίαν）加给他们，或许这就是为什么人们认为一个人在被迫（ἀνάγκην）统治之前主动寻求统治是耻辱的。如果不想统治，最大的惩罚就是被更差的人统治（τῆς δὲ ζημίας μεγίστη τὸ ὑπὸ πονηροτέρου ἄρχεσθαι）。我认为，正是恐惧（δείσαντές）让正派的人（οἱ ἐπιεικεῖς）去统治。他们并不把统治看作好事或可以享受的事，而是当作某种被迫的事（ἀναγκαῖον），因为不能把它交给任何比他们自己更好或者和他们相似的人。假如出现一个由好人组成的城邦，他们会争着不去统治，就像他们现在争着去统治。(I. 347b5 – d4)

这段话确实非常符合哲人不想统治，却又被某些因素 "强迫" 进行统治的语境，同时也浓缩了整部《理想国》里的一个基本观念，即真正好的统治者，不是把统治当作最高目的孜孜以求的人，而是清楚地知道政治不过是一种 "必要的恶"，而他本人有更高的追求，同时清楚地知道政治的基本原则在于高于政治的事物的人。这一点在 "航船的比喻" 中得到了清晰的描述（487e – 489b），真正配当船长的不是盯着船上事务的人，而是把注意力放在天空的 "观星者"（μετεωροσκόπον）。这一点在苏格拉底讲完哲人王的理想之后得到了再次的确认（【T8】就在【T5】之后）：

> 【T8】在一个统治者最不热心去统治的城邦中，必然是最好的和最没有内乱的（ἄριστα καὶ ἀστασιαστότατα），而相反的城邦必然以相反的方式统治……如果你可以找到一种对统治者来讲比统治更好的生活，你那个良好统治的城邦就成为了可能（ἔστι σοι δυνατὴ γενέσθαι πόλις εὖ οἰκουμένη），因为只有在那里真正富有的人统治，不是那些在黄金上富有的人，而

是那些在幸福之人必须拥有的东西上富有，也就是在好的和明智的生活上富有（ζωῆς ἀγαθῆς τε καὶ ἔμφρονος）。而如果那些对私人的好（ἀγαθῶν ἰδίῳ）充满饥渴的乞丐进入了公共生活，认为那里有值得攫取的好东西，这个统治良好的城邦就不可能，因为统治就变成了某种人们争抢的东西，内乱就会毁掉这些人以及城邦的其他部分。（VII. 520d2 – 521a8）

作为惩罚的强迫确实为哲人提供了一种基于"强迫"回到洞穴的动机。如果哲人不进行统治，就会被不如自己的人统治，而这又会伤害哲人自己的灵魂。[①]但是这里提到的"惩罚"和"恐惧"是不是适用于任何一种非理想的政体呢？在《理想国》第八至第九卷列举的四种败坏的政体中，荣誉制、寡头制和僭主制似乎都会让哲人有足够的理由受到"惩罚"，因为这些政体都有明确的价值诉求，而哲人看重的知识探究和沉思生活在这些政体中都无法得到保证。但如果是民主政体呢？根据苏格拉底的描述，民主政体的特点就是绝对的自由，在这种政体之中，似乎没有人能够干涉哲人对理念和沉思生活的追求，这样看来，哲人似乎也很难出于"惩罚"的缘故愿意成为统治者。或许我们可以像柏拉图一样认为，民主政体最终会蜕变为僭主政体，所以哲人出于防患于未然的动机受到"强迫"。但是这样的话，哲人就并不是被民主政体"强迫"而是被"僭主政体"强迫了。

总之，受到不如自己的人统治的糟糕前景确实会给哲人提供一些"被迫"承担统治的动机，但是鉴于民主政体给哲人提供的自由，这种动机似乎也依然不是确定无疑的。那么哲人是否还有其他的动机进行统治呢？

（三）被知识驱动

一些学者认为，哲人会因为拥有了"好的理念"的知识，而愿意尽其所

---

① 比如 Mahoney，"Do Plato's Philosopher-Rulers Sacrifice Self-Interest to Justice?"，Reeve，"Goat-Stags, Philosopher-Kings, and Eudaimonism" 和 Strabbing，"Internalization and the Philosopher's Best Interest in Plato's *Republic*" 都认为这是哲人进行统治的主要动机。

能地在这个世界上实现各种好，让尽可能多的人获得好的东西，也就是说，关于 "好的理念" 的知识自然而然地包括了驱动他们回到洞穴中的动力。① 另一些学者认为，只有返回洞穴并习惯黑暗，也就是把理念世界与现实世界联系起来，才算是真正完成了哲学教育，因此一个有志于成为真正哲人的人会愿意回到洞穴之中，从而确认自己哲学教育的完成。②

这几种可能性最大的问题是缺少《理想国》里文本上的支持，用来支持这类观点的就是以下两段话：

【T9】思想真正指向那些存在之物的人没有闲暇去俯视人类事务，或者在和人们竞争时充满嫉妒和恨意（φθόνου τε καὶ δυσμενείας）。当他观看和沉思那些有序的、永远相同的事物，它们不会对彼此不义也不会遭受不义（οὔτ' ἀδικοῦντα οὔτ' ἀδικούμενα），所有都是有序的（κόσμῳ）和符合理性的（κατὰ λόγον），他会模仿它们，尽可能变得与它们相似（ὅτι μάλιστα ἀφομοιοῦσθαι）……哲人因为与有序的和神圣的东西相伴（ὁμιλῶν κόσμιός τε καὶ θεῖος）……会变得就人类所能（εἰς τὸ δυνατὸν ἀνθρώπῳ）地神圣和有序……如果他被迫（ἀνάγκη）把他看到的东西置入人们的品格，不管是置入一个人还是一群人，而不仅仅是塑造他自己，你会认为他是一个节制、正义和所有其他德性方面糟糕的匠人吗？（VI. 500b8 – d8）

【T10】一旦他们看到了好本身（τὸ ἀγαθὸν αὐτό），他们每个人都要用它作为范本（παραδείγματι），在余下的生活中给城邦、个人和他们自己赋予秩序（πόλιν καὶ ἰδιώτας καὶ ἑαυτοὺς κοσμεῖν）……（VII. 540a9 – b1）

【T9】说到了认识理念的哲人无瑕关注人类事务，从而才不会对他人有

---

① 比如 Kraut, "Return to the Cave: *Republic* 519 – 521" 和 Terence Irwin, *Plato's Ethics*（Oxford: Oxford University Press, 1995, pp. 313 – 316）持有这种观点。此外，Julia Annas, *An Introduction to Plato's Republic*（Oxford: Blackwell, 1983, pp. 266 – 267）主张哲学家认识到了某种非个人化的好（impersonal good），从而愿意进行统治。

② 比如 Dobbs, "The Justice of Socrates' Philosopher Kings" 持这种观点。

嫉妒、憎恨这样坏的情感，他们彼此之间不会做不义的事情，他们会变得尽可能神圣，这里面的"变得神圣"显然是指他们的灵魂尽可能像理念世界一样有序，而不是主动把这种秩序赋予他人和这个流变的世界。而接下来苏格拉底说的是，当这个哲人已经"被迫"进入城邦，把自己所见的应用到城邦和他人身上，他当然会竭尽所能把德性赋予城邦和他人，但是这个说法本身并没有给出哲人为什么要接受"强迫"开始塑造他人和城邦的理由。

【T10】的情况与【T9】相似。如果单独来看，【T10】好像确实是在说哲人会主动给城邦、个人和自己赋予秩序，但是我们需要注意的是，这句话出现在【T6】之前，而语境正是哲人如果被迫统治城邦，那么他们会给城邦和个人赋予类似理念世界中的秩序，也就是说，这里提到的按照理念给城邦和他人赋予秩序的已经是"被迫"返回城邦的哲人，而不是一个没有受惠于城邦的哲人。

《理想国》也同样没有提到过走出洞穴的哲人需要返回洞穴才能让他们的哲学知识得以完全。相反，他们在最终获准认识"好的理念"之前，已经有了 15 年在洞穴中"见习统治"的经验，因此并不缺少关于现实世界的认识。

认为哲人会受到关于理念的知识的驱动而愿意返回城邦的观点的另一个问题在于，这种动机似乎很难说是"被迫"，因为不管是认识到理念的要求，还是想要完成自己的哲学教育，这种动机看起来都是主动多过了被动，从而与苏格拉底设定的"被迫"的基调存在张力。

那么在《理想国》里还有什么线索可以帮助我们解释哲人为何"被迫"回到洞穴吗？在我看来，还有一种学者们普遍忽略的可能性。

（四）　被怜悯强迫

苏格拉底在讲述洞穴的比喻时提到了"怜悯"。离开洞穴的哲人会对依然生活在洞穴中的同胞充满怜悯：

> 【T11】如果他回想起自己的第一个居所，那里的智慧、那里的囚徒同伴，他不是会由于自己的变化而感到幸福（εὐδαιμονίζειν），并怜

悯他们（τοὺς δὲ ἐλεεῖν）吗？（VII. 516c4 – 6）

这种怜悯之情或许会促使哲人愿意回到洞穴之中，告诉更多的同胞，还有一种洞穴外面的更好的生活。这不正是历史上的苏格拉底所做的事情吗？他认识到了自己的无知，认识到了一种关注自己灵魂中的知识、直面自己的无知、不自欺的生活要好于一般雅典人过的那种追求金钱、荣誉、地位的生活。于是他对自己的同胞充满了同情，扮演起了神赐予雅典的马虻（μύωψ），希望用交谈让同胞们意识到还有另外一种不同的生活。就像受到神灵帮助的苏格拉底给我们提供了一种不受惠于城邦依然可能成为哲人的可能性，这个苏格拉底也给我们提供了一种不是因为正义、不是因为惩罚，而是因为怜悯而用哲人的方式施惠于他人的典范。

如果哲人是出于怜悯回到洞穴之中，这个能算是"强迫"吗？在我看来，在某个意义上可以算，因为严格意义上的哲人是一个用灵魂的理性部分沉思理念的人，甚至就他是哲人而言，只关心灵魂的理性部分。而怜悯显然属于灵魂的非理性部分〔柏拉图虽然没有明说，但是我们有理由认为，它属于灵魂意气（θυμοειδής）的部分〕，而当一个理性的灵魂被意气的部分驱动去做一些或许不利于理性灵魂利益最大化的事情时，我们确实可以称之为"强迫"。

二　回到洞穴的哲人如何成王？

在了解了哲人返回洞穴的三个可能动机（正义、惩罚和怜悯）之后，我们看到解决哲人王引发的第一方面问题的可能答案，接下来我们要转向第二个问题，看看如果哲人接受了强迫，返回洞穴，如何能够避免被洞穴中的囚徒伤害甚至杀死的命运？换句话说，苏格拉底被自己的同胞杀死，是不是返回洞穴的哲人必然的命运？关注哲人王难题的研究关注点几乎都在前一个问题上，而对这个哲人王一旦回到洞穴要面临何种命运的问题却很少提及。

这种忽略不是没有理由，因为通常关于哲人王难题的讨论都是在"美丽城"的语境下进行的。如果哲人生活在"美丽城"中，因为正义的"强迫"返回城邦，那么他们自然也就不必担心会遭到其他人的伤害，因为这个城邦中的法律和制度保证了哲人的教育，也保证了哲人的轮流统治，自然也就保证了哲人的安全。

这样看来，真正值得讨论的只有在非理想城邦的情况下，哲人因为担心被不如自己的人统治或者出于怜悯而愿意承担统治的职责，他们又有什么办法可以避免受到伤害？这也与前面提到的第一个哲人王如何能够出现有关，如何在非理想城邦中让哲人成为统治者，实现哲学与政治权力的合二为一，关乎苏格拉底构建的"言辞中的城邦"是否能够在地上实现的问题。

柏拉图没有否认运气或者神启可能会在这样的事情上发挥作用，就像苏格拉底会因为神的眷顾毕生从事哲学，或许也有类似的运气或者神启会降到哲人或者现有的统治者身上：

> 【T12】真理迫使我们说，没有城邦、政体、个人可以成为完美的，除非或者是有某种来自运气的强迫（ἀνάγκη τις ἐκ τύχης）使得为数很少、不邪恶的但是现在被称为无用的哲人，管理城邦，不管他们愿不愿意，并使得城邦服从他们；或者某个神的启示（θείας ἐπιπνοίας）让对真正哲学的真正的爱（ἀληθινῆς φιλοσοφίας ἀληθινὸς ἔρως）落到现在的主子和国王身上，或者他们的后代身上。（VI. 499b–c）

但是运气或神启毕竟是某种可遇不可求的东西，如果把哲人的全部赌注都压在运气上，那不知道还要再出现多少个苏格拉底式的哲学的殉道者，才能实现哲学与政治权力的合二为一。

苏格拉底还提到了另外一种可能性。就在批评大众和现有的城邦不会主动求助于哲学家，似乎只能依靠运气和神启（【T12】）之后，苏格拉底有些出人意料地表达了对大众的善意：

> 【T13】你不该对大众做出这样整体性的指控。如果你不是那么热爱胜利，而是劝导他们（παραμυθούμενος），移除他们对爱学习的诽谤（ἀπολυόμενος τὴν τῆς φιλομαθείας διαβολὴν），你可以告诉他们你说的哲

学家是什么，界定哲学的本性和哲学的关切到底是什么，就像我们之前说的，他们会得出不同的意见……只有少数人有这样暴烈的本性，但大多数人不是这样。（Ⅵ. 499d10 – 500a7）

接下来苏格拉底给他的对话者示范了说服大众的办法，首先要向大众澄清，通常被称为 "哲学家" 的人并不是真的哲学家，而是霸占了 "哲学" 之名的人；接下来给大众描绘哲学家实际上是什么样子——他们是模仿神圣范本的最好的画家（也就是【T9】前后的内容），只要让他们进行统治，他们就可以给予城邦和每个人最好的东西。说完这些之后，苏格拉底又得出了一个让人有些出乎意料的结论，他说 "他们会变得完全温和，如果不是因为别的也是出于羞耻而同意我们"（αἰσχυνθέντες ὁμολογήσωσιν，502a1 – 2）。苏格拉底想说，如果给大众充分展示了真正的哲人是什么样的，他们会羞于否认哲人确实比自己更好，甚至会羞于否认应该由哲人统治自己。

与此同时，我们需要注意，苏格拉底在【T13】里的忠告也非常重要，在说服大众的过程中，需要收回争胜之心，不要让大众感觉说服者只是想在言辞上胜过他们，而是要采取温和而耐心的劝导，慢慢向他们灌输哲人真正的本质，只有这样才能达到说服大众的效果。在这里，柏拉图笔下的苏格拉底似乎是在反思历史上的苏格拉底，因为后者虽然是在告诉大众一种更好的生活方式，但是他告诉大众的方式过于直截了当——往往是当面指出对方思想中的前后不一致，从而在旁观者眼中成为 "争胜者"，而非 "劝导者"。这种修辞上的差别可能导致适得其反的效果，历史上的苏格拉底不但没有成功地让大众因为感到自己在智识上不如苏格拉底而羞耻，从而接受苏格拉底强过他们的事实，反而激发了他们因为输掉辩论的羞耻，从而对苏格拉底怀恨在心。

在如何劝导大众方面，《斐多》开篇苏格拉底的一段 "反思" 也给了我们类似的提示。在进入监狱探望时，克贝斯（Cebes）对于苏格拉底在人生的最后几天开始尝试作诗感到惊讶，因为苏格拉底此前从来没有作过诗。苏格拉底对此给出了一段耐人寻味的回答。他说这是因为自己经常会做同一个梦，在梦里听到有声音告诉他 "创作和从事文艺"（μουσικὴν ποίει καὶ ἐργάζου，60e6 – 7）。此前的苏格拉底一直认为这个声音，也就是神的意思，是让他从事哲学，因为"哲学就是最重要的文艺"（φιλοσοφίας μὲν οὔσης μεγίστης μουσικῆς，61a3－4）。但是在被判处死刑等待行刑的过程中，正是因为雅典人派船队前往德洛斯岛向阿波罗神献祭，才让他比通常的死刑犯人多活了很长时间。在这个过程中，苏格拉底逐渐意识到，神的意思或许并不是命令他从事哲学这种文艺，而是从事一般意义上的诗歌，也就是"创作这种流行的文艺"（ταύτην τὴν δημώδη μουσικὴν ποιεῖν，61a6）。苏格拉底认识到流行的诗歌的特点不是构造论证（λόγος），而是写出故事（μῦθος），而他又不擅长写作故事，因此才把伊索的故事改编成韵文或诗歌，于是就有了人们对他最后时刻所作所为的好奇。

《斐多》中的这段话与《理想国》里劝导、安抚大众的说法遥相呼应，似乎都是柏拉图对苏格拉底一生实践的反思。柏拉图似乎在问：苏格拉底用硬碰硬的方式试图说服大众改变生活方式，但是效果不佳，如果苏格拉底转而采用柔性的、讲故事的、安抚性的说服方式，他的命运是不是会大为不同呢？

三　"美丽城"的现实性

在解决了围绕哲人王的两方面困难之后，我们是不是就可以说哲人王的理想可以实现了呢？现在看来，即便不考虑已经存在的"美丽城"这种可能性，"强迫"哲人进入政治的动机也算是比较强大，但是哲人说服大众的可能性又有多少呢？我们不得不承认，苏格拉底反复强调，哲学与政治权力的结合"不是不可能"，但是"非常困难"：

> 【T14】在任何时候只要哲学的缪斯控制了城邦，我们所描绘的政体就会出现，不管是过去、现在还是将来。因为这不是不可能发生的（οὐ γὰρ ἀδύνατος γενέσθαι），我们不是在说不可能的事情（οὐδ᾽ ἡμεῖς ἀδύνατα λέγομεν），但是我们同意，这很难发生（χαλεπὰ）。（Ⅵ.499c－d；另参见Ⅵ.502b－c反复提到的"不是不可能"）

但是即便这个政治性的城邦难以实现，也并不妨碍苏格拉底构建的美丽城可以在另一个意义上实现，那就是在灵魂秩序的意义上实现。我们需要记得，《理想国》建构 "美丽城" 的整个对话，在一定意义上都是为了回答第二卷开头格劳孔和阿德曼图斯兄弟提出的质疑——为什么要追求正义？而这里说的正义是个人灵魂中的正义。因此，我们在《理想国》第九卷的最后，也就是苏格拉底完成了对兄弟俩的回应之后，又回到灵魂秩序这个出发点上：

【T15】［格劳孔］他［灵魂有序的哲人］不会愿意参与政治事务。

［苏］凭狗起誓，他会非常愿意参与，至少是他自己的那种城邦（ἕν γε τῇ ἑαυτοῦ πόλει καὶ μάλα），或许不愿意在自己的祖国，除非某种神圣的运气降临（ἐὰν μὴ θεία τις συμβῇ τύχη）。

［格］我理解，他会愿意参与我们建立和描绘的这个城邦的政治，它存在于言辞之中，因为我不认为它存在于大地上的任何地方（γῆς γε οὐδαμοῦ οἶμαι αὐτὴν εἶναι）。

［苏］或许，像我说的那样，在天上有一个范本（ἐν οὐρανῷ... παράδειγμα），它的存在是为了任何想要看着它的人，为了任何想要因为看到它而成为它的公民的人。它现在或者未来是否能够存在于某个地方并不要紧，因为看到它的人只关注那个城邦而非其他城邦的事务（διαφέρει δὲ οὐδὲν εἴτε που ἔστιν εἴτε ἔσται· τὰ γὰρ ταύτης μόνης ἂν πράξειεν, ἄλλης δὲ οὐδεμιᾶς）。（IX. 592a5 – b5）

在这里，格劳孔明确表明，他们在言辞中构建的城邦或许永远不能存在于大地之上，但是在苏格拉底看来，这个意义上的 "现实性" 并不是最重要的（这种现实性确实在很大程度上依赖运气或者神启）。更重要的 "现实性" 是在个人灵魂中的现实性，这种现实性并不那么依赖运气或者神启，而是我们每个人都可以为之付出努力，并且或多或少都可以取得进步的现实性。

施米特论政治的浪漫派与政治正当性的转变[*]

林志猛[**]

摘　要：施米特对政治的浪漫派的批判，同时指向了对自由派、经济—技术主义和中立化时代政治正当性位移的批评。政治的浪漫派审美地理解所有领域，热衷于"永恒的交谈"，并把人类、历史、上帝或世界精神全都转化为主体体验的机缘，从而获得了无限的自主性，取消了因果关系、规范性和约束性。自由派则强调"永恒的辩论"和协商，与政治的浪漫派具有相似的精神特性。两者都逃避和悬置了决断，导致议而不决和非政治化，摧毁了伦理和政治抉择。浪漫的审美主义不但造成政治的审美化，还致使精神生活的普遍经济学化，并发展成消费主义和技术信仰，而走向虚无主义。施米特还批判政治的浪漫派用个人取代上帝，造成政治正当性的基础从超越性转变为民主，而丧失了神圣性和古典智慧的稳固根基。

关键词：施米特；政治的浪漫派；自由；经济—技术主义；政治的正当性

浪漫派发端于18世纪末，并在19世纪大获成功，在人们的印象中，它往往与文学概念联系在一起。浪漫派被看成诗意、梦呓、怀旧和遐想的代名词，是朴素与沉思的混合。如此定义的浪漫派能呈现出其真正的本质吗？

---

[*] 本文系国家社科基金重大项目"地中海文明与古希腊哲学起源研究"（23&ZD239）的阶段性成果，本文受浙江省哲学社科规划领军人才培育专项课题（22QNYC02ZD）资助。

[**] 林志猛，浙江大学哲学学院教授、博士生导师，主要研究方向为政治哲学、法哲学、古希腊哲学。

在施米特看来，这种诗意和抒情的泛滥，要么使艺术失去了社会性，纯粹为艺术而艺术；要么在"到处寻找"诗意、审美化的普遍过程中，把精神生活的其他领域也私人化，审美地理解所有领域。由此，一切重要的对立分歧，如善恶、敌友、基督与敌基督都能变成审美对比和小说情节的手段，被作为整体效果融入艺术作品中。① 浪漫派的这种审美扩张到底基于什么样的精神结构？所有领域的审美化会不会把政治引向灾难性深渊？施米特对政治浪漫派的批判与后来对自由主义、经济—技术主义中立化时代的批判又有什么内在关联？

　　通过考察施米特《政治的浪漫派》（1919）和其后来的著作，可以发现施米特批判政治的浪漫派是预备性的，旨在为批判中立化时代、经济—技术主义和政治正当性的位移做好准备。② 施米特一系列著作的思想都可以从《政治的浪漫派》中找到清晰的线索，此著作是了解施米特政治思想的恰当起点。③ 政治的浪漫派对"永恒交谈"的着迷和主体的机缘论态度，与自由主义对议会制"永恒辩论"的强调和非政治化，实际上基于相同的精神特征，这在《政治的神学》（1922）、《议会民主制的思想史状况》（1923）和《政治的概念》（1927）中得到了进一步展开。其审美—浪漫的精神结构也与经济—技术主义掺合在一起，推进了世俗化、中立化进程，这可见于《罗马天主教与政治形式》（1923）、《中立化与非政治化的时代》（1929）。政治的浪漫派用个人取代上帝，最终也导致了政治正当性的位移，从超越的正当性转向内在的正当性，《政治的神学》和《政治的概念》也都展现了这个转向。

一　政治的浪漫派与自由派

　　政治的浪漫派热衷于"永恒的交谈"，自由派则倾向"永恒的辩论"，

---

① 参见〔德〕卡尔·施米特《政治的浪漫派》，冯克利、刘锋译，上海人民出版社，2004，第4、14、31页。以下凡引此书仅在文中注页码。

② 施特劳斯认为，施米特对自由主义的批驳是准备性的，目的在于为决定性的战斗扫清战场。参见〔德〕迈尔《隐匿的对话——施米特与施特劳斯》，朱雁冰等译，华夏出版社，2007，第209页。

③ 关于政治的浪漫派在德国魏玛民国时期的状况，参见 C. Roquets, "Bridging the Political Gaps: The Interdiscursive Qualities of Political Romanticism in the Weimar Republic", *Contributions to the History of Concepts*, Vol. 13, No. 1, 2018。

两者具有相似的特性和亲缘关系。通过考察缪勒这位政治浪漫派的典范，施米特指出能言善辩是政治浪漫派的最大特性。缪勒的交谈胜过其言辞空洞的著作，他用廉价的情绪性感受取代严谨的论证，著作里写下的东西大多已在交谈或信函中出现过。交谈是政治浪漫派的核心，通过交谈和声音轰鸣般的回响，他们才可获得精神愉悦，"把握人生"，进行思考。在无休止的交谈中，政治浪漫派可以忘却世间的忧愁烦恼，逃避现实生活的窘迫和逼压，"在飞翔中"避开风险，不作任何决断和行动，而"从别人的决断和责任中产生抒情而离题的观念颤音"（第 130、153 页）。政治浪漫派更看重交谈的修辞效果，毫不在乎论证和思辨。交谈是政治的浪漫派渴望进入政治生活，借以分享政治荣耀的精神自慰，但它终究只不过是一种"口头表达"，根本无法得出逻辑结论并建立起道德规范，没有任何实质内容。在永恒的交谈中，政治的浪漫派用声音的回响填补了因逃避任何决断和风险而带来的生命虚空。

政治的浪漫派渴求无限的自由，拒绝自我之外的秩序和权威，这就需要自由主义式的治理结构来保护个人权利和私人空间。[1] 通过对政治浪漫派永恒交谈的批判，施米特随后转向了对自由派永恒辩论的批判。在《政治的神学》里，施米特借柯特的口精辟指出，资产阶级是"商讨阶级"。在柯特看来，这样一个把所有政治活动都变成在媒体和议会中进行对话的阶级，无法对抗社会冲突。[2] 自由派总是在愿望与限制之间犹豫不决，不断协商成了一种逃避责任的方法。在对任何政治细节的协商和谈判中，自由派消融了形而上学真理。通过把"生死攸关的纷争和决定性的殊死搏斗"转化成议会辩论，自由派在无休止的协商中把决断永远搁置起来。[3] 在《当今议会制的思想史状况》中，施米特更深入地检审了"永恒的辩论"问题。施米特强调，议会制和靠辩论施政的信念，都属于自由派思想。辩论和公开性是议会制的基础，因意见冲突而产生的辩论被当成立法的来源。自由派认

---

[1] George Duke, "Carl Schmitt's Political Romanticism and the Foundations of Law", *Oxford Journal of Law and Religion*, Vol. 9, No. 3, 2020, p. 419.

[2] 参见〔德〕卡尔·施米特：《政治的概念》，刘宗坤等译，上海人民出版社，2003，第 50 页。

[3] 参见〔德〕卡尔·施米特：《政治的概念》，刘宗坤等译，上海人民出版社，2003，第 53 页。

为，通过"动态辩论"就可以产生议会的理，现实的政策也可以从各种分歧和意见的交锋中产生，各种观点的交流碰撞能带来清晰的洞见，各种意见之间的论争能产生真理。（第163、185、187页）因此，辩论看起来成了一剂包医百病的灵丹妙药。

但是，这样的理想在魏玛民国当时党派纷争不断，内部价值极不统一，国家四分五裂、动荡不安的情况下，根本不可能实现。相反，这样的理想只会导致自欺欺人，看不到处境的艰难与危险，以为靠"永恒的辩论"就可以一劳永逸地解决所有问题。当时议会公开辩论的火热表相，只不过是各政党、各权势集团哄人的手段，其真正的目的是维护自己的利益和统治，通过辩论仅仅是为了获得多数人的支持。辩论是借助论证某事为真而说服对手或被说服，需要双方有共同的信念，能超越党派关系和私人利益。但当时的公开辩论已沦为空洞的形式，已经没有实质内容。（第162～163页）仅凭公开和辩论无法克服赤裸的权力之恶，企图用辩论取代暴力实为妄想。

施米特对政治的浪漫派和自由派的批判主要集中在"决断"问题上，两者分别通过交谈和辩论，都逃避和悬置了决断，导致议而不决。浪漫派将决断、行动、政治能力诗化为感受、动情、幻想的审美能力，从而摧毁伦理和政治的抉择，不对善恶是非做判断，甚至走向了非政治化。[1] 在《政治的概念》里，施米特充分表明了议而不决的后果。施米特将政治视为划分敌友，一个民族要在政治世界中生存，就得对谁是敌人和朋友作出决断。若失去划分敌友的能力或意志，这个民族在政治上就不复存在。因为其他民族会为其作出决断，使之在政治上丧失自由，被纳入另一个政治体系当中。[2] 在喋喋不休的协商和谈判中，一个共同体无法回避决断而进入非政治的世界。害怕政治风险而不作决断的民族，会被另一个担得起风险的民族所统领。随之，保护者便根据那种永恒的"庇护与臣服"的关系决定谁是敌友。[3]

---

[1] 参见刘小枫选编《施米特与政治的现代性》，魏朝勇等译，华东师范大学出版社，2007，第180页。
[2] 参见〔德〕卡尔·施米特《政治的概念》，刘宗坤等译，上海人民出版社，2003，第167页。
[3] 参见〔德〕卡尔·施米特《政治的概念》，刘宗坤等译，上海人民出版社，2003，第168页。施米特称"庇护与臣服"为国家的第一原理。

政治的浪漫派和议会制都体现了"政治的不成熟"。施米特非常清楚，在魏玛民国内忧外患的情况下，如果继续实行议会制，不对魏玛民国的敌友作出明智的划分，不对选择何种政治形式作出决断，而任由各种邪恶势力自由发展，最终这些势力将通过议会制这扇合法性大门上台执政。而后邪恶势力又会马上关闭这扇大门，让野蛮统治降临——后来希特勒这样的"流氓无产者"上台就是明证。议会制的实行需要有像英美一样成熟的政治环境：阶级分化已形成、中产阶级利益一致、统治阶级地位稳固、政治组织发达，最重要的是人民已达到同质一体化。① 只有达到这样的政治条件，议会制才可能有效运作实行。

施米特表示，政治浪漫派的另一个主要问题是将政治机缘化，而导向非政治化。机缘论是浪漫派审美扩张的精神结构，"机缘"是个消融性的概念，它否定了一切固有规范和因果性力量。浪漫派就是主体化的机缘论，浪漫主体把世界上的所有事物转化成纯粹的接触点，当作他从事浪漫创作的机缘和机遇。浪漫派把人类、历史、上帝或世界精神统统转化为主体体验的机缘，从而获得了无限的自主性。因果关系、规范性或约束性都被浪漫派取消了，通过"诗化"、游戏和想象，通过把所有事物加工成"一部无结局小说（Romans）的起点"，浪漫派把所有客体变成了审美体验纯粹的"机缘""起点"。客体（即便是女王或国家）仅仅是机缘，没有任何本质、本性和功能，被视为完全没有差异的浪漫对象，从中会得出什么结果不可测知（第14~15、78、85~86页）。浪漫派把一切事物进行机缘化，在点和圆的相互转化中，把万物都变成只关心自己的主体易于操作的形式，仅仅服务于浪漫自我的创作。浪漫派借此逃逸到一种"更高的第三者"，并以此放弃与外部世界的正常关系，获得完全的自由。

施米特把浪漫派艺术称为杂拌艺术、杂交式工艺品、艺术拼盘，而认为浪漫感受不过是伴生性感受。一个只有机缘的世界，不会有实质和功能性约束、持续性和规定性、决断和终审法庭（第17页）。正是基于机缘论的精神结构，国家在政治的浪漫派手中，变成了一件艺术品。国王、女王、国家可以像英雄、强盗、交际花一样，作为浪漫兴趣的起点，作为"起兴"

---

① 参见张旭东《全球化时代的文化认同：西方普遍主义话语的历史批判》，北京大学出版社，2005，第350页。

之用，他（它）们在浪漫派的心里毫无差别，都只是浪漫的机缘而已。政治的浪漫派可以随时变换形式游戏的场所，其场所永远是机缘性的，这导致了政治的浪漫派可以为任何状态辩护：集权制警察国家可以是没有生命的人造机器，也可以是必须加以保留的强健肌肉（第137、139页）。政治浪漫派的机缘性无法形成价值判断，一切都是相对的。这意味着，政治的浪漫派不会有明确的政治立场，将在不同的处境下与截然不同的政治环境结盟——这有缪勒的政治投机为证，他在哥廷根是亲英派，在柏林是封建主和等级保守主义的反集权派，在蒂罗尔则是绝对王权的集权国家职员，而且丝毫不会感到良心的痛苦。政治的浪漫派将无所顾忌地一会儿革命，一会儿保守，根据不同的情势变换自己的立场，并在频繁多变的花样世界里自得其乐。

政治的浪漫派对机缘特权的坚守使其不认可任何规范和秩序，也不区分正义与不正义。对正义的信念和对不正义的愤怒是政治能动性的来源，但政治的浪漫派把不正义看成只是一种不和谐音，化解于"一首圣乐、对更高生命的一种无止境的体验"之中（第155页）。对正义和不正义的机缘论态度，实际上是对政治的否定，用机缘取消政治。政治的机缘化、诗意化，使得国王仅仅成为一个象征，因而代表的思想也变成了只是浪漫情感的单纯诱因。① 把一切事物都当作审美情趣的机缘，不会产生任何政治的能动性。政治的浪漫派原想突破各种界限，超然于决断之上，成为异己势力的主人。但相当讽刺的是，在现实的政治世界中，政治的浪漫派最终只能对各种切近的势力唯命是从，成为异己势力的臣仆。

在《政治的概念》中，施米特也批评自由派可以跟各种非自由因素随意结合。② 施米特明确指出，政治的浪漫派原本也是一种传统的封建自由派，两者都可以跟其他政治形式任意结合，因此都无法形成自己的政治理论。③ 自

---

① 参见〔德〕卡尔·施米特《宪法学说》，刘锋译，上海人民出版社，2005，第308页。

② 施米特对自由主义的批判，参见 John McCormick, *Carl Schmitt's Critique of Liberalism*（Cambridge: Cambridge University Press, 1997）。

③ 参见〔德〕卡尔·施米特《政治的概念》，刘宗坤等译，上海人民出版社，2003，第204页。施米特认为，浪漫派无法拥有一种政治力量，总是使自己适应于当时的政治力量。伯克、夏多布里昂、贡斯当这三位具有代表性的自由派议会理论家也都是典型的浪漫派理论家。《宪法学说》则批评公民自由原则可以跟各种政治形式结合，形成混合宪法。

由派出于对私人权利和财产的保护，不信任国家和政府，要求用各种方式来制衡国家和政府的权力，但同时由于无法提出自己具体的国家理论，便只能形成各种政策，仅有政治批判而没有政治建构。① 因此，没有所谓的浪漫派法学或伦理学。确实，在后来的发展中，自由派由于逃避、忽略国家和政治，最终导致了非政治化。

自由派的非政治化，体现为在伦理与经济之间摇摆不定。伦理与经济分别对应着自由派的私人权利和私人财产，两者的混合是为了取消压迫性的政治。政治性的斗争概念在经济领域成了竞争，在伦理—精神领域则成了论争。通过诸如此类的分立，国家和政治就被限制在道德和经济观念之内。经济规范不必再受政治的引导，相反，政治被剥夺了所有正当性，只能限制在道德、法律和经济的规范内。由此，社会取代了国家，国家被看成压迫性的、野蛮的不道德领域。政治被定义为诚实的斗争领域，经济则是尔虞我诈的世界，两者并无本质差异。② 政治和经济的同一化，就使政治失去了实质性功能，变得非政治化了。

对这一转变，施米特指出一个相当悖谬的地方：虽然经济的交换性质摆脱了任何政治责任和安全，实现了非政治化，但取而代之的却是可怕的欺诈——经济契约体制的剥削与压迫同样残忍，比起政治的"压迫"甚至有过之而无不及。经济手段看起来是非斗争性的，但帝国主义同样可以造成掠夺状态，通过制裁、信贷、破坏货币制度等手段进行更激烈的掠夺，这种不流血的战争其实更血腥。最终，甚至借助极具杀伤力的现代武器，进行"一场为保证和拓展经济权力地位"的"人类最后的战争"。③ 这样的战争空前残酷和非人道，非政治的体制终究摆脱不了政治的灾难性后果。

永恒辩论的议而不决和价值中立的责任逃避，导致了国家无力应对内忧外患。在非政治化过程中，政治的浪漫派使各种利益的对立日益尖锐起来，为了在对立中不作价值判断而走向了中立化，寻求在技术信仰中"达成共识"。

---

① 〔德〕卡尔·施米特：《政治的概念》，刘宗坤等译，上海人民出版社，2003，第195页。

② 〔德〕卡尔·施米特：《政治的概念》，刘宗坤等译，上海人民出版社，2003，第202页。

③ 参见〔德〕卡尔·施米特《政治的概念》，刘宗坤等译，上海人民出版社，2003，第203～204页。

二 政治的浪漫派与经济—技术主义

浪漫派的普遍审美化，最终为走向精致的审美消费之路铺平了道路。浪漫派将艺术绝对化，把精神、宗教、民族、国家等都纳入审美领域，然后在审美的基础上理解所有其他领域。但浪漫派的审美扩张并没有带来伟大而风格庄严的艺术，浪漫派的作品没有公共性和代表性，只是光怪陆离的代用品。

政治的浪漫派对政治进行了极端审美化：最美丽的人应当统治国家并成为最强者，军事伪装如同鬼火，金银是国家的血液，国王是太阳……这些类比不是为了澄清概念，而是为了把对象提升到诗的境界。各种对象的大杂烩只不过是毫无价值的比喻泡沫，并不会带来任何能动性。对政治的浪漫派来说，情感、诗意和魅力才是最重要的，因此国家成了可爱之物，财政学也可以诗意化：向国家纳税如同给心爱的人送礼物（第116～117页）。政治在浪漫派"诗化"的比喻中，不再具有严肃性和紧迫性，成了一桩可以不断翻新变换的游戏。因此，政治的浪漫派造成的只是混乱无序，而非对现实世界的积极改变，这源于其抒情主义的道德匮乏。

施米特在《中立化与非政治化的时代》一文中指出，19世纪的浪漫派只是标志着一个处于18世纪的道德主义和19世纪的经济主义之间的审美阶段，只是一个促成所有文化精神领域彻底审美化的过渡时期。它轻而易举地获得了成功。人们通过审美领域走出了形而上学和道德领域，这条精致的审美消费和享受之路是最为可靠也最为舒适的道路，他们由此走上了把精神生活普遍经济学化的道路，并导致这样一种精神状况，即人民发现人类生存的中心范畴乃是生产和消费。[①]

浪漫的审美主义不但导致了政治的审美化，还促成了"精神生活普遍经济学化"，并发展成消费主义。把世界万物当成机缘的审美浪漫心态，形成了全然非理性的消费方式，这种消费方式同时也符合彻底理性化的生产方式。浪漫派由此促成了生产—消费的经济理性主义，后者并不思考善恶

---

① 参见〔德〕卡尔·施米特《政治的概念》，刘宗坤等译，上海人民出版社，2003，第232页。

是非，只考虑如何最大限度地抓住市场需求，并进行大批量的生产。但对经济思维而言，生产丝绸或生产毒气并无两样。只要有需求，能毁灭人类自身的杀伤性武器同样可以生产。

政治的浪漫派用纯洁质朴的大自然来对抗人造的机械的世界，这种典型的现代理性二元论思想，与经济领域划分出来的资产阶级和无产阶级的对立，都基于相同的精神结构。浪漫派的作品没有公共性和代表性，经济理性同样也不具有代表能力。资产阶级和无产阶级这种基于经济地位的二元论划分，都是物质主义的概念，弃绝了代表功能。在《政治的神学》里，施米特不无讽刺地说，专家和商人已变成了供货人或监工，商人坐在办公室里，专家则坐在书房或实验室里。他们都不过是机器的大奴仆，都匿名地为企业服务，他们要么是些私人个体，要么是些政党人物，但肯定不是代表。① 代表要有个体权威和个体尊严，只有像天主教这种对立复合体，既有统治的权威又有上帝的恩典，才具有代表的能力，代表基督的道成肉身和被钉十字架的历史关联，代表基督的人身。② 而经济性的物质主义概念不具备这些能力，它们最多只是代理人。这种位格和代表能力的消失，是世俗化和中立化的原因。当事物的差序格局被取消后，剩下的只是无差别的失去神性光辉的世俗个体。

代表观念的荡除，在技术主义中达到了顶峰。技术主义的兴起是经济思维进一步世俗化、庸俗化的结果。为免去神学争论的重负，继16世纪的神学被抛弃之后，人们在经济领域找到了中立化的崭新基点，随后在技术领域找到了最终的基础。技术只提供服务，不提供评价标准。技术可以解决诸多无法解决的难题，在技术的中立领域中，不必再为正义、善恶、是非争吵不休，人类的所有争执都可以在技术领域中达成妥协取得一致。技术这种排斥宗教的力量，现在却变成了另一种信仰——技术信仰。人们相信技术能使人类获得无限的力量，控制自然和人性。人类社会也能借此不断发展变化，永远繁荣昌盛。但施米特同时指出，技术表面上的中立其实

---

① 参见〔德〕卡尔·施米特《政治的概念》，刘宗坤等译，上海人民出版社，2003，第75~76页。

② 参见〔德〕卡尔·施米特《政治的概念》，刘宗坤等译，上海人民出版社，2003，第74页。

并不是真正的中立，技术始终只是一种工具和武器，任何人都可以利用。技术本身无法产生任何决断，更不用说中立性的决断。① 技术在文化和社会方面是盲目的，技术对自身的力量和性质并无意识。现代技术产生的摧毁性工具和在此基础上形成的新型"利维坦"的国家权力，越来越脱离人的控制，它们逾越了人类身体的界限，超越了"人支配人的权力所具有的一切人与人之间的尺度"，甚至超越了"具体个人发明者的身体、智力和灵魂的生产力"，最可怕的是，它们"还席卷了保护与服从的关系"。②"保护与服从"的消失，将意味着统治需要的剔除和非政治化，一切权力和政府将被看成是邪恶的。让施米特深感忧虑的是，人类在脱离了宗教、形而上学和国家之后，就排除了各种文化因素。精神中立性随着技术驶入了精神虚无的港湾，演变为文化死亡的中立性。③ "精神虚无"的彻底中立化时代，就会转向无政府主义者和"流氓无产者"占据统治地位的时代。

看来，施米特的真正敌人是无政府主义和技术精神与信仰。早在《政治的浪漫派》中，施米特就提到柯特对浪漫派的看法，柯特把浪漫派看成是"一场反抗传统形式和社会现状的革命运动"，浪漫派因此被柯特称为无政府主义。到了《罗马天主教与政治形式》，施米特关注的天主教的最大劲敌就是无政府主义。他再三强调，如果听任经济—技术思维按其内在规律运行，无论人还是物就都不需要"政府"。④ 经济—技术思维同样会走向无政府主义，因此要严加警惕。施米特警告说，一个社会如果纯粹建立在不断进步的技术基础上，就仅具革命性，很快就会自我毁灭，并毁灭自己的技术。施米特最终的批判重心是无政府主义，自由派导致的中立化、非政治化和对一切价值判断的搁置，都可能导向无政府主义。

---

① 参见〔德〕卡尔·施米特《政治的概念》，刘宗坤等译，上海人民出版社，2003，第238、239页。

② 参见舒炜编《施米特：政治的剩余价值》，上海人民出版社，2002，第322页。

③ 参见〔德〕卡尔·施米特《政治的概念》，刘宗坤等译，上海人民出版社，2003，第240页。

④ 参见〔德〕卡尔·施米特《政治的概念》，刘宗坤等译，上海人民出版社，2003，第90页。

三　政治正当性的转变

早在 18 世纪，传统形而上学的最高实在——超验的上帝，就被人类和历史这两个新实在取代了。政治的浪漫派通过用总体性操纵人类和历史，从而使个人取代了上帝。在极端私人化中，政治的浪漫派获得了一种对人类行使不负责任的权利所带来的喜悦（第 81 页）。通过把上帝转变为主体体验的机缘，在政治的浪漫派机缘论体系中上帝也被主观化了，成为浪漫主体创作的一个"点"。浪漫派最终把人类的权威从上帝变成了天才的"自我"，在自己天才的艺术创作中，代替了上帝的声音，变成了世界的创造者。上帝由此遭到了个人的罢黜，个人获得了无限的自主和自由，这就为新的市民社会的形成奠定了基础。人的自大性意味着人对其邪恶本性的否定，人不再愿意臣服于上帝的权威，而只想任意支配自身并向自身负责。没有了最高存在的观照和统治，个人得成为自己的诗人、哲学家、君王和教士。原本"按等级分配给社会秩序中职能不同的人"的重负，现在得由个人全部承担（第 17～18 页）。孤立无援的个体依靠自身的力量能承担起全部重负吗？人世间让人心碎的恶不会导致彻底绝望吗？如果上帝就此"死"在个人手下，就能确保世界永世太平吗？

施米特强烈批判政治的浪漫派用个人取代上帝，原因就在于一旦上帝被取消，神学的原罪说、人性恶说也就被取消了。这导致的后果是政治正当性的转变，从神圣的超越性转向民主政治。国家的主权只有奠定在超越法律规范的宗教基础上才会稳固，施米特用《政治的神学》为书名来谈论国家主权问题正是要强调这一点。中立化时代起源于神学争论被抛弃，最终在技术信仰中走向虚无主义。原罪说不能完全抛弃，是因为人有各种邪恶本性，人是一种需要统治的"动物"。如果不对人进行统治，人的动物性就会跑出来互相撕咬，其惨烈状况乃空前罕见。

在《政治的概念》中，施米特说明了为何人是一种充满问题的存在。普莱斯纳认为，人始终是一个"悬而未决的问题"，是一种危险的存在。霍布斯更是悲观，将自然状态设想为每个人身心能力平等，都想获得自己的东西，最终陷入一切人对一切人的战争的状态。柏拉图的古典政治思想也强调要从"外部"强行管制人的怪兽野性。柯特的态度最坚决，他把人看成绝对有罪和堕落的，甚至比爬虫更为卑劣。在施米特看来，政治问题的关键是如何在公开的专政中抑制人世间的恶，否认原罪必然导致人类生活秩序的正当性虚空，因而政治需要神学。①

　　正是由于人性具有各种邪恶，政治统治就有正当需要。如果放弃对人性的道德遏制，市民阶层就会自发堕落，强力统治难免出现。人类生活必须建立起统治的秩序，以遏制人的邪恶天性，让人各司其职而不互相僭越。施米特推崇备至的柯特认为，贵族制（贤人政制）能抑制人性恶，并非压迫而是顾及多数人。政治的正当性应基于德性的秩序而非经济理性，后者放任人性的邪恶进行统治，才是真正可怕的暴政。依凭德性的自然秩序自上而下的专政是适度的约束，多数的不智者自下而上的专政将是暴力的制约。② 施米特对政治的肯定，对统治的强调还基于对中立化后果的担心。人性乐观主义者可能会认为万事万物都会自动地各司其职，实现自我管理，因此无须政府的统治。但施米特担心的是："这样一个囊括了全世界的经济和技术组织所具有的令人惊恐的权力会落入哪些人手中？"要应对这个问题，"让人民造出一个政府来管理人民"绝非纯属多余。③

　　无论是启蒙运动、"法律专制主义"的人性教化说，还是费希特把国家改塑为"教化工厂"，或者是自由主义反对国家对个人的干涉，把社会看成人的理性调节需要的产物，由此借人性本善、政府本恶说用社会取代国家……这些都摆脱不了逃离政治统治的后果。施米特最担心的是，人性本善说都有可能滑向无政府主义。无神论的无政府主义认为人是绝对善的，而一切权威、国家和政府的观念都是邪恶的。正是出自这种观念，无政府主义要求推翻一切统治，清除所有政权。这种对人性的极端审美化，如把农民理想化为善良、勇敢的基督良民（这也是浪漫派的典型做法），将导致极端的革命性。施米特进而对比了法国大革命，他描述了

---

① 参见刘小枫《现代人及其敌人——公法学家施米特引论》，华夏出版社，2009，第 203 ~ 204 页。

② 参见刘小枫《现代人及其敌人——公法学家施米特引论》，华夏出版社，2009，第 201 ~ 202 页。

③ 参见〔德〕卡尔·施米特《政治的概念》，刘宗坤等译，上海人民出版社，2003，第 177 页。

托克维尔那令人战栗的"政治悲哀"：在 1789 年革命前，贵族社会把"天性善良的人"和民众道德感情化，认为那些带来安全和信念的民众善良、温和、天真。但在革命后托克维尔不得不补上：这真是"荒谬可怕的看法"。① 因为"没有人看破革命"的真相，革命正是这些天真善良的民众发起的。

政治的浪漫派、自由主义和无政府主义，都把权力（政治）的本质看成邪恶的，而把人的本质看成善良的。在中古时期，一切权力原本来自上帝，神作为权力（政治）正当性的基础，乃是神圣和好的，而权力意志被当作坏的。19 世纪以来，上帝和自然这两个正当性基础被清除后，权力恶的主题便出现了。施米特指出，恰恰是权力的人化才导致了权力自身即为恶这一信念的流传。上帝死了和权力自身为恶这两句名言都来自相同的时期和处境，从根本上说是一回事。当上帝死了并且狼不再让孩子感到恐惧时，人应该畏惧什么？② 在彻底中立化和毁灭性武器极端发达的现代，没有了神圣权威的弹压震慑，人类会不会滑向恶的深渊而浑然不知？

通过对政治的浪漫派"永恒的交谈"、政治的审美化、审美消费和用个人取代上帝的批判，施米特为批判中立化时代作好了关键性的准备。中立化时代的到来，政治的公开化，个人意识的无限膨胀，最终导致了神圣权威和人类权威的彻底丧失。上帝死后，原罪说也失去了根本性的意义。政治的正当性转移到了"人民"身上，人民能像上帝一样担起这个重负吗？施米特显然没有把目光仅仅停留在批判政治的浪漫派、中立化时代和无政府主义上。他要追问的毋宁是，如果世界已彻底世俗化，知识人该怎么办？施米特起初试图用民族精神代替中古神学精神，以使人民形成同质一体，成为政治正当性的基础。但问题在于，若出类拔萃的有德者不能奠定政治的根基，民主政治同样会面临巨大难题。即便没有民主国家之间的对抗，人的高低品质之间的政治对抗仍然存在。因此，施米特的人民民主政治神

---

① 参见〔德〕卡尔·施米特《政治的概念》，刘宗坤等译，上海人民出版社，2003，第 190 ~ 191 页。
② 参见舒炜编《施米特：政治的剩余价值》，上海人民出版社，2002。

学问题，仍是一个古典问题。^① 施米特一直追问的是：谁统治？谁裁决？谁解释？谁决定着善和恶？施米特最终给出的解决办法是"人为"地解决。政治依然需要德性卓绝的人来统治，这便是古典哲人尤其是柏拉图特别关注的问题。^②

---

① 刘小枫：《现代人及其敌人——公法学家施米特引论》，华夏出版社，2009，第 227~228，235 页。

② 对于施米特的决断论是否走向柏拉图式的知识存在争议，参见刘小枫选编《施米特与政治的现代性》，魏朝勇等译，华东师范大学出版社，2007，第 116 页。Duke 表示，亚里士多德的实践理性和立法概念方是政治浪漫派的真正解药，参见 George Duke，"Carl Schmitt's Political Romanticism and the Foundations of Law"，*Oxford Journal of Law and Religion*，Vol. 9，No. 3，2020，p. 434。迈尔指出，在将何为"正确"和"应该如何生活"作为人的首要问题上，施米特与苏格拉底具有一致性，但政治神学与政治哲学的解答并不一样。参见〔德〕迈尔《古今之争中的核心问题——施米特的学说与施特劳斯的论题》，林国基等译，华夏出版社，2004，第 45 页。

定型、分辨与变革：荷马时代的
"魅力型"统治[*]

陶　涛^{**}

摘　要：荷马时代的政治制度常常被认为是军事民主制，这是一种统一型回答。而这一政治制度得以维持的实质是"魅力型"统治，它看似依托于英雄首领"巴西琉斯"的个人"魅力"，但构成"魅力"的可靠基础还需要首领的"追随者"，即"民众"及其组成的"民众聚会"的支持。二者本质上代表了平民表决式政治的初步形式，既保留了王权的稳定和"魅力"领导力，又允许或默许平民行使决策权，试图在国家治理中平衡中坚力量。但荷马时代的"魅力型"统治并没有形成明确的法理规定，因此它只是短暂存在且未达到充分稳定的状态。面对对"魅力型"统治的质疑，其变革的出路是走向魅力的"平凡化"，为领导者寻求统治的合法性，以满足和维护其个人魅力在统治过程中的特殊要求和合法地位。

关键词：民众；巴西琉斯；荷马时代；"魅力型"统治

德国政治经济学家马克斯·韦伯（Max Weber）在《经济与社会》一书中提出了合法统治的三种纯粹形式：合法型（legal rule）、传统型（traditional rule）和魅力型（Charismatic rule）。合法型统治强调权力必须符合法

---

* 本文系中央高校基本科研业务费专项资金项目"习近平以人民为中心德性伦理观研究"（JZ2022HGQA0197）、合肥工业大学青年教师教学研究项目"新时代增强高校思政课的引领力研究——以《马克思主义基本原理》课程教学为例"（JYQN2109）的阶段性成果。

** 陶涛，哲学博士，合肥工业大学马克思主义学院讲师，研究方向为古希腊哲学、伦理学。

律和程序的规定，领导者必须依法行使权力，并接受法律和制度的限制或约束。领导者的合法性来自这些法律与制度赋予他们的地位和权力。传统型统治是基于习俗、传统和惯例等，建立在历史上的传统权威的基础上的统治。相对于之前提到的两种类型，"魅力型"统治更加关注领导者个人人格的"魅力"和吸引力对权力和影响力的重要性。领导者通过"魅力"来争取人们的信任和支持，以此来实现统治的合法性和稳定性。"魅力型"统治者往往具有领导才能、人格魅力、出众的个人特质，如领袖风范等，足以引起民众的共鸣和使其有归属感。在西方近现代理性主义者看来，合法型统治才是正当的政治制度类型，而传统型和魅力型虽未被抛弃，但也仅被承认是政治社会发展过程中必要的过渡类型。尽管如此，韦伯仍然将后二者称作合法统治形式，并将"魅力型"统治"人格化"。但是，历史发展证明在一段完整的社会发展过程中，其统治方式不仅限于纯粹的某一统治类型，所以说每个政治制度发展阶段可能在一段特定时间内具有某种典型的统治类型，也许会有多种统治类型交错。学界一般认为荷马时代的政治制度是军事民主制①，这是一种统一型解答。笔者并不否认这一观点，而对于维持军事民主制持续运行的实质形式，笔者未将其整体归类为"传统型"，而是归于"魅力型"统治。

一 定型：荷马时代是不是"魅力型"统治？

在普遍情况下，荷马时代的首领依靠世袭和血缘关系传承王位，但在实施权力过程中，他们仍需借助民意或神谕的指示，并具备非凡的魅力、杰出的英雄气质或典范的榜样形象，以赢得城邦民众的信任和崇拜。否则，民众会出声反对他的权力②，因其更加关注的是首领是否是英雄，是否具有强劲的个人权威或魅力，即使是世袭或血缘传承的首领，也必须满足具备"魅力"这一前提。"这在古代社会中包含人民掌握有支配政府的权力，巴

---

① 如摩尔根、亚里士多德等历史学家和哲学家等给出一个统一的观点，具体可以参考摩尔根《古代社会》（1971）第九章"英雄时代的政治是军事民主政治"、亚里士多德《政治学》第三卷第十章相关内容等。

② 参见《罗念生全集》第5卷《伊利亚特》，罗念生译，上海人民出版社，2004，第207页。

赛勒斯之职是由人民自愿的授予，和在充分的理由之下能够收回。"① 所以经过分析，本文认为荷马时代的主要统治属于"魅力型"统治，依赖于首领所倡导和实施的制度的神圣性和合理性。但在历史发展的过程中，任何时期的统治形式并非是绝对的，这三种统治类型"在历史上没有任何一个真正以'纯粹'的形式出现过，这当然像平常一样，并不影响以尽可能纯粹的形式来确定概念"②。荷马时代也并非只有"魅力型"统治，即当某种统治形式占据主导时，即认可该种形式的核心地位。因此，研究"魅力型"统治是否为荷马时代主要且必要的统治形式，应当综合主体形式、"魅力"的规范性要求和经济基础等进行判定。

"魅力型"统治的主体是个人，而非群体。在《伊利亚特》第二章中，阿伽门农（Agamemnon）为试探军心而召开全军大会，故意向将领和士兵们说道："让我们坐船逃往亲爱的祖国的土地，因为我们攻不下街道宽阔的特洛亚。"③ 奥德修斯得到了雅典娜的言语指引，帮助阿伽门农稳定军心，所以他接过阿伽门农的权杖在军队中穿行，试图压制住那些离散和反动的心。为此，他维护阿伽门农作为统领者的地位，敲打了一个普通士兵，并出言阻止他的无礼，"我的好人，你安静地坐下，听那些比你强大的人说话；你没有战斗精神，没有力量，战斗和议事你都没分量。我们阿开奥斯人不能人人当国王；多头制不是好制度，应当让一个人当君主，当国王，是狡诈的天神克洛诺斯的儿子授予他王杖和特权，使他们统治人民"④。可见，多头制（πολυκοιρανίη）在荷马时代没有得到普遍认同。准确来说，单一的王者统治，如巴西琉斯（βασιλεύς）的统治才是古希腊民众的支持和信任的统治形式，有着基于英雄首领个人魅力和领导能力的合法性。韦伯对"魅力型"统治的解释是"建立在非凡的献身于一个人以及由他所默示和创立的制度的神圣性，或者英雄气概，或者楷模样板之上"⑤。一方面荷马时代属于战乱年代，其首领通常是擅长战争和制定军事策略的英雄人物，他们的"魅

---

① 〔美〕摩尔根：《古代社会》第二册，杨东莼、张栗原、冯汉骥译，商务印书馆，1971，第432页。
② 〔德〕马克斯·韦伯：《经济与社会》上卷，林荣远译，商务印书馆，1997，第242页。
③ 《罗念生全集》第5卷《伊利亚特》，罗念生译，上海人民出版社，2004，第35页。
④ 《罗念生全集》第5卷《伊利亚特》，罗念生译，上海人民出版社，2004，第38页。
⑤ 〔德〕马克斯·韦伯：《经济与社会》上卷，林荣远译，商务印书馆，1997，第241页。

力"就在于具备"强大"的能力、"战斗精神"和"力量"，同时也是保护城邦民众生存的根本。英雄首领的唯一性和确定性是一系列政策和措施得以坚定实施的基础，避免在"战斗和议事"中出现冲突，才能确保战场的优势和增进民众的福祉。另一方面荷马社会结构相对简单，伦理观念普及速度和认同度相对较快，没有复杂的行政机构和官僚体系。因此，一个首领能够更加集中地领导和管理整个部落氏族、城邦区域。这种伦理认同使得英雄首领的魅力得以散发，进而获得民众的支持和拥护，从而实现荷马时代各个城邦相对稳定的统治。

韦伯用"魅力"一词来规定这种统治形式，是因其要求领导者（领袖）具备"非凡的品质"。"他被视为〔天份（分）过人〕，具有超自然的或者超人的，或者特别非凡的、任何其他人无法企及的力量或素质，或者被视为神灵差遣的，或者被视为楷模，因此也被视为'领袖'。"① 首先，对领袖"魅力"的规范性要求离不开传统型统治的标准。因为"天分过人"在荷马时代，是指英雄出生、血缘、教育等，而这些都是传统型统治赖以生存的基础。英雄"领袖"的"天分"源于他们的贵族家庭、精英阶级，所以常常在政治和社会事务方面享有更多的权利和特权，甚至利用自己的财富和地位来影响政治决策，参与社会事务，并与其他贵族进行交流和合。其次，"魅力"规定"领袖"具备"超自然的或者超人"的力量或素质，具备对古希腊宇宙自然的理解和认知能力。韦伯将这种超凡异能称为"卡理斯玛"（Charisma）②，领袖的超过宇宙自然的力量和素质在某个领域或能力上超越了一般人的水平。对于荷马时代的英雄首领来说高贵的德性（arete）就是"卡理斯玛"，可以轻松地展现超凡的魅力和吸引力，并影响他者的想法、观点或情感。但荷马时代的英雄首领若想确保一个城邦恒久发展并稳定运行，还需要在"德性"的基础上，增加与众不同的技能、知识或经验，以及超越常人的自然力，而这些能力可能源于个人的天赋或后天训练。还有一种可能性也就是第三种对"魅力"的规范性要求，即"神灵差遣"。一般是与神明有血缘关系或是受到神明喜爱的英雄会得到"勇气""智

---

① 〔德〕马克斯·韦伯：《经济与社会》上卷，林荣远译，商务印书馆，1997，第 269 页。

② Charisma 是魅力型统治（charismatic rule）的核心。〔德〕马克斯·韦伯：《宗教社会学》，康乐、简美惠译，广西师范大学出版社，2005，第 3 页。

慧"等恩赐，统领一方。尤其是，荷马时代的英雄无一不与神明有关，或是神明的血亲，或是得到神明的庇佑，在政治社会中享有非常人的声望和威信。因此，英雄首领的"魅力"被视为神圣的存在，也会让统治"师出有名"而具有合理性和合法性。如若英雄拥有以上"非凡品质"，其"魅力"足以使其作为城邦或区域的"楷模"，进而成为"领袖"。当然，个人是否具有良好的品德和行为，以及他如何通过自己的行动和领导能力来影响和引导他人，决定了他是否可以成为"楷模"甚至魅力型"领袖"。

荷马时代是否处于"魅力型"统治阶段，在韦伯看来，还与经济基础相关。在现代社会中，维护区域民众的福祉的必要条件是保障经济基础的厚足，而相反的是，韦伯认为与"魅力型"统治相匹配的经济基础应当是薄弱的，且维持经济发展的手段是原始的。荷马时代经济的理想状态主要依靠种植谷物、蔬菜和水果，养殖牛、羊和猪等家畜或简易的手工贸易，形成自给自足的农业经济。但这仅限于理想状态，实际上，荷马时代的军队以及城邦管理等活动需要大量的资源和开销。城邦通过不固定的征税和微薄的贸易收入筹集资金或通过贸易获取进口物品。斯塔尔（Chester G. Starr）认为"在如此贫穷的时代，巴西琉斯的资源可能几乎无法满足宗教和初级国家的简单需求"[1]，所以，在荷马时代，英雄首领的纯粹的"魅力型"统治与经济发展之间正如韦伯所说是相互陌生的。而其重要经济来源，"一方面是依靠资助——大规模资助（礼品、捐赠、贿赂、大赠款）——或者依靠托钵乞讨来供应生活，另一方面是掳掠物，暴力榨取或者（形式上）和平的讹诈，这两者都是魅力统治需求满足的典型形式。从一种合理的经济角度看，它是一种'非经济性'的典型政权"[2]。在《奥德赛》的时间线中，即特洛伊战争至少结束了十年后，伊塔卡首领奥德修斯返回城邦，以乞讨者的身份向众人回忆起，在特洛伊大战之前"我已九次率领战士和迅疾的船只侵袭外邦人民，获得无数战利品。我从中挑选我喜

---

① Starrc. C, "The Decline of the Early Greek Kings", *Historia: Zeitschrift für Alte Geschichte*, Bd. 10, H. 2（Apr., 1961），p. 131.

② 〔德〕马克斯·韦伯：《经济与社会》上卷，林荣远译，商务印书馆，1997，第 272~273 页。

爱之物，然后按阄签又分得许多，于是我家境迅速暴富"①。得益于首领带领士兵进行的"侵袭"，财富才能逐渐累积。紧接着，奥德修斯参加了特洛伊战争后，又再次航行前往埃及进行新一轮的"殖民"抢掠，而此时的宙斯却是"给我的伴侣们抛下不祥的混乱"②，将他们在埃及掠夺的金银珠宝、奴仆等财富都卷入"无踪影"的地界，同伴因此无德的行为赔付了自己的生命。而奥德修斯这位克里特人③本应当死于埃及，戏剧性的是，他向国王哭诉悔过，为维护城邦荣誉及时找寻出路，被免除了死亡，停留在埃及七年。在这一时期，奥德修斯在埃及"积聚了很多财富，他们都给我馈赠"④。一场实质为掠夺性的海盗行为因神祇的仁慈和奥德修斯及时的"魅力"领导力又一次见证了因馈赠而不断增长的财富。"侵袭"和"馈赠"成为荷马时代极具特色的财富积累手段，本质上也维护了首领个人"魅力"权威并默认以此形式促进财富增长的暴力方式。总言之，荷马时代如韦伯所言，无论是在主体形式的选择上、对"魅力"的规范性要求上，或是在经济基础发展程度上，都主要处于由首领个人"魅力"全面统治下的原始阶段。

二 分辨：构成"魅力"的可靠基础

当了解到荷马时代处于"魅力型"统治的阶段后，我们会发现另一种分歧：构成"魅力"的可靠基础是不是领导者的"魅力"？一般情况下，"魅力"被看作领导者的装饰词，所以，部分学者认为领导者，如巴西琉斯才是荷马时代的"魅力型"统治的研究重点；而与之相对的是有学者认为虽然荷马时代的"魅力型"统治是首领主导的，但构成"魅力"这种基础的"唯一的关键"在于"追随者们"，即民众。

（一） 巴西琉斯的"魅力"统治及依据

早在赫西俄德的《神谱》中，城邦首领、君主的另一别称"巴西琉斯"

---

① 〔古希腊〕荷马：《奥德赛》，王焕生译，人民文学出版社，1997，第262页。
② 〔古希腊〕荷马：《奥德赛》，王焕生译，人民文学出版社，1997，第263页。
③ 该处是奥德修斯隐藏身份向家奴叙说的故事，因此他将自己伪装为克里特人。
④ 〔古希腊〕荷马：《奥德赛》，王焕生译，人民文学出版社，1997，第263页。

（βασιλεύς）就出现了。"伟大宙斯的女儿们尊重宙斯抚育下成长的任何一位巴西琉斯，看着他们出生，让他们吮吸甘露，赐予他们优美的言辞。"①巴西琉斯因其英雄气概、受神明喜爱等因素被城邦即民众奉为"领袖"，所以，韦伯也多次强调过能够直接领导城邦或民众的首领（巴西琉斯），其"魅力"一定是必需的。支撑荷马时代城邦运行的"魅力"体现在以下几个方面：其一，能够负责制定战略计划、组织行动和指挥军队作战；其二，具备行使政治和外交权力的能力，能够对内外城邦进行管理和治理及发出友好信号或发动战争；其三，作为宗教仪式和祭祀活动中的祭拜者；其四，保障法律（司法）权力，负责解决内外争议和决定惩罚方式等。在《伊利亚特》中，参加特洛伊战争的英雄首领繁多，由各个城邦汇集而来的希腊联军一致推选出最高统帅阿伽门农，因其"最有君主的无上仪容"（kingliest）②，其成为所有参战的诸城邦首领的领导者。虽然阿伽门农同样被称为巴西琉斯，但是其"魅力"整体大于其他诸城邦的巴西琉斯，为此，保罗·茹斯（Paul Joosse）给出了解答，因为"魅力不再是一个本质上的基督概念，而是一个可以与任何宗教团体、政治、军事和其他文化背景下的权威相关的分析范畴"③，正如诸城邦各首领服从于阿伽门农集军事、行政、宗教及司法权力于一体的"魅力型"统治。

荷马时代的巴西琉斯如果不是通过暴力或经济强迫等手段，如何维持个人非凡的品质并让民众服从其政治权威，成为研究巴西琉斯"魅力型"统治的一大议题。沃尔特·唐兰（Walter Donlan）提出这一疑惑，认为巴西琉斯会通过"传统权威"来维持。但是他并未将这一问题置于荷马时代中考虑，所以，唐兰对于"传统权威"的解释仅局限于我们已经谈论过的领导者的个人非凡的品质④。塔尔曼（William G. Thalmann）结合传统型统治，在唐兰观点下补充了一点，即巴西琉斯的权力或者说政治统治依据来自

---

① 〔古希腊〕赫西俄德：《工作与时日　神谱》，张竹明、蒋平译，商务印书馆，1991，第30页。

② 《罗念生全集》第5卷《伊利亚特》，罗念生译，上海人民出版社，2004，第28页。

③ J. Paul, "Becoming a God: Max Weber and the Social Construction of Charisma", *Journal of Classical Sociology* Vol. 14, No. 3, 2014, p. 271.

④ W. Donlan, "The Relations of Power in The Pre-State and Early State Polities", in Lynette Mitchell and P. J. Rhodes, eds, *The Development of the Polis in Archaic Greece*, New York: Routledge, 1997, pp. 42 –43.

"出身和个人才能，二者合力可以维系君王的地位"①。

实际上，除了个人非凡品质（才能）与出身，维持荷马时代"传统权威"的还有一种表象特征，即物权。物权的主要形式是权杖（scepter），它是君王"传统权威"的神性源泉。任何人手握权杖，都具备了演讲或惩罚他人的权威，而君王手持权杖更意味着号召、统领的权力。获得权杖也是自然神明对于王者个人及祖辈英雄个人"魅力"的肯定。阿伽门农世袭的权杖，最初由赫淮斯托斯打造送与宙斯，后宙斯赐给赫尔墨斯，辗转几代落入阿伽门农手中，"使他成为许多岛屿和整个阿尔戈斯的国王"②。阿伽门农手持权杖向全军传达军令后，奥德修斯受到神明指引，"他一直去到阿特柔斯之子阿伽门农那里，接过那根祖传的不朽权杖，握着它沿着披铜甲的阿开奥斯人的船只往里走"③。权杖的转移预示着阿伽门农缺位期间，具备"魅力"的首领承袭了统领话语地位和权力。受宙斯养育的巴西琉斯接受了权杖，故而接受了权力传承的重任。奥德修斯在手持权杖穿越军队时，遇到了另一位巴西琉斯，可以用"温和的话语阻止他"的不当行为，对于普通士兵的叫嚣，"他就用权杖打他"④。正因为权杖具有神圣性，又象征着对阿特柔斯家族世代"魅力"的赞赏，因而权杖寓意着巴西琉斯的权能及其神圣不可侵犯的"魅力"威严。

"传统权威"的本质特征在于正义，但这种正义是"完全处于"强权下的正义还是"基于"强权下的正义？沃尔特·唐兰显然偏向于后者："在首领处于社会核心地位的形式中，统领者会因为'不平等的权利和地位'与民众区别开来，但还未具备显著的强制权力。"⑤ 他认为荷马时代的巴西琉斯不是现代社会设想的那样，用获取的绝对控制权去维持"传统权威"，但是也未否认没有强权正义的存在。笔者赞同唐兰将巴西琉斯维持"魅力"的方式归于"基于"强权下的正义，并认为这是一种以统治者"传统权威"

① William G. Thalmann, *The Swineherd and the Bow*: *Representations of Class in the Odyssey*, Ithaca: Cornell University Press, 1998, p. 269.

② 《罗念生全集》第5卷《伊利亚特》，罗念生译，上海人民出版社，2004，第34页。

③ 《罗念生全集》第5卷《伊利亚特》，罗念生译，上海人民出版社，2004，第37页。

④ 《罗念生全集》第5卷《伊利亚特》，罗念生译，上海人民出版社，2004，第37页。

⑤ W. Dolan, "The Relations of Power in The Pre-State and Early State Polities", in Lynette Mitchell and P. J. Rhodes, eds, *The Development of the Polis in Archaic Greece*, New York: Routledge, 1997, p. 39.

为最高准则，并默认与民众合议协商下的正义。荷马时代的英雄首领在重大战役或掠夺城池土地后会依照功绩、贵族地位或其他影响因素分配金钱、财富和荣誉等物品，而一般的分配正义的最高准则是首领的个人意愿，即王者的个人分配，如对战争中掠夺的土地的分配。这种分配正义总体上是对"正义"的尊重，也是对维持首领个人"魅力"下的"传统权威"的尊重。在《奥德赛》第九章中，当奥德修斯一行刚离开特洛伊时，他们首先到达了基科涅斯人的土地，这时他们进行了第一次正义分配："我们掳获了居民的许多妻子和财物，把它们分配，每个人不缺相等的一份。"①后来他们又骗走了波吕斐摩斯的羊群："我们从空心船赶出库克洛普斯的羊群，分给大家，每人都不缺相等的一份。"② 特有的程序化公式"每人都不缺相等的一份"（ὡς μή τίς μοι ἀτεμβόμενος κίοι ἴσης）证明，在奥德修斯的归程中，每当他们获得一些物品荣誉时，作为王者，总是及时地分配物品。多次重复的程序化公式足以证明正义在古典道德社会中的重要性。奥德修斯十分尊重"正义"且平等地分配了所有的物品，看似是奥德修斯利用强权正义进行的分配，但实则是民众（同伴）的默认，将服从"传统权威"视为一种必须完成的任务。在荷马时代大部分情况下，民众会把权威的命令看作行为的准则且认为有必要服从，因其背后代表的是首领的"魅力"，所以，他们认同"基于"强权正义的首领的命令是合理的，甚至是合法的，符合他们的利益或价值观。然而，每个民众对权威和服从的观点可能不同，因此在某些情况下，民众可能会对权威的合法性提出质疑或选择不服从，这取决于不同时代民众对信仰体系、价值观和对社会秩序的认知。

（二）民众与民众聚会

即便韦伯对构成统治者"魅力"的因素进行多番解释，但他对此并不感兴趣，反而认为"唯一的关键是这种品质实际上被接受魅力统治的人即'追随者们'作出何种评判"③。保罗也认为韦伯所表达的"魅力"的"礼

---

① 〔古希腊〕荷马：《奥德赛》，王焕生译，人民文学出版社，1997，第153页。
② 〔古希腊〕荷马：《奥德赛》，王焕生译，人民文学出版社，1997，第171页。
③ 〔德〕马克斯·韦伯：《经济与社会》上卷，林荣远译，商务印书馆，1997，第269页。

物"并非天赐的，而是追随者通过赋予特殊权力而赋予领导者的东西。① 就此，学界对构成"魅力"的可靠基础的分歧的另一观点，即虽然荷马时代的"魅力型"统治是首领主导的，但构成"魅力"这种基础的"唯一的关键"在于"追随者们"，即民众。

民众（λαός/laos; πλῆθος/plethos; δῆμος/dêmos）② 在早期荷马时代的政治运行模式中具备评判作用，但评判权是从神明到君王，最终才落于民众之手。以韦伯为代表的部分学者认为，构成"魅力"的可靠基础也是自上往下③归于民众的评判。至于民众的评判是否有效，是否得到首领采纳则没有被纳入荷马时代的考虑范围内。在特勒马科斯（Telemachus）迟迟未能等到其父奥德修斯归乡后，他思虑万千，毅然决然地站在了民众面前，承担起保卫城邦免受外人侵略、保障政体稳定运行及寻父等重任，"他立即命令嗓音洪亮的传令官们，召集长发的阿开奥斯人到广场开会"④，"于是站到场中央，传令官佩塞诺尔深明事理，把权杖交到他手中"⑤，他接过权杖就是承袭其父奥德修斯的首领权力，承接奥德修斯的个人"魅力"和权威。而这背后的政治运行模式是遵循一定自然规定，不是与生俱来的。所以，特勒马科斯将这次聚会赋予神明的名义，"我以奥林波斯的宙斯和特弥斯的名义，这位女神遣散或召集人间的会议"⑥。在叙述完自己面临的"双重

---

① J. Paul，"Becoming a God：Max Weber and the Social Construction of Charisma"，*Journal of Classical Sociology*，2014，p. 271.

② 早期古希腊社会用于指代"民众"的词语较多，其含义也有重叠。因为年代久远及文字未普及等，"民众"并未被清晰界定，可以统称为人民、民众、平民等。以《荷马史诗》为例，"民众"主要有三种表达方式。一是λαός（laos）。在古希腊语中指的是一个民族或一个国家的人民，它强调的是一个群体的身份和共同性，通常与曾共同生活、有共同历史和共同文化的人们有关联。在政治上，λαός可以指一个城邦、国家的公民，或者是领导的主要追随者。二是πλῆθος（plethos）。在古希腊语中指的是一个大群体或大量的人，它强调的是数量和规模，通常与人的集合或聚集有关。πλῆθος可以指示威活动中的大量人群或社会运动中的广大支持者。三是δῆμος（demos）。它是学界常用词语，主要指一个社区或一个城邦的居民，它强调的是一个地理区域或行政单位中的人民，通常与共同居住和共同利益有关。近现代学者，如芬利、唐兰等人常用δῆμος（demos）一词指代一个城邦或地区的具有参加地方政治的权利的居民。

③ 根据上述评判权的转移轨迹，从"神明—君王—民众"进行自上而下的梳理。

④ 〔古希腊〕荷马：《奥德赛》，王焕生译，人民文学出版社，1997，第18页。

⑤ 〔古希腊〕荷马：《奥德赛》，王焕生译，人民文学出版社，1997，第19页。

⑥ 〔古希腊〕荷马：《奥德赛》，王焕生译，人民文学出版社，1997，第20页。

灾难"① 后，"他这样激动地说完，把权杖扔到地上"②。特勒马科斯这一举动并不意味着放弃权力，而是将话语评判权交还给了民众。可以说，"特弥斯的正义—特勒马科斯的权杖—民众意见"见证着荷马时代一套政治运行模式的完善。民众意见多数情况下都在维护首领的魅力统治，并不会由此产生阶级冲突。正如《荷马史诗》在创作过程中，也是按照某位类似于"宙斯""特弥斯"的"大人物"的安排，接着传给"吟唱者"，再进入"观众"的评断之中。此时的"观众"与"民众"的地位基本一致，这在迪恩·汉默（Dean Hammer）看来，"是精英阶层的意识形式工具，以便把权力的剥削关系合法化"③。

民众不会单一地出现，其力量来源于民众聚会。有民众的场所，就会出现民众聚会，因为领导者看重的不是单一个体的能力，而是民众集聚的社会伦理约束力，即民众聚会。它之所以能够受到领导者的如此重视，一方面是因为民众聚会早期政治形式多样，功能齐全，能够将民众公共权利合理化：是民众进行集会与讨论的地方，民众可以自由地表达自己的观点，参与公共事务的决策和讨论；是政治辩论和演说的舞台，首领、演说家等在这里发表演讲，争取民众对其个人"魅力"或相关决策的支持；也是法律和司法的场所，民众可以在此提出诉讼，要求首领解决纠纷，并接受审判；也是商业交易的中心，商人和交易者可以进行贸易往来，展示和销售商品；是社交与文化活动的聚集地，民众可以在这里交流、结交朋友，参与各种文化表演和庆祝活动。另一方面是因为民众聚会（ἀγορή）意味着古希腊政治的一种民主化趋势。"在城邦之前的英雄时代里，古希腊部族本来早就有了酋长会议、民众大会（agora 的原本意思）和作为最高统帅的军事首领（basileus），只不过这些制度后来被改造为元老院、公民大会和执政官。"④ 荷马时代的英雄首领不得不面临着民众参政程度和地位逐渐提高的局面，其

---

① 第一重灾难是其父奥德修斯还未从特洛伊战场归来，第二重灾难是在其父缺位期间，其他城邦的贵族首领向其母求婚，消耗着家里的财富。

② 〔古希腊〕荷马：《奥德赛》，王焕生译，人民文学出版社，1997，第21页。

③ Dean Hammer, *The Iliad as Politics: The Performance of Political Thought*, Noman: University of Oklahoma Press, 2002, p. 146.

④ 赵汀阳：《坏世界研究：作为第一哲学的政治哲学》，中国人民大学出版社，2009，第31页。

政治权力逐渐分散。民众的观点和声音试图走入首领的政治决策中，平衡政治生活中的权力天平。

民众聚会是不是意味着民众在处理城邦事务中具有一定的核心决定权？在绝大多数情况下，荷马时代的民众还没有获得这种权利，汉默言明："人民在集会中既不投票，也不会做出有约束力的决定。但是他们也并非顺从、呆滞、缺席或者沉默。"① 所以，荷马时代的民众角色十分值得考究，其地位和力量是摇摆的。他们会发表自己的见解和对事务的公开意见，又没有绝对制约统领者的权力，但是民众在聚会中拥有表达权，一般情况下，表达会有两种结果，一是沉默，二是称赞。二者都是对英雄首领"魅力"的认同，区别在于前者是服从下的认同，后者是认可下的认同。在《伊利亚特》第九章中，阿伽门农意识到其曾经抢夺阿喀琉斯的荣誉，导致他拒绝出战一事已严重影响到特洛伊战争的局势，所以他内心苦恼，"他到处走动，叫那些声音清晰的传令官呼唤每一个人的名字，召集他赴会场"②。阿伽门农召开民众大会（ἀγορή）商讨如何向阿喀琉斯求和，他首先将政治统领的权力交给了神明，因为宙斯权力至高无上，不能反抗，是宙斯"叫我先毁灭那城高墙厚的伊利昂再回家"③，所以，阿伽门农带领希腊联军发动战争的原因是先源于宙斯的"魅力型"统治，而后阿伽门农假意放弃战争，离开战场，返回家乡。"大家全都按照我的吩咐，全部服从。"④ 此时的民众是由"诸位朋友，阿尔戈斯的人的领袖和参议"⑤ 所组成的，通常是男性且是贵族阶层，拥有财产和军事责任。此时政治权力已经从阿伽门农滑向"民众"，但是民众没有对阿伽门农的意见保持赞同或反对，反而先是行使其第一种表达的权利，即"沉默"。而狄奥墨得斯出言反驳了阿伽门农，并坚持奋战绝不离开，此言获得了"阿开奥斯人的儿子们的欢呼"⑥。这种欢呼就是对狄奥墨得斯个人魅力的"称赞"。汉默认为："在纯粹魅力形式的

① Dean Hammer, *The Iliad as Politics*: *The Performance of Political Thought*, Noman: University of Oklahoma Press, 2002, p. 150.
② 《罗念生全集》第 5 卷《伊利亚特》，罗念生译，上海人民出版社，2004，第 206 页。
③ 《罗念生全集》第 5 卷《伊利亚特》，罗念生译，上海人民出版社，2004，第 207 页。
④ 《罗念生全集》第 5 卷《伊利亚特》，罗念生译，上海人民出版社，2004，第 207 页。
⑤ 《罗念生全集》第 5 卷《伊利亚特》，罗念生译，上海人民出版社，2004，第 206 页。
⑥ 《罗念生全集》第 5 卷《伊利亚特》，罗念生译，上海人民出版社，2004，第 208 页。

联合中，人们的称赞被视为一种义务，针对的事应为公认有魅力的领导者。"因为领导者运用了个人权威帮助共同体谋取了福利，正如狄奥墨得斯用他作为巴西琉斯①的权力捍卫了士兵（民众）绝不临阵逃脱的尊严，因此，当士兵们热烈"欢呼"并认同一个被公认为有魅力的领导者时，他们可能会把"赞扬"视为一种政治责任和政治义务，并通过这种方式向英勇的首领表达肯定和支持。在民众聚会中，民众的表达方式是"沉默"还是"称赞"取决于英雄首领能否通过演说或韦伯所言的"情绪煽动"展示自己的"魅力"而建立起一种特殊的社会关系，即魅力秩序。"魅力型领袖的作用就是为新秩序实现价值定向"②，在这种秩序中，具有"魅力"的领导者能够吸引追随者，这是因为他们与追随者之间存在共同的伦理目标和政治价值观。如此，领导者在魅力秩序中极易获得民众热情的"称赞"，反之魅力秩序维护不得当，首领将获得民众最直接的"沉默"。但是荷马时代的民众毕竟还未获得直接民主的决定权，所以魅力秩序下民众的表达权对于首领决策来说没有过多影响，而英雄首领对此的反应和政治行为将会直接影响政治体制走向民主制、独裁制或其他。

　　总的来说，学界对是巴西琉斯还是追随者（民众）构成"魅力"的可靠基础看法是不同的。对以韦伯为代表的一些学者来说，虽然"魅力型"统治是首领主导的，但构成"魅力"这种基础的重要因素在于追随者（民众）的评判，认同构成"魅力"的可靠基础应当是领导者个人"魅力"下"非凡的品质"的学者并不赞同韦伯等人的观点。基于古希腊民主政治发展趋势考量，笔者认为构成这一基础的必要前提首先是首领个人魅力下"非凡的品质"，然后是民众对于个人魅力统治的服从和监管。如果独特的个人魅力没有得到整体民意的重视和认可，那么它也将毫无作用，总体上来说，二者缺一不可。但是，基于上述对荷马时代的原始政治环境考量，英雄首领的政治行动有时会直接越过民众意见，民众没有决定权，仅有表达权且表现方式为"沉默"时，也不妨碍首领运用"魅力"进行统治的过程。所

---

① 狄奥墨得斯是阿尔戈斯的君主首领，也是雄踞一方的巴西琉斯，而阿伽门农是联军的最高统领。

② 陈德中：《魅力型与合理化的历史二元性》，《社会科学战线》2020 年第 11 期，第 10 ~ 19 页。

以说，仅从荷马时代来看，民众评判和追随是一种政治活动中的义务，无论其沉默还是称赞，民众聚会依据自然习俗仍会召开，首领的"魅力型"统治仍会继续实施。这是古希腊社会政治权力逐渐下移的开始和权力制衡的开端。所以，"魅力型"统治若想获得长久持续的发展，需要历经一定程度上的变革。

三　变革：对"魅力型"统治的质疑

"在受传统束缚的时代，'魅力'是巨大的变革力量。"[①] 最直接的影响就是荷马时代民众聚会逐渐演变为古希腊民主政治巅峰时刻的"公民大会"，其为古希腊直接民主制度奠定了政治基础。历史发展证明，一方面，"魅力型"统治在荷马时代取得了一定成效，是变革的催化剂；另一方面，变革也是魅力的必然结果，当配以有效的组织能力和法律基础时才能在不同时代和环境中做出适应和演变。然而，像任何政治社会发展过程一样，"魅力型"统治在变革前，引发了诸多质疑。

汉默认为："领导者虽然仍然具有魅力元素，但是其权威逐渐以被统治者的承认为前提。"[②] 这种统治形式是否始终具备客观的、可量化的特征值得质疑，所以韦伯需要解决领导者与被领导者的主观性与客观性之间的平衡问题。但是韦伯仅仅解释了"承认"不是合法的，并且"从心理学上讲，这种'承认'是一种产生于激情或者困顿和希望的信仰上的、纯属个人的献身精神"[③]。并且，他将"承认"的量化标准建立在了"追随者对他本人的忠诚和信赖"[④] 上。这一观点是十分危险的，即便是荷马时代军事首领召开民众大会时，仍然会有人出言反对他的话语，甚至在战场上也会出现逃兵和背叛者。对领导者的忠诚和信赖本质上是一种稳定政治社会的主要情感手段，但其风险之大"会增加组织的风险水平并威胁成员的福祉。个性化的'魅力型'领导者对权力的个性化需求、消极的生活主题和自恋倾向

① 〔德〕马克斯·韦伯：《经济与社会》上卷，林荣远译，商务印书馆，1997，第273页。
② Dean Hammer, *The Iliad as Politics*：*The Performance of Political Thought*, Noman：University of Oklahoma Press, 2002, p. 153.
③ 〔德〕马克斯·韦伯：《经济与社会》上卷，林荣远译，商务印书馆，1997，第270页。
④ 〔德〕马克斯·韦伯：《经济与社会》上卷，林荣远译，商务印书馆，1997，第299页。

可能会导致不道德和破坏性的行为"①，所以这对于领导者的道德品质有着极大的考验。当然韦伯也认识到"承认"的量化标准不仅会直接催生出古代的和现代的革命独裁者们，还会面临着另一种时效性问题，即个人"魅力型"统治通常是短暂的，因为魅力本身可能会随着时间的推移逐渐消失。这引发了关于"魅力型"统治能否具备持久性和可持续性的讨论。保罗从效用角度提出，"最重要的是，如果他的领导不能让他的追随者受益，他的超凡权威很可能会消失"②。"受益者"与领导者之间的相互依赖性，产生的利益互动第一种是物质的、第二种是韦伯所说建立在情感共同体之中的，但是这些"如同结合的纯粹情绪的动机或纯粹价值合乎理性的动机一样，不可能构成一个统治的可靠的基础"③，例如，如何保障追随者公正受益、其基本准则及其如何实施等问题都会导致"魅力型"统治的阴暗面。所以，诸如上述对"魅力型"统治的质疑，韦伯给出了基础的第三种构成因素，即是最重要的因素——"对合法性的信仰"。

"一切经验表明，没有任何一种统治自愿地满足仅仅以物质的动机或者仅仅以情绪的动机，或者仅仅以价值合乎理性的动机，作为其继续存在的机会。勿宁说，任何统治都企图唤起并维护对它的'合法性'的信仰。"④所以，我们说荷马时代的"魅力型"统治同样面临着许多质疑，亟待变革：其有对于"合法性"的信仰，但缺乏"合法性"的基础，归根到底，是因为法律制度在古希腊蒙昧阶段没有得到系统化的整理。然而，"魅力型"统治下的政治社会需要人与人、人与领导者之间在情感和指令上的服从或合作，其建立起来的政治关联是短暂的。荷马政治社会发展到后期，甚至被认为可能对民主制度构成一定的威胁。过度依赖领导者个人魅力的政治体系可能影响公众参与和决策的程序化过程，从而降低民主价值观的重要性。所以，"魅力"在政治生活逐渐走向民主制后愈发不稳定，应当思考如何变革"魅力型"统治以使其生存下去。这意味着"魅力型"统治需要找到合

---

① E. Fragouli, "The Dark-Side of Charisma and Charismatic Leadership", *The Business and Management Review*, Vol. 9, No. 4, 2018.

② J. Paul, "Becoming a God: Max Weber and the Social Construction of Charisma", *Journal of Classical Sociology*, Vol. 14, No. 3, 2014, p. 272.

③ 〔德〕马克斯·韦伯：《经济与社会》上卷，林荣远译，商务印书馆，1997，第239页。

④ 〔德〕马克斯·韦伯：《经济与社会》上卷，林荣远译，商务印书馆，1997，第239页。

法性的基础，寻求形式或内容上的转变。韦伯认为"魅力型"统治无法延续，最终会走向传统化或理性化，这一过程被其称为魅力的"平凡化"。平凡化的结果是将"魅力型"统治转化为传统型或合法型统治，或与两者形式混合起来。这一过程确实解决了"合法性"缺位的问题，领导者不再仅仅通过个人魅力和领导能力来影响和引导人民，而是建立起一种实质主义的权威关系。这种权威依赖于法定地位或传统规则，也基于人们对领导者的认同和共同价值的信奉。因此，魅力"平凡化"的过程也是找寻合法性信仰的过程，从权力的压制过渡到领导者个人特质和对共同价值的有效传达。对于一个统治体系而言，从魅力型过渡到传统型或合法型是一种演化过程，这种转变或许能够帮助确保领导者的合法性和稳定性。

马克斯·韦伯在谈及"魅力的民主"时就曾提出平民表决式的统治是非常重要的过渡类型，"凡是统治者自己感到自己作为群众的信任者是合法的，并且也得到承认的地方，它是无所不在的。为此，适当的手段是平民表决"①。"平民表决"式政治（plebiscitary politics）对于现代民主社会发展来说也是一种极具参考价值的政治形式，指领导者的决策和政策制定应该通过平民的表决来决定。在理想的状态下，一是需要个体广泛参与。领导者及相关机构应该拓宽广大民众的参与和表达意见的渠道，不仅限于精英和特权阶层，每个公民都应该有平等的机会参与政治决策。二是公开透明。决策过程和政策制定应该公开透明，以使公民了解政府的决策依据和影响因素。政府应提供信息和数据，以便公众能够做出知情的决策。三是平等权利。每个公民都应该有平等的权利和机会参与表决，而不受其社会地位、财富或其他身份因素影响。政府应该保护和尊重每个公民的权利，确保他们能够自由地表达自己的意见和投票。四是多元化代表。领导者可以通过类似古希腊民众聚会发展而来的公民大会进行选举，通过平民代表机构和公民参与等方式实现社会的各种利益和观点的真实反映，确保代表平民的议会或决策机构的成员具有多元化的背景和代表性。五是公正决策。政府的决策应该基于公正、客观和科学的原则，以最大限度地确保和增进公众的利益和福祉。政府应该通过咨询和听取公众意见的方式制定决策，确保

---

① 〔德〕马克斯·韦伯：《经济与社会》上卷，林荣远译，商务印书馆，1997，第298页。

决策的合法性和可接受性。这些政治要求旨在消解"魅力型"统治的弊端，建立一个民主、公正和包容的政治体制，"隐蔽在一种由被统治者的意志引伸出来的，并且只是由于这种意志才继续存在的合法性的形式之下"①。

尽管在荷马时代，"平民表决"的概念存在一定的模糊性，但它作为荷马时代向古希腊民主政治和公共空间转变的象征，确实具有一定的吸引力。一方面民众聚会的核心内涵是早期的"平民表决"式政治。这种形式的政治制度在荷马时代的希腊城邦的表现具有不确定性，也非普遍存在于所有城邦中。因为《荷马史诗》中的民众聚会（άγορή）并没有提及民众投票或其他直接表决形式，民众只是在城邦的广场、公共区域或特定场合或组织中，公开发表个人意见和事务主张，参与但并非可以完全决定相关政策及事务的结果或走向。虽然它通常发生在较小的民众范围内，例如部落或区域内部，但它反映了民众的参与和民众聚会决策的地位。所以说，没有民众聚会（άγορή），公民大会也会失去政治基础。另一方面，荷马时代模糊的"平民表决"式政治可以被视为古希腊直接民主的一种启蒙形式。"平民表决"有诸多含义，其中最重要的就是指如下的做法：直接投票赞成或反对一位领导者或一项政策。正如韦伯所述，"平民表决"式政治可以被看作一个更普通的体系，"在这个体系中，领导者们决策的合法性至少部分来自人民的拥护或可感知的拥护。我们在荷马世界中看不到投票制。我们看到的是在公共场所'制定'决定。'制定'的形式多样：在作出决定前向人民征求意见，领导者请求批准某一项决定，甚至是领导者们在人民面前展开辩论。'制定'一词很有用处，因为它让人们注意到活动的公共方面，而不必宣称存在一个形式化的或者民主的过程。平民表决式政治这一观念有助于理解史诗中领导者与人民之间的关系上原本可能出现的不一致和不连贯之处。"②

以上表明，荷马时代在军事民主制下有十分显著的"魅力型"统治成分在其中，构成这种"魅力"的可靠基础首先是领导者"魅力"下"非凡的品质"，然后是民众对于个人魅力统治的服从和监管。但这种统治形式过

---

① 〔德〕马克斯·韦伯：《经济与社会》上卷，林荣远译，商务印书馆，1997，第299页。
② Dean Hammer, *The Iliad as Politics: The Performance of Political Thought*, Noman: University of Oklahoma Press, 2002, pp. 146 – 147.

于依赖领导者的个人魅力，而非法律规定或传统习俗，因此，在韦伯看来，"魅力型"统治无论是在古代或是现代都具有一定风险。一是"魅力型"统治过程中往往依赖领导者个人的魅力，一旦领导者失去魅力或者离开舞台，其权力和影响力也会迅速消失。二是"魅力型"统治容易产生个人崇拜和盲目追随的道德问题，可能削弱民众的独立思考和批判能力。三是"魅力型"统治也容易被滥用，导致权力集中和不公正，缺乏制衡和监督机制，最终滋生腐败和权力滥用等问题。因而，韦伯认为寻求"魅力型"统治变革的合法性基础，可能最终会与传统型或合法型统治结合。但对荷马时代来说，走向"平民表决"式政治，历史证明，即为最优的政治选择，是古希腊政治权力逐渐下移的开始和民主政治制度的开端，"魅力型"统治在短期内能够带来一定的效果，而长期稳定的统治需要更多的制度化和规范化的支持。但是，对于短暂的荷马时代来说，"魅力型"统治不失为一种相对稳定的良好统治形式。

自由主义自由胜利了吗？

——昆廷·斯金纳的视角及其局限[*]

欧阳火亮^{**}

摘　要： 斯金纳在对自由的谱系学分析中，将共和主义自由与霍布斯自由设定为一种自由主义之前和之后的划分，将共和主义自由的没落归罪于霍布斯自由概念的提出。斯金纳的贡献在于破除了当代人理所当然地将自由的概念仅仅理解为自由主义自由的观念，追本溯源论述了另外一种人们可能已然忘却的关注公共参与的政治自由，以思考当代自由政治面临的诸多问题。这种关注对于改变时下人们只关注私人生活中的自由而忽略公共生活中可能存在的奴役的状况是极其重要的。然而，不论是在"自由主义之后"的发展还是"自由主义之前"的自由概念和历史语境之中，共和主义自由并没有消亡。在霍布斯提出的自由概念之后，自由主义之后的自由，在历史的发展过程中面临社会发展变化和不断涌现的新问题，综合性地吸收融合了自由主义之前的自由概念和价值取向，经过几代自由主义思想家对共和主义自由的重新转述和表达，逐渐发展出现代自由主义的自由概念。

---

*　本文系四川大学博士后交叉学科创新启动基金项目"'双碳'背景下国家作为数字治理的建构者与行动者机制研究"（10822041A2076）、四川大学专职博士后研发基金项目"数字化背景下国家作为治理主体在碳达峰碳中和中的角色机制研究"（skbsh2022 - 08）、四川大学中央高校基本科研业务费项目"霍布斯主权学说研究及其对中国现代国家理论构建的启示"（2022 自研 - 公管 04）、国家社会科学基金项目"民主协商推进基层群众有效自治的长效机制与实现路径研究"（21AZZ005）的阶段性研究成果。

**　欧阳火亮，北京大学政治学博士，四川大学公共管理学院讲师，研究方向为西方政治思想史。

关键词：自由；霍布斯；斯金纳；自由主义自由；共和主义
自由

一 斯金纳的视角及其贡献

在所有对霍布斯（Thomas Hobbes）自由概念的批判者中，斯金纳（Quentin Skinner）几乎是最为知名的政治思想家。斯金纳看待自由的视角是一种回归史学的视角，认为霍布斯之前的自由是一种共和主义式自由，即"自由主义之前的自由"。融入了17世纪英国传统的古典共和主义自由，带有鲜明的公民政治参与色彩。正是霍布斯新自由概念的提出，使得古典共和主义自由中的公共自由和公民德性概念丧失，使人们过度关注私人领域而忽略了公共生活的重要性，自由的概念变得狭窄化、单一化。斯金纳将17世纪新罗马法政治著作家和霍布斯之间的论战，看作古典共和主义者秉持传统的自由概念和霍布斯所提出的新自由概念之间的争辩。斯金纳看待17世纪英国自由概念的视角，极大地影响了现代人理解近代自由主义的发展历史，也极大地影响了现代人对霍布斯的自由概念的理解。在斯金纳阐述了自由主义之前的自由概念之后，思想界出现了重新界定自由的内涵和审视自由主义的发展史的风潮，以回应斯金纳的洞见。在自由主义者看来，斯金纳的问题在于割裂了个人自由的不受干涉和公共自由的德性之间的联系，没有很好地看到二者之间彼此在发展过程中的联系、调和与交织融合。斯金纳认为，国家和自由之间的关系在于自由的国家可以更好地保护其公民的自由。泰勒则进一步完善了斯金纳的观点，认为"自由的维护要求个人不能仅仅将公民身份视为工具性的，而要将其本身视为一种善"①。而诸如以阿克曼（Bruce Ackerman）、米歇尔曼（Frank I. Michelman）等人为代表的自由主义的共和主义者复兴以共同善为价值的研究思路，在反思斯金纳的政治史学的基础上，力图融合自由主义和共和主义，重新定义自由的内涵，消除二者之间的鸿沟，塑造新的政治自由观，如佩蒂特（Philip

---

① 应奇、刘训练编《共和的黄昏：自由主义、社群主义和共和主义》，吉林出版集团有限责任公司，2007，第376页。

Noel Pettit）提出了第三种自由概念即无支配的自由。① 不论是维护自由主义自由概念的价值，还是复兴共和主义自由概念的倡导，抑或是试图融合自由主义自由和共和主义自由，其基本的设想都是默认了在自由概念的发展之中，自由主义自由和共和主义自由这两种斯金纳所言的自由主义之前和之后的自由处于截然对立的状态。

霍布斯于 17 世纪中叶首次提出基于个人主义基础的自由概念，即个人行为不受外在干涉的自由，颠覆了中世纪以来的经院哲学对自由概念的传统定义，确立了基于个人权利的自由观。② 霍布斯的自由理论，通常被看作为自由主义奠基，其贡献在于继承了自中世纪以来的"意志自由"分析传统，在批判传统的自由定义的基础上，结合当时英国内战所面临的现实政治困境，提出了基于个人权利的自由概念。③ 在霍布斯的时代，站在霍布斯对立面的是自亚里士多德以来提倡的古典共和主义自由的传统，这种传统集中关注公民参与政治的自由这一意涵，剑桥学派斯金纳对此作出了重要的阐述。斯金纳对霍布斯的自由概念的著名分析集中体现在《自由主义之前的自由》（*Liberty before liberalism*）和《霍布斯与共和主义自由》（*Hobbes and Republican Liberty*）之中。斯金纳认为，要获得对我们当前的假定和信念的一种更有批判性的观点，就必须回到我们目前的正统还不是正统的历史时刻。④ 毫无疑问，霍布斯奠基的自由概念成为近现代政治思想尤其是自由主义思想的正统，研究自由的概念就需要回到个人主义式的自由概念所提出的最初时刻，即霍布斯在《利维坦》（*Leviathan*）一书中对自由概念的界定。所以，斯金纳认为要想更有力地批判个人主义式的自由概念，需要从批判霍布斯开始。而斯金纳的这种批判，极大地影响了现代人理解自由

---

① 应奇、刘训练编《共和的黄昏：自由主义、社群主义和共和主义》，吉林出版集团有限责任公司，2007，第 303 页。

② 乔治·萨拜因称之为"彻头彻尾的个人主义者"，其理论是一种"那个时代最具革命性的理论"，参见〔美〕乔治·萨拜因、托马斯·索尔森《政治学说史》，邓正来译，上海人民出版社，2013，第 147 页。

③ 乔治·萨拜因称之为"彻头彻尾的现代因素"，霍布斯"把握了下一个时代的特征"，参见〔美〕乔治·萨拜因、托马斯·索尔森：《政治学说史》，邓正来译，上海人民出版社，2013，第 147 页。

④ 应奇、刘训练编《共和的黄昏：自由主义、社群主义与共和主义》，吉林出版集团有限责任公司，2007，第 1 页。

主义和共和主义之间的发展史。

斯金纳为何要从分析霍布斯的文本来重申共和主义的自由概念?《利维坦》之中描述的自由概念具有什么内涵? 现代的政治思想家面对霍布斯和斯金纳之间彼此对立的自由概念,又是如何看待自由主义和共和主义的自由概念的发展的? 在自由的概念发展的路线之中,自由主义和共和主义真的如表面那样看起来不可调和吗?

二 自由:自由主义之后和之前

自由主义之后的自由是霍布斯式的个人自由。

霍布斯在其政治思想的集大成之作《利维坦》中重塑了有关自由的四个概念:自由、自由人、绝对自由、"无臣民,不自由"。自然自由是指人拥有了全部的自由与平等,绝对平等导致战争状态,但人可以通过理性寻求生命的"自我保全",通过契约建立主权国家,换取主权保障基本安全与和平之下的臣民自由。臣民自由,即主权保障了安全与和平之下的自由,即"无臣民,不自由"。霍布斯自由的对立面是阻碍,自由人"指的是在其力量和智慧所能办到的事物中,可以不受阻碍地做他所愿意做的事情的人",[1] 自由意志"就是他在从事自己具有意志、欲望或意向想要做的事情上不受阻碍"。[2] 当主权聚集全体人们的力量来保障人们的安全与和平,此时的自由即从自然自由转变成了一种主权之下的臣民自由、守法的自由。霍布斯列举了许多臣民的自由权利,最值得关注的乃是第一条即虽然人们通过制定契约放弃了自然自由之下的自我保全,然而若是主权者未能保护人们,人们仍然拥有自我保全的自由,因为根据自然法"不防卫自己的身体的信约是无效的"。[3] 因为"服从的目的是保护,这种保护,一个人不能在自己的武力或旁人的武力中找到时,他的本性就会使他服从并努力维持这种武力"。[4] 这就为人们的自由保留下了最为根本的极具革命性的权利。

---

[1] 〔英〕霍布斯:《利维坦》,黎思复、黎廷弼译,杨昌裕校,商务印书馆,2017,第163页。
[2] 〔英〕霍布斯:《利维坦》,黎思复、黎廷弼译,杨昌裕校,商务印书馆,2017,第163页。
[3] 〔英〕霍布斯:《利维坦》,黎思复、黎廷弼译,杨昌裕校,商务印书馆,2017,第163页。
[4] 〔英〕霍布斯:《利维坦》,黎思复、黎廷弼译,杨昌裕校,商务印书馆,2017,第172页。

霍布斯为了构建论证其政治思想的逻辑起点，重新提出了一种个人主义式的自由概念，"自由这一语词，按照其确切的意义说来，就是外界障碍不存在的状态。这种状态往往会使人们失去一部分做自己所要做的事情的力量，但却不能妨碍按照自己的判断和理性所指出的方式运用剩下的力量"。① 从而，霍布斯成功地在《利维坦》之中陈述了"保护与服从"②的政治原理，将自由定义为外在障碍的缺位，推动了自由概念划时代的发展。

自由主义之前的自由，在斯金纳看来是一种古典共和主义式的自由，人们可以直接参与到政治生活中，即只有生活在一个自由共和国之中人们才可能是自由的。

斯金纳考察了"新罗马法自由"（neo-Roman liberty）的兴衰历史，论述了一种发源于历史传统中的自由理论，其"意旨是通过重新进入我们已经丢失的知识世界，去质疑自由主义理念胜利之后这种自由的霸权"③。斯金纳将其命名为新罗马法自由，认为在 17 世纪的英国，新罗马法自由和霍布斯自由之间的对立非常明确而且影响很大。

理解新罗马法自由的关键之一是理解国家政治身体和公民身体的比喻，即自由的国家，也就意味着自由的人们，只有生活在一个自由的国家之中，公民才可能是自由的：

> 如果一个国家或联邦被看成是自由的，管理他们的法律，即为身体运动制定规则——必须由它的所有公民，作为一个整体的政治身体的成员的同意而制定。否则，政治身体将在由别人而非它自己的意志支配下而行动，那么它将是剥夺了他们的自由。④

也就是说，对个体而言自由的丧失意味着成为一个奴隶，而对于一个政治身体而言自由的丧失则意味着陷入一种奴役的状态。自由的国家之下才有自由的人们和生活，专制的政体意味着人们也不自由。

---

① 〔英〕霍布斯：《利维坦》，黎思复、黎廷弼译，杨昌裕校，商务印书馆，2017，第 97~98 页。
② 〔英〕霍布斯：《利维坦》，黎思复、黎廷弼译，杨昌裕校，商务印书馆，2017，第 580 页。
③ 〔英〕昆廷·斯金纳：《自由主义之前的自由》，李宏图译，上海三联书店，2003，前言第 2 页。
④ 〔英〕昆廷·斯金纳：《自由主义之前的自由》，李宏图译，上海三联书店，2003，第 19 页。

理解新罗马法自由的关键之二是理解新罗马法自由和霍布斯自由概念之间的对立，即自由是否需要特定的政府形式来保障。新罗马法自由指免于任何可能存在的支配和奴役，霍布斯自由概念是指外在障碍缺位。霍布斯认为"在建立自由国家和保持个人自由之间存在着任何联结的假设都是一种混乱"①，而新罗马法自由结论是"你只有作为公民生活在一个自由的国家里，你才有可能充分地享有公民自由"②。两派都认同自由的重要性和必要性，关键性的区别在于霍布斯的自由概念不需要特定的政制来保障其实现，只要外在障碍不存在，你就是自由的。新罗马法自由概念则需要特定的如自由的共和国的政制才能得以保障，只有自由国家才有自由公民，个人必须能够实现政治自主。二者的分歧实际是自由概念不同，保障自由的政制也不同。

理解新罗马法自由的关键之三是理解奴役。奴役是指一种依从于他人而非自己意志的状态。新罗马法自由认为只有自由的政府才可能保证人们不遭到奴役，君主制不可能与自由相兼容，"一种共和主义的自治必定是宪政的唯一形式，在这一体制下，才能完全获得公共自由……这样，这些作家不仅明确地把他们自己看作是共和派，而且也明确地宣告只有成为一个共和国才将是一个自由的国家"③。奴役是指两种对霍布斯的否定。首先是"国家使用强力强迫或者强制使你做出法律既不要求也不禁止的任何行动……那么你的自由、你的财产，你作为一个公民的自由在一定程度上就会受到损害"④。其次是"使得你很容易处于被你的政府用暴力或者其他强制性的手段来剥夺了你的生命、自由和财产这种危险的状态"⑤。国家的意志受制于君主一人，即存在被奴役的可能，即处于一种被奴役的状态，即为不自由。新罗马法作家们认为自由国家"指法律是由作为整体的全体人们的意志而制定的"⑥，而个人自由意味着每个人都能参与法律的制定，从而体现人民的平等。斯金纳试图阐明，新罗马法作家们反对暴力或强制是

①　〔英〕昆廷·斯金纳：《自由主义之前的自由》，李宏图译，上海三联书店，2003，第41～42页。

②　〔英〕昆廷·斯金纳：《自由主义之前的自由》，李宏图译，上海三联书店，2003，第47页。

③　〔英〕昆廷·斯金纳：《自由主义之前的自由》，李宏图译，上海三联书店，2003，第40页。

④　〔英〕昆廷·斯金纳：《自由主义之前的自由》，李宏图译，上海三联书店，2003，第48页。

⑤　〔英〕昆廷·斯金纳：《自由主义之前的自由》，李宏图译，上海三联书店，2003，第48页。

⑥　〔英〕昆廷·斯金纳：《自由主义之前的自由》，李宏图译，上海三联书店，2003，第48页。

侵犯个人自由的唯一形式，"生活在依从状态下本身就是强制的源泉和一种形式"。① 因此，个人的自由是在事实上拥有具体的自由权利和实现自由的能力，是一种不依附，从而否定专制制度下"每个人都生活在持久的恐惧和因专制君主不悦所带来的危险之中"②的依附状态。斯金纳将自由概念的争执转换到了哪种政体更能保障个人自由之上，从而否认了霍布斯所认为的自由和政府形式的不相关。

相比在《自由主义之前的自由》中使用新罗马法自由的概念，斯金纳在《霍布斯与共和主义自由》（*Hobbes and Republican Liberty*）中直接使用共和主义自由的概念。斯金纳在《霍布斯与共和主义自由》中大大拓展和强化了在《自由主义之前的自由》之中的论证，认为个人自由的反面并不是霍布斯所说的存在外在的障碍或者被强制力所干涉，而是生活在专制的国度里的人们存在被奴役的可能或者是人们对专制的依赖。斯金纳认为霍布斯的创新之处是提出具有个人自由的义务与责任概念，即保障了个人的安全和维护了政治秩序，不足之处在于没有看到公共自由对公民生活的重要性。霍布斯认为法律沉默之处即是公民自由，斯金纳依然认为虽然法律的强制并不会减少个人的自由，但公共自由和个人权利的存在都是个人自由不可或缺的基础。公民享有充分自由的前提不仅仅是拥有多少个人自由，还在于必须生活在一个自由的共和主义国体之下。

总而言之，共和主义的自由概念，与事实、自我享有的意志相联系，"仅仅在事实上享有公民权利和公民自由是不够的"③。霍布斯注重的是前提，"只须在事实上享有我们的公民权利和公民自由就足以算作自由人了"，共和主义注重的是实际性的后果，不是行为的自由而是一种"独立性和依附性之间的截然对立"，因为奴役孕育奴性。④ 共和派想要的是公民的美德，和免除可能存在的被奴役的可能性，霍布斯则驳斥这种带来战乱后果的思路，追求事实上的自由，以及有安全的生命保障的主权。事实上的自由程度和可能的奴役，催生了霍布斯的自由和共和主义自由的对立。即使

① 〔英〕昆廷·斯金纳：《自由主义之前的自由》，李宏图译，上海三联书店，2003，第59页。
② 〔英〕昆廷·斯金纳：《自由主义之前的自由》，李宏图译，上海三联书店，2003，第64页。
③ 〔英〕昆廷·斯金纳：《自由主义之前的自由》，李宏图译，上海三联书店，2003，第191页。
④ 〔英〕昆廷·斯金纳：《自由主义之前的自由》，李宏图译，上海三联书店，2003，第192~193页。

如今来看霍布斯的自由，斯金纳也不得不承认"霍布斯赢得了这场战斗"，虽然仍然坚持"但他是否赢得了这场论辩，却还是一个值得追问的问题"。① 斯金纳将霍布斯的自由概念和共和主义的自由概念对立起来，这就给人们造成了一种二者在历史的语境中彼此严重割裂的感觉。然而，在自由主义的发展过程之中以及在 17 世纪的英国，自由主义自由和共和主义自由概念对抗论争真的如斯金纳所言一般是激烈而明显的吗？

三　斯金纳的局限

斯金纳关于自由概念发展的历史的观点，存在很大的局限性，这一点由卡利法斯（Andreas Kalyvas）等人作了全面的分析。溯及自由主义的起源，新学院大学教授卡利法斯直接批判了斯金纳将自由主义的自由和共和主义的自由截然对立起来的思路，指出很多自由主义色彩浓厚的思想家的思想，如斯密（Adam Smith）的自由市场理论、美国建国之父麦迪逊（James Madison）的自由学说，正好融合了共和主义的自由思想，在新的历史情境之下将共和主义自由的理想进行重新表达和转述，只不过是其结果"看上去"带有自由主义之后的自由的特征而已。共和主义政治自由和自由主义的自由这种二分带来的政治思想和政治思想史的割裂，斯金纳将其追溯到了 17 世纪的英国。卡利法斯则认为自由主义的自由正是从共和主义的自由之中发展而来，二者互相融合、共同促进和发展，并不像斯金纳所阐述的那样是截然对立的，共和思想也没有完全消失在历史的进程之中，而是被不同的思想家不断地调和，并被重新转述和再表达。

第一，斯金纳所阐述的自由主义之前的自由，带有古典共和的特征，而在自由主义的发展过程中，后期自由主义的发展同样带有共和主义的特点。共和主义的伟大贡献是提出一种超越个人主义自由的概念，然而追溯自由主义政治思想在近代西方的起源。对共和主义要素的吸纳、再造和重新表达（reformulation）极为重要，斯金纳的视角却在很大程度上忽略了这一点，"自由主义之前"与"自由主义之后"的截然二分基本没有为这种可

---

① 〔英〕昆廷·斯金纳：《自由主义之前的自由》，李宏图译，上海三联书店，2003，第 195 页。

能性留出空间。卡利法斯《自由的起源：现代共和国的诞生》（*Liberal Beginnings*：*Making a Republic for the Moderns*）一书指出，自由主义政治思想发展的进路其实是融合自由主义自由和共和主义自由两种概念，力图实现既保护个人自由，也促进公共自由的良好发展，从而共同促进人类所追求的政治自由理想的实现。这种进路发端于17世纪的英国，在霍布斯阐述的新自由概念基础上，经过启蒙运动的发展，自由主义思想家们吸收共和主义所关注的存在公共自由的生活才能免除被奴役的可能的自由精神，融合霍布斯自由概念与共和主义自由概念，逐渐发展出了现代自由主义自由概念。

卡利法斯教授则拒绝零和博弈思维，认为共和主义为了应对18世纪和19世纪早期政治、经济和社会变革，需要在语境、概念和目的上变得更具有适应性和灵活性，共和制取代君主制的政治秩序并创建新的政治领域，才孕育产生了自由主义。因此，共和主义的没落也在于自由主义吸收了共和主义的优点，使得原有的共和主义理论在19世纪中期失去了存在的必要。18和19世纪早期，世界形势繁荣巨变，引发人们思考自由共和国能否应对诸多的社会问题，主要是个人自由需求的增长，"世界越现代化，个人将可能变得越自由"。[①] 为此，卡利法斯追寻了自由主义发展的进路，列举了三代六位自由思想家的论述，以同斯金纳一样回到思想发展的"最初语境"。正是自由思想家们的文本，记录考察了"一系列令人惊叹的主题——文化、道德哲学、美学、政治经济、历史、法律和地理"，形成了三种理性原则：共和的制度和思想倾向迅速改变了当时的社会环境，追求一种更为普适的分析法、规范和抽象问题意识，以及思想观念的历史取向。[②] 通过这种自由主义从共和主义之中的转向，卡利法斯认为共和主义者的错误之处在于将自由主义和共和主义截然生硬对立起来，没有看到二者彼此交融发展的历史进程，反而认为是自由主义的发展导致了共和主义思想的没落。[③]

[①] Andreas Kalyvas，Ira Katznelson，*Liberal Beginning*：*Making a Republic for the Moderns*，Cambridge：Cambridge University Press，2008，p. 6.

[②] Andreas Kalyvas，Ira Katznelson，*Liberal Beginning*：*Making a Republic for the Moderns*，Cambridge：Cambridge University Press，2008，pp. 6 - 7.

[③] Andreas Kalyvas，Ira Katznelson，*Liberal Beginning*：*Making a Republic for the Moderns*，Cambridge：Cambridge University Press，2008，p. 8.

对于共和主义者认为是霍布斯单一化的自由概念的提出导致共和主义自由没落的论点，卡利法斯等人的观点是，自由主义和共和主义是共生发展的，对于共和主义的没落，更应该追问的是，它是如何没落的，在此过程中又是如何催生了自由主义。比如，戈登·伍德认为共和主义必须适应社会环境的急剧变化，但是当时的共和主义精英们并未能做到这一点：

> 人们面对特定的问题，讨论并经常展现新的处理方式，在这个过程中不经意地转化了古典共和传统的重要张力。这并不是说新的人们和社会团体的兴起需要为他们的行为寻找新的价值和解释，尽管这是足够正确的，这也是环境迫使希望保持共和忠诚的人应对和推翻他们的价值观。①

因此，卡利法斯等人对自由主义的兴起与共和主义的没落做出了分析和探讨，"去探索和展示伴随和塑造这种转变的机制"。② 18～19 世纪的自由主义，并没有与共和主义明确区分，也没有放弃国家的最高善和拒绝公共生活，并不以个人私利为荣，不认为自身能超脱于具体的历史环境，当然也没有特意保留共和的传统，而是和共和主义若即若离，相辅相成，不断地吸收和转化共和思想，进而融合成了新的自由主义。③ 自由主义思想家综合考虑的是共和主义的政治思想如何应对社会发展的具体问题，自由主义的自由概念并非是封闭的、单一的，而是开放的、综合的。④ 共和主义的没落在于无法保持一个持续稳定的政治独立中心，因此为了实现共和的理想，自由主义思想家们才不断地填入新的要素，以适应社会环境的变化，⑤从而使自由主义转变发展成了现代自由主义。

---

① Andreas Kalyvas, Ira Katznelson, *Liberal Beginning*：*Making a Republic for the Moderns*, Cambridge：Cambridge University Press, 2008, p. 14.

② Andreas Kalyvas, Ira Katznelson, *Liberal Beginning*：*Making a Republic for the Moderns*, Cambridge：Cambridge University Press, 2008, p. 14.

③ Andreas Kalyvas, Ira Katznelson, *Liberal Beginning*：*Making a Republic for the Moderns*, Cambridge：Cambridge University Press, 2008, p. 15.

④ Andreas Kalyvas, Ira Katznelson, *Liberal Beginning*：*Making a Republic for the Moderns*, Cambridge：Cambridge University Press, 2008, p. 17.

⑤ Andreas Kalyvas, Ira Katznelson, *Liberal Beginning*：*Making a Republic for the Moderns*, Cambridge：Cambridge University Press, 2008, p. 179.

对于自由主义的自由概念的发展是对共和主义的吸收和重新塑造、表达，二者之间不是截然隔离和对立的。卡利法斯列举分析了在现代看来明显属于自由主义阵营的思想家的观点，如亚当·斯密、詹姆斯·麦迪逊对自由概念的理解明显带有古典共和主义的色彩，然而他们却为了应对社会发展带来的新的社会和治理难题，不得不重新转换吸收已有的政治思想，寻求更具有解释力的理论和解决方案。如卡利法斯在分析斯密《道德情操论》中的观点时指出：

> 社会性、同情心、道德特性和宽容的元素展示了共和主义思想在现代的坚持和持续相关性……他们仍然面临压倒性的文字证据，使得不可能简单地将他适应为非自由主义的传统。因此，共和主义构想的主要思想家经常普遍认同斯密的写作是混合的，结合了多个法律和政治话语的要素。①

斯密这一带有混合性的话语体系，意在阐明进入现代社会后，共和思想在面临新的问题时，不是所有的要素都能够继续适应和存在下去，而是需要重新转述和再表达。总而言之，古代共和主义消逝只不过是由于其不能适应现代财富积累中的交易和货币经济，这源于现代社会的异化和分工细化，为了应对人类的复杂性和新兴的资本主义，必须转换表达古典的共和思想，使其适应现代社会的发展。斯密对于自由主义和共和主义关系的处理，是基于古代和现代社会微观基础的不同，是在适应和容纳现代社会的彻底性转变的认可中保存了共和主义的道德基础。②

第二，古典共和主义并未因为霍布斯自由概念的提出而消逝，相反在后来的著名思想家那里得到了转换性表达，这在共和主义者的论述中同样有所呈现。

在现代共和主义者波考克（J. G. A. Pocock）看来，"从马基雅维里传

---

① Andreas Kalyvas, Ira Katznelson, *Liberal Beginning*：*Making a Republic for the Moderns*, Cambridge：Cambridge University Press, 2008, p. 19.

② Andreas Kalyvas, Ira Katznelson, *Liberal Beginning*：*Making a Republic for the Moderns*, Cambridge：Cambridge University Press, 2008, p. 50.

承哈林顿的传统思想通常都是批评议会（即，已确立的）权威和商业社会"①。波考克认为现代出现的许多理论是用来增补共和主义主题的，因为"关于纯洁和自我牺牲的传统共和主义观点在一个商业与奢侈的新世纪里举步维艰"②。同样的，"共和主义观念树立了大卫·休谟之政治思想的结构，但他像哈奇森一样，关注商业繁荣的社会结果"③。古典共和主义并不适合于一个大型商业社会，共和主义的自由概念最适用的是小型而简单的社会。卢梭、休谟和孟德斯鸠都持相同的观点：自由已经不再需要一个17世纪英国共和主义者宣称的混合政府来确保实现。

> 公民自由只能由共和主义自由来保护，那只有在模仿古代共和国的共和国里才有可能——小型社会，未受到商业与奢侈的侵蚀……与此同时，卢梭重申共和主义自由，因此他承认这不合乎现代国家。结果是，休谟与孟德斯鸠，不论他们对纯正的共和主义理念的矛盾心理如何，通过设立共和主义制度来使自由可以在近代商业社会中实现，就对共和主义传统产生了比卢梭更伟大而长久的影响。④

同样，当孟德斯鸠在思考商业共和国的概念的时候也遇到了难题：共和国的根本原则是美德，但是商业天然导致腐败，商业产生繁荣但是依赖的是公平意义上的正义而非美德的良善。当孟德斯鸠研究英国的时候，才找到了解决现代商业社会和古典共和国之间无法兼容的难题的答案，"首先，英国人与其它民族不同，让政治利益服从商业利益，而非相反。其次，英国人胜过世界上所有其他国民，设法同时确保'三样重要东西，宗教、商业与自由'"⑤。

---

① 〔英〕J. G. A. 波考克：《马基雅维里时刻：佛罗伦萨政治思想和大西洋共和主义传统》，冯克利、傅乾译，译林出版社，2013，第58页。
② 〔美〕戴维·伍顿编《共和主义、自由与商业社会：1649—1776》，盛文沁、左敏译，人民出版社，2014，第16页。
③ 〔美〕戴维·伍顿编《共和主义、自由与商业社会：1649—1776》，盛文沁、左敏译，人民出版社，2014，第202页。
④ 〔美〕戴维·伍顿编《共和主义、自由与商业社会：1649—1776》，盛文沁、左敏译，人民出版社，2014，第217页。
⑤ 〔美〕戴维·伍顿编《共和主义、自由与商业社会：1649—1776》，盛文沁、左敏译，人民出版社，2014，第352页。

孟德斯鸠为了强调民主的原则是美德，"否认了共和国的标志是自由"，而他的自由概念是霍布斯式的，即法律允许的自由。① 当一个共和国的标志不再是自由的时候，就彻底否认了 17 世纪英国的共和主义者一直倡导的只有自由共和国之下的公民才可能拥有自由的主张，这个时候的共和国就是自由主义式的了：自由由法律规定，带有扩张性的战争不再是公民美德思想的必然要素，在个人和国家之间的核心桥梁是代表，个人自由在现代共和国之中得到了实现。

到 18 世纪建国之父们考虑美国未来的时候，无论是讨厌混乱的古代共和国的汉密尔顿（Alexander Hamilton），还是斥责直接民主是动乱和战争的表现而与现代个人安全和财产权不相容的麦迪逊，都偏向了"伟大的代表制原则"。古典共和国提倡的公民美德，在一个无法阻挡的商业社会大潮里显得格格不入。现代商业社会的政治是一种代议制，人们才得以有时间去经营个人事务，而不是全身心地投入政治生活当中，而"古代共和国将政治列为首要，认为美德或勇敢的优点是共和国应增进的至高目标，这就引起了竞争……为追求荣誉，他们牺牲了政治稳定、人身与财产安全，商业、技术进步，所有那些英国自由的支持者们都开始将政治自由与法治联系起来"②。直到代表这一概念的融入，古典共和主义才以一种新的方式适应了现代商业社会的需要，使得共和的思想在大型的国家之中得以可能，这个适应的核心是摒弃了公民直接参与到政治生活当中的直接民主制，代之以代议制来适应商业社会中的个人和国家之间的政治联系。

第三，即使在自由主义经典思想家的论述中，共和主义自由思想和价值也并未彻底消失，而是融合进自由主义思想之中，为个人自由提供更为完善的保障。这一点在自由主义的代表性人物密尔（John Stuart Mill）和柏林（Isaiah Berlin）的思想中展现得非常明显。

在自由主义经典著作《论自由》（On Liberty）中，密尔详细论述了个人自由的两条基本原则："个人自由的限度"以及"国家对个人自由干涉的限

---

① 〔美〕戴维·伍顿编《共和主义、自由与商业社会：1649—1776》，盛文沁、左敏译，人民出版社，2014，第 208 页。

② 〔美〕戴维·伍顿编《共和主义、自由与商业社会：1649—1776》，盛文沁、左敏译，人民出版社，2014，第 221 页。

度与个人对国家的责任"。密尔开篇即阐明，其要旨是"探讨社会所能合法施用于个人权力的性质和限度"①。密尔的目的在于切入一种新的自由观。在习惯性的解释中，自由和权威、统治者和其治下的人民，似乎永恒地处于敌对和斗争之中，臣民和政府的斗争无休无止，臣民的自由只不过是对统治者暴虐的防御，臣民和统治者彼此之间就处于战争状态。密尔试图超出这种确保个人自由与安全则要依附统治者的惯性思维。② 密尔强调，随着新的统治者与臣民的相处方式的建立，统治者与臣民合二为一，"统治者的利害和意志应当就是国族的利害和意志。国族无须对自己的意志有所防御"③。这个论述最为重要的特征在于国家和人民一体化了，国家的利害和意志就是人民的利害和意志，因此思考自由的方式就不仅是某种政府和个人之间的敌对，而是防范多数的暴虐。于是，问题转变为在一个自由的民主共和国之中，个人如何防范多数人借助公共的权威干涉个人的自由，"而这种社会暴虐比许多种类的政治压迫还可怕，因为它虽不常以极端性的刑罚为后盾，却使人们有更少的逃避方法，这是由于它透入生活细节更深更多，由于它奴役到灵魂本身"④。密尔阐释了将自由与权威相对立的新自由观，即在共和国之中，人们需要学会体认政府的权力和意志就代表着公民的权力和意志，这样才可能借用国家的权力保障个人的自由。

在密尔的论证中，深刻体现了自由主义自由和共和主义自由交织融合的证据是，密尔不仅强调个人自由的绝对性，也强调在个人自由的限度中有部分就来自对他人有益的政治行动，国家即使强迫个人参与这些对他人有益的活动也是正当的：

> 例如到一个法庭上去作证；又如在一场共同的自卫斗争当中，或者在为他所受其保护的整个社会利益所必需的任何联合工作当中，担负他的一份公平的任务；还有某些个别有益的行动，例如出力去拯救一个人的生命，挺身保护一个遭受虐待而无力自卫的人……须知一个

① 〔英〕约翰·密尔：《论自由》，许宝骙译，商务印书馆，2015，第 1 页。
② 〔英〕约翰·密尔：《论自由》，许宝骙译，商务印书馆，2015，第 1～2 页。
③ 〔英〕约翰·密尔：《论自由》，许宝骙译，商务印书馆，2015，第 3 页。
④ 〔英〕约翰·密尔：《论自由》，许宝骙译，商务印书馆，2015，第 5 页。

人不仅会以其行动贻患于他人，也会因其不行动而产生同样的效果，在这两种情况下要他为此损害而对他们负责交代，都是正当的。①

密尔的这一段论证，不仅强调自由的个人性质，也强调自由在于参与到公共政治生活中去，且对他人负有义务，而不是蜗居在个人的私人领域。因此，密尔在总结自由的三个领域时指出，不只有第一和第二个私人领域中的自由，还有第三个"随着各个人的这种自由而来的，在同样的限度之内，还要个人之间相互联合的自由"②。

在密尔看来，古代的共和国力量小因而容易被侵略，因此"国家对每一公民的全部体力和智力的训练是有着深刻关怀的"，现代社会中则是容易存在"一种社会对个人的专制"，因此有必要借助国家的力量来保障个人自由。由此，密尔在强调个人的思想自由和言论自由、出版自由等的时候，重点和让人耳目一新的都是讨论这些自由是否可以以及如何促进国家自由和繁荣。密尔批判基督教将人过度私人化，认为基督教忽略源自希腊和罗马思想中的公众义务概念，"说到对国家的义务问题，当最好的异教国族在道德方面已把这一义务提高至比重不称的地位甚至侵害到个人正当自由的时候，在纯粹基督教伦理当中，义务问题的这一重大部门却几乎没有受到注意和得到承认"③。密尔强调公众的义务，认为无论是谁，只要在最小的细节上与此稍有所失，就是侵犯了我的社会权利，我因而就有权向立法机关要求解除这种不平之苦。这种对公民美德一致性的要求是极其专制和危险的：彼此之间的相互关切不能延伸到"以自己的标准去规定他人道德上的、智力上的以及甚至躯体上的完善"④。因此，自由的原则是，个人在除了负有对国家和个人的法律义务和道德义务之外，在其他领域是绝对自由的。个人的这种自由，不仅是其自然权利，而且应当受到国家的保护，"从国家方面来说，它一方面应当尊重每人在特关自己的事情上的个人自由，同时另一方面也有义务对它所允许每人施用于他人的权力保持一种注意的

---

① 〔英〕约翰·密尔：《论自由》，许宝骙译，商务印书馆，2015，第12~13页。
② 〔英〕约翰·密尔：《论自由》，许宝骙译，商务印书馆，2015，第14页。
③ 〔英〕约翰·密尔：《论自由》，许宝骙译，商务印书馆，2015，第58页。
④ 〔英〕约翰·密尔：《论自由》，许宝骙译，商务印书馆，2015，第107页。

控制"①。因此，国家在保障个人自由方面有其范围和界限，也有义务培育公民参与政治的能力。之所以需要如此，是因为一个自由国家的维持，需要对其人们进行自由政治教育，虽然不能是强迫性的。而最好的状态，是人们不害怕自由国家的权力，公众不成为政府或者组成政府的某一党派的"依存者"，这样才可能缔造"自由之国"。②"国家的价值，从长远看来，归根结底还是在组成它的全体个人的价值"③，密尔的总结，意味深长。

　　和密尔相似，柏林在其著名的两种自由概念划分中，也并没有直接将共和主义式的自由概念扬弃，而是对之进行了创造性的转换，为自由主义自由概念增添了极其丰富的内容。柏林在试图回答 20 世纪后期的法国和世界的政治问题时，对自由和权威之间的关系进行了富有创新性和复杂性的思考。"消极自由"和"积极自由"概念的划分，目的是阐明"自由选择"才是自由的本质。柏林在讨论古典共和自由时认为，公民具有"在自我管理意义上的所享受的自由，他们不是任何人的奴隶，他们出于对城邦的爱而不需要受强制，不在野蛮的法律与主子（如斯巴达与波斯）的大棒与鞭子下履行自己的义务"④。与此相对，同样重要的是"一个人能否不失面子、不被蔑视或不放弃自己本性地全然从公共生活中隐退……追求私人的目标，在自己个人的朋友陪伴下生活在自己的房间"⑤。诚然，后者说的是自由主义自由，却与共和主义自由直接相关。自由主义自由回答的是柏林所说的"我被统治到何种程度"，但是这绝不意味着我不再问"我被谁统治"，权威有可能变成压迫，积极自由和消极自由都可能变成专制，因此二者同样重要，不可失之偏颇。⑥因此，"自由的根本意义是挣脱枷锁、囚禁与他人奴役的自由"，这不仅需要人珍视个人领域的自由，也需要人统治自己。⑦

---

①〔英〕约翰·密尔：《论自由》，许宝骙译，商务印书馆，2015，第 125 页。
②〔英〕约翰·密尔：《论自由》，许宝骙译，商务印书馆，2015，第 131 ~ 132 页。
③〔英〕约翰·密尔：《论自由》，许宝骙译，商务印书馆，2015，第 137 页。
④〔英〕以赛亚·柏林：《自由论》，胡传胜译，译林出版社，2018，第 33 ~ 34 页。
⑤〔英〕以赛亚·柏林：《自由论》，胡传胜译，译林出版社，2018，第 34 页。
⑥〔英〕以赛亚·柏林：《自由论》，胡传胜译，译林出版社，2018，第 40 页。
⑦〔英〕以赛亚·柏林：《自由论》，胡传胜译，译林出版社，2018，第 48 ~ 52 页。

结　语

斯金纳所阐述的自由主义之前的自由，其衰落的原因有两点。一是理论的古典式社会基础丧失，现代商业社会取代了古代社会之后，时代的发展使新罗马法自由的社会基础不再存在。二是自由主义之前的自由存在理论缺陷，即"个人的自由并不一定必然与政府形式相联系。因为一个代议制立法机构对个人自由的妨碍是完全可能比一个专制君主还要多"。① 如同休谟认为的，古典的斯巴达政体是残暴的，古人也许热爱自由，但是不懂自由。古典的自由是参与政治的自由，但是商业社会的自由是参与经济生活的自由，带有很大的私人成分。斯金纳在历史的转折点思考政治思想"最初的明确表达和发展"，提出自由主义自由概念上升为主导的政治哲学概念，才是新罗马法自由消逝的主要缘由。这在当时的环境下和当时的历史事实中并不存在，而只是一种思想上的表达。

17世纪40年代的英国内战、政治形势变幻迫使当时的思想界重新定义许多原有的政治话语，这其中就包括霍布斯对自由的重新思考和定义：将自由限制在私人领域之内，提出了新的自由概念。斯金纳的贡献在于破除了当代人理所当然地将自由的概念仅仅理解为自由主义自由的观念，追本溯源论述了另外一种人们可能已然忘却的关注公共参与的政治自由，以思考当代自由政治面临的诸多问题。这种关注对于时下人们改变只关注私人生活中的自由而忽略公共生活中可能存在的奴役的状况是极其重要的。然而将自由主义自由和共和主义自由的发展截然对立起来的论述思路，无论是在"自由主义之后"的发展还是"自由主义之前"的自由概念和历史语境之中，均存在一定的局限性。斯金纳理解的自由主义之前的自由不仅在当时的英国未能实现，而且其阐述的自由概念的发展路径也不符合后续思想史发展的事实。共和主义的自由并没有随着霍布斯式自由的兴起而消逝，反而是在历史的发展之中不断地融合进自由主义理论之中，以适应现代社会和大型共和国的发展。但是共和主义者所提倡的政治自由，在当时的环

---

① 〔美〕戴维·伍顿编《共和主义、自由与商业社会：1649—1776》，盛文沁、左敏译，人民出版社，2014，第68~69页。

境和背景之下确实是一次对人类有意义的尝试：暴力或者强制不是唯一的威胁自由的方式，自由除了外在干涉的缺位，还需自主。我们追溯自由概念的发展，目的不仅在于阐明人类探寻自由的艰难和思想家的伟大贡献，还在于阐明人不仅应该关注私人领域的自由，也应该警惕来自公共政治生活之中可能存在的奴役，从而真正实现人类苦苦追寻的自由梦想。

人类政治哲学的两大基本形态

——《中西政治哲学通史》总序

江　畅[*]

在中国和西方历史上，有全球性通史之类的著作（如世界通史、世界文明史），有中西方某个领域的通史（如中国哲学通史、西方道德哲学通史），似未见有将中西方某个领域的通史一道研究和撰著的先例。华中师范大学政治学部政治哲学研究中心将中西政治哲学通史放在一起组织编撰，尚属首例，这是一种大胆的尝试，能否成功有待学界和时间的检验。就政治哲学而言，中国政治哲学和西方政治哲学并非彼此孤立的知识体系，而是人类政治哲学的两种基本形态，它们异中有同、同中有异。将它们的历史放在一起研究并以通史的形式呈现出来，不仅可以发现各自的特色和优势，便于读者比照、利用，也可以发现它们的异中之同，便于研究者立足于"同"构建自己的具有学科共性和实践普适性的政治哲学体系。后者对于人类文明全球化时代的政治哲学构建和发展尤其具有重要意义。

一　政治乃人为价值物

政治哲学的研究对象是政治，但政治是与人类文明社会相伴随的十分复杂的事物，政治哲学侧重于从政治的本性及其实践要求研究它。政治之所以为诸多学科研究或涉及，是因为政治是一种社会成员深度关切的人为

---

* 江畅，华中师范大学政治学部政治哲学研究中心教授，湖北大学高等人文研究院名誉院长，研究方向为政治哲学、伦理学、价值论。

价值物，对于社会成员生存发展享受状况具有决定性的意义。施特劳斯称"政治"为"事物"①，这种观点无疑是对的，但尚未揭示政治作为事物的特殊性。政治是事物，更是人类发明创造的、极为特殊的人为价值物。按照其本性，它是用于造福人类、对于人类生存发展享受需要的满足具有决定性意义的价值物，虽可能异化为统治、压迫和剥削人民的强有力工具。政治哲学的使命是揭示政治的本性及其实践要求，从而防止其异化和滥用并使已经发生的异化和滥用得以复归。政治哲学的这种"揭示"在于从社会的本性、人类的本性乃至宇宙万物的本性（本体）构想和设定其本性或本然本质，从而给现实政治提供规导。

政治一经产生就采取了国家的形式，但国家的现实本质并没有体现政治的本性，相反，从某种意义上说，国家是政治的一种异化形态。黑格尔把国家视为"精神为自己创造的世界"②，而恩格斯却把国家看作"一个阶级镇压另一个阶级的机器"③，后来列宁称之为"暴力机构"④。国家虽具有政治的职能，在历史上和今天也发挥了统治和治理社会的作用，是现实的政治，但这并不是政治真实本性的体现。实际上，政治才是目的，国家只是手段，国家的存在是为了实行政治，而政治本身又是手段，其终极目的在于通过治理社会谋求全体社会成员普遍过上好生活。从政治哲学来看，政治本性在于人民性，即由全体成员（人民）统治和治理社会。就其本性而言，政治是人民运用公共权力统治和治理社会以实现社会所有人幸福的社会活动，人民是政治与政治权力的主体（主权者），拥有社会的一切政治权力；社会实行法治，法律体现人民的意志，法律在社会中具有最高权威。政治的本性是政治的本然本质或应然本质，人类的一切政治活动就是要将政治本性体现出来，使之转化为现实政治的实然本质。从政治本性的基本内涵可以看出，政治作为价值物，其本性包含实践要求，现实政治要体现其应然本质，就必须按照政治本性的实践要求构建和运行。概括地说，政治本性包涵人民至上、法律统治、道德导向、清正廉洁、个人幸福、社会

---

① 〔美〕列奥·施特劳斯：《什么是政治哲学》，李世祥等译，华夏出版社，2019，第3页。
② 〔德〕黑格尔：《法哲学原理》，范扬、张企泰译，商务印书馆，1961，第324页。
③ 《马克思恩格斯选集》第3卷，人民出版社，2012，第55页。
④ 《列宁选集》第4卷，人民出版社，1972，第48页。

公正等六个方面的基本实践要求。

公共权力是政治的核心内容或决定性因素，有公共权力才有政治事物。按照洛克的观点，公共权力是由每个社会成员让渡出来的权力构成的，其行使要充分体现社会大多数人的意志。从本源上看，公共权力来源于人民，其产生是为了维护社会公共秩序，增进社会公共利益，使所有社会成员的权利得到实现和保护。① 公共权力是政治的决定性因素，其本性就在于人民性，它源自人民，为人民所拥有，人民才是公共权力的主体。这种政治权力才是合理、正当的，也是合法的，一切通过其他途径（如战争、政变等暴力途径或宗教、迷信等精神力量）获得的公共权力因违背其本性都不是合法的。政治在演化的过程中逐渐分离出了统治权和治理权，这种分离因适应社会管理日益复杂化的需要而具有必然性和合理性。但是，这种分离不能违背公共权力的本性和实践要求，即人民才是拥有统治权的社会统治者，而人民拥有的统治权应通过法律转化为治理权，由社会治理者（广义的政府）行使法律授予的治理权依据法律进行社会治理。因此，统治权和治理权实质上是统一的，且统一于公共权力的人民性，其分离只是实现公共权力目的的需要。

公共权力与公众权利的关系问题历来是政治哲学关注的焦点。"政治哲学既要关注公共权力行为主体，也要关注个体权利行为主体，换言之，'权力'与'权利'两者不可偏废，不仅需要兼顾，而且需要梳理和辩证二者之间的政治关系与政治价值秩序，即是说，权利与权力的政治关系及其政治价值秩序才是政治哲学的根本问题或中心主题。"② 人民整体真正成为权力的主体，人民个体的权利才可能从根本上得到保障。因此，人民整体如何运用公共权力维护和扩大人民个体的权利问题便产生了。解决这个问题正是政治存在的基本价值和意义之所在。在文明社会，如果没有政治，社会就会陷入霍布斯所说的"每一个人对每个人的战争"③ 的自然状态。然而，事实证明，即便有了政治，若政治异化或被滥用仍然不可能实现其价值。就当代政治现实而言，维护和扩大人民个体的权利需要做到以下两点。

① 参见陈永剑《如何理解公共权力的现代本质》，《才智》2013 年第 30 期。
② 万俊人：《所谓政治哲学》，《中国社会科学评价》2022 年第 4 期。
③ 〔英〕霍布斯：《利维坦》，黎思复、黎廷弼译，商务印书馆，1985，第 35 页。

一是避免公共权力掌握在并非是真实的人民代表的社会治理者手里，让公共权力回归人民主体手中。为确保这一点，最重要的是要使法律真正体现人民的意志，同时使法律成为社会的最高权威。二是监督行使治理权的社会治理者或政府，建立防止其权力异化和滥用以及人民个体谋求权利而相互妨碍和伤害个体权利行为的有效制度、体制和机制。解决这一问题的关键在于使一切权力都在法律之下运行。解决好了这两个问题，政治的基本价值才能够实现。

不过，政治作为最好价值物，其意义并不止如此，还在于运用公共权力为全体人民谋幸福。西方自由主义思想家因担心社会治理者滥用权力而主张公共权力最小化，即所谓"守夜人式的国家"或"最弱意义上的国家"①，将其职能仅限于保护人民个体的权利。这种公共权力最小化的主张和实践，限制甚至扼杀了政治本性的要求，使政治这种人为事物的价值得不到应有的彰显。按照其本性要求，政治不仅要维护和扩大人民个体的权利，而且要为人民个体普遍过上好生活创造社会条件，实现马克思"每一个个人的全面而自由的发展"② 这一最高人类理想。这种条件是社会个体（包括家庭、企业、社会组织等）无法提供的，而只能由社会治理者运用公共权力的力量来创造。正是从这种意义看，政治对于人类普遍幸福来说是必不可少的，是促进人类更好生存的最好价值物。

在高科技时代，实现政治价值面临着许多新的挑战。人工智能是 21 世纪最具"颠覆性"的科技革新之一，而元宇宙、ChatGPT 的问世则标志着通用人工智能时代的来临，高科技在全球范围强有力地推进了生产方式、生活方式变革的现代化进程，也必将深刻改变政治价值的实现方式，智能治理正在成为全新的社会治理形式。智能治理涉及治理主体、治理过程以及治理效果三个基本要素。如何通过将社会智能与机器智能融合互嵌赋能多元治理主体，以激发"智能"效应，构建"智治"格局，增进"智效"价值，形成赋权社会、赋能政府和赋智决策三大智能治理路径，是当代人类

---

① 〔美〕罗伯特·诺齐克：《无政府、国家与乌托邦》，何怀宏等译，中国社会科学出版社，1991，第 35 页。

② 《马克思恩格斯文集》第 5 卷，人民出版社，2009，第 683 页。

有效推进人工智能驱动的治理现代化，从而充分实现政治价值面临的重大问题。[①]

二　政治哲学与政治文明

人类从原始社会进入文明社会意味着整个社会生活都文明化，并逐渐形成了社会的经济文明、政治文明、精神文明、社会（狭义的）文明以及20世纪才凸显出来的生态文明。这五个方面的文明并不是彼此孤立的，而是有机统一的整体。其中政治文明既是人类进入文明社会的主要标志，也是整个社会文明的决定性因素。从人类文明史看，最初世界上只有几个地区进入文明社会。这些地区的部落彼此之间的战争导致基本共同体范围扩大，由"旧的氏族组织"扩大到"按地区来划分它的国民"的国家，并且设立了公共权力，[②] 从而形成了政治结构及与之相应的政治文明。型塑国家这种政治形式之后，国家利用手中的公共权力重构社会的经济结构、社会结构和意识形态，最终形成了自己的文明形态。与之形成对照的是，世界上那些没有建立国家的地区，自然没有政治结构和公共权力以及由公共权力衍生的经济结构、社会结构及意识形态。这些地区是之后在西方海外殖民、市场经济发展、工业革命等文明因素影响下才被推上文明化的历史进程。历经数千年，不同的文明社会形态生灭兴衰、沿袭变革，最终造就了今天全世界国家化的文明格局，而政治及其文明在整个演变中始终都具有决定性的作用。

轴心时代以前的前期文明社会是纯粹经验性的，政治文明亦如此。纯粹经验性的政治文明最显著的特点在于，政治活动全然凭借统治者的执政经验，没有政治理论、更没有政治哲学作为依据，其政治的合理性、正当性、合法性没有得到理论上的论证和辩护。那时的政治文明有政治思想和意识形态，但其由于没有系统化的政治理论以及学科知识作支撑，因而是粗陋的、残缺的。正因如此，前期文明社会大都是战乱、苦难的社会，一些文明地区不可避免地走向了衰败。就中国夏、商、西周时代而言，最英

---

① 参见孟天广《智能治理：通用人工智能 时代的治理命题》，《学海》2023 年第 2 期。
② 《马克思恩格斯选集》第 4 卷，人民出版社，2012，第 187 页。

明的君王统治时期也不过是孔子所说的"小康"社会，在长达 1300 年的时间里，只有禹、汤、文、武、成王、周公"六君子"统治的时期才实现了"小康"，其他大多数时间是如《礼记·礼运》所言"谋用是作，而兵由此起"。在公元前 800 年至公元前 200 年（即雅斯贝尔斯所称的"轴心时期"），中国的诸子百家、印度的《奥义书》（*Upanishads*）和佛陀、波斯的拜火教（Zoroastrianism）、犹太人先知，乃至希腊的哲学流派和科学家同时出现了。在这一时期，各个文明都经历了"理性以及由理性阐明的经验向神话发动斗争；超越的一神与子虚乌有的精灵、恶魔斗争；最后还有道德规范对虚妄诸神的反叛"的变化，雅斯贝尔斯将这种现象统称为"精神化"（spiritualisation）。① 正是在这个特殊历史时代，政治哲学以及道德哲学与哲学本体论几乎同时诞生，人类开始有了政治哲学理论，哲学家力图运用政治哲学理论改变连年战乱的现实社会和拯救苦难中的天下苍生。轴心时代以后，人类政治文明从纯粹经验性的前期政治文明进入理论性（或雅斯贝尔斯所说的"精神化"）的后期政治文明，其最显著特点是统治者开始借助政治哲学来为政治统治提供论证和辩护，甚至将之用于规导政治实践。从此，政治哲学成为政治文明的灵魂和命脉，并且对整个文明社会都具有深刻影响。

然而，在后期文明社会，虽然政治哲学成为政治活动的理论依据，但政治哲学与政治活动及政治文明的关系错综复杂。从中西方历史看，这种复杂关系可归结为两种主要情形。其一，统治者运用政治权力培植思想家来修改已有的政治哲学，以适应自身统治的需要。这种情形在中西传统社会普遍存在，其中最典型的统治者是汉武帝。史书记载，武帝初立，"罢黜百家，表章《六经》"（《汉书·武帝纪》），即"罢黜百家，独尊儒术"，而且利用手中的权力集中当时的儒家将先秦儒学改造成完全适应建立大一统帝国需要的"儒术"，阉割了其中蕴含的仁爱精神，使之成为专制性的伦理纲常。因此，虽然汉武帝的政治活动有政治哲学为依据，但这种政治哲学是体现统治者意志的政治哲学。其二，思想家主动地适应统治者的需要创立政治哲学，以为统治者创建政治文明和统治社会服务。这是西方近现代

---

① 参见陈方正《论"轴心时代"的"两种文化"现象》，《江海学刊》1999 年第 1 期。

政治活动与政治哲学关系的情形。为了适应资产阶级构建资本主义社会的需要，近代西方启蒙思想家提出了众多的政治哲学理论，最终自由主义思想家的理论成为西方的主导思想。但是，这种以国家为对象的政治哲学理论，完全屈从市场经济发展的要求，导致了许多消极的实践后果，不能为当代人类走出生存危机提供规导。

进入 21 世纪，人工智能、元宇宙、Chat GPT 等高科技浪潮一浪高过一浪，全球化、科技化、信息化已将全人类的前途命运紧密地联系在一起，人类的基本共同体从国家走向世界是大势所趋。人类全球化的发展和人类命运共同体的构建，要求有与之相应的政治哲学，现今，政治哲学面临着主要研究对象从国家政治转向世界政治、为世界共同体构建提供理论依据和规导原则的新的时代使命。构建世界共同体，关键在于构建世界政治及其文明。人类进化到当代，世界共同体不可能自发形成，必须以政治哲学为学术支撑。有作为世界共同体的政治文明，才可能有世界共同体的经济文明、精神文明、社会文明和生态文明，才可能有作为整体的世界的文明。而世界政治文明如同近代以来的国家政治文明一样，其构建必须由政治哲学提供论证和辩护。如此，世界政治文明的构建才能凝聚全人类的普遍共识，才能汇聚世界各国的文明力量以冲破一切现实的和可能的障碍与阻力。

三　政治哲学与哲学、政治学

何谓政治哲学？对于这一问题历来存在观点分歧。我们将政治哲学界定为研究政治本性及其实践要求的哲学学问，认为它不是政治学或政治科学的学科，也不是政治学与哲学的交叉学科，而是像道德哲学、精神哲学一样的哲学专门学科或实践哲学。作为哲学学科，政治哲学通过对政治学以及政治实践的理性反思和批判对其进行规范与指导，而不是为其提供论证与辩护。如果说哲学的主体或主干由本体论、知识论和价值论构成，政治哲学、道德哲学和精神哲学作为实践哲学，可以说是哲学主体的三个现实面向。[①] 哲学研究本体、知识和价值问题终归要落脚到人类的生存发展享

---

① 参见江畅《论政治哲学的性质》，载江畅主编《政治哲学研究》第 1 辑，社会科学文献出版社，2023。

受，而它的终极指向是将人类本性实现出来。研究和回答如何实现人类本性，正是政治哲学、道德哲学和精神哲学的使命。

哲学家对人类本性（或人的本性）的看法见仁见智、莫衷一是，但一般都肯定人类本性在于谋求生存得更好，包括生存下去、生存得好、生存得更好。经过几百万年的进化，人类本性渐次形成了三种特性，即社群性、自为性和精神性①。作为群体动物，人类一经诞生就必须生活在群体之中，最初是原始人群，而后是氏族部落，再后来是国家。这种群体的扩大是超越性的，当人类生活在国家之中时，还会生活在家庭以及后来兴起的各种组织（如企业、工会、政党等）之中。人类本性的群体性就体现在人至少得生活在某一个群体之中。随着人类的进化，人的自我意识以及与之相应的相对独立生存的能力逐渐形成并不断增强，于是人就获得了自为性，即当人成熟的时候就可以自己解决自己以及家人的生存问题。当人的自为性积淀为人性基因时，若它得不到实现，人就不是一个真正意义上的独立自由个体，也就不是真正意义上的人。在人性的自为性差不多形成时，人类不再只谋求个人的生存，而会把家庭、氏族、国家以及其他共同体的存亡、兴衰置于自己的肩上，即开始有了比狭隘地谋求自己更好生存更为博大的情怀和境界。其积淀为基因，于是就有了人类本性的精神性或超越性②。虽然从整体来说人类本性都具备社群性、自为性和精神性，但并不是每一个人都能将其开发出来，开发出来也并不一定能得到发挥。哲学的意义归根到底就是要告诉人们，人类具有这些本性以及开发这些本性并使之得到发挥的重要性、路径和方式。

在轴心时代，那些建立了系统哲学的思想家已然注意到人类本性及其三种特性（自为性、社群性、精神性）。他们虽然不一定以政治哲学、道德哲学、精神哲学的名义来研究它们的开发和发挥问题，但都程度不同地探索和回答了政治哲学、道德哲学和精神哲学所涉及的问题。当然，他们更

① 当代学界对人类本性的精神性有所忽视，而以前中西哲学家对此高度重视，荀子说的"人有气、有生、有知，亦且有义"（《荀子·王制》）就是对精神是人的特性的典型表达，黑格尔更是直接说，"精神一般来说就是思维，人之异于动物就因为他有思维"（〔德〕黑格尔：《法哲学原理》，范扬、张企泰译，商务印书馆，1961，第13页）。

② 参见江畅、李累《人的高贵性之所在——人类精神的时代反思》，《中南民族大学学报》（人文社会科学版）2023年第5期。

多的是从个人的角度切入，首先关注的是个人的道德和精神问题，再从个人道德和精神问题拓展到政治问题，并最终通过政治问题的解决来解决个人的道德和精神问题。通常，幸福、德性和智慧（或实践智慧）被认为是古希腊哲学家道德哲学的基本概念，但这三个概念背后有一个常被后人忽视的概念，那就是城邦或基本共同体。柏拉图注意到，"在建立我们的城邦时，我们关注的目标不是使任何一群人特别幸福，而是尽可能使整个城邦幸福"①。亚里士多德更明确地将研究政治问题的政治学置于更重要的地位，提出"关于道德的讨论就似乎不仅是政治学的部分，而且还是它的起点"②。先秦儒家则将共同体的完善作为个人德性和精神境界的修养的终极目标，即"身修而后家齐，家齐而后国治，国治而后天下平"（《礼记·大学》）。先秦道家尤其是老子所关注的主要是治世之道，提出"道常无为而无不为，侯王若能守之，万物将自化"（《老子》第三十七章）。他所理想的社会"小国寡民"（《老子》第八十章），是"圣人之治"的社会。古典思想家意识到虽然个人幸福最终在于个人，但社群具有决定性的意义。不过，社群的意义不仅在于可给个人提供生活家园和基本生存保障，更在于可使人具有道德并追求人作为人应有的人生境界。古典思想家基本确立了政治哲学与道德哲学、精神哲学之间的关系格局，近现代虽然对此有所突破，但大多仍是着眼于人性及其特性来理解哲学的这三个实践学科及其关系。

在古今中西思想家中，对政治哲学的研究有两种进路或基本方法。一种是本体论的进路，即从反思和批判社群和人生的现实入手，为破解社会战乱和人类苦难两大难题而运用思辨方法构想和设定宇宙本体，并以宇宙本体为根据来揭示人类本性、社群本性以及政治本性。以这种进路建立的政治哲学具有深厚的本体论根基，它认为人类的这些本性都是善的或美好的，主张人类要复归或弘扬这些被现实玷污或损害的本性，从而最终实现社会的美好和个人的幸福。另一种是经验论的进路，即观察分析引起社会战乱和苦难的人类恶行，得出人类本性是恶的结论，主张建立国家（政治）来防范人类本性之恶必然导致的人与人之间的相互妨碍和伤害，从而建立人与人之间和平共处的社会秩序。中西古代思想家大多采取前一种研究方

---

① 《柏拉图全集》中卷，王晓朝译，人民出版社，2018，第115页。
② 苗力田主编《亚里士多德全集》第8卷，中国人民大学出版社，1992，第241页。

法，这是一种主张不断开发人性、完善人格并提升人生境界的内在超越的进路。后一种则是西方近现代一些哲学家采取的进路，他们不再以本体论为基础，其政治哲学的基础是社会契约论（包括作为依据的自然状态说和自然法理论）。这是一种主张运用外在的政治力量扼制人的恶性、防范人的恶行而不考虑人格完善和人生境界提升的外在约束的进路。在中外历史上，采取本体论进路的政治哲学构建的政治暂无成功的先例，而采取经验论进路的政治哲学构建的政治则暴露出许多问题。西方近代以来的社会实践事实上已经证明这种政治哲学不可能给政治提供正确的规导，不可能消除社会战乱和人类苦难，且必然会导致人类生存危机。

此外，一谈到政治哲学就涉及它与政治学的关系。在 19 世纪 80 年代以前，只有亚里士多德明确在"政治学"的名义下研究政治哲学，其中也包含一些现代意义上的政治科学（作为社会科学的政治学）的内容，两者是混合在一起的，其他哲学家并没有对两者作区分。可以说，传统的政治学包含政治哲学和政治科学的内容。1880 年美国哥伦比亚大学根据政治学家 J. W. 柏吉斯的倡议成立"哥伦比亚大学政治研究院"，政治科学从此就从传统的政治学中独立出来，获得独立的社会科学学科地位[1]。关于两者之间的关系，有诸多不同的观点，以下这种观点为更多学者认同："政治哲学不同于政治科学，其原因在于政治科学是经验性的和描述性的，它解释一个政府实际上是如何运作的，而政治哲学则是规范性的，它确立那些规定政府应如何运作的准则或理想的标准。"[2] 需要指出的是，按照我们的观点，如果说政治科学的研究对象是政府或国家的话，政治哲学的研究对象则不只是限于政府，还包括政治尤其是其本性及其实践要求。[3]

四　中西政治哲学的异同

黑格尔说，"哲学是在发展中的系统，哲学史也是在发展中的系统"[4]，

---

① 参见王浦劬等《政治学基础》，北京大学出版社，2018，第 27 页。

② 〔英〕尼古拉斯·布宁、余纪元编著《西方哲学英汉对照辞典》，人民出版社，2001，第 774 页。

③ 参见江畅、李君豪《论政治哲学与哲学的关系》，《烟台大学学报》（哲学社会科学版）2023 年第 4 期。

④ 〔德〕黑格尔：《哲学史讲演录》第 1 卷，贺麟、王太庆译，商务印书馆，1959，第 33 页。

中国政治哲学与西方政治哲学就是人类历史上政治哲学的两个庞大系统或基本形态。它们于轴心时代应运而生，各自都经历了十分曲折的演进过程，其内容极其丰富而复杂。中西政治哲学彼此之间迥然有异，但差异之中亦有共通之处。

中西政治哲学的总体特征有很大的不同。中国政治哲学的历史演进一以贯之，始终以宇宙、天下、国、家、人及其关系问题为中心展开和沿革，具有历史演进的一贯性。中国政治哲学从诞生起就有深厚的本体论根基，无论是儒家、道家还是其他诸家，其政治哲学都是基于远古以来形成的道观念或道德观念，具有深厚的理论根基。中国政治哲学历来都是道德性政治哲学，道德哲学具有明显的政治性，政治哲学则具有鲜明的道德性。中国政治哲学的社会理想是尽善尽美，同时又与人格理想相贯通，且把修身作为实现社会理想的根本，具有崇高性。中国政治哲学像中国文化一样，历来讲道统、讲认祖归宗，具有学术观点的归宗性。①

与中国政治哲学不同，西方政治哲学在演进的过程中不断有不同的文化传统加入，而这种加入又往往否定了先前的传统，其演进具有多源性和断裂性。西方不同时代甚至同一时代的政治哲学所创立或依循的本体论大不相同，从包含社会本体在内的宇宙本体转变到单纯的社会本体，其理论根基具有多变性与迥异性。西方政治哲学史可以说是哲学家根据不同时代的时代精神或重大问题，致力于构想理想社会及其实现方案的历史过程，整体上兼备理想性和实践性。在西方多头思想文化渊源和断裂性历史演进过程中生长和发展的政治哲学，无论是从纵向看还是从横向看，其学术观点多种多样，甚至完全对立，具多元性与对立性。②

中西政治哲学经历了迥异的产生和历史演进过程。中国政治哲学在经过5000年以上的悠久孕育过程后诞生于春秋时期，其创立者主要有老子、孔子、墨子和韩非子等人，他们创立了不同政治哲学学派。此后，中国政治哲学大致经历了理论化（春秋战国时期）、经学化（汉代至唐代）、理学化（宋代至清代）、现代化（鸦片战争至今）四个历史阶段。中国政治哲学

---

① 参见李婉芝、江畅《中国政治哲学的一般意涵与总体特征》，《江汉论坛》2024年第1期。
② 参见江畅《西方政治哲学的复杂意涵与总体特征》，《武汉大学学报》（哲学社会科学版）2023年第3期。

在理论化的过程中形成了各具个性的政治哲学体系，但伴随着皇权专制制度的建立，从多元走向了一元的政治化、官方化、意识形态化，政治哲学被包裹在经学之中。为满足皇权专制统治的需要，注疏经学成为政治哲学的主要任务。面对经学的衰落尤其是佛教和道教的强大冲击，宋代儒家建立理学以振兴传统儒家政治哲学，但仍然以汉儒所确立的专制主义伦理纲常为基本主张，并将其推向了极端。鸦片战争的爆发开启了中国政治哲学现代化的进程，马克思主义政治哲学在中国传播并同中国政治实际相结合、同中华优秀传统政治文化相融合，逐渐创造了一种在本质上不同于西方现代政治哲学的中国特色现代政治哲学。改革开放之后，作为学科形态的政治哲学在中国兴起并获得了快速发展，形成了以中国化马克思主义政治哲学为主导、政治哲学学术繁荣发展的当代中国政治哲学新格局。[1]

西方政治哲学的渊源虽然可以追溯到公元前 2800 多年前的米诺斯文明，但真正的源头是《荷马史诗》，其孕育期不过 600 多年。苏格拉底被公认为西方政治哲学的鼻祖，他和柏拉图创立了第一个政治哲学体系，其后的历史演进大致上也可划分为四个时期：理论化时期（公元前 5 世纪至基督教诞生）、宗教化时期（基督教诞生至 17 世纪）、现代化时期（14 世纪至 19世纪）和学科化时期（19 世纪至现代）。西方政治哲学经过神学化的异化由马基亚维里开启现代化进程，其根本特征在于不再从宇宙本体演绎人类本性，而是通过观察和分析人类行为和社会现实得出人性恶的结论，并主张运用政治权力建立法律来扼制恶性，从而维护社会秩序。与中国政治哲学相比较，西方政治哲学的孕育时期短，诞生时间晚，理论化时间短，而现代化起步早。到 19 世纪 80 年代，作为社会科学分支的政治科学（今天所谓的政治学）正式诞生，西方政治哲学与政治科学发生分离，成为相对独立的哲学专门学科。[2]

中西政治哲学关注的主要问题差异相当大。中国政治哲学以家、国、天下、民众一体为研究对象，以社会和谐为研究取向，关注的问题不仅仅局限于国家，而是涉及社会的各个方面。中国政治哲学重点关注的主要问

---

[1] 参见江畅《中国政治哲学的产生和历史演进》，《贵州师范大学学报》（社会科学版）2023年第 4 期。

[2] 参见江畅《西方政治哲学的产生与历史演进》，《当代中国价值观研究》2022 年第 5 期。

题可大致上划分为"道"与"德"、理想人格与理想社会、差序格局与众生平等、家国天下的关系、王道与霸道、尚民爱民与人民至上、内圣外王与人民民主，以及德治、礼治与法治等问题。但是，对于这些问题的研究，中国政治哲学和政治学并无明显的界限，事实上中国历史上不少政治哲学家同时也是政治学家，有的还同时是政治家，即使在今天两者之间的界限也不十分分明。中国政治哲学尤其是传统政治哲学注重运用经验体悟、理智直觉和思辨构想一体的方法，基于宇宙本体来构想社会本体，基于社会本体来谋划社会理想及其实现。①

与中国政治哲学不同，西方政治哲学以国家为主要研究对象，以为国家治理提供社会理想、价值目标、核心理念和基本原则为主要使命，重点关注和研究理想社会、社会公正、国家产生的正当性及其应然本质、政体和制度的合理性、权力的合法性和制约、法治的重要性及其与自然法的关系、市民社会及其与国家关系、公民的德性和权利等问题。西方政治哲学从总体上看是以怎样使问题重重的现实国家变成好社会为核心主题展开的，社会公正以及对其有决定性意义的社会制度问题是其关注的焦点。西方政治哲学主要运用思辨方法研究和回答政治哲学问题，只不过不同时代研究的着眼点有很大的差异。古代哲学家主要是从宇宙本体引申出社会本体或社会本性（如苏格拉底从宇宙的善目的引申出社会的善目的），进而谋划好社会及其构建，近现代哲学家则从他们所想象的人类原初状态引申出社会状态，进而论证好社会应该怎样以及如何构建。②

从以上中西政治哲学的主要差异可以看出，它们的异中也有同。这种"同"可简单归结为三个方面。其一，它们都是思想家为了拯救生民于水火而创立的。在极其苦难的轴心时代，那时的哲学家们对天下生民充满怜悯、同情、炽爱，终生致力于寻求解救生民、使芸芸众生过上好生活的道路。为此，他们著书立说、进谏君王、聚徒讲学，中西政治哲学由此诞生。其二，它们都研究和回答全体社会成员如何实现整体生活（life as a whole）幸福的问题。在中西古典政治哲学家看来，人类生存不是既定的，而是不断追求更好的；更好生存不是某一方面的，而是整体性的，是整体生活的完

---

① 参见江畅《中国政治哲学重点关注的八大问题》，《湖北社会科学》2023 年第 2 期。
② 参见江畅《西方政治哲学重点关注的八大问题》，《理论月刊》2022 年第 8 期。

善，即幸福①。他们都认为，政治哲学的初衷和使命就是要揭示政治的真实本性及其实践要求，在此基础上研究回答如何实现全体社会成员的普遍幸福问题。其三，它们都发生过屈从现实政治而忘却其初衷和主旨的问题。轴心时代以后，中西政治哲学都曾步入歧途：在西方主要是屈从基督教教会统治的需要，后来又为资产阶级政治需要所绑架；在中国则是屈从大一统的专制政治的需要。不过，"青山遮不住，毕竟东流去"，今天人类命运共同体的构建客观上要求政治哲学弘扬其初衷和使命，为世界永久和平和人类普遍幸福的实现作出谋划并提供规导。

五 中西政治哲学的价值与局限

中西政治哲学内容丰富而深刻，堪称人类政治哲学史上的双雄，为人类政治哲学的发展和政治实践的完善留下了丰厚而宝贵的思想资源，并将持续对整个人类发展产生深远影响。中西政治哲学史上的成果虽有其局限和不足，但更具有重要的学术价值和实践意义。中西政治哲学的价值和贡献不尽相同，但它们具有相通性、互补性、可融通性，可以为今天构建面向世界共同体的新时代政治哲学提供基础、起点和参照。

中国政治哲学构想并追求的世界大同理想社会，可以成为人类政治文明发展的价值取向。春秋战国时代诸子百家中多家都有对理想社会的构想，儒家创始人孔子构想的大同社会最具生命力和影响力。孙中山第一次明确将大同社会作为政治目标，称"真正的民生主义，就是孔子所希望之大同世界"②；习近平总书记代表中国共产党向世界宣告"我们所做的一切都是为人民谋幸福，为民族谋复兴，为世界谋大同"③。"大同"社会理想具有真理性、合理性，中国提出的构建人类命运共同体倡议在世界上得到广泛而热烈的响应，表明"世界大同"是人间"王道"，反映了人类文明发展的必然趋势。

---

① 这种幸福不是欲望满足意义上的幸福（happiness），而是通过人性充分开发获得完善人格并使之见诸生活的整体生活幸福（eudaemonia）。
② 孙中山：《三民主义》，东方出版社，2014，第222页。
③ 《习近平会见联合国秘书长古特雷斯》，《人民日报》2018年4月9日，第1版。

中国政治哲学关于家国天下一体有机统一的理论，可以为世界共同体构建提供中国模式和方案。家庭、国家、世界是人类从分离的原始人群走向更大共同体的三大步骤，是人类形成更大创造力量、扩展更大活动空间、过上更丰富的物质和文化生活的历史进程。中国传统政治哲学主张构建的家国天下一体的社会结构是一种递进积累的社会结构，它将会成为人类社会或世界共同体的未来基本架构。中国政治哲学为当代世界共同体提供了中国智慧和中国经验，为人类政治文明增辉添色。

中国政治哲学提出的一系列深层次的哲学观念，可以作为解决当代中国和人类社会现实政治问题的基本理念和原则。两千多年来，中国政治哲学家提供了诸多重要的核心政治理念和基本政治原则，其中最为重要的有"天下为公""天下太平""人民至上""德法兼治"。中国政治哲学具有深厚的本体论根基，并从家国天下的广阔视域研究政治，其理论原则由于能在更深层次上解决问题而更具普适性。这些核心理念和基本原则是政治治理活动不可违背的，一旦违背，就会导致黄炎培先生所说的"政息人亡"。

中国政治哲学高度重视廉洁自律和廉政建设研究，为人类政治清明提供了丰富思想资源和充分理论依据。英国思想家阿克顿说："权力趋向腐败，绝对权力绝对腐败。"① 中国传统社会是王权专制社会，秦代之前是封建专制社会，之后是皇权专制社会，由于政治权力高度集中，贪污腐败、滥用权力屡禁不止，而且上行下效，常呈愈演愈烈之势。反腐防腐是中国传统政治的艰巨任务，也是君王和学者极为关注的问题，这提供了丰富的理论知识和实践经验。人类在相当长的时期内都不可能彻底铲除腐败这颗政治毒瘤，因此中国政治哲学廉政建设方面的理论成果可以为其他国家反腐防腐提供重要经验和有益启示。②

西方政治哲学为政治存在的合理性提供哲学论证，促进了人类的政治自觉，坚定了人类的政治自信。西方古典政治哲学家面对统治者在国家治理上面临严重困境的时代问题，一方面竭力论证人类从亲情社会走向政治社会的必然性和国家治理（政治）的合理性，另一方面努力构想人类必然进入的政治社会应当是什么样的社会。西方早期哲学家对政治存在的合理

---

① 许良英：《也谈阿克顿的名言》，《炎黄春秋》2010 年第 7 期。
② 参见江畅《中国政治哲学的贡献、经验和当代任务》，《政治学研究》2023 年第 6 期。

性的论证在后来得到了普遍认可，并深深扎根于西方人的内心深处。在此后的西方历史上除个别思想家（如 19 世纪德国哲学家麦克斯·施蒂纳）之外，几乎没有重要思想家是无政府主义者。

西方政治哲学所论证和阐明的政治目的、价值及其与社会美好、人生幸福的内在关联，为人类的政治活动指明了方向。西方思想家创立政治哲学的重要目的就包括要弄清政治对于人类和社会应具有什么样的价值，现实的政治是否具有这种价值，以及如何使现实的政治具有这种应该具有的价值。政治哲学家通过将政治与社会成员的人生及其生活于其中的社会关联起来，得出了以下真理性的结论：只有政治才有可能为社会成员确立共同的社会理想；只有运用政治的力量才有可能实现某种理想社会方案；只有政治才能给共同体及其成员提供生命保障，以应对外敌侵略、内部倾轧和重大的天灾人祸。这些结论为西方政治文明发展指明了方向。

西方政治哲学对以国家为形式的政治社会的深层次问题的回答，为当代社会现实政治问题的解决提供了理论方案和前瞻性经验。西方社会一进入文明社会就进入了以国家为形式的政治社会，从此，国家就成为政治哲学家关注的主要对象。围绕如何治理好国家问题，西方政治哲学家研究和回答了国家产生的正当性及其应然本质等诸多重大政治问题。他们的研究成果为西方国家治理逐渐走向现代化与完善提供了不尽相同的、可供选择的答案。它使西方人懂得了应该选择的最好社会是什么，懂得了如何走向这样的社会，懂得了国家治理应有的价值取向、能动作为和合理限度。

西方政治哲学所揭示的国家治理必须遵循的应然法则和基本原则，为人类政治实践活动提供了规范和契合实际的指导。西方政治哲学家通过哲学思辨方法揭示了诸多政治活动的应然法则，这些法则是国家治理活动中应遵循的价值真理。其中，最重要的有四条：社会成员应该自由平等；社会应当由其全体成员共同治理，即所谓民主；社会成员治理国家的权力应当体现为法律的权力；政治权力应当受有效制约。这些法则虽然具有应然性，但也具有不可替代的实践价值。国家治理若不遵循它们，即使社会还能维持下去，也难以达到理想状态。①

---

① 参见李婉芝、江畅《西方政治哲学的价值、局限及启示》，《江苏行政学院学报》2024 年第 1 期。

中西政治哲学也存在不少局限甚至糟粕。例如，中国政治哲学存在对政治的本性及其实践要求缺乏系统构建，重视对权力的外部制约和掌权者的自我制约而对权力内部的相互制衡没有给予充分重视，关注个人德性和人格但对个人政治权利关注不够等问题。西方政治哲学也存在诸如缺乏天下情怀，轴心时代以后不重视政治本然本质的探讨，忽视国家的实体和主体性质，对西方历来存在的霸权主义、强权政治问题缺乏应有的反思和批判等局限。今天，深化政治哲学研究要克服中西政治哲学的局限和问题，立足于宇宙本体和人类本性揭示政治的本性及其实践要求，着眼于整个世界和人类未来寻求政治哲学真理，从根本和总体上研究和回答社会现实中的重大问题。

六 《中西政治哲学通史》的宗旨、目标、原则及总体框架

黑格尔说："哲学有一个显著的特点，与别的科学比较起来，也可说是一个缺点，就是我们对于它的本质，对于它应该完成和能够完成的任务，有许多大不相同的看法。"① 正因为如此，他指出，研究哲学史比研究任何别的科学更必须有一个导言，把需要讲述的哲学史的对象首先正确地加以规定，否则我们最终可能会编撰出"卷帙繁多"甚至"学问广博"的哲学史，而哲学家所费力寻求的关于哲学实质的知识反而没有涉及。正是基于哲学和哲学史大家黑格尔的警示，我们团队根据本通史研究的目的，经过反复商讨，形成了撰著本通史的宗旨、目标和原则的共识，以作为各位作者在撰著时的基本遵循。对于中西政治哲学通史撰著来说，确定共同的历史观至关重要，"只有当我们能够提出确定的史观时，历史才能得到一贯性"②。如果说前文所述乃本通史撰著的"史观"，那么以下所述的宗旨、目标和原则可视为这种"史观"的具体体现。

我们为中西政治哲学通史撰著确立的宗旨是：通过深入挖掘、整理自古至今相关文献，阐释中西不同时代重要思想家政治哲学思想观念的实质

---

① 〔德〕黑格尔：《哲学史讲演录》第 1 卷，贺麟、王太庆译，商务印书馆，1959，第 5 页。
② 〔德〕黑格尔：《哲学史讲演录》第 1 卷，贺麟、王太庆译，商务印书馆，1959，第 5 页。

内涵和丰富内容，通过历史与逻辑相结合再现不同时代、不同思想家的政治哲学思想观念体系和整体风貌，揭示中西政治哲学思想观念的深层结构和演进规律，对中西政治哲学思想观念作出实事求是的公正评价，努力推出既具有政治哲学学科属性又具有政治哲学学术史属性的学术研究成果。

中西政治哲学通史撰著要达到如下目标：为我国政治哲学研究提供资料可靠、内容翔实、论证充分、观点正确、评价公允，兼具重要资料价值、学术价值和思想价值的原创性中西政治哲学思想通史，为中国特色政治哲学体系构建和完善提供丰厚的学术滋养和历史经验，提升中国政治哲学的知识化、专业化、学术化水平与国际话语权，为中国特色社会主义道路提供合法性依据（中国部分）和有益借鉴（西方部分），深刻理解并积极回应人们对自古至今的政治哲学思想家为什么重要、我们今天为什么还要研究他们的思想的问题关切。

中西政治哲学通史撰著遵循五条基本原则。

守正创新原则。运用哲学价值论和政治哲学原理审视和阐释中西政治哲学历史传统和主要范畴，突出问题意识，努力做到史论结合，追求学术原创，推动理论创新，而非就事论事地陈述，形成研究团队共同的基本立场和价值取向，铸造通史灵魂和通史精神，使之自成一体并独具特色，防止各自为政、自说自话。

忠于元典原则。在深入研读政治哲学家本人原著的基础上撰著，强调研读他们本人原著以得到公认的学术元典为重点，严格按照他们本人留下的著作阐述其思想，力求根据原著说话，同时也要吸收和回应后世尤其是当代学者对古今政治哲学思想所做的经典性阐释，既注重挖掘和阐发思想家的原创思想，也注重与相关研究者进行平等对话和讨论，以推进相关研究的深化。

突出重点原则。中西具有政治哲学思想的思想家不胜枚举，不可能在两套书中全都涉及，本通史以思想大家为重点，从与其相关的角度兼及其他思想家。就思想大家而言，也以其有历史影响的政治哲学思想为核心，突出他们思想的价值和特色。

客观论述原则。以政治哲学家生活的时代、经历、思想的演进和原著为依据阐述他们的学术观点和思想体系，力图再现思想家政治哲学思想的原貌，揭示其思想的来龙去脉和内在逻辑，不妄加评论和随意指责。

总体观照原则。扩宽学术视野，既把思想家的政治哲学思想置于其所处时代的思想图景中予以深刻考察，亦注重思想家之间的沿革与关联，同时还要从总体上考察和把握思想家政治哲学思想的内在结构和心路历程，注重历史观照性，努力使所阐述的思想家的政治哲学思想具有历史感和真实感。

中西政治哲学通史总共安排了二十卷，为了使读者对中西政治哲学通史有一个总体的把握，特别安排了总论卷。通史包括《中西政治哲学通史》总论卷；《中国政治哲学通史》九卷，即夏商西周卷、春秋战国卷、春秋战国下卷、秦汉卷、魏晋隋唐卷、宋明卷、清代卷、民国卷、共和国卷；《西方政治哲学通史》十卷，即古希腊卷、古罗马卷、中世纪卷、文艺复兴卷、近代英美卷、近代法国卷、近代德国卷、现代德法卷、现代英美卷、西方马克思主义卷。

最后需要特别指出的是，在通史启动编撰一年多以后，2024 年 1 月国务院学位委员会第一次将政治哲学列入我国研究生招生专业。从此，政治哲学正式成为中国哲学学科门类中的第九个二级学科，这对于中国哲学和政治哲学界来说是值得庆贺的大事！通史的编撰对政治哲学正式确定为哲学的二级学科起到了推动作用，也为政治哲学的未来发展奠定了坚实基础。①

---

① 《研究生教育二级学科，发布！》，中国教育在线，2024 年 1 月 26 日，https://baijiahao. baidu. com/s? id = 1789107576020792514&wfr = spider&for = pc。

论人类命运共同体思想对马克思
自由人联合体思想的继承发展

周莹萃[*]

摘　要：自由人联合体是马克思所构想的消灭剥削压迫、化解人与社会的冲突对抗，进而实现人自由全面发展的理想状态。人类命运共同体思想继承了马克思共同体思想的世界历史视野、以人为本精神和平等交往理念，并在探索实践中被赋予了新的时代内涵：它以合作共建方式超越暴力革命手段、由扬弃人的异化转为协调人与世界关系、从构建自由人联合体发展为建设可持续型世界，切实拓展了马克思共同体理论的学术空间并为其开辟了全新的实现路径。党的二十大报告将"推动构建人类命运共同体"纳入中国式现代化的本质要求，开启了以中国式现代化推动构建人类命运共同体的新阶段。深入把握人类命运共同体思想与马克思共同体思想之间的继承发展，明确构建人类命运共同体的历史使命，对于新时代以中国式现代化全面推进人类命运共同体建设不断走深走实具有重要意义。

关键词：马克思；人类命运共同体；自由人联合体；中国式现代化

党的二十大报告明确提出"以中国式现代化推进中华民族伟大复兴"[①]，

---

　*　周莹萃，湖北大学哲学学院博士研究生，研究方向为马克思主义哲学。

　①　习近平：《高举中国特色社会主义伟大旗帜　为全面建设社会主义现代化国家而团结奋斗——在中国共产党第二十次全国代表大会上的报告》，人民出版社，2022，第7页。

并对中国式现代化的中国特色、本质要求以及重大原则等进行了全面系统的阐述。报告指出，"中国式现代化的本质要求是：坚持中国共产党领导，坚持中国特色社会主义，实现高质量发展，发展全过程人民民主，丰富人民精神世界，实现全体人民共同富裕，促进人与自然和谐共生，推动构建人类命运共同体，创造人类文明新形态"①。推动构建人类命运共同体作为中国式现代化的本质要求，蕴含着促进人类发展的目标导向以及对未来社会发展趋向的时代展望。从理论渊源上看，人类命运共同体理念是在马克思自由人联合体思想的致思理路和实践逻辑上建立起来的，但它并不是对自由人联合体思想的完全复制，而是立足当前现实和中国国情对自由人联合体相关理念的时代拓新，在实践层面为自由人联合体的现实化创造了契机。值此人类命运共同体理念提出十周年之际，从政治哲学的角度发掘其与马克思自由人联合体思想的内在关系，具有重要的理论价值与现实意义。

一　马克思自由人联合体思想的实质内涵

自由人联合体是马克思基于对资本主义市民社会中的人的异化发展状态的揭示和批判所构想的消灭剥削压迫、化解人与社会的冲突对抗，进而实现人自由全面发展的理想状态，是关于共同体与个人自由矛盾关系问题的真正解决，也是人类社会历史进程的必然走向。马克思着眼于当时的社会现状，深入资本主义社会肌理，揭示了资本主义社会作为"虚假的共同体"的起源、发展和实质，并且面向实现人类解放提出构建人与社会的真正的共同体即自由人联合体。进一步地，他从经济基础、社会关系、价值旨归等层面较为全面地阐释了迈向自由人联合体的实践思路。

（一）经济基础：生产力的巨大发展

特定的经济基础和上层建筑的有机统一构成特定的社会形态，这条基本规律契合于任何时代，自由人联合体的构建也同样遵循于此，实现这一

---

① 习近平：《高举中国特色社会主义伟大旗帜　为全面建设社会主义现代化国家而团结奋斗——在中国共产党第二十次全国代表大会上的报告》，人民出版社，2022，第23~24页。

目标需要具备社会生产力全面发展以及物质产品极大丰厚的经济基础。生产力作为一种物质力量，是人类世世代代活动的结果，是实践的历史性产物，它为人类历史奠定了基础，亦是推动共同体发展的驱动力。纵观古今，生产力对于人类社会发展的基础性地位可以在历史进程中得到确证。原始社会的生产力水平极度低下、物质资料极其匮乏，这样的共同体显然不具备实现个人自由的物质基础，在其中也无所谓个人自由。后来，由分工和所有制变革而衍生的利益矛盾和阶级斗争，导致共同体愈益沦为同各个人相割裂的"虚假的共同体"。马克思恩格斯基于对现实生活中个人利益同国家利益相冲突以及人的自由普遍缺失之客观事实的批判性考察，揭示出资本主义国家本质上是"虚假的共同体"，是外在于个人、不依赖于个人且同各个人相对抗的力量。然而，他们并不全盘否定共同体的这种异化形式，而是从资本主义生产力的发展和创造物质财富的巨大潜力中看到辩证否定资本主义的可能。伴随着个人与共同体越来越走向彼此对立，也逐渐发展了个人之间交往的普遍性和个人能力的全面性，从而为更高形态的共同体的到来夯实基础。换言之，"虚假的共同体"——资本主义社会必将在共同体不断完善和发展的过程中被真正的共同体——共产主义社会所扬弃、所超越，而这种超越内在要求共产主义必须吸纳资本主义一切可以利用的方面，其中就包括资本主义社会创造的巨大生产力以及世界历史发展各个阶段积累的生产力，用以构成实现无产阶级乃至全人类解放的必要前提。从生产力维度来看，自由人联合体作为人与社会的真正的共同体，它实现自由的基础不再是有限的生产力以及受其制约的整个社会生产，而是人们共同的社会生产能力——高度发展的生产力与极度丰裕的物质财富。由此可见，自由人联合体的构建归根结底以物质生产力的高度发展为前提。

（二）社会关系：个人与共同体内在和谐的统一

从历史进步的角度看，共同体具有阶段性和发展性，个人与共同体的关系也随共同体形态的嬗变而呈现不同的特质。马克思在《1857—1858年经济学手稿》中，根据个人与共同体关系的变化对共同体的发展阶段进行划分，指出人类社会需要历经三个阶段，分别以"人的依赖关系"、"物的依赖关系"和"个人的自由全面发展"为主要特征。在"人的依赖性社

会"，共同体是建立在骨肉联系、语言联系、地域联系等共同性基础上的
"自然形成的共同体"，人与人之间休戚与共，共同体的利益就是其中每个
成员的利益，个体与共同体的关系大多是以直接同一的形式存在的。个人
必须依附于共同体，并从属于共同体才能生存和发展。在"物的依赖性社
会"，个体与共同体的关系更多的是以相互对立的形式存在的，个人从共同
体中分离并逐渐成为主导的方面。以资本主义社会为例，在这种共同体中，
人对物的主体地位发生了颠倒，人在资本的支配下逐渐丧失了主体性和个
性，物与物的关系替代了人与人之间的现实联系，共同体成为一种异化力
量。掩盖在资本主义生产方式内部的剥削压迫以及愈益尖锐的阶级对立严
重阻碍了平等的社会交往，个人与个人之间、个人与共同体之间所形成的
是不平等的社会关系。而只有到了共产主义社会，基于物质生产力的高度
发达和私有制的消灭，才能实现每个人的自由和一切人的自由。马克思恩
格斯在《共产党宣言》中明确提出了关于构建自由人联合体的设想，并将
其完整清晰地表述为"这样一个联合体，在那里，每个人的自由发展是一
切人的自由发展的条件"①。就本质而言，自由人联合体由于抽离了作为阶
级或国家的虚假性根基，消解了社会中的阶级和阶级对立而成为真正的共
同体。一方面，它以从事实际活动、相互交往的"现实的个人"为逻辑前
提，以个人对偶然性和关系的统治取代了偶然性和关系对人的支配，以置
于个人控制之下的内在联系代替了以往基于偶然条件的外在联系，通过实
现每个人的自由而成为自由的现实化；另一方面，每个人都是在独立和自
由的状态下，以其真正的自由个性和独创性而相互结合成为自由人联合体
的，人的本质和存在方式实现了从物化的外在力量向人自身的内在回归，
人也在其中真正地占有了自己的全部本质，每个个人的自由发展最终构成
共同体中所有个人的自由发展。因此，真正的共同体即自由人联合体历史
地、逻辑地蕴含着两个向度即自由个人和共同体——个人自由的真正实现、
自由个人的彼此联合结成了自由人联合体。正是在这个意义上，自由人联
合体不仅是属人意蕴的共同体，而且深刻蕴含着"通过人并且为了人"②的
价值旨趣，作为个人自由与共同体的和谐同一，其本质内涵是个人与共同

---

① 《马克思恩格斯选集》第1卷，人民出版社，2012，第422页。
② 马克思：《1844年经济学哲学手稿》，人民出版社，2018，第78页。

体发展的高度契合、共生共荣、相得益彰。

（三）价值旨归：人的自由全面发展

追求全人类的解放和幸福是马克思奋斗终生的远大理想和宏伟事业，在自由人联合体中实现人的自由全面发展则是这一理想的价值旨归。他和恩格斯站在历史唯物主义的高度，揭示了人类社会必然从以"人的依赖关系"为基础的"自然共同体"过渡到"以物的依赖关系"为基础的"虚假的共同体"，进而过渡到以人的自由全面发展为基础的真正的共同体即自由人联合体。他们之所以对共同体给予极高的关注，并非要构建一套揭示共同体发展规律的理论体系，也不是为了擘画未来的完美共同体形态，而是要从中找寻推动个人获得自由解放和全面发展的实践力量，他们的一切理论目标和实践旨趣最终都指向每个个人的自由和全面发展。

马克思在青年时代就意识到理想的共同体对于人之自由全面发展的现实价值，并将资本主义社会视为"虚假的共同体"，指出在这样的共同体中，人与人的联合是被迫的联合，个人总是不免要受到代表某一阶级利益的整体的压制，因而这种共同体所体现的公共性是虚假的公共性——它总是以维护特定阶级的利益为前提。就个人自由而言，在分工和私有制所造成的桎梏下，大多数个人屈从于单一的生产工具而渐趋沦为片面的、畸形的、丧失个性的个人，人的本质发生异化。基于此，马克思提出要促进人的本性的全部复归，进而实现人的自由全面发展。他和恩格斯具象地描绘了未来社会个人自由发展的状态——任何人都可以根据自己的情况、随自己的兴趣和意志"今天干这事，明天干那事，上午打猎，下午捕鱼，傍晚从事畜牧，晚饭后从事批判，这样就不会使我老是一个猎人、渔夫、牧人或批判者"[①]。也就是说，在马克思恩格斯构想的未来社会中，人们不必再拘泥于某一固定的工作种类和活动领域，而是能够自由地选择内容多元、形式多样的活动，自主地发挥自己的才能和潜力，这对于个人自由而言实际上意味着人的才能得到全面的发展，以此来实现个性自由，其现实表现就是个人的自主活动和自由劳动。

---

① 马克思、恩格斯：《德意志意识形态（节选本）》，人民出版社，2018，第30页。

实现人的自由全面发展，是马克思终其一生的奋斗目标，这一目标涵盖价值性与实践性两个维度。其一，在价值层面，个人的自由全面发展表现为个体的一切能力（包括智力和体力在内的人的能力）在其创造性活动中能够得到充分的发挥和提升。其二，在实践层面，实现人的自由全面发展内蕴着对人的异化的扬弃——克服人与人的对立，人得以重新占有自己的本质，自由地支配自己的社会关系，并通过联合的方式推动生产力发展，进而实现对生产力总和的支配，同时也推动着与这种生产力相适应的交往形式的转变，即生产资料和劳动产品不再为私人所有，而是个人作为联合体的成员通过自己的自由劳动直接占有，联合起来的个人共同占有。每个人控制着自己的生存条件，联合的个人控制着整个社会的生存条件，并在共同体中实现自我个性的自由创造以及个人能力的无限发展。通过对人类社会历史的研究，马克思和恩格斯系统阐发了实现人的自由全面发展所必须具备的条件。概言之，生产力的高度发展是实现人的自由全面发展的前提，消灭分工和私有制是实现人的自由全面发展的基础，"世界历史"的生成则是实现这一价值旨归的必由之路。

二 人类命运共同体思想对马克思共同体思想的继承

人类命运共同体是中国基于当前世界发展休戚相关、荣辱与共的整体态势以及洞悉人类共同体形态嬗变规律而提出的重要外交理念，亦是新时代条件下对马克思共同体思想的承袭和拓新，进一步丰富和发展了马克思主义的理论宝库。这一理念既承载着维护世界和平、保障世界范围内各民族国家的利益这一全人类的共同目标，也蕴含着实现共同繁荣、共享发展成果的价值追求，与马克思自由人联合体思想的致思理路和实践逻辑内在契合、一脉相承。具体说来，这里的"脉"可以从人类命运共同体思想对马克思共同体思想在理论视域、精神实质、理念内核三个方面的贯彻与承接来加以把握。

（一）立足于马克思共同体思想的世界历史视野

从唯物史观的视角出发，马克思恩格斯曾预言"世界历史"的转变，并用"世界历史"和"普遍交往"来描述人类社会走向真正的共同体的客观趋势和特征；资本主义大工业打破了小生产方式孤立、封闭等局限，发展了生产力，开辟出前所未有的现代世界市场。资本主义生产方式的扩张以及世界范围内人与人社会交往关系的形成，推动各地区、国家、民族之间的联系日益紧密，相互间的影响力和依赖性也越来越强，从而使原本毫不相干的、分散的个人之间的交互作用逐渐扩大为世界范围的交互作用。以世界历史的眼光审视全球化，全球化实质上是"人类世界共同体化"的过程，亦即"地域性的个人为世界历史性的、经验上普遍的个人所代替"①的过程。放眼当今世界，西方资本主义国家虽然开创了世界历史，但西方国家主导的现行国际秩序无法有效应对全球共性挑战，其所宣扬的"普世价值"也越来越难以满足世界各国多样化发展之需。正是由于西方资本主义制度的内在局限性，人类命运共同体上升到了世界历史的高度。世界历史理论不但为我国所提出的人类命运共同体敲响了警钟，还划清了其与西方"普世价值"之间的界限。总体说来，中国所倡导的人类命运共同体是包含世界的普遍性与各个民族的特殊性、世界的统一性与各个民族之间差异性的矛盾统一体，是寻求世界各个国家和民族中的相同元素，以开创各个国家和民族和谐共生新局面的共同体。从这个意义上讲，马克思共同体思想的世界历史理论为人类命运共同体的构建提供了重要遵循。

历史在发展，时代在进步，现如今人类历史早已步入世界历史阶段，各国各民族的发展也早已汇聚于世界历史的大潮之中。世界历史不仅由对抗缓慢地走向和谐，而且正由和谐走向融合。人类命运共同体所蕴含的共同体意识不仅根植于马克思的世界历史理论，而且丰富了马克思的世界历史理论的研究主线，使世界历史理论的研究主线由原来的对抗性趋向转为统一性趋向，为世界历史的发展指明了方向，为各个民族走向深度融合夯实了极为深厚的思想基础。可以说，人类命运共同体思想是马克思世界历史理论与中国实际相结合的新时代表述。就其现实意义而言，这种崭新的世界历史观，既为处于不同社会形态的国家提供了"普遍交往"的新答案，也为人类的世界历史擘画了一幅由对立走向和谐的动态蓝图。

---

① 马克思、恩格斯：《德意志意识形态（节选本）》，人民出版社，2018，第31页。

（二） 彰显马克思共同体思想的以人为本精神

实现人类的解放和自由是马克思的最高理想，也是其共同体理论的实践旨趣。从价值取向层面来看，人类命运共同体遵循以人为本的人本逻辑，致力于保障全人类的整体利益，实现每个人自由全面的发展，具有鲜明的现实观照性。马克思关于共同体历史形态的研究始终贯穿着对人的自由全面发展的现实考虑，也蕴含着对人类整体命运的终极关怀。他在《关于费尔巴哈的提纲》中明确表达了自己的理论旨趣——"旧唯物主义的立脚点是市民社会，新唯物主义的立脚点则是人类社会或社会的人类"[1]。由此表明马克思新世界观的根本立脚点就是着眼于人类的整体利益以及全人类的自由和解放来思考问题，而这也是马克思共同体思想的重要理论特质。一言以蔽之，实现每个人自由全面的发展是马克思共同体理论的价值指向并为之提供了基本遵循。在资本主义社会中，资本是统治一切的社会力量，资本与劳动是根本对立的，劳动的外在性表现为工人"在劳动中也不属于他自己，而是属于别人"[2]。因此，资本主义社会的共同体是"虚假的共同体"，未来人类社会终将走向共产主义阶段的自由人联合体。只有在这个阶段，全体社会成员共同占有生产资料，社会物质财富可以满足整个社会成员的需要而非局限于部分人的需要，每个人才能够在任何领域内自由发展，由此人的本质才能真正得到体现。

当今时代，世界历史的发展使得现代人类的命运休戚与共，越来越多的全球问题需要全人类携手面对。同时，西方资本逻辑主导下的不平等的国际体系也正面临诸多复杂严峻的困境与挑战。在这样的时代背景下，以合作共赢为理念，以人本思想为指引，积极推动建设旨在实现全人类共同发展的人类命运共同体，已然成为世界历史发展到当代的必然选择。习近平总书记强调，我们要坚持多边主义，不搞单边主义，摒弃赢者通吃、零和博弈的人类发展之路。[3] 人类命运共同体强调超越社会制度、经济发展水平和文明类型的差异，立足当前世界格局的风云变幻，着眼于未来社会

---

[1]《马克思恩格斯选集》第 1 卷，人民出版社，2012，第 136 页。
[2] 马克思：《1844 年经济学哲学手稿》，人民出版社，2018，第 50 页。
[3]《习近平谈治国理政》第 2 卷，外文出版社，2017，第 523 页。

的长足发展，追求全人类的共同进步和共同繁荣，彰显出强烈的为全人类谋幸福的人本意识。据此可以说，以人为本的精神是人类命运共同体赓续马克思自由人联合体思想的价值旨趣之脉。

（三） 贯彻马克思共同体思想的平等交往理念

在马克思的政治哲学视域中，"平等"虽然没有被作为理论范畴进行使用，但依旧能够鲜明地反映出其政治哲学核心指向的政治目标、政治价值、政治制度和政治理想。在马克思看来，平等最终指向实现每个人和一切人的自由全面发展，他的共同体思想正是从人类社会、批判性检视、前景展望三个理论维度入手，以人类社会为逻辑出发点，批判资产阶级社会平等的虚伪性和欺骗性，进而构建起以自由人联合体为最终理想的超越性平等图景。

反对剥削、奴役和压迫，提倡平等交往，既是串联马克思共同体思想的重要标识，也是其国际交往理念的重要准则。马克思深刻批判了资本主义生产方式内部的不平等，指认资本主义实质上是建立在一种奴役性生产关系之上的社会关系。在资本主义私有制条件下，资本家凭借对生产工具和劳动条件的占有不劳而获；工人却劳而不获，并且日益沦为资本家实现财富增殖的工具。在雇佣劳动中，分工异化为资本家剥削工人的手段，加剧了人的片面性和依赖性，同时也造成了资本积累、工人贫困，激化了工人与资本家之间的矛盾冲突。因此，从根本上说，以物的依赖性为基础的资本主义社会所体现的只是一种形式上的平等，其实质是不平等的"虚假的共同体"。而在未来的共产主义社会里，由于社会生产力的充分发展以及旧式分工的消灭，私有制将不复存在，生产资料归社会所有，由此消除了一部分人剥削另一部分人的根源，进而消除了这种不平等现象。换言之，取代"虚假的共同体"的是以自由人联合体为基础的真正平等社会，这种平等实现了对资本主义形式平等的超越，并由全体社会成员共同享有，其核心原则是"各尽所能，按需分配"[1]，旨在实现人的自由和全面发展。

---

① 《马克思恩格斯选集》第 3 卷，人民出版社，2012，第 365 页。

在全球治理视域下，构建人类命运共同体作为新时期坚持和发展马克思主义共同体思想的新实践，蕴含着超越资本逻辑所构筑的不平等国际秩序的内在要求。在处理国家之间的关系上，人类命运共同体倡导平等的价值观，强调每个国家既有平等参与国际事务的权利，也有谋求发展、共享繁荣的平等机会，不因国家大小、强弱、贫富而有差别。对于不同文明与不同国家发展模式之间的差异，人类命运共同体提倡各国之间应平等相待、彼此包容，既要尊重不同民族、不同宗教和不同文明的多样性，也要尊重世界各国自主选择的社会制度和发展道路，既要立足国内促进自身发展，也要放眼国际助推其他国家共同进步。上述主张和倡议均与时俱进地承接了马克思共同体思想的平等交往理念之脉。

三　人类命运共同体思想对马克思共同体思想的发展

面对当今全人类生存和发展的问题，习近平总书记从哲学和价值观的高度提出构建人类命运共同体，并着力探寻构建人类命运共同体的新途径、新方式，为推动全球治理与世界可持续发展提出了切实可行的中国方案。人类命运共同体作为马克思共同体思想精髓的科学继承和伟大创新，同时作为引领时代潮流和人类前进方向的鲜明旗帜，是植根历史面向未来、适应时代发展新要求的现实道路，也是当代中国特色社会主义基于新时代新环境对马克思共同体思想的继承、落实和发展，极大彰显了马克思哲学的理论和实践向度以及马克思主义中国化理论创新的力量。

（一）实现路径：从以社会革命为主发展为以合作共建为主

迄今为止，人类社会始终是在对立范围内发展的，阶级对立和阶级斗争贯穿人类社会的演进历程。在那个除了反对统治阶级以外没有自身特殊利益的阶级——无产阶级起身反抗之前，个人隶属于"虚假的共同体"这一现象，是不可能被消灭的。马克思重视强调社会革命手段的基础性、必要性以及无产阶级内在的革命性。在他看来，真正的共产主义者的任务就在于推翻现存的东西，所以，对共产主义者来说，"全部问题都在于使现存世界革命化，实际地反对并改变现存的事物"①。要想打破"虚假的共同体"并建立起自由人联合体，现实的历史的个人只有通过革命的、实践批判的活动，即变革现存世界、推翻资本主义统治的共产主义运动，以此消灭旧的生产关系与交往关系，废除资本主义剥削制度，才能实现这种历史性的转变。

实践是自由人联合体与人类命运共同体共同的路径指向，但两者的具体实践方式有所差别。就人类命运共同体的构建方式而言，无论是秉承共商共建共享的指导原则，还是贯彻践行该理念过程中达成的诸多合作协议，都充分彰显了以"共"为核心的合作路径和以合作共建方式打造人类命运共同体的主基调。构筑人类命运共同体强调摒弃零和博弈思维，坚持以全人类的共同利益为出发点，以平等立场处理国际关系，以合作姿态寻求各国共赢，在追求本国利益时兼顾他国合理关切，在谋求本国发展中推动各国共同永续发展、增进人类整体利益，进而促进国际关系的优化以及各国共同繁荣发展。习近平总书记提出的"一带一路"倡议作为人类命运共同体理念的重要依托和具体实践平台，其核心是和平合作、开放包容、互学互鉴、互利共赢的丝路精神，其要义则可以概括为共商共建共享基本原则。在"一带一路"建设国际合作框架内，各国携手应对挑战，共同开创机遇，努力谋求发展新动力、新空间，以实现优势互补、互利共赢。综上可以看出，人类命运共同体的构建方式从根本上有别于建立自由人联合体的革命手段，其力倡的开放包容和协调合作不但顺应人类社会的发展趋势与当下和平发展的时代潮流，还为解决各国之间的分歧冲突、助推世界整体协调发展贡献了中国智慧和中国方案。

（二）价值取向：从扬弃人的异化发展为协调人与世界关系

着眼于个体发展的维度，扬弃人的异化，实现人的解放、自由和全面发展，是贯穿马克思共同体思想的一条价值主线。在《1844 年经济学哲学手稿》中，马克思对共产主义的阐述已经初步蕴含了关于自由人联合体的思想，他从工人的联合和共同体建构的角度对人的社会存在状态进行了分

---

① 马克思、恩格斯：《德意志意识形态（节选本）》，人民出版社，2018，第19页。

析，进而提出了对现存共同体的现实批判，这种批判集中于对现存共同体中人的四重异化现象的揭示。首先是劳动者同他的劳动产品相异化，资本家凭借其掌握的生产资料和资本雇佣大量工人为其劳动，但工人创造出的劳动产品不但与自身相分离，还反过来奴役工人。工人创造的劳动产品越丰富、生产的财富越多、创造的剩余价值越大，他本身就越廉价，他所能占有的东西就越贫瘠，所受到的压迫也越深重。其次是劳动者同劳动活动本身相异化，在现实的人的意义上，劳动就本质而言是人的最基本的实践活动，是人的类本质的表现形式。但在资本主义私有制及分工制度影响下，处于社会底层的工人并非自在自为地从事生产劳动，而是为了谋生被迫如此，劳动异化为一种强制的、压迫人的生存手段，即"对工人来说是外在的东西，也就是说，不属于他的本质"①。再次是劳动者同自己的类本质的异化，使人根本区别于动物的类本质就是"自由自觉的活动"，这种类本质通过对象化，即通过实践改造对象世界，改造无机自然界得到表现和确证。但在资本主义社会中，人的自由自觉的活动变成仅仅维持肉体生存的手段。人不但无法享有自由自觉的劳动，同时也失去了赖以实现和确证其生命活动的对象世界，由此人区别于动物的类本性与人本身的现实存在发生异化。最后，作为上述三者的直接结果是人与人相互异化。根据马克思对异化劳动的分析，在资本主义条件下，除了雇佣工人是异化的人之外，资本家也是异化的人，只不过两者有着截然不同的表现形式和结果。一方面，资本家在社会中因掌握着生产资料而享有支配工人的权利，并从中获得财富和地位，变得越来越富有。另一方面，工人却在异化劳动中愈加贫困，渐渐失去将他人当作自身和建构自我的能力，即失去自我的同时也泯灭了人的类本质，最终造成工人只懂得根据需要生产的产品的要求来使自己适应于物，毫无自由可言，无论是资本家还是工人都难逃在异化中受物支配的命运。对此，马克思指出了一条克服异化劳动、实现人类解放和发展的道路——共产主义运动。他在《1844 年经济学哲学手稿》中指出，共产主义是对私有财产即人的自我异化的积极的扬弃，"是通过人并且为了人而对人的本质的真正占有"②，它致力于扬弃人的异化，实现人本质的复归，旨在

---

① 马克思：《1844 年经济学哲学手稿》，人民出版社，2018，第 50 页。
② 马克思：《1844 年经济学哲学手稿》，人民出版社，2018，第 78 页。

通过工人阶级的联合将人们从被奴役和被压迫的社会关系中真正解放出来。

人类命运共同体是走向自由人联合体进程中特定历史阶段的产物，不过，其价值取向与自由人联合体存在一定的差别。具体而言，马克思共同体思想的核心价值指向的是扬弃人的异化，以最高意义上的人类整体发展为旨趣，具有超越性；而人类命运共同体则更加侧重聚焦于当今人类社会，以促进人与世界多重关系的协调发展为追求，相较于前者更加具有现实性。从涵盖的主体对象上看，人类命运共同体的构成主体是人，从其起源到现实境遇再到未来发展目标均锚定人的长远发展、立足人类社会的总体立场，旨在实现世界的可持续发展和人的全面发展。谈及人类命运共同体的价值取向，则可以从以下三个层面加以把握。第一，从人与自然的关系来看，人类命运共同体秉承绿色低碳发展理念，以可持续发展、人与自然和谐共生为目标，着力推动人们形成对绿色发展观的认同，共同应对全球性挑战，共谋全球生态文明建设之路，意在通过人与自然的和谐发展来促进人与社会、人与人的和谐。第二，从人与社会的关系来看，人类命运共同体倡导以对话协商解决争端、化解分歧，打造开放、创新、包容的发展前景，为世界发展提供持续动力；主张和而不同、兼收并蓄的文明交流，尊重和包容世界文明的多样性；坚持以建立相互尊重、公平正义、合作共赢的国际秩序为宗旨，努力营造利于人与社会关系协调发展的良好合作环境。第三，从人与自身的关系来看，人类命运共同体立于全球视野，始终践行合作共赢理念，其建设成果真正惠及世界各国人民。在现实层面，构筑人类命运共同体的实践亦是增进人民多元交流互动的过程，它切实地丰富了人们的生活实践与现实交往关系，全面提升了人们自身实践能力、物质生活水平与精神文化素养。总体来说，自由人联合体思想朝着扬弃人的异化这一个体发展的理想目标，人类命运共同体理念则转向协调人与世界关系这一整体发展的宏观愿景，是将马克思共同体理论与当下现实有机结合的时代创新。

（三）实践目标：从构建自由人联合体发展为共建可持续型世界

自由人联合体是马克思关于共产主义社会理论构想的最终落脚点，就其本质特征而言，自由人联合体既是自由人所构成的联合体，也是联合起来的自由人，两者互为条件。一方面，每个个人的自由全面发展是迈向自由人联合体的前提和基础；另一方面，自由人联合体又是实现每个人自由全面发展的形式和条件。此外，自由人联合体也是所有人利益的真正的共同体，作为人类利益及世界整体利益的真正代表，它旨在尊重且保全每个人的正当利益，推动个人利益与共同利益的协调一致，并在此基础上实现人与自然、人与社会关系以及人与自身关系的统一，追求人的自由全面发展。

　　整体来看，人类命运共同体不仅着眼个体——关切每个人的自由全面发展，也着眼整体——关注全人类的命运，促进人、自然、社会三者的协调发展，是人类社会走向自由人联合体的现实路径和必要环节。人类命运共同体不仅植根现实，凝聚着满足人民美好生活需要、增进各国共同利益与民生福祉、保障人类社会可持续发展的价值共识，而且面向未来锚定共建可持续型世界的实践目标。从党的二十大报告可以看出，人类命运共同体是一个涵容政治、安全、经济、文化、生态五位一体的总体概念，集中反映了当代人民对于共建一个持久和平、普遍安全、共同繁荣、开放包容、清洁美丽世界的价值诉求，以及携手开创人类更加美好未来的目标和路径。因此，贯彻这一理念对于推动构建可持续型世界具有十分重要的现实意义。就促进人类可持续发展而言，中国以打造人类命运共同体为着力点，以共建"一带一路"为重要抓手，致力于加强国际发展合作，推动全球在应对气候变化、减贫、粮食安全等领域的合作不断取得新进展，坚持高标准、惠民生、可持续的发展观，持续为全球发展创造新机遇、注入新动力。综上，从实践的目标层面来看，马克思共同体思想站在实现人类解放的高度，最终主张构建的是自由人联合体，而人类命运共同体则着眼于解决当今世界面临的现实挑战，采取一系列积极举措来促进人类社会持久和平、世界更可持续发展，致力于构筑可持续型世界，两者在实践目标上存在差别。

　　从共性上讲，人类命运共同体与自由人联合体都是关于人类社会未来发展前路的理论，两者均着眼于现实的人的自由全面发展。但就具体的特性而言，人类命运共同体并非全然照搬自由人联合体思想，而是在汲取其理论精华的基础上，赋予自身以新的时代内涵：从实现路径来看，它以合作共建方式超越暴力革命手段；从个体维度来看，它由扬弃人的异化转为协调人与世界关系；从实践目标来看，它由构建自由人联合体发展为建设可持续型世界。可以说，这三个方面正是人类命运共同体区别于自由人联合体思想的拓新之处，它们从理论和实践两个维度切实拓展了马克思共同体理论的学术空间并为之开辟了契合于时代发展的实现路径。

四　以中国式现代化建设推动人类命运共同体建设

2023 年正逢习近平总书记提出构建人类命运共同体倡议十周年，十年来，它随着习近平总书记在一系列重大场合的深入阐释而逐步实现了从理念提出到发展深化，再到落地生根的伟大飞跃。党的二十大报告明确将"推动构建人类命运共同体"作为中国式现代化道路的本质要求囊括其中，这不仅表明中国式现代化内在蕴含着构建人类命运共同体的卓越智慧与行动方案，同时意味着这一理念在实践中进入一个新阶段——以中国式现代化建设推动人类命运共同体建设的阶段。此外，习近平总书记在党的二十大报告中详细阐述了中国式现代化的中国特色与深刻内涵，强调中国式现代化具有人口规模巨大、全体人民共同富裕、物质文明和精神文明相协调、人与自然和谐共生、走和平发展道路的基本特征。① 深刻理解和准确把握上述特征，对于在理念、实践和倡议层面卓有成效地推进中国式现代化建设以及人类命运共同体的构建至关重要。

第一，基于中国的现实国情，人口规模巨大是中国式现代化的显著特征，这预示着中国将对人类文明的发展进步贡献更大力量。现代化最终是由人来推动的，中国作为超 14 亿人口的泱泱大国，保持长期稳定发展本身就是对世界和平与繁荣的重大贡献。回顾过去，在全球贫困状况依然严峻、一些国家贫富分化加剧的背景下，中国打赢脱贫攻坚战，为全球减贫事业作出了重大贡献，也为世界其他地区提供了有益的经验借鉴。放眼当下，中国式现代化道路的开辟，打破了西方国家现代化所依靠的资本逻辑，向世界彰显了现代化道路中的人本逻辑。展望未来，中国以 14 亿多人口整体迈入现代化，将极大地改写现代化的世界版图，引领人类文明新进程。在此意义上，人类命运共同体理念作为反映世界人民心声、承载着世界人民

---

① 参见习近平《高举中国特色社会主义伟大旗帜　为全面建设社会主义现代化国家而团结奋斗——在中国共产党第二十次全国代表大会上的报告》，人民出版社，2022，第 22～23 页。

的共同企盼、旨在为世界人民谋福祉的全球倡议，无疑是中国式现代化建设的题中应有之义和现实建构。

第二，从价值目标的维度看，中国式现代化是全体人民共同富裕的现代化。消除贫困、改善民生、实现共同富裕不仅是中国人民孜孜以求的价值目标，更是世界人民的普遍愿望。党的十八大以来，以习近平同志为核心的党中央在推进社会主义现代化建设中愈益注重从国际角度审视中国共同富裕的问题，并进一步以世界眼光将共同富裕的主体拓展到全体人民、中华民族共同体与人类命运共同体，在推进共同富裕的同时坚持走合作共赢的道路，既为国内实现共同富裕创造良好外部环境，也为世界各国尤其是广大发展中国家消除贫困提供经验与帮助。从这一点来看，以中国式现代化推动共建人类命运共同体，既契合时代发展进步的潮流，又积极回应了各国人民的普遍诉求，开辟了新时期扎实推进共同富裕的新境界。

第三，从人类文明的两个基本层次之间的关系看，中国式现代化是物质文明和精神文明相协调的现代化。现代化不仅是物质文明的积累，更是精神文明的发展。现代化不能只见物而不见人，人的现代化即人的全面发展，体现物质文明和精神文明相协调。人的现代化是现代化的目标和动力，主要涉及两个方面：一是物质生活的改善，二是精神生活的丰富和思想道德及科学文化素质的提高。聚焦物质文明和精神文明的关系，一方面，物质文明高度发展是精神文明发展的基础和前提，能够为精神文明建设创设物质条件；另一方面，更高水平精神文明的繁荣能够为物质文明的发展指引方向、提供动力支持和精神保证，两者相互促进、相辅相成。从这个意义而言，中国式现代化蕴含物质富足和精神富有两个层面，是坚持物质文明和精神文明并重的现代化，旨在构建以物的全面丰富和人的全面发展相协调为核心的人类命运共同体。

第四，从人类与自然环境关系的角度看，中国式现代化的另一个鲜明特点是人与自然和谐共生。自然是人类生存和发展的基础，人与自然是生命共同体，保护自然是探索人与自然和谐之路的内在要求。不同于过去工业文明以较高资源环境为代价来换取经济增长的发展模式，中国式现代化绝不是建立在资源消耗和环境污染基础上的现代化，而是将人与自然和谐共生作为基本价值遵循的现代化。基于当前我国面临的生态环境挑战和国内外环境污染的现实境况，中国式现代化始终坚持合作共赢的理念，推进新时代生态文明建设，推动构建人类命运共同体，主动承担全球环境治理义务，致力于经济与生态同步发展，既给人民群众提供更多的物质财富与精神财富，也给人民群众提供良好的生态产品和优美的生活环境。

第五，从中国与世界各国关系的角度看，中国式现代化是走和平发展道路的现代化。中国所选择的现代化道路是一条和平发展之路，互利共赢、和衷共济、共同发展是这条道路的鲜明特征。面对错综复杂的国际形势，中国既在维护世界和平中谋求自身发展，又坚定奉行互利共赢的开放战略，以自身发展维护世界和平、为世界提供新机遇，坚决反对各种形式的霸权主义和强权政治，推动全球合作组织发展，构建人类命运共同体。在国际关系层面上，就中国式现代化与人类命运共同体两者关系来看，一方面，在中国式现代化新征程中走和平发展道路是构建人类命运共同体的必然要求；另一方面，构建人类命运共同体亦能够为中国式现代化的顺利推进创造有利条件、营造良好环境。在这个意义上，无论是从人类现代化整体进程来看，还是从为当今世界破解难题、开辟光明发展前景着眼，中国在实现现代化的道路上坚持与世界各国互利共赢、共同发展具有深远的历史意义，它不仅凸显了中国式现代化对传统西方现代化模式的超越，打破了"国强必霸"的逻辑，也为以中国式现代化推动构建人类命运共同体提供了根本遵循和重要指引。

从中国式现代化的五个鲜明特征来看，中国式现代化的本质意蕴与价值内核同人类命运共同体所涵盖的基本目标相互契合，这充分说明中国式现代化建设与人类命运共同体的构建同向同行、互促共进。概言之，推动构建人类命运共同体是新时代走稳走好中国式现代化道路的不懈追求和内在需要，中国式现代化亦为构建人类命运共同体提供了重要借鉴，并为其开辟了广阔道路。但无论是中国式现代化建设还是构建人类命运共同体，最终的目标导向都是要实现全人类的共同发展，它们都是朝着马克思自由人联合体思想逐步完善的科学继承和伟大创新。因此，深入把握构建人类命运共同体与马克思共同体思想之间的承继之脉与发展之进，明确构建人类命运共同体的历史使命，对于新时代以中国式现代化建设全面推进人类命运共同体建设不断走深走实具有重要意义。

机会平等二重性的公平取向与关系检视：
基于斯坎伦对罗尔斯的发展

李　博[*]

摘　要：斯坎伦对罗尔斯提出的公平的机会平等原则进行了新的阐释，表现在他对机会平等的二重性，即程序公平和实质机会提出了更具合理性的辩护理由。程序公平的价值在于择优录用的结果与个人才能的发挥相符合、调整制度不平等导向增进公平的结果、选拔标准具有某种灵活性；实质机会的价值在于为培养进入程序所需要的能力提供好的条件、为所有人享有同等的才能提供平等关切的理由、调节分配以增进某种必要的不平等。分析表明，斯坎伦以道德责任为原则为增进社会平等提供正当性证明，但是他提供的程序公平和实质机会也各自存在难以持续增进平等的不利因素。

关键词：托马斯·斯坎伦；机会平等；程序公平；实质机会

在道德价值领域，一直存在着诸多分歧，这些分歧在于各种价值，如正义、自由和平等之间是不可比较的，因而政治不可避免地需要平衡道德价值与强制性政令之间的关系，避免一种目标的实现以牺牲另一种目标为必要条件。自罗尔斯（John Rawls）以分配正义理论试图调和道德价值之间的关系以降，分配正义理论之最重要的变种之一——运气均等主义（luck e-galitarianism）主张，"如果人们享有的优势中的不平等来自人们自愿做出的选择，那么这种不平等是可以接受的，但来自人们环境中未选择的特征的

---

* 李博，天津师范大学政治与行政学院政治学理论专业博士研究生，研究方向为当代西方政治哲学。

不平等是不公正的。未选择的环境包括社会因素，如一个人出生的家庭的阶层和财富，也包括自然因素，如一个人的天赋能力和智力"①。然而，这一主张围绕不平等的产生条件来阐述，其"背后隐含的不是人的道德价值或地位的平等，而是人的道德价值的不平等，亦即人的价值的等级关系"②。由于这与平等价值的本意相违背，因而在反思批评的基础上，一些学者提出以社会关系的平等作为一种社会理想，其中托马斯·斯坎伦（Thomas M. Scanlon）针对这一解释提供了令人信服的替代方案。对斯坎伦来说，正义与其他道德价值之间并不存在根本性的对立，而是可以相容的。为此他沿用契约主义的方法建构关系平等主义，在机会平等的二要素方面提出没有人有理由拒绝的正当性证明。何为平等的二重性？它能够在道德动机的应当与不应当中提供何种原则性证明？如果对斯坎伦所提供的替代方案进行检视，他的契约主义平等主义（Contractualist Egalitarianism）在证成其平等理论时是如何将正当性证明一以贯之？可能的质疑是否有力挑战这种正当性证明？对此，提供一种合理的解释，需要从平等理论的吸引力入手。

一 机会平等外部条件的二重性

平等，是人们有理由坚持的追求之一。关于平等的分类，孟德斯鸠认为可划分为四类：结果平等（不可能的）、起点平等（也不可能）、机会平等（不完全可能）和规则平等（比较可取）。在规则平等的实践和理论考察中，人们认识到，纯粹的平等是不可能的，最终只能是在某些方面实现人与人之间的平等相待。在推进平等方面，资产者极力消除政治等级和特权制度的不平等，以社会等级取代政治等级；在经济上以等价交换取代封建专卖制度，鼓励自由贸易；等等。二战后，西方国家部分地吸收马克思主义的主张，积极推进政治体制改革并在思想观念方面加深了对平等的认识。波季曼（Louis P. Pojman）将平等区分为形式平等（formal equality）和实质

---

① Samuel Scheffler, "What Is Egalitarianism?", *Philosophy & Public Affairs*, Vol. 31, No. 1, 2003, p. 5.

② 张虎：《当代西方关系平等主义研究》，中国社会科学出版社，2020，第 64 页。

平等（substantive equality），认为平等概念的很多困境都与从形式平等到实质平等的过渡有关。① 需指明，形式平等与实质平等都限定在公共领域而非私人生活领域，其区分主要表现在两个方面，一方面是更具争议性的分配的内容，无论是对于机会、资源还是能力等任何有助于人的生存与发展的各种因素；另一方面是个体自身的基础。

形式平等可以追溯至亚里士多德，"他将平等解释为平等者之间的同等待遇，或根据德性和他们应得的公正对待平等者或相似者"②。其隐含的意思是，作为自由人的公民与作为工具的奴隶之间存在可被承认的差异的同等对待，只要公民间或奴隶间的同等对待不延伸至另一方所属群体就不会出现不公正，其实质是认肯奴隶制的政治体制和以男性为家庭主要力量的家长制统治。罗尔斯支持波季曼的平等类型划分，认为"类似情况得到类似处理，有关的同异都由既定规范来鉴别。制度确定的正确规范被一贯地坚持，并由当局恰当地给予解释。这种对法律和制度的公正一致的管理，不管它们的实质性原则是什么，我们可以把它们称之为形式的正义。如果我们认为正义总是表示着某种平等，那么形式的正义就意味着它要求：法律和制度方面的管理平等地（即以同样的方式）适用于那些属于由它们规定的阶层的人们。正像西季维克强调的，这种平等恰恰就隐含在一种法律或制度的概念自身之中，只要它被看作是一个普遍规范的体系。形式的正义是对原则的坚持，或像一些人所说的，是对体系的服从。西季维克补充道，显然，法律和制度可能在被平等地实施着的同时还包含着非正义。类似情况类似处理并不足以保证实质的正义。这一准则有赖于社会基本结构与之相适应的原则"③。形式平等意味着在某个阶级或某个群体内部可以实现机会、资源等的平等，在不同的阶级或群体间可能存在严重的不平等，由于社会主导力量在群体内部实现了平等，阶级或群体之间的差异就会以

---

① Louis P. Pojman, "Theories of Equality: A Critical Analysis", *Behavior and Philosophy*, Vol. 23, No. 2, 1995, pp. 2–4.

② Ebenezer Durojaye and Yinka Owoeye, "Equally Unequal or Unequally Equal: Adopting a Substantive Equality Approach to Gender Discrimination in Nigeria", *International Journal of Discrimination and the Law*, Vol. 17, No. 2, 2017, p. 73.

③ 〔美〕约翰·罗尔斯：《正义论》，何怀宏、何包钢、廖申白译，中国社会科学出版社，2015，第 58~59 页。

自然的认肯的形式产生不同的对待方式，进而社会中就不存在不公正。简言之，形式平等的原则就是给同等人以同等待遇，给不同人以差别待遇，可能导致的结果是使获胜者获得更大的优势，并加剧社会的不平等。

实质平等旨在促进所有人的起点平等，使人不论性别、民族、种族、家庭出身、经济状况等条件如何，都可以在一个公平的竞争环境中通过理性的运用获得同等的成功预期。实质平等通过明确的制度体系认可表达权利内容。"一般来说，实现平等的实质性方法建立在包容人们差异的核心价值基础上，目的是实现结果的平等。实质平等据说旨在实现结果平等和机会平等。实质上，实质平等与实现一个平等的社会有关。"[1] 功利主义的吸引力之一就是在最大多数人的最大幸福观念中说明了实质平等的价值。"功利主义认为，自己使得道德基于某种真实的东西——人类福祉，并以一种形而上学的优越性批评非功利主义的道德论述，指责权利和义务看起来仅仅是理念，在现实中没有任何基础。但功利主义的基本问题不是形而上学的实在性，而是理由给予的力量。"[2] 为纠正功利主义的实质平等理念，罗尔斯主义者强调，实质平等既存在人与人之间平等相待的情况，也存在合理范围内不平等对待的情况，它允许不同阶级或群体的成员凭借机会、努力、运气等因素追求相同的目标，并具有同等的成功预期。政治系统能够提供足够好的机会为共同生活于其中的所有成员发展自己的天赋、运用自己的理智创造公平的条件，使之能够在竞争性体制中拥有接近平等的资格。但是，实质平等的不同要求，如机会平等、教育平等、福利平等等较为具体的平等要求会加剧相关的争论和社会群体的分化，因而实质平等也需要节制，使其在不完全的实质平等主张下达成群体间的普遍共识。

关系平等主义是关于实质平等的理论。广义上的关系平等主义认为，平等首先与社会关系的质量有关（而不是主要与某种物品的分配有关）。[3]

---

① Ebenezer Durojaye, Yinka Owoeye, "Equally Unequal or Unequally Equal: Adopting a Substantive Equality Approach to Gender Discrimination in Nigeria", *International Journal of Discrimination and the Law*, Vol. 17, No. 2, 2017, p. 73.

② 陶勤：《道德的本质：非自利契约论的核心思想》，《南京社会科学》2020年第7期，第45页。

③ Dan Threet, "Relational Egalitarianism and Emergent Social Inequalities", *Res Publica*, No. 28, 2022, p. 51.

安德森（Elizabeth Anderson）将人与人之间社会关系的平等描述为："平等主义正义的准确的消极目标不是在人类事务中消除原生运气的影响，而是终止压迫，这样定义的压迫是由社会施加的。其准确的积极目标不是保证每个人得到他们道德上应得的，而是构建一个人人关系平等的社会。"① 谢弗勒（Samuel Schefer）为这一积极目标设置了一个起点：平等关系以主体之间就公共领域问题进行公正的讨论和决策作为价值起点。他将"平等主义商议约束"（egalitarian deliberative constraint）描述如下：每个人都接受对方同等重要的利益——广义地理解为包括个人的需求、价值和偏好——在影响关系的决策方面应该发挥同等重要的作用。② 米勒（David Miller）将关系平等主义定义为："在社会平等的条件下，人们感到群体中的每个人同所有其他人一样享有一种超越特定层面上他们的不平等差别的平等身份。"③ 这可以推导出关系平等主义的特殊性：其一是关系平等主义与歧视、压迫、低人一等等具有等级制色彩的政治制度和思想观念相对立，它强调在社会基本结构范围内，每个人的利益应当得到平等尊重和同等对待；其二是由个体的道德价值赋予政治行为体处理集体意义问题的道德依据，因而在社会基本结构作出适当决定并实施行为时，需要建立程序性的标准和公平性的条件并以一致同意的名义行动。

斯坎伦的关系平等主义发展了实质平等的理论④，通过吸收形式平等的合理成分，如机会平等中的程序公平和实质机会建构出具有共识性的实质平等理论。斯坎伦"考察反对不平等的理由，而不是考察支持平等的理由……正如我们将看到的，对不平等的一些最强有力的反驳与不平等的后

---

① Elizabeth Anderson, "What is the Point of Equality?", *Ethics*, Vol. 109, No. 2, 1999, pp. 288 – 289.

② Samuel Schefer, "The Practice of Equality", in Carina Fourie, Fabian Schuppert, and Ivo Wallimann-Helmer, eds., *Social Equality: On What It Means to be Equals*, Oxford: Oxford University Press, 2015, p. 25.

③ David Miller, "Equality and Justice", *Ratio (new series)*, Vol. 10, No. 3, 1997, p. 232.

④ 这种判断来源于斯坎伦自己的评价。他相信，平等是一个重要的政治目标。那种相信平等自身就是一种根本道德价值的理念，在他思考我们可以在周围看到的许多应该被消除的不平等形式的理由时，只发挥了有限的作用。在这里，发挥有限作用的，就是斯坎伦所认肯的一种实质平等的理念——人们的生活或命运在某种实质性方面应该是平等的。参见 T. M. Scanlon, "The Diversity of Objections to Inequality", *The Lindley Lecture*, University of Kansas, 1996, pp. 1 – 2。

果有关，而且并非所有这些后果都基于平等的价值"①。在此基础上，他提出一种理论前提——"基本的道德平等，即每个人都具有道德价值，无论他们在种族、性别和居住地等方面会有什么差异"②。斯坎伦的这一预设使其理论与运气均等主义相区别：一方面他认为公平是平等的部分理想，起点平等是人们自我价值的重要内容；另一方面他强调个人的道德地位的平等，以个人平等的自尊作为出发点。然而，这一预设似乎难以合理回应由社会制度和生活方式造成的权利实践的不平等。在内格尔（Thomas Nagel）看来：这些在社会地位和对待方式中的结果性差异仍然要被视为可以引起反对的不平等。③ 因此，诚然如斯坎伦所承认，对实质平等的概念及其实现可能性，他在道德理念上暂无法清晰辨明。

以相对模糊的实质平等的概念为起点，斯坎伦指出："实质平等是这样一种理念：一个让人们都同样过着富裕生活（正如通过某种适当的度量标准所确定的）社会，就是因为这一理由而成为一个道德上更好的社会的。"④又因为现实社会存在不平等的社会结构和社会关系，斯坎伦补充道，作为一种理论上富有吸引力的实质平等，"它似乎缺乏平等理念在日常的政治论证中所具有的特殊的道德紧迫性，缺乏那种我认为可以从我所列举的其他理由中所衍生出来的那种道德力量"⑤。斯坎伦认为人们之所以支持平等，不完全是因为平等的社会关系会增进个人福利，他不仅仅借助平等的工具性价值和评价功能对社会基本结构和社会经济地位表达不满，反对存在于政治权力结构中的等级关系和其他阶级关系，还意图阐明平等本身的价值，表明人人都应具有平等追求福宁的同等可能性。基于此，斯坎伦同意罗尔斯的两个正义原则比功利主义更有效地保护了个人的自尊，进而在维护契约主义的可证明正当性理念的基础上，着重"探讨我们关心平等（以及关心减少或消除不平等）的（合理的）理由，而不求助于作为道德价值的纯

---

① 〔美〕托马斯·斯坎伦：《为什么不平等至关重要》，陆鹏杰译，中信出版集团，2019，第4页。
② 〔美〕托马斯·斯坎伦：《为什么不平等至关重要》，陆鹏杰译，中信出版集团，2019，第5页。
③ 转引自〔美〕托马斯·斯坎伦《宽容之难》，杨伟清等译，人民出版社，2008，第242页。
④ 〔美〕托马斯·斯坎伦：《宽容之难》，杨伟清等译，人民出版社，2008，第234页。
⑤ 〔美〕托马斯·斯坎伦：《宽容之难》，杨伟清等译，人民出版社，2008，第235页。

粹的、非关系的平等概念，这种概念认为所有（未选择的）不平等，总是和到处都是不值得的"①。

充分的实质平等是不可能的，但不代表实质平等不能实现。斯坎伦以契约论的方法阐明，正义是自由平等的理性主体调和其差异的观点达成一致意见的公道原则，同时满足人与人之间关于持续的可证明正当性的诉求条件。在为正义原则辩护时，斯坎伦认为当道德平等的主体在公共领域中应当承担的责任符合其他人没有理由拒绝的原则时，正义原则的条件和内容就确定了。在具体策略上，斯坎伦的关系平等主义道德立场更为温和，主张"在'关系平等'的视角下，道德地位的要求从人们通常理解的某些确定性的保护义务转化为主体间'彼此证明正当性'的要求。不同于抽象的道德原则，'彼此证明正当性'的要求引导我们关注特定个体所处的具体情境，并且为每一个个体的利益和福宁赋予了不可剥夺的价值，从而为尊重人的道德地位给出更合理的指导"②。

总而言之，斯坎伦以契约主义建构关系平等主义，"道德上行为的对错或道德原则的根据就是人们之间所达成的协议、契约，即人们相互间的责任和人们之间共同持有的理由和看法。这些正常的、人们所无法反驳的理由就构成了对错道德的基础，以及回答道德优先性的基础"③。其论证过程如下。首先，存在一种原初的、不可拒绝的一致意见——道德理由——以辨别道德对错、善恶和其他价值，以个人无法合理拒绝的理由为之界定。斯坎伦表述为："一个行动是错误的，如果在一定的条件下，它不为任何关于普遍的行为规范的规则系统所允许，而这一系统，作为知情的、非强迫的、普遍的契约的基础，人们无法合理地拒斥。"④ 其次，接受道德理由的平等主体在社会条件下具有某种福宁追求，在追求每个个体的福宁过程中，每个人都自觉将其他成员视为与自己平等的理性主体并以平等的方式对待彼此。再次，由于组织的存在，管理与服从关系会使组织成员分为领导者

---

① Martin O'Neil, "Constructing a Contractualist Egalitarianism: Equality after Scanlon", *Journal of Moral Philosophy*, Vol. 10, No. 4, 2013, p. 434.

② 李亚明：《斯坎伦对于人类道德地位平等性的论证》，《世界哲学》2021 年第 1 期，第 122 页。

③ 陈真：《斯坎伦的非自利契约论述评》，《世界哲学》2005 年第 4 期，第 6 页。

④ Stephen Darwall, Allan Gibbard, and Peter Railton, eds., *Moral Discourse and Practice*, New-York: Oxford University Press, 1997, p. 272.

与被领导者两个群体。由于某些非选择因素的影响，不同群体会自然地受到诸如歧视、强制等，关系平等主义承认这种不平等的存在有其合理性，但是需要加以限定，这个限定条件一方面是以开放性拓展个人获取成功的领域，可以依据不同标准判断成功，前提是实质机会的满足；另一方面是不以特定时间的不平等为衡量标准，而是关注历时性维度上对不平等制度的改革和个体的道德地位的尊重。最后，由于个体之间、个体与群体之间、群体与群体之间的关系并不总是保持一致，因而道德理由允许个人以其个人理由作出决定，如是否帮助他人、是否做出让步或牺牲等，这需要个人考虑其道德行为之一般理由。

二 程序公平增进制度平等的辩护理由

在斯坎伦看来，社会制度的正义性是实质平等的主要目标，因为社会制度引起的不平等是更为根本的不平等，由于权力的不平等，政治关系就不可避免地存在一种控制与服从关系，个体的前景在很大程度上由其在这个等级制的制度体系中的出身而决定。但事实上，个人的出身所应当导向的社会地位与成年后实际的社会地位并无多大关联。实质平等的指向是在社会基本结构中，依据某种正义的标准，差异的个体可以实现具有同等可能性的某些东西，这种东西可能对个体的福利、机会或能力有这样或那样的影响。也就是说，实质平等不仅强调初始的平等，还注重结果正义，在一定领域和范围内可以在没有充分条件的政治制度内通过两个方面——关于机会平等的程序方面和实质方面，即程序公平和实质机会——的可证明正当性得以实现。简言之，程序公平和实质机会将作为机会平等的二重性，为社会成员提供没有人有理由拒绝的道德原则。

关系平等主义内部存在对平等的不同分类，这种分类决定了反对不平等的差异主张。与运气均等主义强调分配结果的理由不同，阿尔伯丁和弗里德曼以支持平等的理由确定实质平等的四维框架，"这包括解决耻辱、偏见和暴力问题，纠正社会经济劣势，促进参与，通过结构变革重视和包容差异"[1]。

---

[1] C. Albertyn and S. Fredman, "Equality beyond Dignity: Multi-Dimensional Equality and Justice Langa's judgments", *Acta Juridica*, No. 1, 2015, p. 430.

戈德布拉特和埃比尼泽·杜罗加耶等人认为实质平等的实现应以平等的形式考察平等的过程是否正当，"必须审查指称的侵权行为的背景及其与社会中系统性的统治形式的关系"①。扬（Iris Marion Young）指出："剥削的非正义不能为利益的重新分配所消除。因为只要制度化的实践和结构的关系保持不变，转移（利益）的程式将会重新制造出一种不平等的利益分配。"②因此，分配不平等并非根本性问题，真正的社会平等应当根除"五种压迫面相"：剥削、边缘化、权力缺失、文化帝国主义和暴力。斯坎伦倾向于以机会平等的实现程度分析政治体系的平等性质，既侧重平等的理由又兼顾平等的结果，提出了"没有人有理由拒绝"的道德原则。在一般意义上，平等可大体分为四类，理想的平等、不平等的平等、平等的不平等和不公正的不平等。在各类型的社会制度的历史上，不公正的不平等是人们有理由拒绝的道德原则，也是人们在政治发展中逐步消除的负价值，尽管任何社会制度基本不会出现完全符合这一原则的现象；理想的平等是人们没有理由拒绝的道德目标，也是人们进行工具性表达和评价标准的标尺，只是这种工具性作用并不能完整地、准确地反映社会制度的现实；不平等的平等和平等的不平等也是人们没有理由拒绝的道德原则，它不仅是具有普遍性的规范，还是合理的政治制度设计，是在社会基本结构范围内重新整合资源和能力以分配、补偿由社会合作产生的利益和负担，进而消除制度结构中加剧不平等的各种不利因素。

不平等的平等与平等的不平等的区分并不以分配、补偿为标准，而是在机会平等的制度背景下分别以程序和资格论证社会关系平等的正当性。程序上体现为程序公平，资格上体现为实质机会。程序公平确保过程之正义，实质机会体现资格之平等；程序公平以起始平等为前提，以公平竞争为结果正义提供证成，实质机会以分配正义为标准，以参与的成功前景为

---

① C. Albertyn and B. Goldblatt, "Facing the Challenge of Transformation: Difficulties in the Development of an Indigenous Jurisprudence of Equality", *South African Journal on Human Rights*, No. 14, 1998, p. 248. 转引自 Ebenezer Durojaye and Yinka Owoeye, "Equally Unequal or Unequally Equal: Adopting a Substantive Equality Approach to Gender Discrimination in Nigeria", *International Journal of Discrimination and the Law*, Vol. 17, No. 2, 2017, p. 74。

② I. M. Young, *Justice and the Politics of Difference*, Princeton: Princeton University Press, 1990, p. 53.

判断依据。程序公平注重平等关切，使具有同等才能和同等意愿的人能有平等的机会进入程序选拔，进而使择优录用的人以其才能之运用所产生的效果证明优势职位的组织方式和选拔过程是正当的，这又反向证明有才能的人本身是有用的；实质机会注重以权力推进人的能力的培养和训练，使个人在进入程序之前具备所必需的能力，并以这种能力作为进入程序的"入场券"检查程序的设计是否符合程序公平的要求。

作为衡量程序公平是否实现初始平等的道德价值，平等关切在一种相对意义上间接地为判断机会平等提供可接受的正当性证明。对斯坎伦而言，程序公平以某些不平等的存在为必要条件，比如，制度体系会改变人们应得的收入和财富总额，以及制度改革产生的得失往往与平等关切相违背，此外，论证机会平等的性质，即"对不平等的三层证成"① 也暗含程序公平似乎不是一个平等主义的概念，只能以理论预设的形式假定其证成。其中之意表明程序公平尽管不是实质平等的充分条件，但它至少是反对不平等的形式平等的重要依据，且这种形式平等可以合理地视为实质平等的必要条件。也就是说，平等关切为程序公平提供两种理由使其能够避免等级关系对人的伤害：第一，将所有申请优势职位和职务的个人拉到同等的起点，避免歧视或边缘化，给予一个人不多于另一个人的同等重视；第二，给予所有人的利益以同等考虑，并以公正的结果证明这与获得成功的个体的其他能力无关。

以平等关切为理论预设，程序公平作为不平等的平等的外部表现，能够因其不平等的效用而保障实质平等，即经由程序公平给予每个人公开竞争优势职位和职务的过程性条件。以程序公平认知关系平等主义，它在政治过程中提供制度保障的道德依据在于赋予每个人参与政治的同等机会，以及具有同等的影响政治过程的可能性："关系平等可以被理解为一种复杂的审议和决策实践——成功地参与这种实践表明，各方将对方视为平等的，

---

① 对不平等的三层证成（three-level justification）包括以下三个主张。①制度证成：建立一个会产生这种不平等的制度是有正当理由的。②程序公平：虽然这个过程所产生的结果是，其他人获得了这个优势，而抱怨者则没获得这个优势，但这在程序上是公平的。③实质机会：尽管抱怨者在这个过程中缺乏必要的资格或其他手段去做得更好，但这一事实没有涉及任何错误的行为。参见〔美〕托马斯·斯坎伦《为什么不平等至关重要》，陆鹏杰译，中信出版集团，2019，第48页。

并构成了对对方的平等对待。在政治背景下，这要求社会成员协作地塑造重要的共享机构和实践。他们至少会集体决定如何构建使他们合作的社会实践——政府、市场、群体组织的机构，以及一些促进互动的非正式社会实践。"①

斯坎伦在对程序公平的证成中特别强调它对于关系平等主义的重要价值。其一，它通过消除歧视承认每个人都具有进入程序的同等参与机会，被选拔出的有才能者将以其在相关职位上取得满足职位要求和达成职位目标的效用为制度的设计提供证成。但是，任何人有同等的参与机会不代表有同等的参与效果。人们反对不平等，原因在于不平等产生的影响和结果，以及不平等的产生方式，内容是反对机会的不平等和反对基于控制的不平等。当个人在程序公平中得到平等关切，且不存在欺诈行为时，由结果所选择的个人可以合理地声称其更适合于这一职位，依据就是其能力得到公正程序的肯定。还存在一些情况，"不平等不一定与平等关切不相容：我们没有足够多的好处使每个人平等地受益；或者，为一些人提供与其他人同等水平的福利，这种做法在其他方面是无法实现的或困难重重的，甚至（像我所说的那样）会带来特别高的代价"②。

其二，不平等产生有害的结果部分是由于平等至少是自由原则的辞典式序列之后与其他价值产生关系的次要价值。这意味着，作为一种次要价值，实质平等的有限作用至少在管理与服从关系中需要服从等级制，接受对个体的自主权的不同程度的限制。但是，实质平等仍然可以在至少三方面通过增加限制性条件以保障程序公平。这三方面可以组合发挥作用，也可以独立发挥作用：第一，它弥补了形式平等存在的明显的不公正，即分配份额受自然的自由制度的不当影响，这种具有道德任意性的因素应当通过社会制度的正当性消除或减少，如通过税收推动产生更公平的结果以避免实质机会的不合理优势；第二，为促进结果平等，程序公平支持对弱势群体的优先照顾和优惠待遇，虽然这与平等关切不相符，但进一步消除了

---

① Dan Threet, "Relational Egalitarianism and Emergent Social Inequalities", *Res Publica*, No. 28, 2022, p. 52.

② 〔美〕托马斯·斯坎伦：《为什么不平等至关重要》，陆鹏杰译，中信出版集团，2019，第22页。

自然的和社会的偶然因素的影响；第三，对个人应当负责的努力因素所造成的不平等，程序公平要从人的权利平等着眼保障人的自尊的善的平等。由程序公平作出的决定应当满足正当性目标的程序条件以及在道德上避免不正当地剥夺群体的平等权利。"根据依赖于制度的程序公平的论点，制度的目标必须从规范的角度得到证明。这意味着一个社会必须相信该制度的目标应该被实施，而这种信念将来自最初的立场，在这里不存在任何形式的个人偏见来污染这种规范性的判断。如果情况不是这样，那么优势地位就不能被证明。斯坎伦随后得出结论，根本不可能论证一个机构的目标可以为基于社会劣势推定的排斥行为提供理由。"①

其三，程序公平对某些不平等的制度的依赖使得选拔标准具有某些灵活性。罗尔斯的差别原则指出："现在我们按照正义感、按照那种根据原初状态中所选择的原则来行动的愿望来规定道德价值的概念。用这种方法来理解时，个人的平等的道德价值显然并不导致平等的分配份额。每个人都应该得到按正义原则规定他有资格得到的东西，这些东西并不要求平等。"②平等关切是以偏袒为其普遍样式，对人的道德平等的尊重并不体现为利益上的完全获得，而是由应得和再分配后的应得两部分构成，后者是经由制度的再分配确定不同社会地位的群体应得的份额。平等关切具有比较性的暗示，它之所以在某些不平等的制度中产生平等的结果，是因为它使每个人的应得能够满足非比较性的义务要求，即"一个正义体系给予每个人以他应得的一份，换言之，它分配给每个人以正义体系本身规定的他有权得到的东西。对制度和对个人的两个正义原则确认了这种做法是公平的"③。

斯坎伦会接受作为不平等的平等的一种程序条件，程序公平之所以为不平等的政治制度提供合法性和合理性的证成，是因为不平等的制度体系能够遵循普遍义务的要求，推进由社会合作产生的利益和负担的公平分配。在一般意义上，政治制度是通过个体权利的承认和群体权利的满足证明其

---

① Hayden Fox, "What Defines Merit with Regards to Equality of Opportunity?", *The Oracle*, No. 15, 2021, p. 26.
② 〔美〕约翰·罗尔斯：《正义论》，何怀宏、何包钢、廖申白译，中国社会科学出版社，2015，第 312 页。
③ 〔美〕约翰·罗尔斯：《正义论》，何怀宏、何包钢、廖申白译，中国社会科学出版社，2015，第 313 页。

正当性的，其不平等的平等的内在特征通过道德上的平等关切达成程序条件在普遍义务和偏袒中的平衡，这种平衡证成了机会平等的制度保障在道德上的可允许性，这种可允许性在增进不同群体的平等关系方面将推动制度改革的重点"从试图实现平等的机会或政治影响力转移到抵消扭曲决策的因素。鉴于当代社会目前面临的巨大政治挑战，确保在政治进程中有足够能力的需要可能比确保所有人都有平等机会在政治进程中有有效发言权的需要更为紧迫"①。

三 实质机会确保背景条件公平的支持理由

程序公平对人们的平等关切是保障成员在竞争优势职位时受公正对待的过程。这个过程以一定条件的满足为前提，即平等主体具有同等水平的才能和同样强烈的意愿。这一条件的满足受自然的和社会的偶然因素的影响，因而在机会平等的制度背景下就需要由政治体系以分配正义的形式供应实质机会，这些实质机会的表现形式比较常见的就是公共教育和技能培训等。需强调，实质条件在结果正义中是一种非比较意义的内容，但是满足实质条件的供应却是一种比较意义的内容，并且常常在这种比较中招致非难。在促进社会关系平等的意义上，实质机会的要求是，确保每个个体都有充分的资格平等地享有由政治体系提供的足够好的理由和足够好的条件。

实质机会是平等的不平等的一种制度条件，它同样依赖于制度证成。程序公平所要求的平等关切和同等参与机会，在条件中表现为优势职位和职务向所有人开放，但是，它只是一种形式上的资格的扩大，并没有在实质上保障每个人都具备相同的入场券，各种因素仍然使大部分人被排除在程序公平的大门之外。"机会平等不仅意味着在所有人中选拔最有能力的人，而且意味着为所有人提供培育和发展这种能力的平等机会，以使天资卓越又勤奋努力的人不致因为糟糕的家境而不能实现好的人生前景。"② 斯

---

① Steven Wall, "Equality, Political Fairness and Desert", *Philosophical Studies*, No. 176, 2019, p. 3380.

② 张虎：《当代西方关系平等主义研究》，中国社会科学出版社，2020，第 147 页。

坎伦提出实质机会应当在个体之间建构平等的资格供应，而且，政治体系的可证明正当性就是通过这种资格供应的实质程度进行判断。实质机会作为一种平等的不平等的制度条件，只有在一些人利用其竞争优势阻碍另一些人获取平等的政治权威时才应当被反对，这种阻碍是通过干预政治过程并影响程序公平的正常运作进行的。

罗尔斯所表达的机会的公平平等，即"假定有一种自然禀赋的分配，那些处在才干和能力的同一水平上、有着使用它们的同样愿望的人，应当有同样的成功前景，不管他们在社会体系中的最初地位是什么，亦即不管他们生来是属于什么样的收入阶层。在社会的所有部分，对每个具有相似动机和禀赋的人来说，都应当有大致平等的教育和成就前景。那些具有同样能力和志向的人的期望，不应当受到他们的社会出身的影响"①。但是罗尔斯的论证之一，即非正式的道德论证"通常被引用作为他的（不完全发展的）运气均等主义的证据。非正式道德论证，即他的两项正义原则比自由放任的'自然自由制度（system of natural liberty）'更优越。那个对立的方案允许自由市场经济的运作只受平等自由和形式上的机会平等的背景制约"②。

斯坎伦将公平的机会平等原则视为一种严格标准，区别于自由放任主义支持的形式的机会平等和运气均等主义主张的以分配为中心的机会平等。当目的从确定对所有人的平等关切转向通过分配补偿确保所有人都能享有实质平等的资格时，自然的和社会的因素的影响不仅不能对个人实际得到的社会地位产生主导性的作用，而且基于分配调节个人自愿选择和应负责任的内容也不能不优先保障人的自尊的善的平等。易言之，实质机会以一种正当的分配不平等产生没有人有理由拒绝的道德原则，它的内容不仅仅是为增进处境恶化者的福利提供优先级的可辩护性，还为分配嵌入一个消极容忍的标准，即分配的不平等绝不能严重到威胁社会关系的平等，即使是权威的不平等也不得损害人的自尊的社会基础。类比于罗尔斯的原初状态，斯坎伦认为契约主义的解释力就在于个人在社会结构中的平等不仅有道德上的一致认可，还

①〔美〕约翰·罗尔斯：《正义论》，何怀宏、何包钢、廖申白译，中国社会科学出版社，2015，第73页。

② Samuel Scheffler, "What is Egalitarianism?", *Philosophy & Public Affairs*, Vol. 31, No. 1, 2003, p. 9.

具有衡量社会关系平等的现实意义。以实质机会为参照，"正确理解的'机会平等'是平等主义的特洛伊木马：实现机会的公平平等要求的如果不是'结果平等'，那至少也是比我们在社会中所见的更接近于它的东西"①。

具体而言，实质机会仅仅将分配视为一种手段，目的是保障人的权利的平等对待以及作为首要的自尊的善的平等实现。斯坎伦强调依赖于制度的实质机会之所以能够与程序公平产生联动，就在于它为程序公平的证成提供理由，即"哪些能力算作才能（即作为选拔的有效依据），这既依赖于对相关制度的证成，也依赖于那些选拔人才的制度职位的性质以及对那些职位的证成"②。因而，在制度的正当性证成中，斯坎伦延续罗尔斯的合法期望的理念，认为分配有义务为处境最不利者和处境恶化者提供符合实质机会的合理预期。它的特殊性在于，对于自然的和社会的偶然因素的影响，分配可以同等地要求合理干预，因为这是公正制度的普遍义务。"事实上，罗尔斯的正义理论中的制度正当性就是自由和平等公民的理念。这意味着，取决于自然和社会突发事件的不平等是任意的，当且仅当它们决定主要社会产品的分配，特别是自尊的社会基础的方式不能确保平等和自由公民的条件。"③ 在这个意义上，实质机会通过提供实质条件确保所有公民具有公平的机会能够影响政治，从而降低处境有利者对于政治过程的巨大影响力，适度提高处境不利者和处境恶化者的政治影响份额。

实质机会可以通过不同方式进行供应，也可以提供多种道德理由进行解释，因而当实质机会是以一种意识形态进行论证时，至关重要的前提是确定它的构建方式和论证理由。对于实质条件的构建方式，斯坎伦提出，机会平等应当关注成功的条件是否得到社会基本结构的充分供应，即是否提供了好的理由和足够好的条件。以后者为例，它的实现会受到富裕群体不断地为其子女提供超出公共服务水平之上的东西的影响，而消除贫富差距或限制富裕群体对其子女的投入既不现实也容易遭到道德质疑，这就构

---

① 〔美〕托马斯·斯坎伦：《平等何时变得重要？》，陈真译，《学术月刊》2006 年第 1 期，第 141 页。

② 〔美〕托马斯·斯坎伦：《为什么不平等至关重要》，陆鹏杰译，中信出版集团，2019，第 22 页。

③ Nunzio Ali, "Fair Equality of Opportunity and the Place for Individual Merit in a Liberal Democratic Society", *Brazilian Political Science Review*, Vol. 16, No. 1, 2021, p. 14.

成了一种对实质机会的严重威胁。不仅如此，贫困群体的家庭环境和价值观也会阻碍实质机会的实现，即使并不存在歧视和程序不公正。于是，为了维护实质机会，就需要公共机构"补偿社会、经济和教育优势的差异，以改善那些原本只会在争夺理想稀缺商品的竞争中获得成功的人的前景。此外，公平的机会平等可能倾向于中和在相关的初始环境中发现的所有社会条件的差异，使最终的结果不平等成为天赋差异的唯一产物"①。在满足这一限制条件下，机会平等允许超出公共教育和其他培训的其他形式投入，以满足富裕群体对其子女在兴趣和能力上的培养。

对于实质机会的道德理由，斯坎伦不像罗尔斯那样侧重于分配内容，而是侧重于作为前提条件之一的开放性要求。斯坎伦提出两个理由，即正义不平等的理由和自我实现的理由②，其中斯坎伦更加侧重于正义不平等理由的论证。它表明在社会基本结构范围内某种不平等的分配模式所具有的道德正当性：其一，社会基本结构是进行分配的权威主体，这种权威的获得不需要其国民的默许或其他方式的同意，其正当性取决于经由分配更好地促进实质机会的程度。其中，不需要其国民的默许或其他方式的同意是指"这种权威是根本的，它的出现是因为道德事实，即个人通过服从它，而不是试图自己行动，将最好地符合他们行动的真正原因。因此，这一图景的核心是两种观念下价值相等的基本平等，但最突出的是同等分量的形式"③。其二，公平的机会平等不会保证一种数量上的平等，而会保证一种比例上的平等，这种比例上的平等本身就允许某种伤害的存在，并以这种伤害的合理存在作为其正当性的依据。就实际存在的伤害而言，社会有深刻的权力、地位和影响力等级，在这种情况下理想的关系平等主义是不可

---

① Michel Rosenfeld, "Substantive Equality and Equal Opportunity: A Jurisprudential Appraisal", *California Law Review*, Vol. 74, No. 5, 1986, p. 1708.

② 正义不平等的理由：要使社会和经济的不平等成为正义的，开放性的要求必须得到满足，由此可见，这一要求所适用的职位只是那些带有不平等报酬或特权的职位，这种支持开放性要求的理由可称为"正义不平等的理由"。自我实现的理由：作为一项实质机会的要求，这个更广泛的要求具有相当大的合理性，即除非有胜任资格的人出生在富裕的家庭，否则他们就缺乏重要的机会去胜任那些要求接受过高等教育的职业，这无疑构成了对该社会的反驳，这种支持开放性要求的理由可称为"自我实现的理由"。参见〔美〕托马斯·斯坎伦《为什么不平等至关重要》，陆鹏杰译，中信出版集团，2019，第65~66页。

③ Nikolas Kirby, "Two Concepts of Basic Equality", *Res Publica*, Vol. 24, No. 3, 2018, p. 13.

能的。但是，合理的关系平等可以通过实质机会得以部分实现，至少，基本政治制度可以消除许多压迫的形式，并且"不同群体拥有的影响力的一些相对微妙的差异，或他们拥有的资源的微小差异，与认为他们仍然实现了不完美形式的关系平等是相容的"①。

如果实质机会获得合理性的支持，那么消除经济条件的不平等就应当被道德原则的不平等所取代，这就是说，个人的能力和意图是实质机会供应足够好的条件的判断依据，当然这并不是指消除经济条件的不平等应当滞后，而是从道德原则的意义上评判制度条件所取得的结果正义应当比社会经济地位的不平等的改善具有优先性。据此，平等的不平等就在自上而下与自下而上两个方向上将形式平等的合理成分与实质平等可接受的正当性合二为一，"形式上的机会平等是通过自上而下的论证来证明的，从证明拥有特殊利益的职位的目标出发。实质上的机会平等（罗尔斯所说的公平的机会平等的更高要求）是通过自下而上的论证来证明的，其基础是一个国家有义务向所有公民提供某些种类的教育"②。在此基础上，实质机会作为平等的不平等的制度条件提供了在社会基本结构中没有人有理由拒绝的正当性证明，即平等机会的主体是政治意义上的所有社会成员；实质机会的内容来自政治体系对其公民承担的普遍义务，由此在公正社会范围内具有相同能力和意愿的成员在不同地区获得不同标准的好的条件不违背平等的不平等，前提是这些标准在通行的好的条件的标准之上。

总而言之，社会平等是人们没有理由拒绝的平等理想，前提是能够保障程序公平和实质机会的实现。也就是说，社会中的不同群体在何种合理范围内存在因阶级、地位、禀赋和努力的不平等，在何种合理的程度上允许权利、能力、机会和福利等的不平等，对这些问题的关注在于迫使社会基本结构能够创造好的理由和足够好的条件增进所有成员的初始平等，以及促进某些形式平等向实质平等的转变。简言之，正义范畴内的平等的不平等和不平等的平等的正当性主要在于基本的道德地位的平等与社会等级制度中个人应当获得的社会地位之间的平衡。可能还涉及其与其他维度上

---

① Dan Threet, "Relational Egalitarianism and Emergent Social Inequalities", *Res Publica*, Vol. 28, No. 1, 2022, p. 64.

② T. M. Scanlon, "*When Does Equality Matter?*", Unpublished Paper, 2004, pp. 28 – 29.

的平等地位之间的平衡，这一平衡的目的在于使所有人的差异的福宁都能够通过个体强烈的意愿和理性的运用而获得同等的成功预期。

四 对程序公平和实质机会的公平取向的检视

在社会关系结构中，以相似情况相似处理和同类群体同等待遇为原则的形式平等不能持久增进公正，在程序上可能会导致歧视或边缘化等行为；以基本的道德平等为起点的实质的机会平等虽然允许不平等的存在，但至少能够在程序上缩小主体之间因才能差异产生的不平等，在实质机会上消除影响选择的不利条件以减少身份上的劣势。斯坎伦在发展实质的机会平等时，以反对不平等的理由分析每种形式的不平等背后的关系，认为这些理由主要针对的不是平等本身的价值，而是非平等主义的价值判断。从反对不平等的理由，到实质平等的实现条件，人们应当得出一个信念，即平等的实现主要不是解决经济不平等，而是政治不平等，这是因为：其一，经济不平等主要产生反对不平等的工具性理由；其二，延续罗尔斯关于正义的平等的观点，表达了"我们所反对的并不是关于不平等的纯粹事实，而是那些产生不平等的制度"①。

寻求一种一致性，使得实质平等能够提供解释道德和政治现象的更吸引人的理由，以及基于平等本身的价值而与正义产生良性互动。斯坎伦的方案是通过契约主义确立道德依据，其回应的主要问题是"思考正当与不正当，从最基本的层面上来说，就是思考什么对其他人来说是合理的，如果有适当的动机，他们不会合理地拒绝"②。易言之，斯坎伦从两个方面来解决道德理由面临的问题。其一，斯坎伦的契约主义是关于道德责任之正当与不正当的解释，也就是为"他人不能有理由拒绝"的可证明正当性提供辩护，这是针对某一特定道德问题的实质性反思的理念，也是构建个人与其他人之义务的关系理念。这一主张构成斯坎伦的契约主义的核心内容，

---

① Rawls writes, "The difference principle specifies no definite limits within which the ratio of the shares of the more and less advantaged is to fall" (Justice as Fairness: A Restatement, p. 68). Piketty also writes, "I want to insist on this point: the key issue is the justification of inequalities rather than their magnitude as such" (Capital in the Twenty-First Century, p. 264).

② R. Jay Wallace, "Scanlon's Contractualism", *Ethics*, Vol. 112, No. 3, 2002, p. 430.

"道德上的对与错是建立在他人无法合理反驳的具体理由的基础上的，也就是说，道德本质上是我们相互间的具体责任。但他也承认，他对道德的看法只抓住了道德的一个具体部分，即义务和责任的部分"①。其二，区别于后果论的解释，由平等本身的价值所提供的行动理由并不完全是促进这一事态的理由，通过与他人构建公正的社会关系确定的彼此的责任例如友谊，其本身的价值需要通过人与人之间的忠诚、信任、关爱等情感得以体现。"这里的根本思想是，善或价值不是某种实质性的非自然属性，它本身为我们提供了行动的理由。相反，理由是由使事物在不同的具体维度上具有价值的自然属性提供的，而说某物是好的只是一种信号，表明有一些这样的实质性理由来选择、偏爱、推荐或欣赏它。"② 由此，斯坎伦就可以根据每个人在政治意义上是权利平等的主体，在道德品质上是具有同等能力的责任主体，要求在社会关系中把彼此尊重和平等相待作为所有人的道德规范。

正是在这里，关系平等主义的意义经由契约主义提供的"道德理由的多样性以及道德动机在我们的实践思考中所发挥的多重作用"③ 被肯定。我们可以把此立场看作道德理由在一种程序性的关系形式中为更准确地反映对等的社会关系的可能性而预设的条件。根据这种认知，关系平等主义意义可以概括为：契约主义为个体间的平等相待和分配正义提供一致性的道德规范。这种规范在多元化的社会关系中肯定了个人的理性能力，允许现实条件中的个人以其能力、情感、经验等要素独立地做出合理拒绝的判断，而不需要其他人的同意。同时，面对社会关系中的等级结构，它有助于判断所受伤害的原因及其相关条件。因此，斯坎伦不仅合理解释了选择多数人的道德理由，更关注了补偿伤害对于确保个人道德地位和道德权利的实质需要。他解决了罗尔斯提出的作为首要基础的自尊的善的一以贯之问题，将个人的自尊和道德地位作为平等权利的基础，明确了实质平等"意味着我们的社会不能容忍将某些人视为二等公民的立法区别，不能容忍贬低他们的立法区别，不能容忍无缘无故地认为他们能力较低的立法区别，也不

---

① 陈真：《"道德"和"平等"——哈佛大学斯坎伦教授在华访问演讲录》，《哲学动态》2005 年第 9 期，第 43 页。

② R. Jay Wallace, "Scanlon's Contractualism", *Ethics*, Vol. 112, No. 3, 2002, p. 446.

③ 〔美〕托马斯·斯坎伦：《我们彼此负有什么义务》，陈代东等译，人民出版社，2008，第168 页。

能容忍侵犯基本人类尊严的立法区别"①。这项规范构成了保障实质机会的道德原则，以及采取正义分配模式的理论基础。

但是，作为一种道德理由的程序性的关系形式，"他人不能有理由拒绝的原则"的普遍性没有得到其他中立的方法的证明，并且差异的个体在多元化的社会关系中会对哪些原则做出符合契约主义的判断也是没有保障的。此外，魏斯哈尔（Kenneth R. Weisshaar）的主张也有道理，"契约主义的为他人辩护的前提对道德判断的方式以及代理人为什么有理由遵守这些判断提供了令人信服的解释。然而，有两类重要的判断，该理论无法确定适当的原则：聚合的情况和复杂的情况，即代理人的道德感觉的差异导致了令人反感的相对主义"②。因而，在斯坎伦的契约主义预设下，还需要增加一些限制性条件使其关系平等主义的解释力更强。这些限制性条件包括：其一，为了维持人与人之间基本的道德平等，公民之间彼此愿意在不平等的政治制度中采取公平分配以促进结果导向的正义（或平等）的实现；其二，公民彼此间的平等只有在愿意承担合理的必要伤害并使彼此倾向于负有不能有理由拒绝的义务时才能实现每个人的真正的福宁；其三，在实质平等的二重性的认知中，社会基本结构的平等关切和公民间的平等权利将作为必需要素倾向于正义分配彼此间承担义务和责任的条件。其中，第一个条件是第二和第三个条件的道德前提，是衡量分配正义是否产生结果平等的正当性标准，是将责任延伸至关系平等主义的价值基础；第二和第三个条件是将结果平等追溯至初始平等，表明责任的主体在于个人，需要个体和公共机构都具备并践行平等主义精神才能真正促进社会平等。

由契约主义建构连贯的、全面的理论基础，实质平等包含的平等的不平等和不平等的平等就具有内在的合理性。首先检视作为平等的不平等的外部表现的程序公平，它是作为工具性价值以反映平等本身有价值而发挥作用的。在程序性的关系形式中，它并不致力于实质平等自身的价值，而是作为保持起点平等的要求和结果平等的需求而被重视，即是说，在民主

---

① Sandra Fredman, "Substantive Equality Revisited", *International Journal of Constitutional Law*, Vol. 14, No. 3, 2016, p. 724.

② Kenneth R. Weisshaar, "Scanlon's Contractualism and Its Critics", City University of New York (CUNY), the degree of Doctor of Philosophy, 2018, p. 147.

的社会基本结构中，政治系统的存在因其工具性理由而具有合理性，这种合理性的体现就是确保理性主体能够选择合道德性的程序，并依照这种合法程序选择最有助于实现国家目的的理由。在起始平等方面，彼此尊重他人的道德判断，并不基于其可能产生的结果，而在于程序的合理性，同时，在"没有理由合理拒绝的原则"要求下，关于结果正义的判断必不可少的条件是平等的道德主体并未遭到其他主体的诋毁、轻视或侮辱，或并未被其他主体以歧视、威胁等方式伤害。

然而，程序公平也需要正当性、中立性的判断标准，以及赋予某些群体超乎其他多数群体之上的特权和优先地位。在社会关系中，基于统治或命令的等级关系和基于身份的等级关系通常是难以完全消除的，因而，程序要体现正义性，应当满足三个条件：其一，有一系列解决政治分歧的合法程序，拒绝这些程序是不合理的；其二，对于合法且公正的程序，还需要包容并妥善处理理性主体之间差异的合理分歧；其三，"如果一个决策程序所产生的解决方案比纯粹的民主或多数决策程序所产生的解决方案更符合或更接近理想的道德代理人所不能拒绝的原则，那么在国家的组成机构中包含一个非民主的因素是合理的"①。第三个条件主要是针对程序的结果，可能是产生不平等的主要来源，即不合理的决定在程序执行中会产生合理的结果，这使得作出决定的少数人构成对多数人权利的侵犯，还有可能产生一种拉平标准的选择方案，进而构成对正当程序的实质性权利的侵犯。特别是在分配平等领域，向下拉平的选择可能表明平等自身的价值是虚假的。拉兹支持这一命题，认为"对平等的内在价值的信仰需要把平等［视为］有价值，即使它意味着其他价值的实现或具体化水平大大降低"②。这只有在平等的简单经验是有价值的情况下才有意义，拉兹拒绝这个命题。此外，在程序公平并不稳定执行的社会中，同等对待可能会加剧差异和分歧，因为必要的不平等可能会被各种不利条件所误导，使得"对所有人的平等考虑可能要求对弱势群体非常不平等的待遇"③。

---

① David Lefkowitz, "A Contractualist Defense of Democratic Authority", *Ratio Juris*, Vol. 18, No. 3, 2005, p. 362.

② Joseph Raz, "On the Value of Distributional Equality", *University of Oxford Legal Research Paper Series*, No. 41, 2008, p. 6.

③ Amartya Sen, *Inequality Re-examined*, New York: Clarendon Press, 1992, p. 1.

接下来检视作为不平等的平等的外部表现的实质机会，它是以一种资格条件保障个体能够尽可能充分地发挥自主性。在道德理由方面，斯坎伦一方面肯定了自由原则的积极价值，认为实质机会不仅意味着工具性价值，即个体可以以其能力、条件、偏好等要素提出最有助于实现理想目标的理由，还意味着象征性价值，即缺少这样的选择被认为是个体没有足够能力做出选择的表现，而这种缺少会伤害个体在行为和结果中的尊严。在实现形式上，斯坎伦在坚持平等对待的基础上避免了拉平反驳的指责。另一方面，他至少认可政治平等需要一定的物质条件平等为前提，"在这种情况下，我们需要保持一定程度的背景物质平等，这可能是这种对机会公平平等的道义主义承诺的结果，没有这种背景物质平等，机会平等（在经济或政治领域）的实现很可能是不可能的"①。实质机会没有偏离程序公平，"因为调和全社会的歧视和地位不平等可以是引入差别职位的机构的合法目标的一部分。类似地，该模型不需要以充分的初始实质性机会的名义要求教育机会完全均等，这是很难实现的……相反，它可以通过降低大学选拔中要求的能力和资格水平来实现。这也会产生一个后果——对地位平等来说是一个值得欢迎的后果——阻止对特殊技能的高估"②。

然而，实质机会的实现不仅准入标准过高，而且代价昂贵。实质机会要求确保所有社会成员都具有真正平等的机会，如选择机会、能力条件和主观意愿，但它在政治决策中通常不具有实质意义，而仅仅是作为道德权利的一部分，以及用于满足部分成员特定的政治标准。基本的道德平等可能难以在尊严的等级结构中发挥同等的道德价值的作用，并引起同等的关注和对待，因为道德意义上的价值平等是一种理想目标，而在其之下，政治上的平等可能扮演相异的角色并独立发挥作用。也就是说，公务系统可以被赋予更专断的权力，富者可以通过捐助获取更大的影响力，贫者可以通过数量优势破坏程序公平，最终的结果是机会的公平平等被破坏，或政治效率在实质机会实现之前就被牺牲。因而要设置实现实质机会的准入标

---

① Martin O'Neil, "Constructing a Contractualist Egalitarianism: Equality after Scanlon", *Journal of Moral Philosophy*, Vol. 10, No. 4, 2013, p. 438.

② Christian Schemmel, "The Many Evils of Inequality: An Examination of T. M. Scanlon's Pluralist Account", *Ethics & International Affairs*, Vol. 33, No. 1, 2019, p. 92.

准并践行这些标准是极其复杂和困难的，甚至暂时性的标准可能也难以达到。这也是实质机会相较于能力平等理念缺乏可能性的原因所在，至少能力平等不仅包含个人自主性所需的较为具体的标准，还包含个人应对不同处境所需要的不同需求。因为确保实质机会可能还需要应对昂贵代价带来的挑战。这些代价包括，其一，就工具性价值而言，实质机会可能会增加个体进入程序的要求，并因结果难以说服其他所有落选者而加剧分歧。"因为每当满足平等机会原则与在严格遵守工具主义建议的情况下向公民提供的机会发生冲突时，那么满足平等机会原则将以牺牲政治进程的正常运作为代价。"① 其二，就象征性价值而言，实质机会受政治系统传统理念、民主模式、政治目标等影响，因而其价值由该政体的价值来体现或判断，可能以牺牲平等相待的公共善、尊重同胞，特别是少数族群的价值为代价。

---

① Steven Wall, "Equality, Political Fairness and Desert", *Philosophical Studies*, Vol. 176, No. 12, 2019, p. 3377.

多元时代下的团结问题

——当代西方主流政治哲学的团结观及其启示

殷张晴[*]

摘 要： 在多元时代下如何维系社会团结，新自由主义、社群主义、自由主义的民族主义、新共和主义给出了不同的方案，但这些方案均有不同程度上的局限性，且仅从一种历史性视角而言，关于多元化和团结的关系，大部分社群主义者持一种"负相关"的"向后看"视角，少数社群主义者和新自由主义者、自由主义的民族主义者、新共和主义者则持一种"正相关"的"向前看"视角。实质上，当代西方主流政治哲学都以自由主义为"母本"进行批判与诠释，形成了一种自由主义式的团结方案，这一方案依然使西方处在一个充满矛盾和分裂的时代，就此而言，一种超越自由主义式的马克思主义的团结方案，或许更能够成为维系社会团结的答案。

关键词： 团结；新自由主义；社群主义；自由主义的民族主义；新共和主义

本文的出发点是泰勒所提出的"社会论题"（social thesis），它主要是针对自由主义的"原子主义"（atomism）错误而提出的，主张个人的自我决定和自我发展必须在一定的社会环境中。^① 从这一论题出发，泰勒向我们提出了一个重要的政治哲学挑战——思考个人的自我决定和自我发展所需

＊ 殷张晴，中南财经政法大学博士研究生，研究方向为西方马克思主义哲学、政治哲学。

① Will Kymlicka, *Contemporary Political Philosophy：An Introduction*, New York：Oxford University Press, 2002, p. 245.

要的社会条件，或者具体说，在多元时代下，如何在尊重多元化的情况下使社会成员更团结？泰勒认为："团结纽带使我与同胞和国家之间的联系有了一种特别的约束力，并激发了我的某种美德或爱国主义。"① 关于如何维系社会团结，当代西方主流政治哲学给出了不同的方案，本文将持历史唯物主义立场分析当代西方主流政治哲学的团结观，并思考其对中国的启示。

一 新自由主义和社群主义的团结观

德国著名的解释学大家——伽达默尔（H. G. Gadamer）曾对"团结"一词做了词源学分析，从团结（solidarisch）的拉丁文"solidum"② 中推理出"团结"的含义，即人们在某种自愿或压力的情况下会为了团结而放弃自身的利益或偏好，意味着在一定范围内的服从。③ 就此而言，团结观的建构必然涉及个人在一定社会关系中的利益或偏好。一般而言，新自由主义的团结观建立在个人自主权之上，认为个人具有选择任意优良生活的自由；反之，社群主义的团结观则建立在共同利益（the common good）之上，认为个人对优良生活的选择应该尽可能地吻合共同利益。关于"共同利益"，新自由主义一般视它为各种社会偏好之整合的结果，所有这些偏好都具有平等地位，国家一般采取中立立场，不会对这些偏好赋予价值上的优劣，因此，共同利益取决于人们的偏好模式；与此相反，社群主义一般视共同利益为某种美好生活的理念并以此来对各种善（good）观念进行公共排序，个人偏好的分量则取决于其在多大程度上吻合共同利益。

具体而言，关于如何维系社会团结，以罗尔斯为代表的新自由主义者认为，那些持有不同善观念的人只要共同信奉某种普遍的正义原则便足以

---

① Charles Taylor, "Cross-Purposes: The Liberal-Communitarian Debate", in Nancy Rosenblum ed., *Liberalism and the Moral Life*, Cambridge: Harvard University Press, 1989, p. 159.
② solidum 有坚实、固定之意，且它的同源词 sold 也对它产生影响，sold 的意思是真实的钱。从这层意义上讲，solidum 具有可靠和真实两层含义，当它译为团结时，表示人们为了一种更加可靠的关系而放弃一定利益。
③ 〔德〕H. G. 伽达默尔：《友谊与团结》，《安徽师范大学学报》（人文社会科学版）2002 年第 5 期，第 501 页。

保证社会团结。例如，罗尔斯说："多元时代下的良序社会中，公共认同（public agreement）依然是维系公民友谊和团结合作的纽带。"① 在此，罗尔斯尝试采用"公共认同"作为团结的合理性基础，然而，我们不禁需要质疑，公共认同是什么？它从何而来？经考据，从一般自由主义的理解来看，它可以解释为一种共享的正义感或正义原则，且它优先于各种善观念，这一理念源自新自由主义者所论证的"正义优先于善"的基本立场。比如，罗尔斯在论证基本正义原则时，便接受了康德的道义论立场，从而反对目的论立场。对于罗尔斯而言，以古典契约论和功利主义为代表的正义论都是一种目的论，它们都将善视为人性的追求，从而假定了一种非常强的心理动机，在罗尔斯看来，由于人们对于善的理解不同，所以善并不能作为道德论证的标准。由此，罗尔斯尝试通过"无知之幕"来消除人们形成正义原则之前的偶然性因素，他使处在"原初状态"中的人们并不考虑各种具体的善。然而，人们如果什么都不知道就无法有可能性的动机进行选择并形成正义原则，因此，罗尔斯还是保留了一些基本善，比如自由和权利、机会和财富等。可以说，罗尔斯为了保证通过"无知之幕"所得到的正义原则的客观性，一方面，将特殊的善都排除了出去；另一方面，又将所有人都需要的基本善纳入。②

随之而来的问题是：罗尔斯的论证是否做到了他自称的中立与客观？在此，借用托马斯·内格尔对罗尔斯的批判："原初状态"对于善的态度并不是中立的，而是自由主义和个人主义的。③ 在内格尔看来，罗尔斯所纳入的基本善并不是中立的，这些基本善只是自由主义者所认为的基本善，至少，对于某些宗教信仰者而言，宗教信仰会比自由更加重要。因此本文认为，内格尔对于罗尔斯非中立性的批判是有道理的。此外，罗尔斯的论证是否是个人主义的？对于此问题，社群主义可作为批判代表，他们批判自由主义的"个人主义"色彩过于浓厚，从而忽略了个人权利或福祉与社会的密不可分的关系，基于此，社群主义主张用共同利益代替个人自主权的

---

① Will Kymlicka, *Contemporary Political Philosophy: An Introduction*, New York: Oxford University Press, 2002, p. 253.

② John Rawls, *A Theory of Justice*, Cambridge: The Belknap Press of Harvard University Press, 1999, pp. 109 – 110.

③ Thomas Nagel, "*Rawls on Justice*" in *Reading Rawls*, New York: Basic Books, 1975, p. 8.

地位，以此来反对新自由主义高度的个人自主权和国家中立观。值得肯定的是，社群主义的这一批判是深刻有力的，它致使后来的自由主义者在构建政治哲学时必须要对此问题进行回应。这一批判始于两个流派对于"自我"的不同理解，自由主义者采用了康德式的自我观，对于自由主义者而言，"自我优先于它所确定的目的"，它意味着个人的决定优先于他的社会角色和关系，个人拥有质疑社会常规或放弃社会参与的自由。社群主义则批判自由主义忽略了自我是被"嵌入"（embedded）或"置于"（situated）社会环境之中的，我们不可能总是退出社会基本机制。① 当然，阿米希派可以作为一个罕见的反例，这个群体自愿与社会隔离并且主动避免参与主流政治活动。不过，正如斯平纳（Jeff Spinner）所说，可将阿米希派视为"不完全公民"，从某种意义上，他们正是受益于社会的稳定秩序而又维护这种秩序的"搭便车者"（free riders），现实的良序社会并不能承受太多这样的"搭便车者"。② 因此，在绝大多数情况下，社会公民都必须要直面泰勒所提出的"社会议题"，自由、团结、民主等基本正义都必须是处境中的。

同样的，"社会议题"也要求新自由主义者必须放弃国家中立观。原因在于，一方面，社群主义的批判类似于内格尔的批判，他们认为这种中立只是自由主义的"伪中立"；另一方面，批判者认为没有政府的引导，一些有价值的社会实践会逐渐消亡。对此，罗尔斯尝试通过政治自由主义进行回应，认为政府可以在政治层面进行引导，在非政治层面依然保持中立立场。然而，问题是：我们如何明确地划分政治层面和非政治层面？特别是在多元时代下，许多事件一经发酵必然涉及各个维度。正如史蒂芬·谬哈尔（Stephen Mulhall）和亚当·斯威夫特（Adam Swift）所指出的，罗尔斯的政治自由主义尝试调和社群主义的反对意见，并且承认了人在非政治背景下的社会构成性，他的中立主张不仅没有得到正当性证明，反而成为将罗尔斯视为社群主义者的理由。③ 也正如金里卡所说，政治自由主义试图纳

---

① Will Kymlicka, *Contemporary Political Philosophy: An Introduction*, New York: Oxford University Press, 2002, p. 221.

② Will Kymlicka, *Contemporary Political Philosophy: An Introduction*, New York: Oxford University Press, 2002, p. 310.

③ Stephen Mulhall and Adam Swift, *Liberals and Communitarians*, New York: Oxford University Press, 1996, p. 222.

入社群主义的"嵌入式自我"的这一尝试是不成功的。①

然而，从一个较为客观的立场来看，在很大程度上，罗尔斯采用了一种契约论的方式重构正义原则，它只是不够完美，却并非不够有力。进一步的问题是：共享某种普遍的正义原则是否足以保证社会团结？无论是学界还是实践经验都证明，人们共享某种普遍的正义原则并不足以保证社会团结，因此，共享某种普遍的正义原则至多是必要条件，而不是充分条件。至少，新自由主义并没有明确地指出共享这一正义原则的范围和主体，这也正如其他学者所批判的，以罗尔斯和德沃金为代表的新自由主义者预设了一个有边界的政治或伦理共同体，生活在共同体内部的公民之间拥有某种特殊的道德感，但对于共同体之外的人却不具有这种道德感。例如，米勒所谓的"伦理共同体"（ethical communities），塔米尔（Tamir）所谓的"共同体感"（a sense of community）②。然而，问题是，共享某一正义原则并不是有边界的，居住在边境地区的两国人民可能也共享某一正义原则。此外，共享某一正义原则也不足以支撑社会团结，例如，20 世纪 60 年代，加拿大的魁北克分离运动，说英语的加拿大人和说法语的加拿大人会发生民族分裂。所以，我们有理由认为，新自由主义的方案并不足以维系社会团结，至少，这些正义原则太宽泛了，无法解释跨国问题和多民族问题。

泰勒认为，维系社会团结可以以一种共享的集体归属感（sense of communal belonging）为基础，共享集体归属感的公民彼此认同、视对方为同胞。"团结纽带以一种共享的归属感为基础，这种归属感本身便具有内在价值，正是这种内在价值赋予了团结独特的重要性。"③ 泰勒的想法得到了至少包括社群主义者在内的学者的广泛认同，这又涉及另一个问题——如何培养集体归属感？金里卡总结了三条主要路径：第一条是通过关注共同的生活方式，以社群主义为代表；第二条是通过关注共同的民族性，以自由主义的民族主义为代表；第三条是通过关注政治参与，以新共和主义为代

---

① Will Kymlicka, *Contemporary Political Philosophy*：*An Introduction*，New York：Oxford University Press，2002，p. 244.

② Will Kymlicka, *Contemporary Political Philosophy*：*An Introduction*，New York：Oxford University Press，2002，p. 254.

③ Charles Taylor，"Cross-Purposes：The Liberal-Communitarian Debate"，in Nancy Rosenblum ed.，*Liberalism and The Moral Life*，Cambridge：Harvard University Press，1989，p. 170.

表。本节将分析社群主义的团结观，将在下一节分析自由主义的民族主义和新共和主义的团结观。

社群主义对共同的生活方式的强调实质上是在强调某种优良的生活观，或者说某种特殊的善观念，它通过鼓励公民尽可能地吻合这个善观念来实现共同利益或共同体（community）的利益。对于社群主义者而言，最大的善即是共同体的利益。"共同体一直存在于共同的社会习俗、文化传统以及社会共识中，它无需被重建而是需要被尊重和保护。"[1] 所以，如上文所说自由主义者持有的是"正义优先于善"的道义论立场，那么，社群主义者持有的则是"善优先于正义"的目的论立场。关于共同体与正义的具体关系，一些社群主义者认为可以用共同体取代正义原则，例如，桑德尔认为对正义的过多关注会损害共同善的优先性，并把善降格为纯粹的偶然性；[2] 另一些社群主义者则认为共同体是正义的源泉，例如，沃尔泽要求弄清共同体的各种善观念的社会排序，以此来确定各种正义。

按照社群主义的理解，如果公民共享某种生活方式或者说善观念，他们自然愿意生活在同一个国家，也会自然认同共同体决策的合法性，他们还会将资源向弱者再分配，以便帮助他们的同胞共享某种生活方式。这一理念的理想形态就像是麦金泰尔所表述的古希腊的城邦。虽然社群主义的方案可以回应自由主义的边界问题和国家中立问题，但是，金里卡认为，这种团结观是非常天真的，它建立在传统社会的浪漫想象之上，试图通过追求某种"共同目的"增强传统社会的那种忠诚感。"桑德尔和泰勒认为，总有一些共同目的可以支撑起对所有社会成员而言都具有合法性的共同利益的政治。但是他们却从未举例说明是什么。"[3] 因此，金里卡认为，根本就不存在这种"共同目的"，即使有的话，那也是男权社会所设定的"共同目的"，它潜含了优势群体的利益，使女性、同性恋等弱势群体进一步地被排斥。此外，在多元时代下，那些多元文化主义者认为，社群主义所设想

---

[1] Will Kymlicka, *Contemporary Political Philosophy：An Introduction*, New York：Oxford University Press, 2002, p. 209.

[2] Michael J. Sandel, *Liberalism and the Limits of Justice*, Cambridge：Cambridge University Press, 1998, p. 174.

[3] Will Kymlicka, *Contemporary Political Philosophy：An Introduction*, New York：Oxford University Press, 2002, pp. 258－259.

的伦理共同体有同化个体差异的危险，这也必然会排斥差异群体。

退一步而言，除非将社群主义共享某种优良生活观的范围缩小至地区或社群层面，以此来支撑地方团结。比如，桑德尔后来将他的共同体范围从国家缩小至城镇、家庭甚至邻里，这一调整恰恰在某种程度上证明了社群主义的共同体理想的适应范围的局限性。[①] 然而，正如上文中我们批判新自由主义所持有的某种普遍的正义原则太宽泛了，我们依然有理由批判社群主义的这个方案"太窄"了。在此基础上，西方政治哲学尝试走另外两条路径，一条是通过关注共同的民族性来维护社会团结；另一条是通过关注公民的政治参与，通过政治民主化来维护社会团结。

二 自由主义的民族主义和新共和主义的团结观

在多元时代下，新自由主义和社群主义的争论实质上将团结问题进一步地清晰化了，新自由主义所倡导的高度的个人自主权和国家中立观无法协调社会团结；社群主义所倡导的共同体则无法包容多样性，因此，一个中间方案是——在尊重多样性的情况下去协调个人自主和团体认同，这也正是自由主义的民族主义和新共和主义的思路。

在近代，许多国家在构建过程中都采取了民族主义的方式，即通过培养和巩固民族感来维系国家统治，这些方式包括广泛意义上的义务教育、通用语言、国家假日、国家荣誉等，甚至包括一些西方国家所采取的激烈手段，例如，殖民统治、种族清洗，其目的都是增强某种共享的民族感或民族身份认同，强调个人充分的自我发展和自我实现离不开他所属的民族。随着社会多元化的发展，批判者认为民族主义是反开放性、反多元性的，因此，一些西方学者尝试寻找更温和的方案调和民族主义，这其中，以自由主义的民族主义为代表。

自由主义的民族主义最重要的理论建构线索便是将个体自主与民族认同联系在一起，中介是民族文化，它实质上是自由主义尝试吸纳民族主义的产物，代表人物是塔米尔。塔米尔认为，自由主义的民族主义试图构建

---

① 姚大志：《社群主义的焦虑——评桑德尔的共同体观念》，《学习与探索》2014 年第 8 期，第 6 页。

一种以关心与合作为基础的共同体，对于共同体的义务不是保持绝对的忠诚或献身，而是尊重、学习和参与民族文化的再创造，这其中，民族自决权是一种文化诉求而不是一种政治诉求，民族文化是纽带而不是牢笼，它也尊重个体的文化选择和实践。[①] 不过，试图通过国家来增强某种民族身份认同或达成共同体目的，这种方式为什么是自由主义的而不是社群主义的？金里卡认为，社群主义通常会预设某种共享的善观念，会限制公民修正自己的目的；而民族身份或民族感的培养却不需要某种共享的善观念，而只是需要一种较为弱且宽泛的感觉。[②] 比如，许多美国人并不共享某种善观念或宗教观；许多民族同胞会共享某种语言、历史感或归属感，但生活的终极目的却是不同的。至少，对于社群主义的共同体而言，自由主义的民族主义所培养的这种身份感或认同感太弱了，它并不足以支撑一种"强"共同体模式。

进一步的问题是，诉诸共享的民族感或民族身份可以维系社会团结吗？米勒认为："共同体中的相互信任来源于民族认同，民族认同有利于解决目前政治哲学所面临的集体行动、协商民主和再分配政策所需要的信任。"[③] 米勒的方案太容易受到反驳，比如，人们有时候更相信外国媒体而不是自己的同胞。所以，米勒的方案只能证明民族认同有利于产生信任，却并不能证明民族认同是社会团结的充分条件。事实上，对于自由主义的民族主义而言，一个更根源的问题是，在多元时代下，如何实现多民族团结？对于多民族国家、对于不同的民族国家，解决这个问题都是现实且迫切的。一个广泛存在的理论假设是，每个民族及其民族文化都有其"民族内核"，比如安东尼·史密斯（Smith Anthony）说，事实上，通过观察当今著名的移民国家可以发现，存在一种占先驱性、主导性的文化为民族国家的发展提供了神话和语言，这便是"民族内核"。[④] 事实上，塔米尔和米勒也意识

---

① 吕永红：《反思的民族主义：自由主义的民族主义——塔米尔〈自由主义的民族主义〉述评》，《理论月刊》2012 第 10 期，第 134～135 页。

② Will Kymlicka, *Contemporary Political Philosophy*：*An Introduction*，New York：Oxford University Press，2002，p. 265.

③ David Miller, "The Left, The Nation-State and European Citizenship", *Dissent*, No. 3, 1998, p. 49.

④ Smith Anthony, *The Ethnic Origins of Nations*, Oxford：Blackwell Publishing, 1986, p. 216.

到了民族内核的存在，并且承认民族认同由一些优势民族的文化发展而来，并带有这些优势民族的一些文化特征，比如，语言习惯、宗教信仰和文化习俗。① 所以，对于自由主义的民族主义来说，必须要回答：在培养民族共同体或民族认同过程中，为什么处在民族内核之外的少数民族群体应该认同主流民族文化？

　　大致而言，自由主义的民族主义采取了两种策略进行回应：一种策略遵循经验层面的民主逻辑，强调这一选择是集体商议的结果；另一种策略遵循先验层面的契约论逻辑，强调这一选择是理性推理的结果。对此，米勒的方案更侧重于第一种策略，金里卡的方案更侧重于第二种策略。米勒认为："民族认同是公开竞争形成的，各个群体都试图将自己的文化形象印刻在共同身份上。"② 然而，民族内核作为一种文化产物，民族认同作为一种文化感，政治讨论或许有利于巩固某种主流的民族文化，但从政治认同到文化认同这一路径是否是直达的尚待证明，并且米勒的方案明显存在对于少数族群的文化压迫或排斥。可以说，米勒的方案可以作为维稳的民主策略，但并不是一个很好的文化策略，至少，他还没有很好地回答少数族群的文化认同问题。

　　对于这一问题，金里卡提出了"多民族联邦制"方案，这一方案最大的亮点是给予少数族群的文化特殊照顾，比如给予少数族群特殊代表权和一定的自治权。赋予特殊代表权是为了保证少数族群的利益和观点可以在政治协商过程中得到有效的表达，这一点可以被视为米勒方案的升级版；赋予自治权主要是为了保证少数族群拥有保持自身文化的权利，此项权力的作用在于"内部限制"（internal restrictions）和"外部保护"（externalprotections），前者指保护少数族群自身内部文化免遭破坏，后者指保护少数族群的文化尽可能小地受社会破坏。金里卡指出，给予少数族群自治权是为了进行"外部保护"，出于公民基本自由权的原因应该拒绝少数族群"内部限制"的权利。③ 金里卡的方案得到了一些支持差异政治、多元文化主义者的支持，比如艾丽斯·扬，扬认为给予少数群体特殊代表权可以在结果上

①　David Miller, *On Nationality*, New York：Oxford University Press，1995，p. 122.

②　David Miller, *On Nationality*, New York：Oxford University Press，1995，p. 40.

③　Will Kymlicka, *Multicultural Citizenship*, New York：Oxford University Press，1995，p. 44.

最大限度使他们免受压迫和宰制，从而保证个人的自我决定和自我发展。事实上，出于尊重文化多元和文化保护的目的，给予少数群体特殊权利可视为当代西方左翼的一种激进文化方案，然而，值得质疑的是：这一方案是否走的太远？比如，金里卡为了民族团结的赋权反而弱化了不同民族间的团结感，增强了各民族间的分离意识。"联邦体系越是承认和肯定少数民族的自治，越会加强他们独立的信心，或许多民族联邦制仅仅是鼓励了少数民族分离的要求。"①

就上述而言，自由主义的民族主义，它作为自由主义尝试吸纳民族主义的产物，并没有解决自身的理论问题——如何处理多民族关系，米勒的方案有同化少数民族的危险，金里卡的方案有破坏民族团结的危险。因此，我们有理由怀疑这一理论的"地基"是否可靠，更加可以质疑在此"地基"之上所建构的团结理论是否可靠。特别是，随着当今全球化、多元化的发展，共享某种民族感的团结如何解释跨国正义？比如，面对全球环境问题、贫困问题，自由主义的民族主义无法回答：对于那些与我们不共享同一民族感的人，我们为何要施以援手？于是，我们更有理由怀疑这一理论助长了西方国家对于某些跨国正义问题的冷漠态度和非人道行动。不过，值得肯定的是，自由主义的民族主义的出发点是为了顺应时代的发展，展现了当下多元时代中所需要的一种包容、民主精神，只是这一方案并不够牢靠。

新共和主义（new republicanism/civic republicanism）找到了一条超越自由主义和社群主义对立的第三条路，即在超越自由主义的个人主义风险和社群主义的同化主义风险之上，将自由主义的自由诉求和社群主义的共同善诉求进行整合，以"公民资格"（citizenship）为核心纽带连接起自由主义的个人权利和社群主义的共同体成员资格和共同感。新共和主义复兴于20世纪80年代，在某种程度上，社群主义和新共和主义都是在批判反思自由主义的基础上发展起来的，至少，社群主义和新共和主义都批判自由主义高度的个人自主权和消极公民身份，主张公民对"共同善"积极承担责任。与社群主义不同的是，新共和主义关注的是公民品德，特别是公民从事公共讨论的政治品德，期望通过培育公民品德实现最高效的政治参与，

---

① Will Kymlicka, *Politics in the Vernacular*：*Nationalism*，*Multiculturalism and Citizenship*，New York：Oxford University Press，2001，p. 113.

以此来维护社会团结。

按照金里卡、彼得逊等人的观点，在新共和主义内部，可以根据对"政治参与"的不同定性划分为两派：一派是本体论（intrinsic），强调政治参与对于公民而言具有内在价值，以约翰·波考克（John Pocock）、奥德菲尔德（Aaron Oldfield）为代表；另一派是工具论（instrumental），强调政治参与对于公民的工具性价值，以昆廷·斯金纳（Quentin Skinner）、菲利普·佩蒂特（Philip Pettit）为代表。① 本体论的解释起源于亚里士多德式的解释，他们将政治参与视为人类公共生活的最高形式，甚至按照奥德菲尔德的观点，政治生活之乐优越于私人生活之乐，不能从事政治生活的公民是不完整的。在当下多元时代中，对于私人生活的贬低并不能产生一种令人信服的理论，至少对于那些投身于家庭、宗教活动的公民而言是不正义的。因此，本文立足于当下多元时代的背景，下文中将采用以斯金纳、佩蒂特为代表的新共和主义的观点。

以斯金纳、佩蒂特为代表的新共和主义，主要批判自由主义错误地理解了自由的本质。在新共和主义之前，自由主义主要宣扬一种"无干涉的自由"，即如果国家和他人除了保护他人的基本权利外没有干涉到"我"，"我"就是自由的，这种自由观指向了一种消极的政治自由和消极公民权，通常无法动员公民履行更多的正义义务，更无法激发起公民的团结感。佩蒂特认为，干涉（interference）并不能诠释自由的本质，有时候"无干涉的自由"并不意味着真正的自由，比如主奴关系中主人不干涉奴隶的具体活动；有时候"非任意的干涉"也并不意味着不自由，比如民主国家中政府的法律干涉。与"无干涉的自由"相比较，"无支配的自由"能更好地诠释自由的本质，支配（domination）涉及当代社会对公民的各方面的宰制，它不一定是不合法的，却一定是不正义的。"在支配关系中，支配者都在不同程度上符合以下三个方面：第一，他有干涉能力；第二，他在任意的基础上；第三，他在对方能够选择的情况下。"② 因此，把"支配"作为自由的

---

① Will Kymlicka, *Contemporary Political Philosophy：An Introduction*，New York：Oxford University Press，2002，p. 287.

② Philip Pettit, *Republication：A Theory of Freedom and Government*，New York：Oxford University Press，1997，p. 52.

出发点可以更好地保障公民的自我决定和自我发展。

实质上，在新共和主义的理论中，自由的本质更准确地说是一种共同体的自治（self-government），这就将个人自由与公共服务（public service）联系在一起。正如斯金纳所说："如果我们想要尽可能地保证个人的自由，我们必须要尽可能地投身于公共服务中，也就是投身到最高效的政治参与所必需的关于公民品德的培养中。"① 公民品德根据威廉·高尔斯顿（William Galston）的颇具权威的解释是一般品德、社会品德、经济品德和政治品德，其中，最具特色的是政治品德中对权威的质疑，和对公共讨论的参与愿望。② 政治品德要求那些涉及公民利益的所有公共事务都必须经过公共讨论而决定，并对"辩论场"中的公民有了更具体的要求，主要包括明智且坦诚地表达自己的想法，说服他人的努力和认真聆听他人的声音。这样一种民主讨论方式被佩蒂特称为"辩论式民主"（contestatory democracy），他认为经过这一程序所确定的是公民所认定的"公共利益"（the common good），它是一项将所有公民的福利都考虑在内的"合作性事业"（cooperative enterprise），不仅会得到最广泛的民众支持，也会得到国家的支持，即共和主义的国家必须是一个增进公民的公共利益的存在。③ 因此，从这一角度来说，共和主义的国家都有着某种"共同善"（the common good）的目标，这一目标不仅使国家不能持有中立立场，反而要求国家对公民的公共利益保持高度敏感，并为公共利益的确认和实施提供各种服务。

由此可见，以斯金纳、佩蒂特为代表的新共和主义试图通过"辩论式民主"将政治参与这一工具性价值发挥到极致，以此来保证"公共善"和公民的"无支配的自由"，在这一方案中，公民和国家都将忠于公共善（the common good），所以可以最大限度地靠近团结理想。这一方案，与社群主义相比，确实有效地回应了社群主义方案中"太窄"和"同化"的问题；同样的，与自由主义的民族主义的赋权方案相比，新共和主义的方案

---

① Quentin Skinner, "The Republican Ideal of Political Liberty", in Gisela Bock ed. , *Machiavelli and Republicanism*, Cambridge：Cambridge University Press, 1990, p. 294.

② Will Kymlicka, *Contemporary Political Philosophy：An Introduction*, New York：Oxford University Press, 2002, p. 289.

③ Philip Pettit, Republicanism：Once More With Hindsight, https：//doi. org/10. 1093/0198296 428. 003. 0011.

基于"公民资格身份"的民主基础更具广泛性，且更大程度上保证了辩论的公开性、透明性和公正性。所以，这样一种政治参与方式得到了当代政治哲学家广泛的支持，例如，德雷泽克的"探讨式民主"（discursive democracy）、哈贝马斯的"协商民主"（deliberative democracy）、扬的"交流式民主"（communicative democracy）。实际上，这些理论本质上都是一种对话型民主理论，它适应了当代社会多元化的发展趋势，相较于传统的投票型民主，至少，它为那些差异群体提供了说服他人承认自身合法性的机会，通过讨论和说服，减少对差异群体由于不理解而产生的歧视和回避。也正是在这层意义上，金里卡认为，投票所产生的只是"最弱"意义上的民主，这呈现出当代民主理论从"以投票为中心"向"以对话为中心"的过渡趋势。① 当然，本文也并不完全否认投票的意义，但认为一种"更强"意义上的民主结果不应该仅仅以投票的方式产生，更应该包含对话和讨论，让各种公民的声音和利益得到表达，至少，让那些利益没有被充分认可的公民得到被聆听和被说服的机会，这样他们才会更心甘情愿地服从公共善，如此才能更好地维护团结。

然而，新共和主义的方案也并非完善的，它至少也存在两个层面的问题值得我们思考。在国家层面，新共和主义方案给国家"无支配性的干涉"赋予了合法性，只要国家宣称它的干涉是为了促进某种共同善，国家便具有了高度的干涉权。问题正如玛丽莲·弗里德曼（Marylin Friedman）所质疑的：如果国家拥有了无处不在的干涉能力，是否会产生一个极权国家？② 这一问题涉及对国家运作的制约，佩蒂特试图通过公民赋权来解决这一问题，他主张公民对政府拥有最终控制权，公民永远对政府的决定有质疑权（contest），如果政府的决定不符合公共利益，公民能够强制修改（amendment）。③ 然而，通过公民制衡国家政府真的能保证民主和团结吗？这一方

---

① Will Kymlicka, *Contemporary Political Philosophy: An Introduction*, New York: Oxford University Press, 2002, p. 290.

② Marylin Friedman, "Pettit's Civic Republicanism and Male Domination", in Cecile Laborde and John Maynor ed., *Republicanism and Political Theory*, Oxford: Blackwell Publishing, 2008, p. 250.

③ Philip Pettit, *Republication: A Theory of Freedom and Government*, New York: Oxford University Press, 1997, pp. 185 – 186.

案所产生的问题在当今美国尤为明显，当今美国政体所展现出的行政僵化、政党之争和福利衰退都证明新共和主义的方案存在缺陷。此外，在公民层面，对公民品德的具体要求是否产生了新的排斥？比如，一些公民礼仪已经从政治领域延伸至生活领域，它要求公民具备一种"好风度"（good manners），成为一个"体面者"（respecter），这就导致一种刻板印象即通常将一些弱势群体的"造势"（make a scene）视为不雅。因此，一些学者将这些公民礼仪视为一种施压或同化，如里夫（Philip Rieff）、库迪（John Cuddihy）。①

三 当代西方主流政治哲学的团结观及其启示

基于当下多元时代的事实和追求团结的价值必要性，当代西方主流政治哲学都在探索连接起多元与团结的纽带。综上而言，关于如何从多元社会中寻找维系社会团结的纽带，新自由主义和社群主义展现出两种迥然的态度，新自由主义者通常持有一种"正相关"的态度，他们不仅不担心多元化会摧毁团结，反而认为多元化是自由和民主的证明；与之相反，社群主义者通常持有一种"负相关"的态度，他们担心多元化会削弱公民对"共同善"的追求，摧毁团结的根基，同时，在社群主义内部，关于如何处理多元和团结的关系也存在分歧。为了更清晰地呈现当代西方主流政治哲学的团结观的逻辑，在此采用菲利普斯（Derek Phillips）所提出的"向后看"（looking backward）和"向前看"（looking forward）视角，②将上文中所提到的理论流派划分到这两种视角之中并进行分析。

大部分社群主义都可以划分进"向后看"视角，他们认为多元化不断地削弱共同体的力量，当代政治理论在包容个体自由和多元化的路上已经走得过远，这导致我们的社会已经成为"纵容社会"（permissive society）。为了维护社会团结，他们坚持恢复某种共同善并遏制一些倡导多元化的运动，比如，女性主义运动、同性恋运动。然而，本文认为，基于当下多元

① Will Kymlicka, *Contemporary Political Philosophy*: *An Introduction*, New York: Oxford University Press, 2002, p. 302.

② Will Kymlicka, *Contemporary Political Philosophy*: *An Introduction*, New York: Oxford University Press, 2002, p. 271.

化、全球化的事实，这种"向后看"的视角是违背历史发展规律的；此外，即使从政治哲学理论本身来谈，任何一种寻求正义的理论都要既尊重事实正义，又要尊重价值正义，那些不立足于现实，企图回到古希腊式的理论注定是一种"乌托邦"幻想。

"向前看"视角则尝试在包容多元化的情况下寻找维系社会团结的纽带，这也是当代政治哲学的主要发展趋势之一。有少部分社群主义者持有"向前看"视角，他们接受多元化不可逆的事实和部分多元化的价值，试图寻找更强大的共同体来整合和包容多元化。然而，一些多元文化主义者依然认为，社群主义的方案有同化差异文化的风险，更重要的批评是，社群主义的共同体所能支撑的团结范围太小了，这并不符合当下全球化的趋势。此外，显然易见的是，新自由主义、自由主义的民族主义和新共和主义也持有"向前看"视角。新自由主义主张通过共享某些普遍的正义原则来维系社会团结，然而，这一方案太宽泛了，并且它所主张的高度的个人自主权和国家中立观也备受批判。自由主义的民族主义实质上是新自由主义尝试吸纳民族主义的产物，它主张诉诸共享的民族感来维系社会团结，尝试在尊重多样性的情况下去协调个人自主和团体认同，但是它并没有很好地回应它理论本身的问题——如何处理多民族关系，而且，面对当今全球化、多元化的发展，它无法回答跨国正义问题。以斯金纳、佩蒂特为代表的新共和主义试图通过培育公民品德实现最高效的政治参与来维护社会团结，在某种程度上它调和了新自由主义的个人自主权和国家中立观，也规避了自由主义的民族主义无法解决的问题，为当代民主理论的发展作出了重要贡献。然而，新共和主义的团结观至少也存在国家和公民两个层面的问题，这些问题在以美国为代表的共和主义国家尤为突出。一些专家认为："美国当代民主体制的衰败是麦迪逊式共和体制与现代治理之间的矛盾与冲突所致。"①

实质上，在当代西方，主流政治哲学都以自由主义为"母本"进行批判与诠释，包括社群主义。此外，新共和主义作为"后自由主义"（post-liberalism）的产物，它并不是反对自由主义，至少，新共和主义不是站在自由主义的对立面，而是在自由主义的一些基本理论之上进行补充

---

① 雷少华：《民主、民主化与美国民主的困境》，《国际政治研究》2016 年第 2 期，第 95 页。

和完善，因此，部分新共和主义者也将自己的共和主义称为"自由主义的共和主义"。① 就此而言，我们可以将上述流派，除社群主义外，都视为自由主义为适应时代发展变化的一种理论演变。在此，我们回到泰勒批判自由主义的"原子主义"错误而提出的"社会论题"，自由主义为适应当代社会的发展不断地尝试包容进其他理论，但时至今日，自由主义的种种理论演变并没有给团结问题带来令人满意的答案。

就此而言，我们应该跳出自由主义式的方案寻找新的团结方案，马克思主义的政治哲学必然进入我们的研究视野。相较于自由主义式的方案，马克思主义的方案具有自己独特的视角，它的立足点不是"原子式"的"自然人"，而是"处境中"的"社会人"；它关于人的自我实现，不是停留在人的权利的"低位正义"，而是包括人的权利在内的"高位正义"；它的目的不是去修补市民社会的规则伦理，而是构建在市民社会之上的人类社会的制度伦理。因此，马克思主义的团结方案至少可以从两个维度超越自由主义式的方案。第一，从现实性维度，自由主义式的方案持有一种形而上的历史观，会陷入空洞的道德说教；马克思主义的方案则持有唯物主义历史观，主张在个人和共同体两个向度中进行实践解放。第二，从理想性维度，自由主义式的方案立足于市民社会的历史位阶之上，马克思主义的方案立足于人类社会的历史位阶之上，两种历史位阶具有一种历史性关系，马克思主义的方案无疑更具前瞻性。因此，马克思虽然没有像自由主义那样详细地构建政治哲学体系，却从最根本上回答了政治哲学的问题，从而开辟了一条研究政治哲学的新道路，这其中的关键就在于唯物主义历史观。"他找到了考察历史的正确方法，开启了考察政治哲学问题的全新道路，并与所有近现代政治哲学家分道扬镳。"②

关于如何在多元时代下维系社会团结，西方社会通常采用了自由主义式的方案，但这一方案依然使西方处在一个充满矛盾和分裂的时代。对于中国而言，基于独特的国情与发展道路，采用一种可以超越自由主义式的马克思主义的方案，或许更能够找到维系社会团结的答案。

---

① 刘训练：《共和主义的复兴——当代西方新共和主义的局限与困境》，《国外社会科学》2007 年第 6 期，第 62 页。
② 李佃来：《政治哲学视域中的马克思》，中央编译出版社，2018，第 156 页。

Abstract

Special Monograph

On the Ecological Political Philosophy of Ecological Marxism and Its Contemporary Value

Wang Yuchen / 1

Abstract: Unlike the western "deep green" and "light green" ecological thought that split the dialectical relationship between the natural and historical perspective, and do not analyse the actual material and energy exchange relationship between human beings and nature under a certain social system and mode of production, Ecological Marxism reduces the ecological problem to a simple question of value, it is based on the idea of ecological community, which is a dialectical unification of the historical and materialist views of nature and history, and stresses that ecological problems should be analyzed in terms of the social system and the mode of production, reveals the unjust nature of the capitalist system, and explicitly puts forward the proposition that the capitalist system is anti-ecological. He emphasized that only by transforming the capitalist system, restoring the relationship between use value and exchange value reversed by the capitalist system, and establishing an ecological socialist mode of productioncan we truly solve the ecological crisis. On this basis, Ecological Marxism calls for the restoration of socialism's pursuit of "productive justice" by revealing the shortcomings of the ecological political strategies of the "deep green" and "light green" ecological thought. It puts forward the idea of combining the ecological movement with the socialist movement, forming an alliance against capitalism, and realizing the ecological political ideal of establishing an ecological socialist society through the ecological political strategy of institutional change and value change. Ecology Marxism Ecology Political Philosophy is of great value to us both in grasping the theoretical shortcomings of the "deep green" and "light green" ecological thought and in advancing the theoretical study of ecological civilization and the construction of ecological civilization in China.

Keywords: Ecological Marxism; Ecological Political Philosophy; "Deep Green" Ecological Thought; "Light Green" Ecological Thought ; Productive Justice

Principles of Political Philophy and Maixist Political Philosophy

Political Meritocracy: Historical Evaluation, Institutional Attribute and Modern Transformation

Li Jianhua, Jiang Zihao / 18

Abstract: The political meritocracy has a certain universality in Chinese political society, but the connotation of the political meritocracy is complicated and vague. Through the analysis of its concept from three dimensions of history, system and contemporary transformation, it is helpful to clarify whether the political meritocracy is an institutional arrangement or a political means. From the historical dimension, there are three kinds of political meritocracy system with typical characteristics in Chinese history: the system of conciliation, the system of recommendation and the system of imperial examination, whose essence is the product of "selection culture". How the political meritocracy evolved and developed in history, and what is the system logic in it, we can interpret the system ethics of political meritocracy from the two dimensions of utilitarianism and teleology. The political meritocracy needs to adapt to the modern political democratic system and constantly transform and improve, especially to ensure the good of this system, that is, "people-centered", adhere to the unity of virtue and talent rather than just "both", highlight the ability standard in the "virtue", and be fully reflected in the construction of modern civil servants.

Keywords: Political Meritocracy; Imperial Examination System; Institutional Ethics; Morality and Ability

A Minimal Form of Global Justice

Li Yong / 36

Abstract: In the current discussion about the obligation of global justice to salvage, we seem to be stuck in some sort of black and white position. Nationalism holds that the nation-state is the basic unit of global justice, that any cosmopolitan conception of stripping the nation-state as a unit is utopian, and that we have only a minimal duty of relief to needs outside our borders. On the other hand, cosmopolitanism holds that we have the most complete obligation to help, and that national borders are accidental, which cannot exclude our responsibility for the equal distribution of people outside national borders. At the same time, the modern international order based on nation-states cannot solve global problems such as global warming, famine and natural disasters, let alone maintain an international order of peace and development. This paper attempts to clarify the position of aid in the context of global justice and the distinction between positive and negative responsibilities, and further points out that in addition to historical and structural injustices, we need to identify the important role of the market in the distribution of responsibilities. In my opinion, we can only defend a minimal obligation of salvage in global justice.

Keywords: Global Justice; Nationalism; Cosmopolitanism; Distributive Justice; Obligation of Salvage

On Public Thoughts of Marxism political philosophy

Li Zhonghan / 50

Abstract: In the field of Marxism political philosophy, "Public" and "Private" are two core categories which are the opposites. First and foremost, the basic relation of civil society and political state is considered as a main line to illustrate public thoughts. As the abstraction of public domain, political state corresponds to civil society and chooses the objective side of civil society to generalize it as economic foundation, while other side is called superstructure. Thus, the basic method of analyzing public and private, namely the analysis paradigm of economic foundation and superstructure is formed. On this basis, the article accurately explains the duality and correlation of public and private which have formed since modern times. Private constitutes the basis of public, and the essence of public is rooted in the relation of materialproduction; the basic reason of their division comes from the material mode of production, namely private ownership of the capitalist mode of production. Then, I deeply criticize the dualistic division of public and private from three aspects: the opposition and conflict of public and private; No human rights can beyond the limitation of egoism in public life; the liberation of man in dual life is just the liberation in the political sense, not the thorough human liberation. In this sense, Marxism political philosophy believes that the root of eliminating the dualistic division and conflict is to abolish private ownership from the perspective of the relation of economic foundation and superstructure.

Keywords: Marxism; Political Philosophy; Public; Private

Western Politics and Marx under the Analysis Model of "Prophetic Politics"

—On the Transcendence of Marxist Political Philosophy

Zhang Zhaoguo, Xie Ruoyu / 63

Abstract: Prophectic politics is a vision with a strong western religious tradition. Through the perspective of nation-state politics, utopian politics and the so-called liberal democracy in the West, the weaknesses of each political system issue are exposed. Neremer introduced the "ethical vision", "positive vision" and "messiah" thinking into the political field, and constructed an analytical model of "prophetic politics" called "suitable for analysis and criticism of Marx": commitment to value, fearless criticism, breakthrough constitutional system and positive future imagination. In this analytical model, the "supreme ethics", "profound criticism" and "conditions of change" of Marxist political philosophy are highly praised, and responded to Remmer's questions with "the future of practice", "criticism with The Times" and "the unity of violence and peace". The pursuit of ultimate liberation Marxism realizes the transcendence of all western "political predictions" with the "future philosophy" attitude of political practice.

Keywords: Neal Riemer; Prophetic Politics; Western Political System; Political Philosophy; Marx

Research on Chinese Political Philosophy

"Neisheng Waiwang" and the Order Structure in Chinese Thought

Chen Yun / 83

Abstract: The modern general understanding of internal saints and external Kings is aimed at the individual's self-cultivation to become both holy and king, or the best saint to serve as the supreme ruler. This understanding is not only very unlikely in reality, but also misunderstands the original context and essence of the inner sanctity and the outer king. The premise of the concept of inner sages and foreign Kings is the structural transformation of "ruling from one" in "more than three generations" to "ruling from two" in "less than three generations", the separation of power and spirit, and the differentiation of autonomy between ruling and governing. But how to reconnect the two basedon differentiation, which constitutes the problem consciousness aimed at the term "inner saint and outer king", its essence is the inner and outer structure of the two systems of education and rule, so that it can maintain balance, coordination and continuity on the basis of separation, and its distortion form is the legalistic order concept of "inner governing foreign teachers". Modern scholars do not really understand that inner holiness and outer King is a kind of order concept, a way to rebuild the structural relationship between the two fields of differentiated governance and education, rather than a plan for personal cultivation.

Keywords: Neisheng Waiwang; Governing Out of Two; Holy King; Discipline

The Past and Future of "Tianxia" Political Philosophy Discourse

Zhou Haichun / 102

Abstract: About the concept of "Tianxia" in ancient China, some explain it as "world", some explain it as "society", some explain it as "country" or "empire", and some explain it as "home", which contains the difference between ancient and modern people's ideas. The ancient Chinese concept of "Tianxia" shows a cognitive tension, people to know to express the unknown, limited to understand or express the infinite, the infinite has been input limited content, at the same time, infinity is beyond the limited. In the view of Tianxia, there are two opposite thinking processes: "Tianxia—country—home—body" and "body—home—country—Tianxia". The limitation of the concept of "Tianxia" lies in the inclusion of the special and its logic into the universal, thus turning the universal into a special form of universality. The positive significance of the concept of "Tianxia" lies in the revelation of the essence of human's group existence form, that is, certain universality and publicity. While deconstructing realpolitik, Tianxia also constructs new politics. The ancient Chinese view of Tianxia has the problem of subject-object inversion, and there are other problems inside and outside the Tianxia. The future trend of the political philosophy of "Tianxia" is that the people and the nation state become the subject of the world together, and the subjectivity of the world is reflected in the subjectivity of the people and the nation state.

Keywords: The World; Country; Self-Cultivation; Family Harmony; Subject-Object Reversal

The Study of Yangming's Mentalism Folk Moral Education from the Perspective of Communication

Han Yusheng, Li Xiyu / 118

Abstract: Yangming Theory of mind has a great influence on social moral education at the grassroots level, which is largely due to its unique mode of dissemination. First, internal communication. The purport of Yangming theory is consistent with the ideal effect of "inner communication" which not only stimulates the behavior subject to think inward, but also promotes the behavior subject to practice outward. Second, interpersonal communication. The school differentiation of Yangming disciples laid the foundation for Yangming's mind study to be widely known by the public, promoted Yangming's mind study to the folk, and promoted the process of carrying out folk moral education. Third, group communication. The spread of Yangming's mind science to the people mainly depends on the mode of "group communication", and the process of "group communication" is based on the expression of Yangming's mind science.

Keywords: Yangming's Mentalism; Internal Communication; Interpersonal Communication; Group Communication

The Realization of "Power", "Art", "Law" and "the World Becomes Orderly"

Wang Weiwei / 135

Abstract: "Power is enough to rule the world" is regarded as a representative view of prudence, but it is not so. Shen Dao affirms that "power" is a necessary and sufficient condition for serving the people, but does not claim that "power" is enough to ensure the rule of the world; He believes that "viutue" is not a sufficient condition for serving the people, nor is it necessary, but he does not deny the role of "virtue", it is relying on the help of the people, with the power of the people, the wisdom of the people, can achieve the great rule of the world. Shen Dao believes that the power of the king is to serve the interests of the world, and "law" is a fair and selfless and stable system. Only by combining with the "rule of law", insisting on "establishing public and abandoning private affairs", "relying on law", rather than "giving up law and ruling by body", and "practicing private affairs with law", can the sovereign's "fair" attribute be guaranteed and not become a tool for the monarch to gain private interests. Only in this way can the whole world be governed.

Keywords: Power; Law; Art; Inaction; The World Becomes Orderly

Chinese Traditional Governance Wisdom and the Realistic Path of National Governance Modernization

Peng Juhua, Zhang Wanqiong / 151

Abstract: The socialist system with Chinese characteristics, as well as the national governance system, is deeply ingrained in Chinese culture. This article examines the inner relationship between the modernization of national governance and the excellent traditional Chinese culture from four perspectives: the world is for the public and the value guidance of the modernization of national governance; putting people first and the driving force of the modernization of national governance; emphasizing both rule of virtue and the rule of law and the state as the two-wheel drive of governance modernization; and the systematic approach to the modernization of national governance. They bring together more deeply the ideas and knowledge of China's rich traditional culture in the national government. It also shows the deep roots and unique advantages of modernization in China's national governance in contemporary China.

Keywords: Traditional Culture; State Governance; Modernization

Research on Western Political Philosophy

Ideal and Reality of Philosopher-King in Plato's *Republic*

Liu Wei / 171

Abstract: The union of politics and philosophy is represented in the ideal of philosopher-king, and it is the key to the realization of the *Kallipolis* in Plato's *Republic*. But this ideal encounters two paradoxical difficulties: what motivation does the philosopher have to return to the political world to rule? Even if the philosopher is willing to rule, how does he avoid the fate of being hurt or even killed by the "prisoners"? This article explores the resources provided by the *Republic* to answer these two questions, and examines whether they are realistic. It argues that the *Republic* does provide some answers to these two questions, and there are two levels of reality: one is to establish the *Kallipolis* on earth, and the other is to establish the order of soul; and the latter is more realistic than the former.

Keywords: *The Republic*; Philosopher-king; Compulsion; Persuasion; Reality

Schmitt Discusses the Displacement of Political Romanticism and Political Legitimacy

Lin Zhimeng / 188

Abstract: Schmitt's criticism of political romanticism also points to the criticism of the shift of political legitimacy in the era of liberalism, economic-technicism and neutralization. The political Romanticism aesthetically understands all spheres, is keen on "eternal conversation", and transforms humanity, history, God or the world spirit into the chance of subject experience, thereby acquiring unlimited autonomy and abolishing causality, normativity and constraint. The liberals, with their emphasis on "eternal debate" and consultation, share a similar spiritual character to the political Romantics. Both evaded and suspended decision, leading to indecisiveness and depoliticization, destroying ethical and political choices. Romantic aestheticism leads not only to the aestheticization of politics, but also to the universal economization of spiritual life, and to the development of consumerism and technological belief, and then to nihilism. Schmitt also criticizes the romanticism of politics for replacing God with the individual, which causes the basis of political legitimacy to shift from transcendence to democracy, and the loss of the sanctity and the solid foundation of classical wisdom.

Key words: Schmitt; The Romanticism of Politics; Liberty; Economic-Technicalism; Political Legitimacy

Shaping, Distinguishing, and Transforming: The "Charismatic" Rule in Homer's Time

Tao Tao / 202

Abstract: The political system in Homer's time is often regarded as military democracy, which is a kind of unified answer. The essence of maintaining this political system is "charismatic" rule, which seems to rely on the personal "charm" of the heroic leader "Basilius", but the reliable foundation of "charisma" also needs the support of the "followers" of the leader, that is, the "people" and the "people's gathering" composed of it. In essence, the two represent the preliminary form of plebiscite politics, which not only retains the stability and "charismatic" leadership of the royal power, but also allows or acquiesces in the participation and play of the decision-making power of the plebiscites, trying to balance the backbone force in the governance of the country. However, the "charismatic" rule in Homer's time did not form a clear legal rule, so it only existed briefly and did not reach a sufficiently stable state. In the face of the doubts about the "charismatic" rule, the way out of its reform is to "trivialize" the charismatic rule, and seek the legitimacy of the leader's rule to satisfy the special requirements and legal status of his personal charm in the rule process.

Keywords: The Masses; Basilius; The Age of Homer; The "Charismatic" Rule

Is Liberalism Liberty Winning?

—Quentin Skinner's Perspective and Its Limitations

Ouyang Huoliang / 220

Abstract: Skinner's genealogical analysis of liberty follows a completely opposite approach between the liberalism liberty and the republican liberty: setting republican liberty and Hobbesian liberty as a division before and after liberalism, and blame the decline of Republican liberty on the proposal of Hobbesian liberty. Skinner's contribution lies in breaking away from contemporary people's natural understanding of the concept of liberty as just liberalism liberty, and traced back to another type of political liberty that people may have forgotten, that is focusing on public participation, in order to reflect on the many problems faced by contemporary liberal politics. This kind of attention is extremely important for people nowadays to only focus on liberty in private life and ignore the possible slavery in public life. However, Skinner's approach to analyzed the liberty after Hobbes has limitations. Whether in the development of "after-liberalism" or the concept and historical context of "before-liberalism" liberty, Republican liberty did not disappear as Skinner's research did. After Hobbes proposed the concept of liberty, liberty after liberalism faced social changes and constantly emerging new problems in the process of historical development. It comprehensively absorbed and integrated the concept of liberty and value orientation before liberalism, and after several generations of liberal thinkers reinterpreted and expressed Republican liberty, gradually developed the concept of liberty of modern liberalism.

Keywords: Liberty; Hobbes; Skinner; Liberalism Liberty; Republican Liberty

Political Philosophy Research Trends

The Two Basic Forms of Human Political Philosophy
—The General Preface to *General History of Chinese and Western Political Philosophy*

Jiang Chang / 238

Doctoral Forum

On the Inheritance and Development of the Thought of Community of Human Destiny to Marx's Thought of the Association of Free People

Zhou Yingcui / 257

Abstract: The association of free individuals is the ideal state envisioned by Marx to eliminate exploitation and oppression, resolve conflicts and confrontations between man and society, then achieve free and all-round development of human beings. The human community with a shared future inherits world-historical vision, people-oriented spirit and equal interaction concept of Marx's community thought, and has been imbued with new life in its exploration and practice. It transcends violent revolution through cooperation and co-construction, shifts from sublating man's alienation to harmonizing the relationship between man and the world, and develops from constructing association of free individuals to building a sustainable world, thus effectively enriching the academic space of Marx's community theory and opening up a new path to realization for it. The report of the 20th National Congress of the Communist Party of China (CPC) has incorporated "building a human community with a shared future" into the essential requirements of Chinese modernization, which opened up a new stage of building a human community with a shared future through a Chinese path to modernization. It is of great significance to grasp inheritance and development between the human community with a shared future and Marx's community thought, as well as to make clear the historic mission of building a human community with a shared future, so as to promote a human community with a shared future on all fronts through a Chinese path to modernization in the new era.

Keywords: Marx; Human Community with a Shared Future; Association of free Individuals; Chinese Path to Modernization

An Equity Orientation and Relational Review of the Equal Opportunity Duality: Based on Scanlon's Development of Rawls

Li Bo / 274

Abstract: Scanlon offers a new interpretation of Rawls's fair principle of equality of opportunity in the form of a more plausible defense of the two elements of equality of opportunity, procedural fairness and substantive opportunity. The value of procedural fairness for equality of opportunity lies in the conformity of meritocratic outcomes to the development of individual talents, the adjustment of institutional inequalities to promote fair outcomes, and some flexibility in selection criteria; the value of substantive opportunity lies in the provision of good conditions for the competencies required for access to the process, the equal concern for fostering the same level of competence for all, and the adjustment of distributions to promote some necessary inequality. The analysis shows that Scanlon justifies the promotion of socially equitable relations on the principle of moral responsibility, but that the procedural fairness and the substantive opportunities he provides each have their own disadvantages that make it difficult to promote equality in a sustainable manner.

Keywords: T. M. Scanlon; Equal Opportunity; Procedural Fairness; Substantive Opportunity

Unity in the Age of Diversity

—Analyzing the Unity View of Contemporary Western Mainstream Political Philosophy and Its Enlightenment

Yin Zhangqing / 297

Abstract: Neo-Liberalism, Communitarianism, Liberal Nationalism and New Republicanism have given different solutions on how to maintain social unity in the era of pluralism, but these solutions have different degrees of limitations. Moreover, from a historical perspective, most Communitarians hold a "backward" perspective on the relationship between pluralism and unity. A few Communitarians and Neo-Liberals, Liberal Nationalists and New Republicans hold a "forward-looking" perspective of positive correlation. In essence, the contemporary western mainstream political philosophy has been criticizing and interpreting Liberalism as its "mother", and developed a Liberal-Style unity plan. However, this plan still leaves the West in an era full of contradictions and divisions. In this regard, a unity plan beyond the Liberal-Style Marxism may be more able to find the answer to maintain social unity.

Keywords: Unity; Neo-Liberalism; Communitarianism; Liberal Nationalism; New Republicanism

稿　约

　　《政治哲学研究》集刊由华中师范大学政治学部政治哲学研究中心主办，每年出版一辑。由社会科学文献出版社出版发行。集刊由华中师范大学政治学部政治哲学研究中心江畅教授担任主编，由国内政治哲学、道德哲学领域的知名学者组成编辑委员会。集刊坚持正确的政治导向，强化问题意识，倡导深入细致的文本研究、严密规范的论证模式、理性平和的学术讨论。集刊常设栏目：政治哲学原理、中国政治哲学、西方政治哲学、马克思主义政治哲学、博士论坛、（思想对话高度上的）新书评介等。

　　本刊热忱欢迎广大专家学者和博士研究生就政治哲学问题踊跃投稿，文稿请按题目、作者、摘要、关键词、正文、参考文献之顺序撰写，注释为脚注。若论文为基金项目的阶段性成果，请详细列出课题名称、课题编号。字数要求：15000字左右。文末附作者简介（工作单位，研究方向）、作者的详细通信地址和电话。

　　本刊采用匿名审稿制度，分为外审、复审、编辑委员会终审，稿件处理时间为3个月，请勿一稿多投。本刊有对拟录用稿件做文字修改和其他技术性修改的权利。凡在本刊刊发的文章，版权属于《政治哲学研究》编辑委员会。如有任何机构和个人转摘、转载、翻译、结集出版本刊发表的论文，均须事先取得《政治哲学研究》编委会的正式授权。

　　投稿邮箱：373177563@ qq. com

　　联系人：李婉芝

《政治哲学研究》编委会

《政治哲学研究》投稿须知

一、稿件字数以 1 万至 1.5 万字为宜，优质稿件篇幅可适当放宽。

二、需提供 300 字左右的中英文摘要，以及 3~5 个关键词。

三、引文与注释采用页下注，每页重新编码。（具体可参照社会科学文献出版社出版物的注释要求）

具体注释方式如下。

1. 中文文献

（1）专著

江帆：《生态民俗学》，黑龙江人民出版社，2003，第 23 页。

靳辉明主编《中国特色社会主义理论体系研究》，海南出版社，1998，第 26 页。

（2）译著

〔美〕孔飞力：《叫魂》，陈兼、刘昶译，上海三联书店，1999，第 40 页。

（3）析出文献

①论文集、作品集及其他编辑作品

黄源盛：《民初大理院民事审判法源问题再探》，载李贵连主编《近代法研究》第 1 辑，北京大学出版社，2007，第 5 页。

②期刊

吴承明：《论二元经济》，《历史研究》1994 年第 2 期。

③报纸

鲁佛民：《对边区司法工作的几点意见》，《解放日报》1941 年 11 月 15 日，第 3 版。

（4）转引文献

章太炎：《在长沙晨光学校演说》（1925 年 10 月），转引自汤志钧《章太炎年谱长编》下册，中华书局，1979，第 823 页。

（5）未刊文献

①学位论文

陈默：《抗战时期国军的战区——集团军体系研究》，博士学位论文，北京大学历史学系，2012，第 134 页。

②会议论文

马勇：《王爷纷争：观察义和团战争起源的一个视角》，政治精英与近代中国国际学术研讨会会议论文，杭州，2012 年 8 月，第 9 页。

2. 英文文献（英文文献参考资料同英文注释规范）

（1）专著

Kenneth N. Waltz, *Theory of International Politics*, New York：McGraw - Hill Publishing Company, 1979, p. 1.

Robert Keohane and Joseph Nye, *Power and Interdependence：World Politics in Transition*, Boston, MA：Little Brown Company, 1977, p. 2.

David Baldwin ed. , *Neorealism and Neoliberalism：The Contemporary Debate*, New York：Columbia University Press, 1993, p. 106.

Klause Knorr and James N. Rosenau, eds. , *Contending Approaches to International Politics*, *Princeton*, NJ：Princeton University Press, 1969, pp. 225 –227.

（2）译著

M. Polo, *The Travels of Marco Polo*, trans. by William Marsden , Hertfordshire：Cumberland House , 1997, pp. 55 –57.

（3）析出文献

①论文集、作品集

S. Schfield, "The Impact of Scarcity and Plenty on Population Change in England ", in R. I. Rotberg and T. K. Rabb, eds. , *Hunger and History：The Impact of Changing Food Production and Consumption Patterns on Society*, Mass：Cambridge University Press, 1983, p. 79.

②期刊

Stephen Van Evera, "Primed for Peace: Europe after the Cold War", *International Security*, Vol. 15, No. 3, 1990/1991. （期刊名用斜体，15 表示卷号）

Ivan T. Boskov, "Russian Foreign Policy Motivations", *MEMO*, No. 4, 1993, p. 27. （此例适用于没有卷号的期刊）

图书在版编目（CIP）数据

政治哲学研究. 第二辑, 2024 / 江畅主编. -- 北京：
社会科学文献出版社, 2024.4
ISBN 978 - 7 - 5228 - 3439 - 9

Ⅰ. ①政…　Ⅱ. ①江…　Ⅲ. ①政治哲学 - 研究 - 中国
Ⅳ. ①D092

中国国家版本馆 CIP 数据核字（2024）第 066098 号

政治哲学研究　第二辑（2024）

主　　编 / 江　畅
副 主 编 / 熊富标　李婉芝

出 版 人 / 冀祥德
责任编辑 / 周　琼
文稿编辑 / 周浩杰
责任印制 / 王京美

出　　版 / 社会科学文献出版社·马克思主义分社（010）59367126
　　　　　地址：北京市北三环中路甲 29 号院华龙大厦　邮编：100029
　　　　　网址：www. ssap. com. cn
发　　行 / 社会科学文献出版社（010）59367028
印　　装 / 三河市尚艺印装有限公司

规　　格 / 开 本：787mm×1092mm　1/16
　　　　　印 张：20.75　字 数：330 千字
版　　次 / 2024 年 4 月第 1 版　2024 年 4 月第 1 次印刷
书　　号 / ISBN 978 - 7 - 5228 - 3439 - 9
定　　价 / 98.00 元

读者服务电话：4008918866